Dr. Udo Waldemar Dieterich
Das Runen Wörterbuch

Dr. Udo Waldemar Dieterich

DAS RUNEN WÖRTERBUCH

Abstammung und Begriffsbildung der ältesten Sprachdenkmäler Skandinaviens

marixverlag

Unveränderte Neuausgabe für
Marix Verlag GmbH, Wiesbaden 2004
nach der Ausgabe Stockholm 1844
Covergestaltung: Thomas Jarzina, Köln
Gesamtherstellung: GGP Media, Pößneck
Printed in Germany

ISBN 3-937715-13-4
www.marixverlag.de

Einleitung.

Die Zeichen, welche von den alten Skandinaviern zur Bildung ihrer Buchstaben oder der *Runen* angewandt wurden, sind höchst einfach. Sie bestehen aus einem senkrechten und einem gegen denselben geneigten Striche, und standen zwischen zwei horizontalen Parallellinien. Jener heisst der *Stab* und dieser der *Kennstrich.* Durch die Höhe, Lage und Richtung des Kennstriches zum Stabe werden die einzelnen Runen von einander unterschieden. Anfänglich bestand der Kennstrich ohne Zweifel aus einer geraden Linie und wurde erst später, wahrscheinlich der Verschönerung wegen, gekrümmt.

Durch die einzelnen Runen selbst, welche in nachstehender Ordnung auf einander folgen, wird das hier Gesagte leicht anschaulich.

ᚠ. ᚢ. ᚦ. ᚭ. ᚱ. ᚴ. ᚼ. ᚾ. ᛁ. ᛅ. ᛋ. ᛏ. ᛒ. ᛚ. ᛘ. ᛦ.

oder

ᚠ.	ᚢ.	ᚦ.	ᚬ.	ᚱ.	ᚴ.	ᚼ.	ᚾ.	ᛁ.	ᛆ.	ᛋ.	ᛏ.	ᛒ.	ᛚ.	ᛘ.	ᛦ.
F.	U.	Th.	O.	R.	K.	H.	N.	I.	A.	S.	T.	B.	L.	M.	R.

Ueber die alte Aussprache der Runen lässt sich mit Gewissheit nichts bestimmen. Wir führen daher nur ihre Benennungen an und zeigen in einzelnen Beispielen, in welche Laute sie jetzt in den Skandinavischen Sprachen übergegangen sind.

ᚠ, *Fe* (Vieh, Reichthum), auch *Freyr* und *Fir* (Föhre) genannt, wurde in solchen Wörtern angewandt, in denen 1) der reine F-Laut noch beibehalten ist, z. B. ᚠᛅᚦᛁᚱ, Vater, isl. *fadir*, schw. und dän. *fader;* 2) wirklich *v* (w) oder ein wie *v* ausgesprochenes *fv* oder *f* steht, z. B. ᛚᛁᚠᛆ, leben, isl. *lifa*, lies liwa, schw. *lefva*, lies lewa, dän. *leve*, ᚼᛆᚠ, Meer, isl. und schw. *haf*, lies haw, dän. *hav*, ᚢᛚᚠᚱ, Wolf, isl. *ulfr*, lies ulwr, schw. *ulf*, lies ulw, dän. *ulv*, und 3) einen schärferen oder härteren Laut erhalten hat, z. B. ᛁᚠᛏᛁᚱ, nach, isl. *eptir*, schw. und dän. *efter*, ᚾᛆᚠᚾ, Name, isl. *nafn*, lies nabbn, schw. *namn*, dän. *navn*, ᚾᛁᚠᚱ, Nase, Schnabel, isl. *nef*, schw. *näbb*, dän. *næb*. Die besonderen Regeln über die Aussprache gehören natürlich hier wie bei den folgenden Runen den einzelnen Sprachen an.

ᚢ, *Ur* (stürmisches Wetter oder Auerochs), kommt vor, wo jetzt 1) *u* geblieben ist, z. B. ᚴᚢᚦ, Gott, isl., schw. und dän. *gud*; 2) in *o*, *y* (ü) oder *ö* getrübt wurde, z. Bruþir, Bruder, isl. *brodir*, schw. und dän. *broder*, ᚼᚢᛚᛘᛁ, Insel, isl. *holmi*, schw. *holme*, dän. *holm*, ᛋᚢᛋᛏᛁᚱ, Schwester, isl. *systir*, schw. *syster*, dän. *søster*, ᛋᚢᚦᚱ, Süden, isl. *sudr*, schw. *söder*, dän. *syd*, ᛋᚢᚾᚱ, Sohn, isl. *sonr*, schw. *son*, dän. *søn*, ᚦᚢᚱ, Thüre, isl. *dyr*, schw. *dörr*, dän. *dør*, ᛒᛁᚢᚱᚾ, isl. *biörn*, schw. *björn*, dän. *biørn*, und 3) *v* (w) steht, z. B. ᚢᛁᚦᚱ, bei, isl. und schw. *vid*, dän. *ved*. Der Auflaut von ᚢ war ᛁ, z. B. ᛒᚱᚢᚦᛁᚱ hat im Pluralis ᛒᚱᛁᚦᚱ. ᚢ diente auch zur Gunirung des ᛆ, sieh unten.

ᚦ, *Thorn* (Dorn) auch *Thor*, *Thurs* oder *Thuss*, ist theils im Isländischen beibehalten und theils in *d* oder *t* übergegangen, z. B. ᚦᚱᛁᚱ, drei, isl. *þrir*, schw. und dän. *tre*, ᚦᛆ, da, isl. *þa*, schw. *då*, dän. *da*, ᚱᛆᚦᛆ, herrschen, isl. *ráda*, schw. *råda*, dän. *raade*.

ᚬ, *Os* (Mündung und eine nicht zugefrorne Stelle im Eise) auch *Odin*, ist ein späterer Laut, welcher nicht zu den drei Urvocalen ᚢ, ᛁ, ᛆ gehört, und aus Trübung des ᚢ oder Gunirung des ᛆ, nämlich ᛆᛆ (ᚬ) und ᛆᚢ entstanden ist, z. B. ᚬᚱᛘᚱ für ᚢᚱᛘᚱ, Schlange, isl. *ormr*, schw. und dän. *orm*, ᚨᚱ für ᛆᚱ (ᛆᛆᚱ), Jahr, isl. *ár*, schw. *år*, dän. *aar*, ᚼᛆᚢᚱᛋ, Ross, isl., schw. und dän. *hors*.

ᚱ, *Reder* (Ritter) oder *Reid* (Ritt), wurde wie jetzt gebraucht, z. B. ᚱᛆᚢᚦᚱ, roth, isl. *raudr*, schw. *röd*, dän. *rød*, ᚴᚱᚢᚴᚱ, Haken, isl. *krokr*, schw. *krok*, dän. *krog*. ᚱ wurde auch oft durch ᚼ aspirirt, z. B. ᚼᚱᛆᚠᛆ, Rabe, isl. *hrafn*, altschw. *ramn*, dän. *ravn*.

ᚴ, *Kaun* (Geschwür?), wurde in Wörtern angewandt, in denen der K-Laut 1) geblieben, z. B. ᚴᚾᚢᛏᚱ, Knoten, isl. *knutr*, schw. *knut*, dän. *knude*; 2) in *ck* oder *kk*, verändert, z. B. ᚦᛁᚢᚴᚱ, dick, isl. *þyckr*, schw. *tjock*, dän. *tyk* (pl. *tykke*); 3) in *g* (*gi*) oder *gg* und *j* übergegangen, z. B. ᚴᛆᛘᛆᛚ, alt, isl. *gamall*, schw. *gammal*, dän. *gammel*, ᚴᛁᚠᛆ, geben, isl. *géfa* (das *g* ist hier weich, aber schärfer als j), schw. *gifva* (g wird wie j ausgesprochen), dän. *give* (g wie im isl.), ᚴᛁᚱᛆ, machen, isl. *gera*, schw. *göra*, dän. *giøre*, ᛚᛁᚴᛁᛆ, liegen, isl. *liggia*, schw. *ligga*, dän. *ligge*, ᚼᛆᚢᚴᚱ, Hügel, isl. *haugr*, schw. *hög*, dän. *høi*, 4) durch ein vorgesetztes *n* in einen Nasenlaut verwandelt ist, z. B. ᚴᛆᚴᚱ, Gang, isl. *gángr*, schw. *gång*, dän. *gang*, und 5) sich zu einem ganz eigenthümlichen Laut ausgebildet hat, z. B. ᚴᛁᛏᛁᛚ, Kessel, isl. *kétell* (*k* ausgesprochen wie ein scharfes k mit einem leisen Nachhauche von j), schw. *kettil* (*k* wie tj ausgesprochen), dän. *kiedel* (*kie* ausgesprochen wie im isl. *ké*). Aus ᚴᛋ, wenn diese beiden Consonanten zusammengehörten, ist *x* entstanden, ᚢᚴᛋᛁ, Stier, isl. *uxi*, schw., dän. *oxe*.

ᚼ, *Hagl* (Hagel, Schneeflocke), kommt in denselben Wörtern vor, in denen 1) noch *h* steht, z. B. ᚼᛆᚢᚴᚱ, Habicht, isl. *haukr*, schw. *hök*, dän. *høg*, ᚼᛆᛁᛘᛆ, zu Hause, isl. *heima*, schw. *hemma*, dän. *hiemme*, ᚼᚢᛁᛏᚱ, weiss, isl. *hvitr*, schw. *hvit*, dän. *hvid*; 2) zur Aspiration des ᚱ diente, s. o., und 3) wie ᚴ gebraucht wurde, z. B. ᚢᛁᚼᛘᚢᚾᛏᚱ für ᚢᛁᚴᛘᚢᚾᛏᚱ.

ᚾ, *Naud* (Noth, Fesseln), wurde wie jetzt angewandt, z. B. ᚾᚢᚱ, Norden, isl. *nordr*, schw. *norr*, dän. *nør*, ᚱᚢᚾ, Rune, isl. *run*, schw. *runa*, dän. *rune*. Vor Consonanten wurde es oft ausgelassen, z. B. ᛁᚴᛚᛅᛏ für ᛁᚾᚴᛚᛅᚾᛏ, England, ᛋᚢᛏᛁᛦ für ᛋᚢᚾᛏᛁᛦ, Sünden.

ᛁ, *Is* (Eis), kommt in Wörtern vor, in denen es 1) sich zum Theil noch findet, z. B. ᚱᛁᚴᚱ, reich, isl. *rikr*, schw. *rik*, dän. *rig*, *sialfr*, selbst, isl. *sialfr*, schw. *sjelf* (*sj* wie sch ausgesprochen), dän. *selv*, ᛋᛁᛅᛚ, Seele, isl. *sal*, schw. *själ*, dän. *siæl*, ᛚᛁᚢᛋ, Licht, isl. *lios*, schw. *ljus* (*l* stumm), dän. *lys*, ᛁᛅᚠᚾ, eben, isl. *jafn*, schw. *jemn*, dän. *jævn*; 2) übergegangen ist a) zum Theil in *e*, z. B. ᛘᛁᚦ, mit, isl., schw. und dän. *med*, ᛋᛁᚦᛅᚾ, darauf, isl. *sidan*, schw. *sedan*, dän *siden*, ᛒᛁᚦᛁᛅ, bitten, isl. *bida*, schw. *bedja*, dän. *bede*; b) in *æ* (*ä*) oder *e*, z. B. ᚾᛁᚱ, nahe, isl. *nær*, schw. *nära*, dän. *nær*, ᚾᛁᛋ, Landzunge, isl. *nes*, schw. *näs*, dän. *næs*, ᛘᛁᚱᚴᛁ, Zeichen, isl. *merki*, schw. *märke*, dän. *mærke*; und c) in *ö* (*ø*) und *e*, z. B. ᚴᛁᚱᛅ, machen, isl. und schw. *göra*, dän. *giöre*, ᛒᛁᚱ, muss, isl. *ber*, schw. *bör*, dän. *bør*. Ausserdem bildete ᛁ den Auflaut von ᚢ und ᛅ, z. B. ᛋᛁᚾ-ᛏᛁᚱ, Sünden, ᛘᛁᚾᚱ, Männer, und diente auch zur Gunirung des ᛅ, s. u.

ᛅ, *Ar* (Jahr, gute Ernte), kommt in solchen Wörtern vor, in denen es 1) noch steht, z. B. ᛅᚱᚠᚱ, Erbschaft, isl. *arfr*, schw. *arf*, dän. *arv*, ᚴᛅᚱᛚ, Mann, isl., schw. und dän. *karl*; 2) getrübt ist a) in *æ* (*ä*) oder e, z. B. ᛒᛅᚴᚱ, Bach, isl. *beckr*, schw. *bäck*, dän. *bæk*, ᚼᛁᛅᚱ, hier, isl. *hér*, lies hjär, schw. *här*, dän. *her*, ᚼᛁᛅᛚᛒᛅ, helfen, isl. *hialpa*, schw. *hjelpa*, dän. *hielpe*, und b) in *o* oder *å* (*á*, *aa*), z. B. ᛅᚱ, Jahr, isl. *ár*, schw. *år*, dän. *aar*, ᚼᛅᚱᚦᚱ, hart, isl. *hardr*, schw. *hård*, dän. *haard*. ᛅ wurde auch, wie schon angeführt worden ist, durch ᚢ und ᛁ gunirt, z. B. ᛅᚢᚴᛅ, vermehren, isl. *auka*, schw. *öka*, dän. *øge*, ᚼᛅᚢᚴᚱ, Hügel, isl. *haugr*, schw. *hög*, dän. *høi*, ᚱᛅᛁᛋᛅ, errichten, isl. *reisa*, schw. *resa*, dän. *reise*, ᛋᛏᛅᛁᚾ, Stein, isl. *steinn*, schw. *sten*, dän. *steen*, und hatte ᛁ zum Auflaut z. B. ᚠᛁᚦᚱ, Väter.

ᛋ, *Sol* (Sonne), wurde wie jetzt angewandt, z. B. ᛋᛁ-ᛏᛁᛅ, setzen, isl. *setia*, schw. *sätta*, dän. *sætte*, ᛋᛒᛁᚢᛏ, Spiess, isl. *spiot*, schw. *spjut*, dän. *spyd*, ᚼᚢᛋ, Haus, isl., schw. und dän. *hus*. Nicht zu übersehen ist die Verwechslung des *s* und *r*, z. B. ᛁᛋ oder ᛁᚱ, welcher, ᛁᛋ oder ᛁᚱ, ist.

ᛏ, *Tyr* (Name eines Gottes), ist theils geblieben, theils in *d* übergegangen, z. B. ᛏᛅᚴᛅ, nehmen, isl. *taka*, schw. *taga*, dän. *tage*, ᛏᛁᚢᚱ, Stier, isl. *tiur*, schw. *tjur*, dän. *tyr*, ᛚᛅᛏᛅ, lassen, isl. *lata*, schw. *låta*, dän. *lade*, ᚴᛁᛏᛁᛚ, Kessel, isl. *kétill*, schw. *kettil*, dän. *kiedel*, ᛏᚱᛁᛒᛅ, tödten, isl. *drepa*, schw. *dräpa*, dän. *dræbe*. ᛚᛅᚾᛏ, Land, isl., schw. und dän. *land*.

ᛒ, *Birkan* auch *Birkal* (Birke, Birkenschäfchen), ist theils beibehalten, theils in *p* übergegangen, z. B. ᛒᛁᛅᚱᚴᛅ, bergen, isl. *biarga*, schw. *berga*, dän. *biærge*, ᛋᚴᛁᛒ, Schiff, isl. *skip*, schw. *skepp*, dän. *skib*, ᛋᛒᛅᚴᚱ, gebändigt, isl. *spakr*, schw. *spak*, dän. *spag*. Das auslautende ᛒ wechselte mit ᛘ und ᛘᛒ, z. B. statt ᚴᚢᛒᛚ, Denkmal, liest man auch ᚴᚢᛘᛚ und ᚴᚢᛘᛒᛚ.

ᛚ, *Laugr* (Flüssigkeit), ist nicht verändert worden, z. B. ᛚᚢᚦᛁᚾ, rauh, isl. *lodinn*, schw. *luden*, dän. *laadden* oder *lodden*, ᛚᛁᚢᚠᚱ, lieb, isl. *liufr*, schw. *ljuf* (mit quiescirendem *l*), dän. *liflig*, ᚢᛁᛚᛁ, Wille, isl. *vili*, schw. *vilja*, dän. *villie*.

ᛘ, *Madr* (Mann, Mensch), ist unverändert geblieben, z. B. ᛘᛅᚾᛁ, Mond, isl. *máni*, schw. *måne*, dän. *maane*, ᚼᛁᛅᛚᛘᚱ, Helm, isl. *hialmr*, schw. *hjelm*, dän. *hielm*.

ᛦ, *Aur* (Reichthum) oder *Yr* (Bogen) auch *Stupmadr* (umgestürztes ᛘ), scheint ein ᚱ finale gewesen und auch wie in der Sanskrita-Sprache als Vocal gebraucht zu sein, z. B. ᛘᛁᛚᛏᛦ, milde, für ᛘᛁᛚᛏᚱ, ᛦᚠᛏᛁᛦ, für ᛁᚠᛏᛁᚱ, nach, ᛒᚱᛦᚦᚱ für ᛒᚱᛁᚦᚱ, Brüder, u. s. w.

Neben diesen Runen ſand sich noch eine eigene Art, die sogenannten *Helsing-* oder *stablosen Runen*. Die erstere Benennung erhielten sie, weil man in *Helsingland* die ersten mit ihnen beschriebenen Denkmale gefunden hatte, und die letztere, weil sie ohne Stab sind. Sie folgen hier in ihrer gewöhnlichen Ordnung zwischen den beiden vorhin erwähnten Parallellinien:

ˌ	ˎ	ˈ	⸝	⁄	ᵛ	ˋ	ǀ	⸝	ˈ	⁄	⸝	ˋ	⁖	⁖
F.	U.	Th.	R.	K.	H.	N.	I.	A.	S.	T.	B.	L.	M.	R.

Zum besseren Unterschiede gab man auch den längeren Strichen eine gekrümmte und den kürzeren eine keilförmige Gestalt, so dass sie folgendes Aussehen erhielten:

ˈ	⸜	ˈ	⸝	⸝	ᵛ	ˎ	ǀ	ˏ	ˈ	ˊ	ˏ	ˋ	⁖	⁖
F.	U.	Th.	R.	K.	H.	N.	I.	A.	S.	T.	B.	L.	M.	R.

Man sieht leicht, dass die stablosen Runen grösstentheils aus den gewöhnlichen Kennstrichen bestehen. So steht statt ᚢ bloss ˋ, statt ᚴ bloss ˋ, statt ᚾ bloss \, statt ᛅ bloss /, statt ᛐ bloss /, statt ᛚ bloss ˋ; bei den übrigen aber ist dies weniger in die Augen fallend. Für H hatte man auch die Figur ᛡ. — Der Vocal ᚬ fehlt den Helsing-Runen ganz, so dass sie durch ᛁ in zwei gleiche Hälften zu je sieben Runen getheilt werden, und nur die drei Urvocale ᚢ, ᛁ, ᛅ enthalten, nämlich auf jeder Seite von ᛁ einen. Dies widerspricht wenigstens der Vermuthung nicht, dass sie die älteren Zeichen seien.

Später suchte man die Runen dem lateinischen Alphabet immer mehr anzupassen, und es kamen daher zuerst die sogenannten *Dänischen*, *punktirten* oder *Waldemars-Runen* hinzu, nämlich ᚤ ᚵ ᛂ ᛑ ᛔ für Y, G, E, D, P; und dann die *unächten Runen*, nämlich ᛘ ᛰ für C und X, indem auch ᛅ, ᛆ und ᛦ für Æ und Y angewandt wurden. Uebrigens gehen die späteren Veränderungen und Spielereien, welche man mit den Runen vornahm, ins Unendliche und sind im Ganzen bedeutungslos. Die Anwendung der Runen als Zauberzeichen und die weitere Bedeutung des Ausdruckes *Runen* übergehen wir hier des beschränkteren Raumes wegen, und verweisen auf *W. C. Grimm Ueber Deutsche Runen* und *Run-Lära af Joh. G. Liljegren.* Interpunctionszeichen hatte man nicht, doch trennte man die einzelnen Wörter gewöhnlich durch: ., :, ⁝, ×, ⁘, ⧫, ✝, u. s. w., und umgab die Inschriften in der Regel mit künstlich verschlungenen Schlangenbildern.

Der Ursprung der Runen verliert sich in das graue Alterthum und ihre Erfindung wird wie die Erfindung fast aller Schrift einem Gotte, dem Odin, zugeschrieben. Aus übereinstimmenden Zeugnissen geht hervor, dass die Runen nicht erst mit dem Christenthume nach Skandinavien kamen, sondern sich wirklich schon während des Heidenthumes vorfanden, wiewohl man bis jetzt noch nicht hat beweisen können, dass irgend ein Runenstein deutliche Spuren des Heidenthumes trüge. Hieraus möchte sich folgern lassen, dass die Inschriften der Runensteine wirklich einer späteren, entweder durch Vikinger oder auch durch Christen nach Skandinavien gebrachten, von den Leichensteinen entlehnten Sitte angehören, und dass die Runen ursprünglich als eine heilige Schrift betrachtet und nur bei heiligen Verrichtungen angewandt wurden, wie auch vielleicht nur dem Königs- oder Priesterstamme bekannt waren. Oft scheint auch aus den Inschriften hervorzugehen, dass sie von Personen, die der

Sprache unkundig waren, verfasst worden sind. Wir glauben also, dass die Runensteine ihre Inschrift von christlichen Leichensteinen und ihre aufrechte Stellung und zum Theil auch ihre Anwendung von den früheren *Bautasteinen* entnommen haben. Dann lässt sich auch erklären, dass die Bekehrungszeit Skandinaviens mit dem eigentlichen Zeitalter der Runensteine zusammenfällt.

Die Runen wurden also in späterer Zeit hauptsächlich zu den Runensteinen angewandt, (nach Liljegren ungefähr vom Jahre 850 bis 1525), deren Inschriften wie jede Steinschrift kurz und eben nicht von sehr verschiedenem Inhalte, aber nicht immer in ungebundener, sondern zuweilen auch in gebundener Rede abgefasst sind. Einige Runensteine sind aufgerichtete, unbehauene oder auch behauene Felsstücke; andere haben die Gestalt eines Kreuzes und noch andere gleichen endlich dem Aeusseren nach ganz den christlichen Leichensteinen. Ausserdem finden sich aber auch Runeninschriften auf Hausgeräthen, wie auch auf Glocken, Taufbecken oder anderen Kirchen angehörenden Gegenständen. Die Runen kommen auch in einer Art von Documenten vor, z. B. um die Rechtmässigkeit des Besitzes nachzuweisen, und finden sich ebenfalls auf Münzen, u. s. w. Am längsten, und zum Theile noch haben sie sich auf dem sogenannten Runenstabe, einem Volkskalender, erhalten. Eigentliche Runenbücher aus einer älteren Zeit finden sich nicht; die vorhandenen späteren enthalten ein Gespräch über Christi Kreuzigung, das Schonische Landschaftsgesetz, einen Kalender, u. s. w.

Der, wie schon angeführt, einfache Inhalt der Runensteine lässt sich leicht unter dieses allgemeine Schema bringen: "N. N. errichtete, ritzte, machte, liess errichten, ritzen, machen diesen Stein, dieses Denkmal N. N., seinem

Vater, u. s w., welcher so und so, da und da starb. Gott, Jesus Christus, die Gottesmutter helfe seiner Seele, seinem Geiste, sei ihm gnädig u. s. w. N. N. ritzte die Runen." Auf einigen Runensteinen wird ausserdem noch angegeben, dass ein Weg, eine Brücke, u. s. w. zur Errettung oder zum Troste der Seele des Verstorbenen errichtet sei. Es würde also von diesen Inschriften keine grosse Ausbeute zu erwarten sein, wenn nicht die vielen auf denselben vorkommenden Skandinavischen Namen theils aus einfachen, theils aus zusammengesetzten Substantiven und Adjectiven beständen, und so wirklich einen nicht genug zu schätzenden Sprachreichthum enthielten, dessen Werth durch die oft so überraschend reinen Wortformen noch mehr erhöhet wird. Diesen Reichthum allgemeiner zugänglich zu machen ist der Zweck dieser Schrift. Da dieselbe die erste dieser Art ist, also eine ganz neue Bahn zu brechen hatte, so müssen ihr nothwendig schon deswegen bedeutende Mängel ankleben, die jedoch von einem besser begabten, und sich in günstigeren Umständen befindenden Freunde dieser Wissenschaft vielleicht zum Theil hätten vermieden werden können. Denn vor allen Dingen war eine neue Untersuchung der verschiedenen Runendenkmale nöthig, da eben kein grosser Scharfsinn dazu gehört, um einzusehen, dass viele Inschriften unrichtig gelesen seien. Dies zu unternehmen war aber für mich in mehr als einer Hinsicht unmöglich. Ich glaube indessen durch das, was ich geleistet habe und leisten konnte, eine solche Arbeit bedeutend erleichtert zu haben, da nun durch die Zusammenstellung aller gleichen Ausdrücke der wahre Sinn mit geringerer Mühe zu ermitteln sein dürfte, indem so leicht die eine Inschrift durch die andere erklärt und ergänzt wird. Denn musste man früher, um nachzusehen, ob sich ein Wort oder eine gewisse Form desselben schon fände, alle vorhandenen Inschriften, deren Anzahl über 2000 ist *), durchforschen, so hat man jetzt nur nöthig den alphabetischen Artikel über ein einziges Wort durchzugehen; und hierdurch möchte wahrlich schon *viel* gewonnen sein. Fragt man, warum so wenig geschehen sei für die Erforschung dieser Monumente, auf welche ein Land stolz zu sein eigentlich das grösste Recht hätte, so haben wir keine andere Antwort, als eine von *Friedrich Schmitthenner* entlehnte: "Es ist nicht weit her! sagt der Deutsche", und wenn der Schwede nicht so sagt, so muss er wenigstens in dieser Hinsicht so denken. Ständen diese herrlichen Denkmale nur in irgend einem entlegenen Theile der Erde, enthielten sie Lappalien über eine uns ganz fern liegende Sprache, über Völker und Dinge, die von gar keinem oder verhältnissmässig wenigstens geringem Werthe für uns wären, weder Scharfsinn, noch Geldaufwand würde gespart werden, um sie in getreuen und schönen Abbildungen wiederzugeben und um sie zu erklären.

Vielleicht hätte ich meinen Zweck durch ein blosses alphabetisches Verzeichniss der einzelnen Wörter erreicht, ohne ihre Vergleichung mit den verwandten Sprachen und eine hieraus folgende Erklärung derselben zu versuchen. Doch ich muss bekennen, eine Schwäche, von der wohl Wenige frei sind, die nur zu oft verleitet zu glauben, dass das,

*) Es finden sich nämlich nach *Run-Urkunder utgifne af Joh. G. Liljegren* in

Uppland	822	Runensteine.	Gottland	161	Runensteine.
Södermanland . .	209	—	Blekinge	13	—
Westmanland . .	61	—	Skåne	46	—
Norrland	47	—	Halland, Bohusl.	12	—
Östergöthland . .	131	—	Norrige	90	—
Westergöthland	144	—	Danmark	112	—
Småland	116	—	Island, Gronland	31	—
Öland	43	—	u. s. w.		

was uns manchen angenehmen Augenblick verschaffte, manchen trüben verscheuchte, auch von Anderen mit gleicher Liebe umfasst werden werde, hat mich verleitet die eine und andere meiner hin und wieder von der gewöhnlichen Ansicht abweichenden Erklärungen oder Vermuthungen mitzutheilen. Möge man dieselben als ein *hors d'oeuvre* betrachten. Diese Erklärungen waren aber wiederum ohne Belege unmöglich, und die Gleichförmigkeit erforderte, dass das, was bei dem einen Worte geschah, bei dem anderen nicht unterlassen wurde. So ist die Gestaltung dieser Arbeit entstanden, die ich mit der Bitte um Nachsicht allen Freunden der Germanisch-Skandinavischen Sprachforschung als eine Aufforderung zur Leistung dessen vorlege, was mir meiner geringen Kenntnisse und Fähigkeiten, meiner von so vielen ermüdenden und abspannenden Geschäften überhäuften Verhältnisse wegen nicht gelungen ist und gelingen konnte.

Stockolm im October 1844. ***U. W. D.***

F. ᚠ.

F 495, scheint der Anfangsbuchstabe eines Namens zu sein.

F 1802, 1855. Die Runen wurden ebenfalls zur Bezeichnung der Sonntagsbuchstaben und der goldenen Zahl angewandt, vergl. *L. R.* S. 194 und Taf. IX. — ᚠ primst . . . . . 1802, d. h. die goldene Zahl I, da aber das Uebrige der Inschrift undeutlich ist, so lässt sich die Jahreszahl nicht bestimmen. Ta var : ᚠ : sunudahr : ᛚ : prim : i : fiurtando : rado : i : taflone : 1855, d. h. Da war A Sonntagsbuchstabe und XIV goldene Zahl in der vierzehnten Reihe auf der Tabelle, wodurch das Jahr 1514 bezeichnet wird. Das von *Sj.* II, 28 angegebene Jahr 1419 ist unrichtig; vergl. Fir.

Furkuþr 558, ein Mannsname, zusammengesetzt aus Fur, s. Furir, und Kuþr oder Kunþr, Kunr, s. d. W., und bedeutet vielleicht Vorkämpfer — Forkuþr 351, 430, Forkun 337, 429, Forkunþr, 392.

Furkifi 485 (*conj. præs.*), zusammengesetzt aus Fur, isl. *for*, schw. *för*, dän. *for*, goth. *fair*, ahd. *far* (*var*), *fir*, nhd *ver-*, ags. *for*, engl. *for-*, holl. *ver-*, und Kifa, isl. *géfa*, schw. *gifva*, dän. *give*, goth. *gibàn*, ahd. *geban* (*kepan*), nhd. *geben*, alts. *geban*, ags. *gifan*, engl. *give*, holl. *geven*. Fur + kifi + onum × sakaᛦ × auk × sutiᛦ., d. h. - - vergebe ihm Schulden und Sünden.

Furkᛦ 1450, ein Mannsname, zusammengesetzt aus Fur, s. Furir, und Kair, s. d. W., ahd. Frumiger, ags. Frumgar, Vorkämpfer, scheinen dieselben Namen zu sein.

Furir 1779, 1781, 1952, isl. *fyrir*, schw. *för*, *före*, dän. *for*, goth, *faur*, *faura*, ahd. *furi*, *fora*, nhd. *für*, *vor*, alts. *furi*, *fora*, *for*, ags. *fore*, *for*, engl. *fore*, *be-fore*, holl. *voor*. — Fü' katrino: meso, 1855, d. h. nach *Sj.* II, 28 am ersten Katharinen-Tage oder dem 2:ten August; richtiger aber nach *L. R.* S. 157 onsdahinom fyri Katrinomeso, d. h. am Mittwoche vor dem Katharinen-Tage oder am 22:sten November. — Fur 403, 644, 645, &c. für 1763, furri 1819, furre 1750, furi 1716, 1740, 1741, füri 1707, 1709, 1713, &c. fürir 1779, 1792, furiᛦ 81, 207, 391, fuaᛦ 1552, for 1531, 1553, 1693, fori 1579, fr 570, fir 439, 583, 1693, firri 1834, firi 1613, 1696, 1700, &c. firir 1352, 1654, 1708, &c. fᛦrir 1859, 2021.

Fura 675, isl. *færa*, schw. *föra*, dän. *føre*, ahd. *fuoran*, nhd. *führen*, ags. *ferian*, *vehere*, *Beow*. 663, holl. voeren, vergl. Fara — þiᛦ. fürþu. 1555, d. h. sie führten. fürþr 1251, d. h. geführt. *Br.* S. 198 übersetzt begraben. fürþi 1696, führte. furþa 1596 für fürþi, die erste Person endigt sich nämlich in der alten Sprache da oft auf *a*, wo die zweite sich auf *ir* endet, s. R. Gr. S. 164. firiþi 12, 836, führte, *Br.* S. 221 liest firiþ und übersetzt begraben. fira 1740, führen. Furuki 803, für furunki oder furinki, Anführer; der Konsonant *n* wird nämlich oft vor anderen Konsonanten, besonders *k* (*g*), *t* und þ ausgelassen, vergl. *R. L.* S. 77 und *Id.* IX, S. 353; über die Endung ingi vergl. *R. Gr.* S. 185, 319.

Furs 220, 469, 507, 509, 1094, 1492, isl. *faraz*, umkommen, zu Grunde gehen. Sim suti furs. 220, d. h. der im Süden umkam. On furs uti. Krikum. 469, d. h. er kam in Griechenland um. Die Inschrift von

507 ist undeutlich. On furs × uti × miþ ala × skibin × 509, d. h. er ging in der Fremde mit allen Schiffen zu Grunde. Iᛦ furs 1094, d. h. er kam um. Die Inschrift von 1492 ist ebenfalls undeutlich. *Br.* S. 197 übersetzt begraben, die Uebersetzungen von *Bartholin* und *Werelius* sind ganz abweichend. Furs durch das schwedische *färdades*, reisete, zu erklären, lässt weder die Wortform, noch der Sinn zu.

Fursta 1952, isl. *fyrr*, *prius*, *fyrri*, *prior*, *fyrstr*, *primus*, schw. (*den*) *förste*, dän. (*den*) *første*, die Bildung von fur oder furir ist deutlich — isl. *fursti*, *fyrsti*, schw *furste* (förste), dän *fyrste*, *første*, ahd. *furisto*, nhd. *Fürst*. At. fursta laki, d. h. zum ersten Male.

Fuks 245, ein Mannsname, isl. *fox*, goth. *fauho*, adh. *fuhs*, m., *foha*, f., nhd. *Fuchs*, alts. *fohs*, ags., engl. *fox*, holl. *voss*, von der Wurzel *fu* (*vu*), roth.

Funuf 1438, undeutlich. *Br.* S. 148 liest filu, d. h. fielen.

Fununr 388, ein Mannsname, vielleicht zusammengesetzt aus Funi, isl. *funi*, glühende Asche, goth. *fon*, *funa*, Feuer, nhd. *Fun-ke*, und Unr, Liebhaber, vergl. Fiur und Uni.

Gr. *φῶς*, aus sansk. *pû*, reinigen, *Bopp* (vergl. Gr. S. 124) sagt: "Diese wurzel ist die sprachliche mutter des windes und feuers, die beide als reiniger dargestellt werden. *Pavana* ist der wind, und das entsprechende goth. *fōna* ist feuer, was im skr. *pavâka* genannt wird.... Das griech *πῦρ* und ahd. *viura* fallen ebenfalls der wurzel *pû* anheim. Vergl. *Fuks*.

D.

Funum 303 (dat. pl.), ein Ortsname, jetzt *Funbo*, vergl. das vorige Wort.

Funtin 262, 791, ein Mannsname, isl. schw. *finna*, dän. *finde*, goth. *finþan*, adh. *findan*, nhd. *finden*, ags. *findan*, engl. *find*, holl. *vinden*, der Erfahrene. Vergl. *Finr*.

Fustra 1618, isl. *fostra*, schw. *fostra*, dän. *fostre*, ags. *fostrian*, engl. *foster* — ernähren, erziehen, isl. *fóstra*, Pflegemutter, Pflegetochter, *fóstri*, Pflegevater, Pflegesohn, auch vertrauter Freund. Die im Hause geborenen und erzogenen Sklaven, mochten sie freigelassen sein oder nicht, erhielten ebenfalls diese Benennung, Str. I, 595. Ausserdem ist zu bemerken, dass man sich nicht selten der Erziehung fremder Kinder annahm, da der Vater ein Recht hatte, sein Kind anzunehmen oder zu verstossen, welche angenommenen Kinder alsdann diese Benennung erhielten oder auch *knesetninger* genannt wurden, weil man dadurch, dass man ein neugeborenes Kind auf den Schooss nahm — aufs Knie setzte — dasselbe als Vater oder Pflegevater anerkannte. *L. Hjs.* II, 236.

Diese Sitte der Auferziehung (*fosterage*) war bei den Iren sehr allgemein, und das Band, welches der Pflegevater (*fosterfather*) mit seinem Pflegekinde (*fosterchild*), oder auch die Pflegebrüder (*fosterbrothers*) mit einander knüpften, wurde für heiliger gehalten, als diese Blutverwandtschaft selbst. Diese Sitte herrschte am längsten in den schottischen Hochlanden und auf den westlichen Inseln. S. *Scotts notes to Rokeby; and Johnson's Journey to the Western Isles.*

D.

Futr 806, ein Mannsname, isl. *fótr*, schw. *fot*, dän. *fod*, goth. *fotus*, ahd. *fuoz*, *foz*, nhd. *Fuss*, alts., ags. *fot*, engl. *foot*, holl. *voet*. — Fut 1342, Futi 806, Fotr 23, 204, 413, 633, 639, 1550.

Futiᛦ 1468, isl. *fæda*, ernähren, gebären, *fæda* und *fædi*, Speise, *fódra*, füttern, *fódr*, Futter, schw. *föda* (verb.), *föda* (subst.), *fodra*, *foder*, dän. *føde* (verb.), *føde* (subst.), *fodre*, *foder*, goth. *fitan* gebären, scheint ebenfalls ursprünglich ernähren zu heissen, daher isl. *fitna*, fettwerden, schw. *fetna*, dän. *fedes*, isl. *feits* fett, d. h. wohlgenährt, schw. *fet*, dän. *fed*, goth. *fodjan* ernährern, *fodeins*, Nahrung, ahd. *fotjan*, nhd. *füttern*, alts. *fodan*, ags. *fedan*, engl. *feed*, holl. *voeden* — ernähren, gebären, vergl. Faþir. Auffallend ist die Bedeutung von Scheide, *theca*, *vagina*, in den Formen, goth. *fodr*, ags. *fodr*, ahd. *fuotar*, schw., dän. *foder*, isl. *fud*, Mutterscheide, weibliche Scham, *fydill*, das Diminutivum von *fud*, männliche Scham, nhd *Futteral*. — Faiᛦ. varþa. nu. futiᛦ. þon. betri., d. h. Jetzt werden wenig Bessere als er geboren.

Fulkvi 95, Frauenname, zusammengesetzt aus Fulk, vergl. Fulki, und Vi, vergl. d. Wort.

Fulkviþr 996, ein Mannsname, zusammengesetzt aus Fulk, vergl. Fulki, und Viþr, vergl. Viþur.

Fulkþu 1323, isl. *fylgia*, schw. *följa*, dän. *følge*, ahd. *folken*, nhd. *folgen*, ags. *fylgjan*, *folgjan*, engl. *follow*. — *Br.* S. 52 fulgþu flaistr, d. h. folgten die Meisten; *Sj.* I, 27 sagt, der Runenstein bei *Karlevi* ist wahrscheinlich ein Denkmal seit dem Kriegszuge des dänischen Königs *Ejegod* zu Ende des eilften Jahrhunderts, und übersetzt, III. 123 des Heeres (isl. *fylgd*, comitatus); *L. R.* S 84 übersetzt des (Begleiteten, altschw. *fulkþr*, *stipatus*) an Gefolge reichen (geliebten Anführers) — und *R. Spr.* S. 27 äussert, die Uebersetzung hat ihre Schwierigkeiten, die ich nicht zu entscheiden wage.

Fulki 1922 (dat.), isl. *fólk*, schw. dän. *folk*, ahd. *volh*, *folc*, ags. *folc*, engl. *folk*, nhd. *Volk*; die Ableitung ist unbestimmt, vergl. das folg. W. — ouk : olu : kristnu : fulki : d. h. und allem christlichen Volke.

Fulkir 743, ein Mannsname, isl. *fylki*, altschw. *fylki*, dän. *fylke*, Landschaft, Schaar, isl. *fylking*, Schlachtordnung, *fylkir*, der in Schlachtordnung stellende Anführer, Fürst — Folkar 1736, Folki, 325, Fuluki 268, 351, 491, 840, Fulüki 563, Fuluka (acc.) 281, Fuluhi 135, 419, 461, *h* wird oft für *k* gesetzt, Fuluhe 29, Fuluiki 1045, Fuluih 652. Diese Namen scheinen alle zusammenzugehören; sonst erklärt man auch wohl Fuluki durch das isl. *fullhugi*, muthig.

Fulkin 1323, isl. *fela* bedecken, verbergen, *folginn*, verborgen, altschw. *fjäla*, dän. *fiæle*, goth. *filhan*, verbergen, begraben, *fulgins*, verborgen, ahd. *felhan*, engl. *feal*, nhd. fehlen? — *Br.* S. 52 liest: i fulkini und übersetzt, unter dem Volke, *L. R.* S. 84 und *Sj.* III, 123 übersetzen, verborgen.

Fulkskrimᛦ 864, zusammengesetzt aus Fulk, s. Fulki, und Krimr, s. d. Wort. Anführer des Volkes, vergl. Fala.

Fulkbiurn 260, ein Mannsname, zusammengesetzt aus Fulk, s. Fulki, und Biurn, s. d. Wort; Faülkbiurn 564.

Fulheila 729 (acc.), ein Beiname von Fulk, s. Fulki, denn Fulh steht für Fulk, und Fili, einer der Feinde tödtet, isl. *fella*, fällen, tödten, *fellir*, Niederlage, schw. *fälla*, dän. *fælde*, ahd. *fellan*, nhd. *fällen*, hol. *vellen*, engl. *fell*.

Fultar 1323, unbestimmt. *Br.* S. 52 übersetzt dieses Wort durch Gefolge.

Fornemda 1764, zusammengesetzt aus For, s. Furir, und Nemna, s. *Nemta*, vorhingenannt — pa . þi . for : nemda . slod . d. h. auf dem vorhingenannten Schlosse.

Foinki 1492, unbestimmt. *Bartholin* liest: vas þa fainginn, und übersetzt, wurde da gefangen; *Werelius* dagegen übersetzt, er war Anführer, vergl. *Br.* S. 197.

Fosn 2018, isl. schwed. *fors*, dän. *fos*, Wasserfall; isl. schwed. *forsa*, hinabstürzen, schnell fliessen, isl. *fors*, Wuth. (franz. engl. *force*) — i longa fosn, d. h. in dem langen Wasserfalle.

Folboa 2012 (gen. pl.), ein Ortsname, zusammengesetzt aus(?) Fola, Stute, isl. *foli*, Füllen, schw. *fole*, *fåle*, dän. *fole*, føl, isl. *fylia*, beschelen, *fyl*, Füllen, altschw. *fola*, Stute, und Bu, s. dieses W. Wir führen hier die ganze Inschrift an, da sie als Beschluss einer Pfarrgemeinde merkwürdig ist: þeta : ier : vitni : kirkiur prests ok : sokna manna at Halvis boar aihu kauptan meþ einn kirkiur faveh ginom litlo Folboa garþa, d. h. Dieses ist das Zeugniss des Predigers und der Gemeinde, dass die Bewohner Halvis ein Recht haben durch Kauf einen Kirchenweg durch Klein — Folebos (jetzt Fohle) Gehöfte zu erhalten. Vergl. *R. L.* S. 175 und *G. S. H.* S. 168.

Fruþa 1096 (acc.), ein Mannsname, isl. *fródr* weise, einer der Vieles weiss, *fræda*, unterrichten, *frædi*, Gelehrsamkeit, goth. *fraþjan*, verstehen, *fraþi*, Verstand, *fróþs*, verständig, *frodei*, Klugheit, ahd. *frot*, *fruot*, ags. *fród*, holl. *vroed*, mhd. kommt der Name *Fruot*, der Verständige, Kluge, vor. — *Froþa* 1492 (acc.) — der nom. heisst *Froþi*.

Mit. engl. *froyd*, *froth*, "*froyd custummere þat* by ythe *of another as yerne* by ers" *Prompt. Parvul. Ed. Way*. s. 180. Anmerk., *frody* klug, *Jamieson*.

D.

Frükúþr 170, ein Mannsname, entweder zusammengesetzt aus *Fruþr*, s. *Fruþa*, oder *Frair*, s. *Fraikaiᛦ*, und *Kunþr*, s. *Kunr*, der weise Kämpfer oder der Kämpfer des Gottes *Freyr*.

Frukakr 782, ein Mannsname, zusammengesetzt aus *Fruþr*, s. *Fruþa*, und *Kankr*, s. *Kakr*, weiser Gänger. Eben so wurde im ahd. *Gang* auch von Personen gebraucht, z. B. *Hruodgang*, Ruhmgang.

Frusta 404 (acc.), ein Mannsname, *Frusti*, isl. *Frosti*, isl. schw., dän., ags., engl. *frost*, ahd. *frost*, nhd. *Frost*, isl. *friosa*, *frigere*, *frera*, *congelare*, schw., *frysa*, dän. *fryse*, goth. *frius*, Kälte, ahd. *friusan*, engl. *freeze*, holl. *vriezen*. Vergl. *Kari*.

Fruburnr 1476, ein Mannsname, zusammengesetzt aus *Fruþ*, s. *Fruþa*, oder *Frair*, s. *Fraibiarn*, und *Biurn*, s. d. W.; der weise Bär, oder der Bär des Gottes *Freyr*.

Frumuntr 1064, 1065, ein Mannsname, zusammengesetzt aus *Fruþr*, s. *Fruþa*, und *Muntr*, s. *Munti*, weiser Beschützer; *Fruþmr*, für *Fruþmuntr* 1067, *Frumunt* 1065, *Frumuntu* 1064.

Friþgaiᛦ 1742, ein Mannsname, zusammengesetzt aus *Friþr*, s. *Friþi*, und *Kair*, s. d. W.; Friedensspeer, ags. *Friðugâr*, *Fréoðegar*, Rel. Ant. II. 173, fränk. *Fredegar*, doch schient es ein Irrthum zu sein, wenn man goth. *Friþigairn* als gleichbedeutend aufführt, da der letzte Theil des Namens hier nicht Speer, sondern begierig (goth. *gairns*) bedeutet, wie isl. *Fridgiarn*, friedliebend.

Friþi 1072, ein Mannsname, isl. *fridr*, schw. *fred*, *frid*, dän. *fred*, goth. *Friþa(reiks)*, ahd. *fridu*, ags. *frið*, nhd. *Friede*, holl. *vrede*, isl. *frida*, beruhigen, schw. *freda*, sicherstellen, schirmen; dän. *frede*, etwas durch Umfriedigung schirmen, *fredskov*, Gehäge, goth. *freidjan*, schützen, schonen, isl. *fridstöll*, Asyl, ahd. *frithof*, der geschirmte Hof, Palast, ags. *friðstow* Asyl, nhd. *Fridhof*, Kirchhof. Die erste Bedeutung scheint also zu sein, durch eine Einfriedigung schützen. Isl.

frīdr

frīdr, schön, stark; *frīdr*, gezähmt, sicher. — *Friþu* 1617 (acc.), ein Frauenname, *Friþa*; *Friᚦi* 1653 (dat. subst.), med friᚦi, d. h. in Frieden; *Friᚦi* 1654, 1850 (conj. praes. act.), Gud friᚦi hennar sal, d. h. Gott schirme ihre Seele. Vergl. noch *Friᚦgerþur*.

Frinkunu 871 (acc.), zusammengesetzt aus *Frianti*, s. d. f. W., und *Kuna*, s. d. W., altschw. *frændkona*, *frænkona*, schw. *fränka*, dän. *frænke*, eine Verwandte.

Friantr 507, pl. für *friantir*, isl. *frændi*, Verwandter, Freund, schw. *frände*, dän. *frænde*, goth. *frijonds*, ahd. *fríunt*, nhd. *Freund*, alts. *friund*, ags. *freond*, engl. *friend*, holl. *vrient*, eigentlich partic. von schw. *fria*, dän. *frie*, goth. *frijon*, ags. *freogan*, lieben, freien, der Liebende, der Freund. — þai × varu + friants +, d. h. sie waren Verwandte; fri (für *frianta?*) 288, *frenti* 1629, frenta 746 (acc.), *fretr*, pl. für frentir 208, vergl. *Furuki* unter *Fura*, *frita* (acc.), für *frinta* 253, 1185, 1265, 1337, *Fᛦiant* 1372 (acc.).

Friᚦgerþur 1845, ein Frauenname, zusammengesetzt aus *Friþr*, s. *Friþi*, und *Karþur*, s. *Karþir*, die mit Frieden Umgebende, Schirmende; altschw. *Friþgærþi*, Gehäge.

Fra 1985, isl. *fra*, schw. *från* (ifrån), dän. *fra*, goth. *fra*, ags. *fræ*, engl. *from*, *to and fro*, ahd. *fra* und *far*, nhd. *ver-*; schott. *frae*.

Frakis 324, undeutlich. *Br*. S. 165 übersetzt, er kam um. isl. *forganga*. Andere, er wurde berühmt, isl. *frægaz*.

Fraikaiᛦ 671, 691, ein Mannsname, zusammengesetzt aus *Frair*, isl. *Freyr*, der Erfreuende, der Herr, Name eines Gottes, *Freya*, die Erfreuende, die Frau, Name einer Göttin, goth. *Fráuja*, Herr, Gott, ahd. *Fro*, ags.

Fréa, und *Kair*, s. d. W., Speer des Gottes *Freyr*. — *Fruikiᛦ* 690, *Fraikiᛦi* 1049 (dat.).

Alts. *Fróhe*, ags. *Frea* für *Fréaha*, vergl. *Kemble Beow.* sub. voc. *Grimm*. D. M. s. 191 2:te Aufl. sagt "Die tief in unsere sprache eingeschlagne wurzel führt also auf die begriffe *froh*, *erfreuend*, *schön*, *herrlich*, *heilig*, und die urbedeutung von *fráuja* wie von *Freyr* scheint keine andere als: *der frohe*, *frohmachende*, *beseligende*, *wunderschöne*, *heilige herr*, was auf den weltlichen herscher wie auf die Gottheit bezogen werden kann.

D.

Fraistain 467, 492, ein Mannsname, zusammengesetzt aus Frair, s. Fraikaiᛦ, und *Stain*, s. d. W., Stein des Gottes Freyr. — *Frustin* 388, 479, 589, 1575; *Frusten* 728; *Frustain* 407, 444, 1111; *Fraüstin* 353, *Fraustain* 835, 842.

Fraibiarn 352, ein Mannsname, zusammengesetzt aus *Frair*, s. *Fraikaiᛦ*, und *Biurn*, s. d. W., Bär des Gottes *Freyr*. — *Freubiurn* 26.

Fkiat 1994, lat. für *fugiat*.

Fiur 952, isl. *fiör*, Leben, Lebhaftigkeit, Athem, dän. *fyr*, ein junger Mann, goth. *fairwus*, Welt, alts. *firiho barn*, Helj. *firas homines* Beow. 181, ags. feorh, ahd. ferh, nhd. (südd.) *Ferch*, Blut, Leben. — Þü : lit fiur sit :, d. h. das Volk liess sein Leben. *Br.* 189 S. übersetzt *fiur* mit *fuhr*.

Fiur 1952, isl. *fiórir*, schw. *fyra*, dän. *fire*, goth. *fidvor*, ahd. *fior*, nhd., holl. *vier*, ags. *feovor*, engl. *four*. — *Fiura* (in derselben Inschrift mit undeutlichem a). — *Fiarþi* 8, isl. *fiórdi*, schw. *fjerde*, dän. *fierde*, nhd. *vierte*.

Fiurtan 1764, isl. *fiórtán*, schw. *fjorton*, dän. *fjorten*, ags. *feowertyne*, engl. *fourteen*, nhd. *vierzehn*. — *Furtan*

1763. — *Fiurtanꝗo* 1750, 1855, isl. *fiórtándi*, schw. *fjortonde*, dän. *fiortende*, nhd. *vierzehnte*.

Fiulvar 1062, ein Mannsname, zusammengesetzt aus *Fi*, s. *Far*, und *Ulfr*, s. d. W., entweder der Vermögen Begehrende oder Verschwendende. — *Fiulvars* (gen.), in derselben Inschrift.

Fiulmuþ 1667, ein Mannsname, zusammengesetzt aus *Fiul-*, isl. *fiöl-*, dem nhd. *viel* entsprechend, und nur in Zusammensetzungen vorkommend, s. *R. Gr.* s. 178, goth. *filu*, in Zusammensetzungen *Fil-*, z. B. *Filimêr*, vielberühmt, alts. *filu*, ags. *fela*, ahd. *filu*, nhd. *viel*, holl. *veel*, und *Munþr*, s. *Munti*, der viel Beschirmende.

In *Beow. indecl. cum gen. pl.* mit. engl. *fele*, *fele*, *fold multiplex* P. P. *D.*

Fir 1701, Benennung der Rune ᚠ, für Freyr; vergl. *F.* — Ta. var. Loker þirimstafr. ok. Fir. sunutahr, d. h. Da war (ᚦ) XIV goldene Zahl und (ᚠ) *A* Sonntags-buchstabe — wodurch das Jahr 1514 bezeichnet wird. *Sj.* II, 29, giebt nach einer anderen Leseart das Jahr 1441 an.

Firivæn 1860 (pl. adj.), zusammengesetzt aus *Firi*, isl. *færi*, Gelegenheit, von *færa*, schw. *föra*, dän. *føre*, s. *Fara*, und *Vanr*, isl. *vandr*, sehr besorgt um etwas, von *vanda*, Sorgfalt auf etwas verwenden, schw. *våndas*, besorgt sein, dän. *vaandes*, ahd. *wuntra*, ags. *wundra*, engl. *wonder*. — Varin firivæn, d. h. seid vorsichtig.

Firilati 1695 (conj. praes.), zusammengesetzt aus *Firi*, s. Furir, und *Lata*, s. d. W., isl. *forláta*, schw. *förlåta*, dän. *forláde*, goth. *fraletan*, ahd. *firlâzan*, ags. *forlaetan*, nhd. *verlassen* — Guþ firi : lati iki : orar : sintir :, d. h. Gott erlasse euch eure Sünden.

Finviþr 468, 474, 548, 566, ein Mannsname, zusammengesetzt aus *Fin*, isl. *fen*, goth. *fani*, ahd. *fenna*, ags. *fenn*, nhd. *Fenn*, engl. *fen*, holl. *venn*, und *Viþr*, s. Veþur, *Fennbaum*, *Fennwald*. — *Finfithir* 1970, *Finviþ* 507 (acc.), *Finviþrᛦ* 1191, ist eine von den nicht selten vorkommenden Verritzungen, denn ᛦ ist eine Verbesserung für ᚱ.ᛁ, *Finviþaᛦ* 543, 662 (gen.), *Finiþr* 912.

Finvarþ 554 (acc.), ein Mannsname, zusammengesetzt aus *Fin*, s. d. v. W., und *Varþr*, s. *Vaurþr*; Fennwart.

Finr 2019, ein Mannsname, isl. *finna* erfinden, *findinn*, erfindungsreich, *finnandi*, Erfinder, schw. *finna*, *fintlig* verschlagen, dän. *finde*, *find*, Empfindung, *finder*, Erfinder, goth. *finþan*, ags., ahd. *findan*, nhd. *finden*, engl. *find*, holl. *vinden* — bedeutet ursprünglich gehen [ahd. *fandio*, *fendo*, nhd. *Fant*, ital. *fante*, der Fussgänger (hierher gehört auch *Infanterist*), isl. *Fantr*, m., schw. *fänta*, f., dän. *fante*, liessen sich vielleicht hierdurch auch erklären], dann an etwas kommen, es finden (wie *venire* und *invenire*); *Findr*, *Finnr* würde also heissen Erfinder. — *Fiþr* 1065 (für *Finr*; bei den Alten wechseln nämlich *d* und *nn* oft ab, so *madr* und *mannr*), *Fin* 1208 (acc.), *Finn* 84.

Finhiþi 1251, Benennung des westlichen Theiles von *Småland* oder der drei Bezirke *Östbo*, *Vestbo* und *Sunnerbo*, zusammengesetzt aus *Fin*, s. *Finviþr*, und *Haiþi*, isl. *heidi*, schw. *hed*, dän. *hede*, goth. *haiþi*, ahd. *haida*, nhd. *Heide*, ags. *hæð*, engl. *heath*, holl. *heyde* — bezeichnet ursprünglich Ebene, ohne den Nebenbegriff des Ödeseins.

Finlanti 1698, Finnland, zusammengesetzt aus *Fin*, s. *Finviþr*, und *Lant*, s. *Lanti*, eine wörtliche Uebersetzung des finnischen Wortes *Suoma*, d. h. Morast- oder Fennland. Mehr gezwungen ist die Ableitung von dem Celtischen Worte *Fian*, Riese, vergl. *Id.* IV, 106. — *Finlont* 623.

Fiari 324 (dat. für *fiaru?*), isl. *firr*, *fiarri*, *fiarr*, schw. *fjerran*, dän. *fiern*, goth. *fairra*, ags. *feor*, ahd. *fer*, engl. *far*, nhd. *fern*. — Uti : fiari : laþi :, d. h. im fernen Lande. *Fiari* 927 (adverb.); *Fiaʌu* 2028.

Fiak 1621 (acc.), ein Mannsname, *Fiakr*, vielleicht zusammengesetzt aus *Fi*, s. *Far*, und *Akr*, isl. *akkr*, Verlangen, der Verlangen nach Reichthum hat.

Fial 803, 865, 1173 (imperf.), isl. *falla*, fallen, sterben, schw. *falla*, dän. *falde* (im jütl. Dial. heisst das imperf. *fiæl*)), ags. *feallan*, ahd. *fallan*, holl. *vallen*, engl. *fall*, nhd. *fallen*. — Han fial i urustu, d. h. er fiel im Kriege 803. Han fial. i Hulmkarþi, d. h. er fiel in Holmgard (einem Theile Russlands) 865. — *Fil* 508, 520, 525, 1463 (ebenfalls imperf.), Hon fil o Kriklontu, d. h. er fiel in Griechenland. *Falnir* 2232 (part. praet. pl.).

Fiska 2013, isl., schw. *fiska*, dän. *fiske*, nhd. *fischen*; isl. *Fiskr*, schw., dän. *fisk*, goth. *fisks*, ags., ahd. *fisc*, holl. *visch.*, engl. *fish*, nhd. *Fisch*. — Ailifr Ilgr bir fiska i Rauku sio, d. h. A. J. darf im Rauko-See fischen.

Fisiulfi 1064, 1065, ein Mannsname, zusammengesetzt aus *Fi*, s. *Far*, und *Siulfir*, s. d. W., der reiche Silber(?). — *Fisiulfa* (gen.).

Filum 1775 (dat. pl.), ein Ortsname, isl. *felur*, Schauer, Schoppen, dän. *fiælested*, *fiælster*, von isl. *fela*, bedecken, verbergen, vergl. *Fulkin*.

Filaki 1431 (acc. für *filaka*), isl. *félagi*, Compagnon, dän. *fælle*, ags. *felaw*, mit. engl. *fela*, Pr. Par., engl. *fellow*, zusammengesetzt aus *Fi*, s. *Far*, und *Lak*, isl. *lag*, Gesellschaft, Bund, schw. *lag*, dän. *lag* oder *laug* (lav), nhd. *Ge-lage*, vergl. *Likia*. — *Felka* 208 (acc.), Seik : felka : sin :, d. h. hinterging (tödtete) seinen Gefährten. *Filaka* 1416, 1425, 1446, 1548 (acc.), *Felaka* 1403; *Felahan* 1638, 1640 (acc. fem., mit Mönchsschrift, 1638 auch mit Runen); *Fᛦlaka* 1499 (acc.).

Femtigi 1764, isl. *fimmtiu*, schw. *femtio* (dän. *halvtredsindstyve*, d. h. 2½ mal 20), goth. *fimftigius*, ags. *fiftig* engl. *fifty*, nhd. *funfzig*.

Fa 1953, isl. *fá*, schw. *få*, dän. *faae*, goth. *fahan*, ahd. *fahan*, ags. *fon*, nhd. *fahen*; isl. *fánga*, schw. *fånga*, dän. *fange*, ahd. *fankan*, ags. *fangán*, engl. *fang*, holl. *vangen*, nhd. *fangen*. — *Fik* 1179, 2009 (sing. imperf.), *Finku* 2009 (plur. imperf.).

Fa 1065, ein Mannsname, isl. *fá*, Glanz, vergl. *Faþi*; *Fas* (in ders. Inschr. genit.).

Ags. *fáh*, versicolor, kommt sehr häufig zusammeng. in Beowolf vor.

D.

Faveh 2012, zusammengesetzt aus Fara, s. d. W., und *Vigr*, s. *Vihi*, Fahrweg.

Faþi 1065, 1067, 1071 (imperf.), isl. *fá*, imperf. *fádi*, glätten, abzeichnen, malen, *fá* Glanz, *fádr*, geglättet; *fægia*, glätten, *fager* glänzend, schön, schw. *feja*, säubern, poliren, dän. *feie*, schw., dän. *fager*, schön, ags. *fæger*, ahd. *vakar*, engl. *fair*, goth. *fagrs*, nützlich, gut, *faþs* Herr, Vorgesetzter.

Mit. Engl. *to fage adulari blandificare palpare. Cat. Br.* ags. *faegen hilaris*, engl. *fain?*

D.

— Frumunt Fisiulfa sun faþi runaᛦ þisaᛦ 1065, d. h. Frumunt, Fisiulfis Sohn, zeichnete diese Runen. In Brusi Asbiarnaᛦ : sun faþi : runar þina 1067, d. h. Aber Brusi, Asbiurns Sohn, zeichnete diese Runen. — *Sj.* III, 121, meint, *fadma* bedeute umschlingen (umarmen), und da die Runen zuweilen von Schlangen umgeben würden, so könnte man sie gleichsam umschlingen (umarmen), und hieraus dürfte *Fadi runar* entstanden sein(!!).

Faþi 55, ein Mannsname, isl. *fádr*, geschmückt, goth. *faþs*, Befehlshaber. vergl. d. v. W. — *Faþa* 1339 (acc.), *Fati* 2134, *Faᛏi* 2162.

Faþiᛦ 31, 1644, isl. *fadir*, schw., dän. *fader*, goth. *fadar*, ahd. *fatar*, ags. *fader*, engl. *father*, holl. *vader*, nhd. *Vater*, d. h. der Ernährer, vergl. *Futiᛦ*. Erzeuger dagegen heisst *Kuni*, vergl. d. W. — *Fuþur* 504 (acc.), *Foþur* 2, 29, 117 (acc.), 2233 (gen.), *feþr* 669 (acc. pl.), *Fauþur* 258, 967 (acc.), im Isl. steht ebenfalls *favdur* für *födur*, vergl. *R. Gr.* s. 14, *Faur* 909, 1053, 1122 (acc.), *Fauᛦi* 971 (undeutlich), *Faþu* 222, 567, 1105, 1213, 1476 (acc.), *Faþur* 5, 6, 14, 15, 17, 18, u. s. w. (acc.), 984, 1751 (gen.), *faþür* 370 (acc.), 1531 (gen.), *Faþurn* 1014 (ist offenbar unrichtig gelesen, denn + ᚠᛅᚦᚢᚱᚼᛋᛁᚾ + soll heissen + ᚠᛅᚦᚢᚱ + ᛋᛁᚾ), *Faþuri* 351, 603, 1072 (acc.), *Faþura* 1214 (wird verschieden gedeutet, vergl. *Turika*), *Faþusn* 241 (für *Faþur sin*), *Faþuᛦ* 289, 714, 1069 (acc.), *Faþor* 446 (acc.), *Faþr* 154, 352, 1733 (acc.), *Faþr* 232, 829 (acc. pl.), *Faþir* 1201 (nom. sing.), *Faþer* 1834 (nom. s.), *Faaþur* 1935 (verritzt für *faþur*), *Faaþiᛦ* 1486 (verritzt für *Faþiᛦ*), *Fakaþur* 226 (verritzt für *Faþur*), *Fasar* 809 (nb. engl. *Father!*), *Fatur* 1038, *Fatran* 1317, *Faþurfaþur* 938, *Faþursbruþur* 503, *Faþurbruþur* 1151, *Faþurbruþr* 1593 (nom. pl.), *Faþurbroþur* 559, *Faþurbroþurs* (gen.). — × Han × vaᛦ fapiᛦ Sikr... 31, d. h. er war S.'s Vater. þair . litu . rasa . stan . at Auþkair . auk Tan + feþr sina,

d. h. Sie liessen ihren Vätern, A. und T. einen Stein errichten . Saksi lit . kira . merki . þisa iftiᛦ . Aist . faþur . sin . 17, d. h. S. liess seinem Vater dieses Denkmal machen. Ok : sin : faþur : sial 1751, d. h. und seines Vaters Seele . Forkuþr : auk : Fuluki : litu : rista : runa : iftir : Hiluki : faþuri : sin : 351, d. h. F. und F. liessen ihrem Vater Runen zeichnen. Iftiᛦ Ikalt . uk . ftiᛦ Ikhvar faþr . sina kuþa 232, hier wie 829 dürfte ᚼ für ᛭ gelesen sein, so dass es statt *faþr* heissen sollte *feþr*', d. h. ihren guten Vätern, I. und I. — *Faþrkaᛦ* 265 (nom. pl.), isl. *fedgar*, Vater und Sohn, *fedgin*, Vater und Tochter, Eltern, altschw. *Faþghar*. — *Feþrka* 718 (acc.), *Faþhar* 1631 (nom.). — Huskarl auk Tiuᛦi Faþrkaᛦ tvaiᛦ 265, d. h. H. und T. zwei *Fedgar*.

Faþiᛦ 1447, 1448, ein Mannsname, s. d. v. W. — *Faþir* 2118, i.

Far 729 (gen. s. für *fiar*), von *Fi*, isl. *fé* Vermögen, Vieh, schw. *fä*, dän. *fæ*, goth. *faihu*, Vermögen, ahd. *fihu*, alts. *fehu*, *pecus*, *opes*, ags. *feoh*, engl. *fee*, nhd. *Vieh* (wird von *fá*, erwerben, vergl. d. W., abgeleitet, und heisst also eigentlich Eigenthum). — *Far* . aflaþi uti . Krikum arfa sinum, d. h. Er erwarb seinem Erben in Griechenland Vermögen.

Das nhd. Vieh bezeichnet nur *cattle* und das engl. *fee* im Gegentheil nur *money*; das mitt. engl. hat beide Bedeutungen behalten, z. B. "*men owe hym silver here for fe* "d. h. *für seine Thiere*" *King and Shepherd*, 52, *Kemble Gloss. to Beowulf.*

D.

Farulfr 602, ein Mannsname, ist entweder zusammengesetzt aus *Fara*, s. d. W., oder *Fara*, ahd. *fara*, das

Geschlecht,

Geschlechtswolf, wie ahd. *Faraburc*, Geschlechtsburg. — *Farulf* 1176, *Farulfi* 827, *Farulfs* 434, 439.

Farþikn 1071, ein Mannsname, zusammengesetzt aus *Fara*, s. d. W., und *þiakn*, s. d. W., der zur See fahrende edle Mann. — *Farþahn* 1558, *Farþaihn* 1072, vergl. *Farulf*.

Fara 329, 608, isl., schw. *fara*, dän. *fare*, goth. *faran*, wandern, ahd., alts., ags. *faran*, engl. *fare*, holl. *varen*, nhd. *fahren*. — *Fur* 206, 1049, 1952, *For* 101, *Foᛦ* 47, 259, *Ferþi* 2233 (imperf. agls. für *Fur* oder *For*, vergl. *R. Gr.* XVII), *Fauru* 927 (plur. imperf.), *Farin* 878, 973, 980, etc. (partic. praet.), Hun . vil . austr. fara . 329, d. h. Sie will nach Osten reisen. Han × fur × haurt × lant × 206, d. h. Er fuhr ausser Landes. Sum . for . til . Kirkha . 101, d. h. welcher nach Griechenland fuhr. Han : vaᛦ : farin. miþ Ikvari 973, d. h. Er war mit Ingwar gefahren. — *Faru* 968, 969, 1004, 1010 (dat.) von *Fara*, isl. *far*, ags. *faru*, Reise. — Han : vaᛦ : i : faru : miþ : Ikvari :, d. h. Er war auf einer Fahrt mit Ingvar. — Hon × toþr × i faru ×, d. h. Er starb auf einer Fahrt. — *Fari* 184, u. s. w., isl. *fari*, Seefahrer, s. *Vifari*, *Krikfari*, *Iklatsfari*, *Asfari*, u. s. w.

Fara 939, 1253 (acc.), ein Mannsname, nom. *Fari*, isl. *fari*, s. d. W, Seefahrer.

Farbiurn 687, ein Mannsname, zusammengesetzt aus *Fara*, s. d. W., und *Biurn*, s. d. W., der zur See fahrende Bär. — *Faribiarn* 824.

Faraukiᛦ 898, ein Mannsname, zusammengesetzt aus *Fara*, s. d. W, und *Aukir*, s. *Auka*, der zur See fahrende Erwerber (Vermehrer).

Fagra 1900 (acc.), altschw. *fagher*, schön, s. *Faþi*.

Fairgair 1777, ein Mannsname, zusammengesetzt aus *Faiᛦ*, s. d. W., und *Kair*, s. d. W. — starker Speer.

Faiku 108 (acc.), von *Faikr*, isl. *feigr*, dem Tode bestimmt, altschw. *fegher*, alts., ags. *fegi*, *fæg*, schott. *fey*, schw. *feg*, dän. *feig*, holl. *veeg*, nhd. *feige* — Die Ableitung unbestimmt.

Faiᛦ 329, ein Mannsname, isl. *fær* von *færa*, s. *fura*, geschmeidig, stark, *færleikr*, Geschmeidigkeit, Stärke — der Starke.

Faiᛦ 1468 (pl.), isl. *fár* (sing.), schw. *få* (pl., altschw. *fair*), dän. *faa*, goth. *faos*, alts. *fah*, ags. *féava*, *feá*, ahd. *foh*, engl. *few*.

Fasþikn 265, ein Mannsname, zusammengesetzt aus *Fastr*, s. *Fasti*, und *þiakn*, s. d. W., der feste, edle Mann.

Fastvi 141, 646, 397, ein Frauenname, zusammengesetzt aus *Fastr*, s. *Fasti*, und *Vi*, s. d. W., das feste Heiligthum; *Fastviu* 158.

Fastulfr 14, 55, 196, 219, 221, 258, 666, ein Mannsname, zusammengesetzt aus *Fastr*, s *Fasti*, und Ulfr; — fester Wolf. Engl. *Fastolf*. *Fastulf* 147, 462, 463, 464, 1501, 1306 (acc.); *Fastulfᛦ* 642, 977, 992.

Fastkir 550, ein Mannsname, zusammengesetzt aus *Fastr*, s. *Fasti*, und *Kair*, s. d. W., fester Speer. *Fastkiar* 257.

Fasti 158, 277, 462, 463, 464, 573, 589, ein Mannsname, isl. *fastr*, schw., dän. *fast*, goth. *fasteis*, alts. *fæst*, ahd. *fast* (doch nur in Eigennamen), engl. *fast*, nhd. *fest*; isl. *festa*, schw. *fästa*, dän. *feste*, befestigen, goth. *fastan*, halten, ahd. *fastjan*, alts. *fastnon*, engl. *fasten* — schw. *fatta* (das *Ihre* für ein Frequentativ von *få* erklärt), dän. *fatte*, ahd. *fazon*, holl. *vatten*, nhd. *fassen*, scheinen nicht hierher zu gehören. — *Fastir* 818; *Fasta* 261, 452, 641, 837, 949, 1138, 1657 (acc.); *Fasta* 224, ein Frauenname, die Feste; *Fastar* 151.

Fastiþi 274, ein Frauenname, zusammengesetzt aus *Fastr*, s. *Fasti*, und *Heiþi*, s. *Heiþ*, die Feste.

Fastilifs 81 (gen.), ein Mannsname, zusammengesetzt aus *Fastr*, s. *Fasti*, und *Laifr*, isl. *leifa*, zurücklassen, übrig haben, *leifar*, Ueberbleibsel, schw. *lemna*, dän. *lævne*, goth. *leiban*, übrig bleiben, ahd. *liban*, ags. *lyfan*, engl. *leave*, nhd. *bleiben*, vielleicht Nachkomme, — der feste Spross.

Fastbiurn 89, 90, 293, 599, 826, ein Mannsname, zusammengesetzt aus *Fastr*, s. *Fasti*, und *Biurn*, s. d. W.; — der feste Bär; *Fastbiarn* 111.

Fastlauk 14, 78, ein Frauenname, zusammengesetz aus *Fastr*, s. *Fasti*, und *Lauk*; vergl. *Laukatahn* und *þurlakr*; — die feste Badende; *Fastlauku* 566 (acc.); *Fastluh* 102 (*H* für *G*, s. *Fulkir*); *Faslauk* 143; *Faslaug* 1283.

Fala 864, unbestimmt. Die poetische Inschrift heisst:

Han trau i orustu.
i austr. vihi.
aþan. fulks. krimᛦ·
fala orþi.

und wird übersetzt von *L. R. S.* 83; "Er zog in den Krieg auf östlichem Wege, ehe der Volksanführer einen Zug befohlen hatte (gestorben war?)." und von *Br S.* 155, "Er kam um in einer Schlacht ostwärts in der Volksschaar, die preisgegeben wurde". Beide Uebersetzungen sind willkürlich und durchaus nicht genügend; ich möchte daher diese Inschrift so erklären: da ᚠ(*F*) auch für ᚢ(*V*) gebraucht wird und statt ᚾ(*N*) sehr leicht ᚼ(*A*) geritzt oder auch gelesen werden kann, ausserdem ᚼ zugleich ein ᛁ(*I*) in sich schliesst, vergl. *Fa*ᛦ für *Va*ᛦ 1272, *Fatum* für *Vatum*, und *Fita* für *Hvita* 118, *Ftir* für *Iftir* 1834, so ist die letzte Reihe vielleicht zu lesen: *Valin* orþi, und das Ganze zu übersetzen: Er zog in den Krieg auf östlichem Wege, kürzlich zum Volksanführer erwählt worden.

Faᛦvaltr 1947, ein Mannsname, zusammengesetzt aus *Fara*, s. d. W., und *Valtr*, vergl. *Valtika*; der zur See fahrende Walter, Führer, vergl. auch *Farulfr*.

Flu 1431, 1442 (imperf., vergl. *Ua*, nhd. *floh*), isl. *flya*, schw. *fly*, goth. *þliuhan*, ahd. *fliuhan*, alts. *fliohan*, ags. *fleon*, engl. *fly*, holl. *vlien*, nhd. *fliehen*, — eigentlich sich schnell weiter bewegen. Saᛦ:flu:aki : 1431, saᛦ: flu:aiki: 1442, d. h. der nicht floh. *Sj.* II, 52 übersetzt: welcher Åke folgte (!!).

Fluþu 952, unbestimmt.

Flintvik 1702, 1703, eine Ortsbenennung, vielleicht zusammengesetzt aus schw. *flinta*, dän. *flint*, ahd. *flins*, ags. *flint*, Kiesel- oder Feuerstein, und *Vik*, s. d. W.

Flaistr 1323 (pl.), isl. *fiöl-* (doch nur in Zusammensetzungen, nhd. *viel*), *fleiri*, (*fleistr*) *flestr*, schw. *flere*, *fleste*, dän. *fleer*, *flest*, vergl. *Fiulmuþ*; Flaistr : visi : þat :, d. h. die meisten wissen das.

U 2826, vergl. *F*, þa . var . þ . ok . ᚢ sunnudahr . og . ᛯ . siaundu . raþu . i . tafluni . prim ., d. h. Da waren *C* und *B* Sonntagsbuchstaben und XVIII goldene Zahl in der siebenten Reihe auf der Tabelle. wodurch das Jahr 1328 bezeichnet wird. Vergl. *Ur.*

U 968, 1323, isl. *ey*, schw. *ö*, dän. *ø*, *øe*, ags *ig*, *aege*, Insel; isl. *eyland*, schw. *öland*, dän. *eiland*, ags. *igland*, *eigland*, holl. *eylandt*, mhd. *Einland*, eine verderbte Form, nhd. *Eiland.* Dieses Wort scheint nicht mit *A*, Wasser, zusammenzuhängen, wie man wohl annimmt, und also der Form nach von dem schw. *Åland*, ags. *ealand*, verschieden zu sein; es scheint vielmehr in Verbindung zu stehen mit *Aur*, s. d. W., isl. *aur*, lies öyr, grober Sand, Kies, *eyri* (*ey* deutet nämlich auf eine Ableitung von *au*, vergl. *R. G.* S. 13), ein unfruchtbares sandiges Ufer, *eid*, s. *Aiþi*, eine Landzunge, schw. *ör*, *ed*, *ede*, dän. *eid*, *eide*, mithin eine hervorragende Sandbank ursprünglich bezeichnet zu haben. Auch die bekannte Stelle in *Völu Spa*, 19: *Ask veit ek standa*, *Heitir Ygg-drasill*, *Hár-baþmr ausinn Hvita auri:* d. h. Esche weiss ich stehen, heisset Yggdrasill; Krone gefeuchtet mit klarem Quell, widerspricht dieser Erklärung nicht, da hier *aur*, Kiesboden (einer klaren Quelle), für Quelle selbst steht. Neben der Form *U* finden sich auch noch die Formen *Ai* und *I*, vergl. *Ustin*, und *Afriþ*.

Uf 6 (acc.), ein Mannsname, *Ufr*, wahrscheinlich der Stolze, Uebermüthige, isl. *of* (emporstrebend, überschreitend), zu viel, zu gross, so wird auch *ofr* gebraucht, vergl. *R. Gr.* S. 178, im Schw. findet sich noch *yfvas*, sich. brüsten, stolz sein. Zu vergleichen sind: isl. *upp*, schw.

upp, *opp*, dän *op*, goth. *iup*, ahd. *uf*, ags. *up*, engl. *up*, *upon*, holl *op*, nhd. *ob*, *oben*, *auf*. *Ufa* 1148 (acc.) vom nom. *Ufi*. *Ufs* 1210 (gen.), *Uvi* 936 (nom.) für *Ufi*. — Vergl. *Ufir*, und *Ubi*.

Für *yfvas* das engl. verb. *to be uppish*, d. h. stolz sein.

D.

Ufrir 177, ein Mannsname, Oberer, vergl. *Ufir*.

Ufraþ 1095 (nom.), ein Mannsname, zusammengesetzt aus *Uf* — s. d. W., und *Raþr*, s. *Raþa*, der zu viel Herrschende.

Ufhikr 41 (nom.), ein Mannsname, zusammengesetzt aus *Uf* — s. d. W., und *Hikr*, Zauderer; isl. *hik*, Zaudern, *hika*, zaudern, unentschlossen sein, gehört vielleicht mit dem nhd. hocken (nachdenken) zu demselben Stamme.

Ufir, 1741, 1748, 1756, u s. w., isl. *yfir* (compar. *efri*), schw. *öfver*, dän. *over*, goth. *ufar*, ahd. *ubar*, *oba*, ags. *ofer*, engl., holl. *over*, nhd. über; vergl. *Uf*. *üfir* 1698, 1702, 1703, u. s. w., *üfer* 1777, *üᚠir* 1736, 1782, *ufiᛦ* 906, 1656, *üfiᛦ* 1661, 1668, *üvir* 1789, 1810, *üfr* 1701, *üfᛦ* 241, bei dieser Form ist zu bemerken, dass man die Runen, welche denselben Stab haben, oft zusammenzog, z. B. ᛏ statt ᚾᛚ, ᚠ statt ᛁᚠ, ᚱ und ᛦ statt ᛁᚱ und ᛁᛦ schrieb, vergl. *L. R.* S. 32. *ifür* 1629, *efr*. 1673, *ifir* 118, 1330, 1636, u. s. w., *ifiᛦ* 460, 736, 1664, *ivir* 1647, *ibiᛦ* 537, *ᛦfa* 1837.

Ufaikr 332 (nom.), ein Mannsname, zusammengesetzt aus *U*-, isl. *ó*-, schw. *o*-, dän. *u*-, goth., ahd., alts., ags., engl., nhd. un-, und *Faikr*, s. *Faiku*, der durch das Verhängniss nicht zum Tode Bestimmte, isl. *ófeigr*, mit der Nebenbedeutung lebhaft, feurig. *Ufik* 310, 1165 (acc.), *Ufih* 239 für *Ufik*, vergl. *Fulkir*, *Ufak* 57 (acc.), *Ufag* 1952 (acc.), *Ufaik* 63 (nom.), 724 (acc.), *Ufaih* 49 (nom.) für *Ufaik*, *Ofahr* 72 (nom.) für *Ofakr*, *O*-

fahi 254 (dat.?), für *Ofaki*, *Ofaikr* 352, *Ofaigr* 577, *Ofaik*ᛦ 53, *Ofaih* 866 (acc.), für *Ofaik*.

Ags. *unfæge*, *non moribundus*. Beow 1140.

D.

Ufiar 9 (nom.), ein Mannsname, zusammengesetzt aus *Uf*, s. d. W., und *Fiar*, gen. von *Fi*, s. *Far*, der Ueberreiche; isl. *of fiár*, grosser Reichthum, altschw. *offiar*, Ueberfluss an Reichthum, ungeheure Beute.

Ufata 1138 (acc.), ein Mannsname, *Ufati*, der zu viel isst, Schwelger, zusammengesetzt aus *Uf*, s. d. W., und *Ati*, Esser, isl. *át*, Essen, *áta*, Speise, Lockspeise. *eta*, essen, schw. *åtel*, Lockspeise, *äta*, essen, dän. *aadsel*, todtes Thier, *æde*, essen, goth. *itan*, ahd. *az*, *ezan*, alts. *at*, alts., ags. *etan*, engl. *eat*, nhd. *Aas*, *essen*. Isl. *ofát*, Schwelgerei, *ofátsmadr*, Schwelger, also eine Umschreibung für *Ufati*.

Uft 944, isl. *opt*, schw. *ofta*, dän. *ofte*, goth. *ufta*, ahd. *ofto*, ags. *oft*, engl. *oft*, *often*, nhd. *oft*, scheint mit *Uf*, s. d. W., in Verbindung zu stehen. Han . uft . siklt, d. h. er ist oft gesegelt.

Uflati 950 (nom.), ein Mannsname, zusammengesetzt aus *Uf*, s. d. W., und *Lati*, s. *Lata*, der Grosssprecher, Prahler; isl. *ofláti*, vortrefflich, dann aber auch Prahler,

Uþuinki 197 (nom.), ein Mannsname, zusammengesetzt aus *U-*, s. *Ufaikr*, und *þvinki*, von isl. *þvinga*, schw. *tvinga*, dän. *tvinge*, ahd. *duinka*, ags. *þvingan*, engl. *twinge*, holl. *dwingen*, nhd. *zwingen*; der, welcher ohne Zwang, frei ist.

Uþuakins 1531 (gen.), ein Mannsname, *Uþuakin*, zusammengesetzt aus *U-*, s. *Ufaikr*, und *þuakin*, gewaschen, isl. *þvo*, waschen, *þveginn*, gewaschen, *þvætta*, hinreichend waschen, *þvæli*, Lauge, Wasser zum Waschen, *þvæla*, auswaschen, schw. *två*, waschen, *tvådd* und *tvagen*, gewaschen, *tvål*, (weisse) Seife, *tvätta*, waschen, altdän. *thwagæ*, dän. *tvætte*, althd. *duahan*, waschen, *tuala*, *duahal*, Handtuch, ags. *þvea*, *þvehan*, *þvihan*, engl. *towel*, holl. *dwael*, nhd. *Quehle*, *Zwehle*, ndd. *Dwehle*, Handtuch; hierher gehört auch *zwagen*, *Uþuahin* 176 (acc), 299 (nom.) für *Uþuakin*, vergl. *Fulkir*.

Ags. *Unþvogenum handum*, mit ungewaschenen Händen. Matt. XV. 20.

D.

Uonniar 1654 (gen. s.), isl. *yndi*, dän *ynde*, vergl. *Uni*, *w* wird nämlich in den germanischen Sprachen vor *a*, *u*, *y*, *r* da beibehalten, wo es in den alten skandinavischen Sprachen fortfällt, z. B. *Wort*, *Ord*; *Wurm*, *Orm*; *Wunder*, *Under*; goth. *vunan*, sich freuen, ahd. *wunna*, ags., *vyn*, mit. engl. *woon*, nhd. *Wonne*. Til godrar uonniar, d. h. zu guter Wonne.

Ur 1703, ist die Benennung der Rune ᚢ, s. *U*. þa : var : ur : prim : stafr : ok : þos : sunutahr :, d. h. Da war II goldene Zahl und *C* Sonntagsbuchstabe, wodurch die Jahre 1255, 1350 und 1445 bezeichnet werden können, weil die Reihe der Tabelle nicht angegeben ist.

Ur 448, 1323, isl. *ur*, præp. *ut*, adv. schw. *ur*, præep. *ut*, adv. *utur*, entstanden aus *ut ur*, dän. *ud*, goth. *us*, ahd. *uz*, ags. *ut*, engl. *out*, holl. *uit*, nhd. *aus*. *Uᛦ* 675, *or* 2018, *aur* 675, *ut* 329, *uti* 509, 324, 469, 729.

Urustu 803 (dat.), von *urusta*, die Schlacht, isl. *orusta*, *örlög*, Krieg, altschw. *oran*, Fehde, Blutrache, *ora*, Gelegenheit zur Blutrache suchen, *orosta*, *örlig*, dän. *orlig*, ags. *orlege*, holl. *orloog*, ahd. *urlac*, *urlag*, mtthd. *urliuge*, *urlouc*, das Schicksal, welche Bedeutung das isl. *örlög* neben Krieg ebenfalls hat. *Urusta* scheint zusammengesetzt zu sein aus Ur, isl. *ör*, ahd. *ur*, das

zur

zur Bezeichnung eines sehr hohen Grades dient, z. B. *uralt*, *Ursprung*, und *rusta*, isl. *rosta*, Getümmel, und würde also ein sehr grosses Getümmel bezeichnen. Weniger wahrscheinlich ist die Zusammensetzung aus isl. *ör*, goth. *arwazna*, ags. *arewa*, engl. *arrow*, Pfeil, weil der Gen. von *ör*, *örvar* lautet, daher auch *örvamælir*, Köcher. *Örlög* würde demnach, weil *lög*, Gesetz heisst, s. *Laki*, das äusserste Verhängniss bedeuten, und könnte sich also sehr gut auf Krieg, Tod im Kriege, u. s. w. beziehen. *Uristu* 1365, I ᛦ × varþ × tuþr × i uristu ×, d. h. Er (wurde todt) blieb im Kriege. *Orustu* 865, vergl. *Fala*.

Alts. *orlag*, *urlogi*, *fatum*, *bellum*, ags. *or*, *initium*, *Beow.*, mit. engl. *arwe*, Pfeil, neuengl. *rustle*, Geräusch.

D.

Urusta 805 (acc.), ein Mannsname, *Urusti*, Krieger, s. d. v. W. *Uristr* 1425.

Urinkr 574, ein Mannsname, vielleicht der Glänzende, isl. *ur*, *yria*, *yringer*, Thau, *Funke*, *yria*, es fällt Thau, *glänzen*, *funkeln*, *urigr*, bereifter. *Uerink* 14, *Ueriku* 216 (acc.). So möchte sich auch ahd. *iringesstraza*, ags. *iringsveg*, Milchstrasse, durch die *glänzende* Strasse, — der *glänzende* Weg erklären lassen.

Vergl. Grimms D. M. S. 332, 333, 2:te Aufl.

D.

Ura 297, 1241 (acc.), ein Mannsname, *Uri*, isl. *orri*, Auerhahn, schw. *orre*, Birkhahn, ahd. *ûro*, Auerochs. Die Annahme, dass dies Wort mit sansk. *uru*, griech. *εὐρύς* zusammenhänge, ist wahrscheinlicher, als die Ableitung von isl. *ær* wüthend, schw. *yr*, wild.

Uraiþr 845, 996, ein Mannsname, der Zornige, isl. *reid*, Blitz, Donner, verursacht durch das *Reiten*, Fahren des Gottes Thor, *reidiskiálf*, das Beben während des Donners, *reidi*, Zorn, weil man sich den donnernden Gott erzürnt dachte, *reidr*, zornig, schw., dän. *vred*, ags. *vrad*, engl. *wrath*, holl. *wreed*. *Uraiþ* 914, 926 (acc.)

Uratvi 1058 (nom.), Frauenname (?), Zufluchtsort der Verwundeten, Pflegerin derselben (?), zusammengesetzt aus *Vratr*, verwundet, isl. *rot*, Ohnmacht, *rota*, durch Hiebe auf den Kopf tödten, ahd. *vraton*, verwunden, *vrat*, verwundet, und *Vi*, s. d. W.

Urmar 1412 (acc.), ein Mannsname, isl. *ormr*, schw. *orm*, Schlange, dän. *orm*, Wurm, goth. *vaurms*, ahd. *wurm*, ags. *worm*, engl. *worm*, vergl. *Uonniar*. Es scheint weniger richtig zu sein, dieses Wort von *warm* herzuleiten — weil nämlich Würmer durch die Wärme erzeugt würden — als von einer Wurzel *war*, die verschlingen (*vorare*) bedeutet, von der sich noch ahd. *kawara*, die Esslust findet. *Ormr*, *Wurm*, würde also *Verschlinger* heissen, was auch sowohl für Wurm in Allgemeinem, als auch Lindwurm sehr bezeichnend ist. *Urms* 984, 1742 (gen.), *Orm* 1437, 1648, *Ormr* 27, 1896, 1897, *Ormas* 1741 (gen.), *Ormkaiᛦ* 841, zusammengesetzt aus *Urmr* und *Kair*, s. d. W. *Ormstains* 2018 (gen.), zusammengesetzt aus *Urmr* und *Stain*, s. d. W.

Ukuþ 608, ᚢᚴᚢᚦ ist zusammengezogen aus ᚢᚴ ᚴᚢᚦ, d. h. und Gott. Es gehört nämlich zu den Eigenthümlichkeiten der Runenschrift, dass eine Rune selten verdoppelt wird, selbst dann nicht, wenn sie wie hier zu zwei verschiedenen Wörtern gehört, vergl. *L. R. S.* 77.

Ukn 786 (acc.), ein Mannsname, der Schreckliche, isl. *óga*, Abscheu haben, *ogn*, Schreck, Schlacht, *ogna*, Schrecken einflössen, goth. *ógan* (*agan*), sich fürchten, *ogjan*, in

Schrecken setzen, ags. *oga*, Schreck, engl. *awe*, griech. ὀκνεῖν, ὄκνος. Vergl. *Uki*.

Uki 1155, ein Mannsname, der Fürchterliche, isl. *uggr*, Furcht, *yggr*, Schreck, einer von Odins Namen, *ýgr*, wild, frech, *Ukir* 245, *Uga* 1371 (acc.), *Uks* 262 (gen.) *Uhi* 250. Vergl. *Ukn*.

Hierher gehört vielleicht *Yggdrasil*, der Namen der berühmten Esche der Nordischen Mythologie.

D.

Uksa 1952 (acc. s. und pl.), nom. *Uksi*, isl. *uxi*, *oxe*, *ox*, schw. *oxe*, dän. *okse*, goth. *auhsa*, ahd. *ohso*, ags. *oxa*, engl. *ox*, holl. *os*, nhd. *Ochs*, sanskr. *ukshan*. Gewöhnlich nimmt man an, dass dies Wort von *vah*, ziehen herstamme; es steht jedoch vielleicht im Zusammenhange mit isl. *ok*, Joch, grosse Fettigkeit, *uxi* bedeutet ebenfalls Fleischklumpen, *oka*, ins Joch spannen, *okadr* ins Joch gespannt, sehr fett, schw. *ok*, Joch, *ök*, Lastthier, Zugochs, dän. *aag*, Joch, *aage*, ins Joch spannen, goth. *juk*, *gajuk*, ζεῦγος, *jukuzi*, Joch, ahd. *joh*, ags. *joc*, *juc*, *geoc*, engl. *yoke*. *Uksi* würde also der ins Joch Gespannte, der Feiste heissen.

Unsalu 499, ᚢᚾ × ᛋᛅᛚᚢ, steht für ᚢᚾᛋ × ᛋᛅᛚᚢ, d. h. seine Seele, Vergl. *Ukuþ*.

Uni 385, 415, 1411 (nom.), ein Mannsname, der Liebende, isl. *unna* (*unni*, *unti*, *unnt*) lieben, (*ann*, *unni*, *unnd*) gönnen, *unnusti*, Geliebter, *unnusta*, Geliebte, altschw. *unna*, lieben, schw. *unna*, gönnen, *ynnest*, Gunst, *gynna*, begünstigen, dän. *unde*, gönnen, *yndest*, Gunst, goth. *ansts*, vergl. *Ast*, ahd. *unnan*, lieben, *ki-unnan*, gönnen, *anst*, Gunst, ags. est, vergl. *Uonniar*. Der Grundbegriff dürfte sein, Wohlgefallen an etwas finden. *Un* 1064, 1065 (nom.), 1305 (acc.), *Una* 558 (acc.), *Unar* 1065 (gen.), *Uenter* 202, isl. *undr*, geliebt. *Una*

326 (nom.), ein Frauenname, die Geliebte, *Unulfu* 968 (acc.), ein Mannsname, zusammengesetzt aus *unna* und *Ulfr*, s. d. W., *Unnulfer* 1997.

Uniþikᛦ 1267 (nom.), zusammengesetzt aus *U-*, s. *Ufaikr*, und *Niþikr*, s. *Niþiks*, Han : vaᛦ : mana : mistr : uniþikᛦ, d. h. Er war unter den Männern der biederste.

Unim 503, ein Mannsname, *L. R.* S. 93 hält denselben für eine verderbte Form aus *Hieronymus*.

Untrmaþr 1780, weil ᛘ *maþr* heisst, so wird ᛦ auch *untrmaþr* genannt. Ta var : hahal : sunudah : r : untrmaþr : primstafr i tolfte : rado i tafluni, d. h. Da war *G*. Sonntagsbuchstabe und XVI goldene Zahl in der zwölften Reihe auf der Tabelle, wodurch das Jahr 1459 bezeichnet wird. Vergl. *F*.

Untir 1680, 1711, 1714, u. s. w., isl. *undir*, schw., dän. *under*, goth. *undar*, ahd. *untar*, alts. *undar*, ags., engl. *under*, holl. *onder*, nhd. *unter*. *Unþ* 1835, *Unþir*, 1825, *Unir* 1777, *Unt* 870, 1533, *Unti* 1629, *unᚧir* 1632, *untiuᛦ* 1571.

Ui 1054, Name eines Ortes, geweihter Platz, Heiligthum, Benennung der Örter, an denen früher geheiligte Plätze gewesen sind, dient auch als Endung, um Frauennamen zu bilden. isl. *ve*, Freistätte, Heiligthum, *vear*, Götter, *vigia*, weihen, schw. *viga*, dän. *vie*, weihen, goth. *veihs*, heilig, *veiha*, Priester, *veihan*, weihen, ahd. *wîh*, heilig, *wîhan*, weihen, ags. *wih*, Tempel, *wihan*, weihen, holl. *vijer*. *Vikt* 1916 (part. pr.), geweiht.

Uifut 1361 (acc.), ein Mannsname, *Vifutr*, ags. *weofod*, Altar, zusammengesetzt aus *Vi*, s. d. W., und *Futr*, s. d. W. In Bezug auf solche Namen führt *Sturluson* an : *Gejr* opferte den Göttern eifrig und wurde deswegen *Vegejr* genannt. Die Namen seiner sieben Kinder fingen alle mit *Ve* an.

Uifari 67, 829, ein Mannsname, zusammengesetzt aus *Vi*, s. d. W., und *Fari*, s. *Fara*, vergl. *Vifut*. *Vifiriᛦ* 390, *Vifara* 389, 574 (acc.), *Vifaiᛦ* 480.

Uifastr 578, 681, 815, 1069, 1313, ein Mannsname, zusammengesetzt aus *Vi*, s. d. W., und *Fastr*, s. d. W. vergl. *Vifut*. *Vifast* 41, 187, 318 (acc.)

Uiulfr 975, ein Mannsname, zusammengesetzt aus *Vi*, s. d. W., und *Ulfr*, s. d. W., vergl. *Vifut*. Dieser Name ist nicht mit *vargr i veum*, Schänder des Heiligthums zu verwechseln. *Viulf* 855 (acc.), *Viulfs* 977 (gen.)

Vergl. Mit. Lat. *vargus exlex*, *caput lupinum*.

D.

Uiþu 978 (adv.), isl. *vídr*, *vída* (adv.), schw., dän. *vid*, ahd. wit, ags. *vid*, engl. *wide*, holl. *wyd*. Viþu um alfur heimsens, d. h. weit in der Welt umher.

Uiþur 1323 (nom.), isl. *vidr*, Baum, Wald, Holz, *vida*, Holz fällen, altschw. *vidher*, Bäume, Wald, schw. *ved*, Holz, dän. *ved*, ags. *vudu*, Baum, engl. *wood*, *with*, Wald. *Viþr*, Baum, der Hervorragende, ist eine poetische Benennung für Anführer, Befehlshaber, u. s. w., vergl. *Raiþ*.

Uiþugsi 692, ein Mannsname, zusammengesetzt aus *Viþr*, s. *Viþu*, und *Huksi*, s. Huka, der weit Denkende, Vorsichtige, Bedächtige.

Uiþr 1456, 1753, isl., schw. *vid*, dän. *ved*, bei, engl. *with*, scheint der Form nach verwandt zu sein mit goth. *viþra*, ahd. *widar*, alts. *withar*, nhd. *wider*. *Viþ* 952, 2233, *viþher* 1939 (gegen). *Vitr* 1250.

Uiþralti 21, ein Mannsname, zusammengesetzt aus *Viþr*, isl. *vedr*, schw. *väder*, dän. *veir*, ahd. *wetar*, ags. veder, engl. *weather*, holl. *weder*, *weer*, nhd. Wetter, wahrscheinlich von goth. *vaian*, ahd. *wahan*, nhd. *wehen*, und der Endung — *aldi*, die zur Verstärkung dient, vergl. *R. G. S.* 186. Dieser Name würde also stürmisches Wetter bedeuten, lappl. *wärald*. Veþralti 21.

Uiþi 201, ein Mannsname, isl. *vídir*, Weide, *vidia*, Weide zum Binden, schw. *vide*, *vidja*, dän. *vidie*, *vie*, ahd. *wida*, ags. *vithig*, engl. *with*, *withe*, *withy*, vergl. *Veþur*. Die ursprüngliche Bedeutung scheint Baum zu sein, und der Begriff von *binden* sich erst von einer Baumart, *salix caprea*, gebildet zu haben.

Uiþanta 1466 (gen.), ein Mannsname, *Viþanti*, zusammengesetzt aus *Viþr*, s. *Viþu*, und *Anti*, s. d. W., der, welcher einen umfassenden Geist hat.

Uiþbiurn 211, 790, 829, 1306 (nom. und acc.), ein Mannsname, zusammengesetzt aus *Viþr*, s. *Viþur*, und *Biurn*, s. d. W., Waldbär, *Viþabiarn* 621, *Viþburn* 735, (acc.), *Viþbiaun* 633, *Viþbiarn* 633 (acc.).

Uir 1342, 1591, isl. *vér*, schw. dän. *vi*, goth. *veis*, ahd., nhd. *wir*, engl. *we*, holl. *wy*. *Vi* 1438. *Viᛦ* 1065.

Uirþa 378, 449 (infin.), isl. *virda*, verehrt werden, *virda meir*, höher achten, schw. *värde*, Werth, *värdas*, würdigen, dän. *værd*, goth. *vairþs*, ahd. *werd*, alts. *werth*, ags. *veord*, engl. *worth*, holl. *weerd*, ursprünglich von dem hier folgenden *Verþa* nicht verschieden. Mun likimit (?) iki miᛦi virþa, d. h. Möge der Leichnam nicht (kein Leichnam) mehr hochgeachtet werden. Munu . iki . mirki maiᛦi . virþa . þan . Ulfs . suniᛦ . . ., d. h. Möge kein Grabmal mehr hochgeachtet werden, als das, welches Ulfs Söhne . . .

Uerþa 485, 1277 (infin.), isl. *verda* (*vard*, *ordid*), schw. *varda*, dän. *vorde*, goth. *vairþan*, ahd. *werdan*, ags. *veordan*, nhd. *werden*. Die eigentliche Bedeutung dieses Wortes ist wachsen, wie engl. *grow*, *wax*; daher findet sich auch noch isl. *urt*, schw. *ört*, dän. *urt*, goth. *aurts*, (Gewordenes, Gewachsenes) Kraut, Pflanze; isl. *ord*, Wort, vergl. *Venurþ*. Hierher gehören auch goth. *vaurts*, ahd. *wurz*, ags. *vyrt*, nhd. *Würze*, *Wurzel*, u. s. w. Mo × igi × brutaᛦ × kuml + betra + verþa, d. h. Möge kein Brückendenkstein besser werden. Mun ko . . . kitit verþa, d. h. Möge das Gute (?) verkündigt werden. Ürþu 1401 (pl. imperf.), þiᛦ : ürþu : tuþir :, d. h. sie (wurden todte) starben. *Urþi* 2028 (s. imperf.), On urþi fiaᛦu, d. h. Er wurde fern. *varþ* 486, 527, 605, u. s. w. (s. imperf.). Hon varþ tauþr a kriklanti, 605, d. h. Er (ward todt) starb in Griechenland. *Varþi* 968 (pl. imperf. für *varþu*), *varþi* 1468, 1489 (conj. præs.), *varþa* (pl. præs.). *varþar* 1680 (s. præs.) *var*ᚵ 141, für *varþ*, *vaþ* 904, für *varþ*.

Es kann keinem Zweifel unterworfen sein, dass das engl. *worth*, *word*, *wort* durchaus von einer gemeinschaftlichen Wurzel entspringe, welche bedeutet *to grow* oder *become*; wiewohl das altengl. von dem ags. *veordan* abgeleitete Verbum jetzt veraltet ist, so kommt es doch vor in dem poetischen Ausdrucke *"woe worth"*, ags *vavurðe*. Im mittelenglischen wurde dieses Verbum oft gebraucht, z. B. P. P. V. 372 *"To late the cat worthe"* Apol. for the Loll. *"Who* (d. i. *woe*) *worth theis that sewen cursing under the hewow of iwan"*.

D.

Uerk 208 (acc.), isl. *verk*, *virka*, eine Arbeit verrichten, *verka*, wirken, ausrichten, schw. *verk*, *virka*, weben, *verka*, wirken, dän. *værk*, *virke*, wirken, weben, goth. *ga-vaurki*, *vaurkjan*, ahd. *werah*, *wurchan*, *werachon*, ags. *veorc*, *vyrcan*, engl. *work*, holl. *wercken*, von der

Wurzel *war*, zu Stande bringen. Ouk : kaþ : niþiks : *verk* :, d. h. und beging eine Schandbubenthat.

Uerkstufu 1856 (acc.), ein zusammengesetztes Wort, aus *Verk*, s. d. W., und *Stufa*, s. *Stufona*, Werkstube, isl. *vinnuhus*, Werkstatt.

Uirikr 1225, ein Mannsname, *Virinkr*, vergl. *Furuki*, von *viria*, schützen, vertheidigen, s. *Var*, und der Endung — *inkr*, welche Personen bezeichnet, die etwas ausüben, s. *R. G.* S. 185, der Schützende, Vertheidiger, der Krieger. *Væringiar*, *Βαράγγοι*, wurden bekanntlich die Nordmannen, d. h. Norweger, Schweden und Dänen genannt, welche die Schutzwache der griechischen Kaiser bildeten. *Virikᛦ* 1131, *vaᛦiki* 1264, vergl. *L.* & *B.* III. Tumi risti stin þansi iftir Asur — — bruþur sin þan er var ika, d. h. Tumi errichtete seinem Bruder Asur (nach dem Tode seines Bruders A.), jenem Väring, diesen Stein.

Uirlanti 525 (dat.), Name eines Landes, zusammengesetzt aus (?) *Vir*, s. *Var*, und *Lant*, s. d. W., das Land der Männer. *Virlati* 508, für *Virlanti*, vergl. *Furuki*. Hon fil a Virlanti, d. h. Er fiel in Wirland.

Uik 387, 1787 (dat. s.), Benennung einer schwedischen Landschaft, *Bohuslän*, vergl. *Sj.* II, 61, isl. *vík*, schw. *vik*, dän. *vig*, Bucht, goth. *weihs*, Flecken, ahd. *wih*, *wig*, *wic*, ags. *vic*, *vyc*, Burg, Flecken, Bucht, engl. *wic*, *wich*, holl. *wijk*, nhd. Weich (— bild, das jedoch auch aus *weich* für heilig erklärt wird), wodurch eigentlich ein Ort bezeichnet wird, an den man sich begiebt, um sich da zu verhehlen, aufzuhalten, u. s. w., von isl. *vikia*, schw. *vika*, dän. *vige*, ags. *vican* (*viccan*, rasten), nhd. *weichen*. Auf diese Weise lassen sich alle Bedeu-

tungen

tungen dieses Wortes erklären, isl. *vik* heisst auch *recessus, secessus*. *Viki* 359, 743 (dat.).

Dieses Wort dient dazu, um eine Menge von Ortsnamen in England zu bilden, wie *Berwick, Greenwich, Nantwich, Ipswich*, u. s. w. Im Anglosachsischen gab es den Ursprung zur Benennung eines Stammes *Hwiccas*, d. h. der Bewohner von Worcestershire, weil sie längs einer *wic* wohnten oder an der Krümmung des Flusses *Severn*.

D.

Uikuþr 805, ein Mannsname, zusammengesetzt aus *Vi*, s. d. W., und *Kunþr*, s. *Kunr*, vergl. *Vifut*; heiliger Krieger. *Vikutr* 1222, 1170.

Uikulfs 51 (gen.), ein Mannsname, *Vikulfr*, zusammengesetzt aus *Vik*, s. *Viki*, und *Ulfr*, s. d. W., der tapfere Krieger.

Uikrim 573 (acc.), ein Mannsname, *Vikrimr*, zusammengesetzt aus *Vi*, s. d. W., und *Krimr*, s. *Krimᛦ*, vergl. *Vifut*; der heilige Volksanführer.

Uiki 21, 207, 608, 1164 (nom.), ein Mannsname, Krieger, Held, von *Vik*, Krieg, isl. *vig*, Todtschlag, *vigr*, kriegerisch, *vega*, das Schwert schwingen, verwunden, tödten, altschw. *vigh*, Streit, Schlacht, Todtschlag, *vigher*, kriegerisch, *vighan*, kämpfen, schw. *envig*, Zweikampf, *vigvall*, Kampfplatz, *vig*, geschmeidig, dän. *veie*, mit den Waffen, in der Schlacht tödten, goth. *vigans*, Krieg, *veigan*, kämpfen, *vaihjo*, Kampf, ahd. *wikant*, Krieger, *wic*, Kampf, *wikan*, kämpfen, ags. *vig*, *vigan*, engl. *vye*, holl. *wieg*. *Vikir* 340, *Vik* 360 (acc.), *Vikhi* 226, *Vikiᛦ* 79, *Vikar* 1301, 1314 (gen). *Viha* 306 (acc.), für *Vika*, vergl. *Fulkir*.

5

Wright (Gloss. to P. P.) meint, dass der nengl. Ausdruck *Guy* von *vig*, altengl. *wye* abzuleiten sei; allein es ist vielleicht wahrscheinlicher, dass er entstanden sei nach der *Pulververschwörung* zufolge des Gebrauches am 5:ten Nobr eine lächerliche Figur des Empörers *Guy Fawkes* herumzutragen, welche nachher verbrannt wurde.

D.

Uikiku 1351 (dat. für *vikik*, vergl. *R. G. S.* 92), von *Viking*, vergl. *Furuki*, Schlacht, Seeschlacht, Fahrt auf Beute, vergl. *Vikikr*. Sa × varþ : tuþr : i : vikiku, d. h. Er (ward todt) blieb auf einer Beutefahrt. Der Zweck einer *Viking* war nämlich: "*at leita sér sæmd ok afla sér feár*", d. h. sich Ruhm zu suchen und Güter zu erwerben, wie es in den alten Erzählungen heisst.

Uikikr 37, 582, 740, 1326, ein Mannsname, *Vikinkr*, vergl. *Furuki*, zusammengesetzt aus *Vik*, s. *Viki*, und der Endung — *ingr*, vergl. *Virikr*, einer, der sich mit Krieg beschäftigt, Krieger; woraus die spätere Bedeutung Seekrieger, Pirat, entsprungen ist. Die Ableitung von *Vik*, Bucht, ist nicht wahrscheinlich, da die Vikinger nicht in den Buchten auflauerten, sondern weite Züge unternahmen, vergl. *L. Hj.* II, 304. *Vikik* 61, 347, 941, 942, 1278 (acc.), *Vikika* 819 (acc.), *Vikika* 312 (gen. pl.), *Vikiks* 61 (gen. s.), *Vikink* 636 (acc.), *vikink* 1507, Is varþ : vikink :, d. h. Er wurde ein Viking. *Vikika*ᛣ 1492, undeutlich.

Die in *Bosworths* Angl. Sax. Dict. gegebene Orthographie und Ableitung *Wig-cyng*, *belli rex*, ist ohne Zweifel unrichtig, *Wicing*, wie es sich bei *Lye* findet, ist die richtige Form, dies Wort hat aber nichts zu thun mit *king*, denn die Endung — *ing* (isl. *íngr*, — *úngr*) bezeichnet eine Person. Dies Wort findet sich häufig in Travellers Song. *vicinga-cynn*, *ond mid vicingum.*

D.

Uikisl 345, 670, ein Mannsname, zusammengesetzt aus *Vi*, s. d. W., und *Kisl*, s. d. W., vergl. *Vifut*, der im Heiligthume Strahlende.

Uikitil 509, ein Mannsname, zusammengesetzt aus *Vi*, s. d. W., und *Kitil*, s. d. W., vergl. *Vifut*, der heilige Sturmhut.

Uekil 1196, ein Mannsname, zusammengesetzt aus *Vi*, s. d. W, und *Kil*, s. d. W., vergl. *Vifut*, der heilige Muthvolle. *Vekilᛦ* 903.

Uikarþar 382 (gen.), ein Frauenname, *Vikirþir*, zusammengesetzt aus *Vi*, s. d. W., und *Kirþir*, s. *Kirþiᛦ*, vergl. *Vifut*, die das Heiligthum Umfriedigende, Schützende, Göttin des Heiligthums.

Uikaiᛦ 189, 807, 951, ein Mannsname, zusammengesetzt aus *Vi*, s. d. W., und *Kair*, s. d. W., vergl. *Vifut*, der heilige Speer.

Uikterfr 294, ein Mannsname, zusammengesetzt aus *Vik*, s. *Viki*, und *Tiarfr*, s. d. W., der im Kriege Kühne. *Viktirfᛦ* 974.

Uikᛐis 1850, 2072, ein Frauenname, zusammengesetzt aus *Vik*, s. *Viki*, und *Tis*, s. *Tisi*, isl. *Vigdís*, die Kriegsjungfrau, Göttin des Krieges.

Uikbiurn 665, ein Mannsname, zusammengesetzt aus *Vik*, s. *Viki*, und *Biurn*, s. d. W., der Kriegsbär, tapfere Bär. *Vikibiarn* 101, *Vikbiarn* 125, 156, (acc.), *Vikbian* 1 (ace.), *Vikbirn* 223, vergl. *Fulkir.*

Uiklaikr 890, ein Mannsname, zusammengesetzt aus *Vik*, s. *Viki*, und *Laikr*, s. *Leiknir*, der im Kriege Muntere.

Uikmuntᛦ 499, ein Mannsname, zusammengesetzt aus *Vik*, s. *Viki*, und *Muntr*, s. *Munti*, der in Kriege Beschützende. *Vikmuntr* 292, vergl. *Fulkir.*

Uikmanr 1564, ein Mannsname, zusammengesetzt aus *Vik*, s. *Viki*, und *Manr*, s. *Maþr*, Kriegsmann.

Uihniutr 269, ein Mannsname, *Vikniautr*, zusammengesetzt aus *Vik*, s. *Viki*, und *Niautr*, s. *Niautir*, Kriegsgenosse. Vergl. *Viniutr*.

Uihi 864 (dat.), von *Vikr*, vergl. *Fulkir* und *Fala*, isl. *vegr*, schw. *väg*, dän. *vei*, goth. *vigs*, ahd. *wey*, *wec*, ags. *veg*, engl. *way*, holl. *weg*, nhd. *Weg*, von isl. *vaga*, unbeholfen gehen, *vagga*, wiegen, *vagn*, Wagen, *vagr*, Meer, *vega*, wägen, wiegen, schw. *vagga*, wiegen, *vagn*, Wagen, *väga*, wägen, wiegen, *våg*, Wage, *våg*, Welle, dän. *bevæge*, bewegen, *veie*, wägen, wiegen, *voge*, Wage, *vogn*, Wagen, *vugge*, wiegen, goth. *vigan*, bewegen, *vegs*, Bewegung, *vegos*, Wellen, ahd. *wekan*, ags. *vagian*, engl. *wag*, *wiggle*, *waggle*, vergl. *Viki*. Der Grundbegriff des Wortes *vikr* ist also die Bewegung, und die Wurzel *wak*, *wah*, oder auch *wik*, die eine Bewegung anzeigt. Auf den Runensteinen bedeutet *vikr* zuweilen Weg, zuweilen aber auch das Land, nach welchem der Weg führte, und war eine allgemeine Benennung für die Bezeichnung der Lage in Bezug auf die Gegend, von der man ausfuhr. *Viha* 1250 (gen. pl.) vergl. *Muti*, *vak* 904, Ir þan i vak : vaþ taþᛦ *vastr*, d. h. Welcher auf einem Zuge nach Westen starb. *vakum* 1351 (dat. pl.), i : vastr : vakum :, d. h. auf Westzügen.

Graff, *A. H. D. Sprsch.* I, 667 sagt: Da das in *e* übergehende *i* gewöhnlich ursprüngliches *a* ist, so scheint die Wurzel *wag* mehr Anspruch als die Wurzel *wig* auf Weg zu haben.

D.

Uihialmᛦ 850, ein Mannsname, zusammengesetzt aus *Vi*, s. d. W., und *Hialmr*, s. *Hialmᛦ*, vergl. *Vifut*, der heilige Helm. *Vihialbr* 955. *Vᛦhᛦalm* 288.

Uikmar 258, ein Mannsname, *Vikmar*, vergl. *Fulkir*, zusammengesetzt aus *Vik*, s. *Viki*, und *Mar*, isl. *mær*, rein, berühmt, reine Jungfrau, *mæra*, loben, *mærd*, Ruhm, goth. *merjan*, verkündigen, *meriþa*, Gerücht, ahd. *mâri*, lauter, berühmt, kommt in vielen Namen vor, z. B. *Diotmar*, Volksberühmt, *marjan*, rühmen, *mârída*, die Mähre, alts. *mari*, *marian*, ags. *mærd*, *heado-mäer*, *bello famosus*, *Beow*. 5599. holl. *vermaart*; — der im Kriege Berühmte.

Uenurþ 1347 (acc.), ein Mannsname, zusammengesetzt aus *Vinr*, s. *Vinni*, und *Urþ*, isl., schw., dän. *ord*, goth. *vaurd*, vergl. *Uonniar*, ahd. *wort*, ags. *vord*, engl. *word*, holl. *woord*, nhd. *Wort*, das Gewordene, vergl. *Verþa*; Freundwort, altschw. *vin*, *proxeneta*, *vinordh*, *officium proxenetae*.

Uinoman 527 (acc.), ein Mannsname, zusammengesetzt aus *Vina*, isl. *vinna*, arbeiten, *vinna*, Arbeit, *vinnumadr*, Arbeiter, schw. *vinna*, dän. *vinde*, gewinnen, ahd. *kawinnan*, ags. *vinnan*, engl. *win*, holl. *winnen*, d. h. also arbeiten, durch Arbeit erwerben, und *Manr*, s. *Maþr*; Arbeitsmann.

Im Neuengl. scheint dieses Wort eher einen zufälligen Erwerb zu bezeichnen, im Altengl. wird es aber beständig in seiner wahren Bedeutung, Erwerb durch Arbeit, gebraucht, z. B. *Bat. of Otterb.*

"Yt fell abowght the Lamasse tyde
When husbonds wynn ther haye."

Und wiederum P. P. V. 2519:

"He bad Wastour go werche
What he best kouthe
And wynnen his wantyng
With some máner crafte."

und im Dialekte von Northumberland hat dieses Wort noch beständig die alte Bedeutung.

D.

Uinrkunr 1977, ein Mannsname, zusammengesetzt aus *Vinr*, s. *Vinni*, und *Kunþr*, s. *Kunr*, der befreundete, freundliche Held.

Uinni 1791 (voc. pl.), von *Vinr*, isl. *vinr*, Freund, *vina*, Freundin, schw. *vän*, lies *vänn*, dän. *ven*, ahd. *wini*, Freund, Gatte, *winia*, Freundin, Gattin, ags. *vine*, Freund, Geliebter, kommt von *unna*, lieben, vergl. *Uni*.

Uiniutr 589, 872, ein Mannsname, zusammengesetzt aus *Vi*, s. d. W., und *Niautr*, s. *Niautir*, vergl. *Vifut*, der Genosse des Heiligthums, vergl. *Vihniutr*.

Uina 797, 1579, (acc. s. f), von *Vinr*, isl. *vænn*, m., *væn*, f., schw. *vän*, mit gedehntem *ä*, dän. *væn*, scheint von *vinr*, geliebt, Freund, ursprünglich nicht verschieden, und die Bedeutung von schön aus geliebt hervorgegangen zu sein, Vina kuna, d. h. schöne Gattin. *Vani* 85, ein Mannsname, der Schöne.

Uintr 1985 (pl.), isl. *vetr*, Winter, Winterluft, *vindr*, Wind, *vedr*, Wetter, altschw. *vitter*, schw. *vinter*, *vind*, *väder*, dän. *vinter*, *vind*, *veir*, goth. *vintrus*, *vinds*, ahd. *wintar*, *wint*, *wetar*, ags. *vinter*, *vind*, *veder*, engl. *winter*, *wind*, *weather*, beziehen sich hauptsächlich auf die Bewegung der Luft. Die Wurzel ist *wi*, von welcher goth. *vaian*, ahd. *waian*, bewegen, wehen, isl. *vinda*, *venda*, schw. *vinda*, *vända*, dän. *vinde*, *vende*, goth. *vindan*, *vandjan*, ahd. *wintan*, *wentan*, ags. *vindan*, engl. *wind*, ganz oder zum Theil herumbewegen. + þa : iak : var : gor : þa : var : þushuntraþ : tu : huntraþ : tiuhu : vintr : ok : atta : fra : börþ : Gus :, d. h. Als ich gemacht war, so waren 1228 Jahre (Winter) seit der Geburt Jesu

(Gottes). Die alten Skandinavier zählten bekanntlich nach Wintern, statt nach Jahren.

Der tautologische Ausdruck im Engl. "*Wind and weather*" beweiset den gemeinschaftlichen Ursprung dieser Wörter. Vergl. *A. S. H.* III, 83, wo der Riese, welcher die erste Norwegische Kirche für den König *Olaf* baute, *Wind och Wäder*, Wind und Wetter, genannt wird. Von der Macht der Riesen über den Wind in der Skandinavischen Mythologie s. *Vafþruþnismal* 37 und *Snorra's* Edda S. 358, vergl. *Grimm's* D. Myth. 597, u. f. 2:te Aufl.

D.

Uia 1791 (gen. pl.), ein Ortsname, von *U*, s. d. W., jetzt *Öja*. Sum : via kirkiu : ati, d. h. Welcher die Kirche zu Öja besass, oder dort Pfarrer war.

Uian 1596, undeutlich, vergl. *Br.* S. 130, *Sj.* III, 152, *L. R.* S. 135.

Uialfa 1283 (acc.), ein Mannsname, *Vialfi*, zusammengesetzt aus *Vi*, s. d. W., und *Alfi* oder *Alfr*, vergl. *Alfvarᚦ*, und *Vifut*; der heilige Schutzgeist.

Uisr 1065, isl. *vísir*, Weiser, *visa*, zeigen, schw. *vise*, Weisel, *visa*, dän. *viser*, Zeiger, *vise*, goth. *veisjan*, ahd. *wîso*, Weisel, *wisan*, ags. *here-visa*, Heerführer, holl. *wyzer*. Zu den poetischen Benennungen für König im Isländischen, z. B. *mildingr*, der Milde, Freigebige, *mæringer*, der Berühmte, *ödlingr*, der Reiche, *þjódan*, *fylkir*, *drottir*, *ljódi*, von *þjod*, *folk*, *drott*, *ljod*, Volk, gehört auch *visi*. Siulfr varþ um lanti þisuri visr, d. h. S. wurde in diesem Lande Häuptling. *Visi* 865, d. h. Weiser oder Steuermann eines Schiffes. *Visa* 2043 (dat.), diese Inschrift ist sehr dunkel, vergl. *Birtil.*

Uisiti 190, 254, ein Mannsname, zusammengesetzt aus *Vi*, s. d. W., und *Siti*, vergl. *Sitia*, und *Vifut*, der, welcher sich gern im Heiligthume aufhält. *Viseti* 460, 507, *Visti* 49, 379, 1014, *Vesti* 1237, *Vista* 1144 (acc.), *Vasati* 978.

Uistr 587, 912, 1439 (adverb.), isl. *vester*, der Westen, *vestræn*, westlich, *vestr*, *vestra*, gegen Westen, *vestan*, von Westen, schw. *vester*, der Westen, *vestra*, *vestlig*, westlich, *vestan*, in Zusammensetzungen, dän. *vest*, *vestlig*, *vesten-*, goth. *visi-guta*, Westgothe, ahd. *west*, der Westen, *westar*, nach Westen, *westuna*, von Westen, ags. *vest*, engl. *west*. Die Urbedeutung dieses Wortes ist Aufenthalt, Ruhe, isl. *vist*, Aufenthalt, Ruhe, *vista sig*, *vistaz*, sich bei Jemand aufhalten, um ihm zu dienen, schw. *vistas*, sich an einem Orte aufhalten, *hemvist*, Aufenthalt heim, Wohnung, goth. *visan*, bleiben, verweilen, sein, *vis*, Ruhe, Meeresstille, ahd. *wesan*, ags. *vesan*, engl. *was*, nhd. *ge-wesen*. Auf den Runensteinen werden hierdurch die Fahrten nach den dänischen Küsten und besonders nach England angedeutet. Han + varþ + vistr + tuþr +, d. h. Er starb im Westen (auf einem Zuge dahin oder in einem Lande daselbst). *Vestr* 50, 925, *vistarla* 868, *visitarla* 979, vergl. *R. G. S.* 202, *vastr* 899, 904, 1351. *Vestirkorta* 1782 (gen. pl.), für *Vestirkarta*, ein Ortsname, zusammengesetzt aus *Vestr*, und *Karþr*, s. *Korta*. *Vistrhvetium* 1747 (dat. pl.), ein Ortsname, Wester-Wäte, zusammengesetzt aus *Vestr*, und *Viti* (?), s. *Vitkars*, die westliche Warte (?).

Uistain 417, 573, 885, ein Mannsname, zusammengesetzt aus *Vi*, s. d. W., und *Stain*, s. d. W., vergl. *Vifut*; der heilige Stein. *Vistin* 1190 (acc.).

Uisborh 1764, Benennung des Schlosses von Wisby, vergl. *L. R. S.* 154, *Sj.* II, 23, zusammengesetzt aus *Vi*, s. d. W., und *Burk*, s. d. W., vergl. *Fulkir*; *Visburk*, die heilige Burg, vergl. *Viburkum*.

Uet 2234 (s. praes.), isl. *vit*, Gesicht, *vitia*, nachsehen, *vita*, wissen, schw. *vittja* (altschw. *vitia*), nachsehen, *veta*, wissen, dän. *vide*, goth. *veitan*, sehen, *vitan*, wissen, ahd. *wizzan*, sehen, wissen, ags. *vitan*, engl. *wit*, holl *weten*. Der Grundbegriff dieses Wortes ist hell (weiss) sein, woraus die Bedeutungen sehen, wissen, verstehen, entsprungen sind. Vergl. *Vitr*. *Visi* 1323 (conj. praes.?), vergl. *Flaistr*.

Uitr 125, 775, ein Mannsname, der Weise, isl. *vit*, Verstand, *vitr*, *viskr* (*vitskr*), weise, *vitra*, *viska* (*vitska*), Weisheit, schw. *vitter*, in den schönen Wissenschaften erfahren (altschw. *viter*, klug, verständig), *vett*, Verstand, *vettig*, verständig, dän. *vid*, *vittig*, goth. *vits*, verständig, ahd. *wizzi*, nhd. Witz, vergl. *Hvita*. *Vit* 925, 1267 (acc.).

Die Englischen Wörter, welche diesen beiden zuletzt genannten Artikeln entsprechen, sind sehr vollständig: *wit* oder *wite*, *v.*, *wit*, s., *witling*, *wittol*, *witty*, *wittiness*, *witti-cism* (eine barbarische neue Bildung), *wittingly*, *witless*, *wittlesly*, *witlessness*, *witness*. Das Verbum, das jetzt meistens, wenn nicht gänzlich veraltet ist, bedeutet den Verstand ausüben, und das Substantivum die Fähigkeit des Verstandes, allein im Neuenglischen ist es beschränkt auf das Vermögen des Geistes schnell wirkliche oder erdichtete Ähnlichkeiten zu entdecken. Die von dem Substantivum abgeleiteten Wörter haben dagegen nur ihre alte Bedeutung; so ist *a witless man*, nicht ein Mann ohne *vit* in der neuen Bedeutung, sondern ohne Verstand.

D.

Uitkuþstaþum 1062 (dat. pl.), ein Ortsname, für *Vikurstaþum* (?), zusammengesetzt aus *Vik*, s. d. W., und *Staþr*, s. *Staþ*.

Uitkars 402 (gen.), ein Mannsname, *Vitkarl*, zusammengesetzt aus *Viti*, isl. *viti*, eine Erhöhung, von welcher man die Gegend übersehen kann, von *vitia*, s. *Vet*, altsch. *vitar*, Holzhaufen auf Vorgebirgen und Anhöhen, um beim Erblicken feindlicher Schiffe angezündet zu werden, und so ein Zeichen zur Vertheidigung des Landes zu geben. Der Wächter, Wärter, bei denselben hiess *vitavard* und *vitakarl*. Schw. *vete*, ein Wahrzeichen, *vettar*, auf dem Meere befindliche Wahrzeichen. Aus dieser uralten Sitte, die Ankunft der Feinde zu erkennen zu geben und so das Land zu beschützen, scheint der Glaube an isl. *vætt* oder *vættr*, Schutzgeist der Küste, des Landes, u. s. w., dän. *vette*, gute und böse Erdgeister, *vettelys*, Irrlicht, entstanden zu sein. Goth. *vaihts*, Wesen, Geist, ahd. *wiht*, ags. *viht*, engl. *wight*, nhd. *Wicht*, pflegt man wohl mit diesen letzteren Wörtern zusammenzustellen.

Uitni 2012 (nom.), das Zeugniss, vergl. *Folboa*, isl. *vitni*, Zeuge, Zeugniss, *vitna*, bezeugen, schw. *vittne*, Zeuge, *vittna*, dän. *vidne*, Zeuge, Zeugniss, *vidne*, goth. *veitvods*, Zeuge, *veit-vodjan*, agsl. *witnes*, engl. *witness*, eigentlich betheuern, dass man etwas gesehen habe, daher auch *Augenzeuge*. Vergl. *Vet*.

Uitau 1593, ein Ortsname, Witto, zusammengesetzt aus *Vita* (gen. pl.), s. *Vitkars*, und *U*, s. d. W., d. h. eine Insel, auf der sich *vitar* befinden.

Uitaulms 1596 (gen.), ein Ortsname, zusammengesetzt aus *Vita* (gen. pl.), s. *Vitkars*, und *Hulmi*, s. d. W., d. h. eine Insel, auf welcher *vitar* sind.

Uitarfr 736, ein Mannsname, zusammengesetzt aus *Vi*, s. d. W., und *Tiarfr*, s. d. W., vergl. *Vifut*; der heilige Kühne. *Viterf* 268 (acc.), *Vitarf* 184 (acc.).

Uitaholm 1956, ist von *Worm* unrichtig gelesen worden, und muss heissen: *Hvitavaþum*, s. d. W., vergl. *L. R.* S. 135. *Sj.* III, 152 weiss hiervon nichts und verwirrt das Ganze noch mehr. Es muss also gelesen werden: Is varþ tauþr × i hvitavaþum miþli Vitaulms auk Karþa ×, d. h. Er starb in den weissen Taufkleidern zwischen Witaholm und Gardir.

Uitan 487, ein Mannsname, zusammengesetzt aus *Vi*, s. d. W., und *Tan* (?), s. d. W., der heilige Kräftige.

Uitaberkum 1786 (dat. pl.), ein Ortsname, zusammengesetzt aus *Vita* (gen. pl.), s. *Vitkars*, und *Biark*, s. *Biurki*, vergl. *Fulkir*, d. h. ein Berg, auf dem sich *vitar* befinden.

Uiburkum 591 (dat. pl.), ein Ortsname, zusammengesetzt aus *Vi*, s. d. W., und *Burk*, s. d. W., *Viborg* 914.

Uibiurn 67, 889, 1092, 1952 (nom. und acc.), ein Mannsname, zusammengetzt aus *Vi*, s. d. W., und *Biurn*, s. d. W., der heilige Bär, vergl. *Vifut*. *Vibiorn* 665, 669, 1003 (acc.), *Vibiarn* 148, 174, 362, 431, 432, 569, 727, 839 (nom.).

Uil 329 (s. præs.), isl. *vilia*, schw. *vilja*, dän. *ville*, goth. *viljan*, ahd. *wellan*, alts. *willian*, ags. *villa*, *vilnian*, engl. *will*, scheint eigentlich zu bedeuten, Wohlgefallen an etwas haben, etwas erwählen, wollen. Isl. *vil*, Behagen, *vild*, *vildi*, Gunst, Wohlwollen, *vildr*, angenehm, schw. *veld*, Begünstigung, Parteilichkeit, dän. *vild*, vergl. *Vel* und *Vili*. Hun . vil . austr . fara .,

d. h. Sie will nach Osten fahren. *Vilti* 2233 (s. imperf.), Ok : vilti : æigi : gaka :, d. h. und wollte nicht gehen.

Uel 151, 1232 (adverb.), isl. *vel*, wohl, *vilia* wählen, schw. *väl*, *välja*, dän. *vel*, *vælge*, goth. *vaila*, *valjan*, ahd. *wela*, *wola*, *weljan*, ags. *vel*, engl. *well*, vergl. *Vil.* Kuþ × hialbi × ont × hans × vel × 1232, d. h. Gott helfe seiner Seele gut. *Val* 170, 712, 1305, 1385, Kuþ hielbi sal hans val, d. h. Gott helfe seiner Seele gut.

Uili 361 (nom.), ein Mannsname, isl. *vili*, schw. *vilja*, dän. *villie*, goth. *vilja*, ahd. *willo*, ags. *villa*, *vylla*, nhd. *Wille*; der Wohlgefällige, der Wollende, vergl. *Vil.*

Vili, *Ve* und *Odin* waren die drei Söhne *Börrs*, welche die Welt schufen und Himmel und Erde regierten, vergl. Gylfag. 6. Vili war ein allgemeiner altnordischer Name und diente zur Bildung vieler Zusammensetzungen, wie *Vilgeir*, *Vilmundr*, und ags. *Wilibald*, *Wilfrid*, vergl. Sæm. Edd. III, 827.

D.

Uilef 1046 (acc.), ein Mannsname, *Vilaifr*, zusammengesetzt aus *Vi*, s. d. W., und *Laifr*, s. *Fastilifs*; der heilige Abkömmling, vergl. *Vifut.*

Uimutr 1266, ein Mannsname, *Vimuntr*, vergl. *Furuki*, zusammengesetzt aus *Vi*, s. d. W., und *Muntr*, s. *Munti*; der heilige Beschützer, vergl. *Vifut.*

Ua 1431 (s. imperf.), isl. *vega* (*vóg*, *veiet*), fechten, tödten, vergl. *Viki*, altschw. *väga*, dän. *veie* (*vog*, *veiet*), agls. *wigan*. *Vâ* steht nämlich für *vo* und dies für *vog*, da die Imperfecta, welche sich auf ein *g* enden, dasselbe sehr oft verlieren, vergl. *R. G.* S. 154. So heisst es auch, z. B. in einem Färöischen Gedichte, *Ujsmal*, *Freâji Kjempa*, 30, vergl. *Id.* X, 30 und 96: "*Adlar* *vaa han Ormaner"* d. h. Er tödtete alle Schlangen. Saᛦ : flu : aki : at : Ubsalum : an : va : maþan : vabn : afþi :, d. h. Er floh nicht (in der Schlacht) bei Uppsala, er kämpfte (schwang das Schwert) so lange Waffen geführt wurden. *Sj.* II, 52 übersetzt: Welcher Åke nach Uppsala folgte, er abenteuerte (war im Abenteuer) mit ihm, welcher die Waffen führte (!!!), und fügt hinzu, *va* bedeutet Gefahr, Abenteuer; aber *valr*, die im Kriege Gefallenen oder dem Odin Erwählten (!!!). Vergl. *Br.* S. 194. *Viat* 499 (perf., dän. *veiet*). Anum viat . Vikmuntᛦ ×, d. h. Ihn hat Vikmuntr erschlagen. *Vakti* 868 (imperf., schw. *vog*, intrans., aber *vägde*, trans.), Han : vistarla : vakti : karla, d. h. Im Westen tödtete er Männer. Vergl. *L. R.* S. 83, *Br.* 170, *Sj.* I, 27, *G. S. H.* S. 158, welche letzteren *vaktikarla* durch Wächter deuten. Mit *vakti* dürfte doch noch zu vergleichen sein isl. *vekia* (imperf. *vakti*), wecken, erregen; *at vekia vig*, die Schlacht beginnen, den ersten Feind erlegen, z. B. *Sé þar fyrstr vakti víg*, d. h. Er griff zuerst den Feind an, erlegte zuerst einen Feind. Vergl. *Vakra*. *Vaah* 1613 (imperf. für *våk*, vergl. *Fulkir*), Sum : Nikulas : vaah, d. h. welchen Nicolas erschlug.

Uaurþr 312, isl. *vördr*, *vardmadr*, Wärter, Wächter, *vardi*, Warte, Steinhaufen, *varda*, Säule, *vara*, warnen, *varaz*, sich in Acht nehmen, *varmadr*, vorsichtiger Mann, *vara-viti*, Wahrfeuer, *vardveita*, bewahren, schw. (*taga sig till*) *vara*, (sich in) Acht (nehmen), *vård*, Wache, Wartung, *vårda*, bewachen, warten, *vårdare*, Wärter, *vårdkarl*, Wächter, dän. *vare*, Acht, Wache, *varde*, Wahrzeichen, goth. *vards*, Wärter, *vardja*, Wächter, pl. Wache, ahd. *wart* und *warto*, Wärter, *warta*, Warte, *warton*, warten, alts. *ward*, ags. *veard*, *nüt-*

telat., ital. *guarda*, franz. *garde* etc. Der Grundbegriff ist an einem Orte verharren, um auf etwas Achtung zu geben, u. s. w., vergl. *Varu.* Saᛦ × vaᛦ × vikika × vaurþr × , d. h. Welcher Wärter (Aufseher) der Wikinger war.

Die Englischen Wörter, welche zu dieser Wurzel gehören, sind ebenfalls sehr zahlreich; z. B. unter *ward v.*, *ward s.*, *warden*, *wardenry*, *wardenship*, *warder*, *wardless*, *wardship*; unter *war v.*, *war n.* *warfare*, *warly*, *warlike*, *warrior*, *warling*; unter *ware v.*, *ware n.* *warely*, *wareless*, *wary*, *wariness*, etc. ausser *be-ware*, *a-ware*, und *warn.* Der wahre Sinn von diesem Allen scheint zu sein eine dauernde Wachsamkeit der Vertheidigung oder des Angriffes wegen. Das alte Affix — *ward*, z. B. in "*to God-ward*," "*to Rome-ward*", "*to us-ward*", gehört nicht hierher, wie Einige annehmen, sondern ist das agls. *weard*, isl. *vert*, nhd. *wärtig* oder *wärts* eine Bewegung zu ausdrückend; diese Endung ist erhalten in den Wörter home ward, to ward.

D.

UAþUM 326, 452, 315 (dat. pl.), die vollständige Form in nom. pl. heisst *Hvitavaþir*, vergl. *Hvita*, weisse Taufkleider, isl. *hvituvodir*, weisse Kleider, welche die Bekehrten bei der Taufe anziehen mussten, *hvitvodungr*, der, welcher diese weisse Kleidung noch trägt, soeben getauft ist, *vad-mál*, Tuch, *vod*, Tuch, Netz, *vædaz*, sich kleiden, *vend*, Gewebe, gewebtes Zeug, altschw. *vadhir*, Kleider, schw. *vad*, Netz, *vad-mal* (*vallmar*), grobes Tuch, *våd*, Blatt in einem Kleide, *vadd*, Watte, dän. *vod*, Netz, *vad-mel*, ahd. *kiwant*, Bekleidung, *wât* oder *kiwâti*, Gewand, mhd. gewaete, alts. *giwâdi*, ags. *vaeda*, von goth. *vidan*, ahd. *wetan*, was man um sich windet, hüllt, vergl. *Vintr.* Die Inschriften, in welchen dieses Wort vorkommt, haben den älteren Runenforschern viele Schwierigkeiten gemacht. Man wollte in demselben durchaus die Benennung eines Ortes finden, bei dem eine Schlacht vorgefallen sein sollte, Vergl. *Diss. acad. de mortuis in* Hvitavaþum etc. *Joh. Ihre. Ups.* 1766, *Br.* S. 125, *Sj.* II, 64. Sum . to . i . hoita . vaþum × 326, d. h. Welcher in den weissen Taufkleidern starb. þiᛦ to i hvita vaþum 452, d. h. Sie starben u. s. w. Han vaᛦ tauþr i . hvita vaþum . 515, d. h. Er (ward todt) starb u. s. w. *Faþum* 118, *Hvaþum* 235, Tauþr . hvita hvaþum, d. h. Todt in u. s. w. Hierher scheint auch das Wort *wetten* zu gehören, welches man durch goth. *vidan*, ahd. *wetan*, binden, zu erklären pflegt, welche Erklärung aber alsdann nur richtig ist, wenn man unter *Wette* nicht das Bindende, sondern den Wettpreis (*Vaþ*, Kleidung) versteht. Es findet sich nämlich isl. *ved*, Pfand, Versprechen, *vedia*, (um das Pfand ringen) wetten, schw. *vad*, Pfand, Versprechen, *slå vad*, (nach dem Pfande schlagen, bezieht sich wahrscheinlich auf eine eigene Art Wettspiel) wetten, *vädja*, (weil Kläger und Beklagter nach schwedischen Gesetzen wirklich eine Wette eingingen und ein Pfand niederlegten) appelliren, dän. *vedde*, wetten, goth. *vadi*, Pfand, *gavadjon*, versprechen, ahd. *wetti*, Verpflichtung, ags. *vedd*, *vedde*, Pfand, mittl. *vadium* (*gvadium*), ital. *gagio*, franz. *gage*, welche Formen sehr leicht vermnthen lassen, dass das Pfand ursprünglich in Kleidungsstücken (grobem Bind- oder Flechtwerk, Geweben, Pelzen) bestanden habe, welche sich auch besser als eine andere Habe roher Völkerschaften zum Pfande passten und wohl auch ganz gewiss die ersten Geschenke derselben waren. Noch mehr wird man in dieser Vermuthung durch das Lappl. bestärkt, hier findet sich nämlich *wadas*, grobes Tuch. (finn. *waatte*, Kleidung), *watts*, (schw. *vantar*), wollene Handschuhe, *wadnem* Biber, *watja*, Rennthier (weil die Häute dieser Thiere sich besonders zur Kleidung eigneten ?), *wadd* (*waddes*, *waddas*), Geschenk (das, wie gesagt, bei rohen Völkern wahrscheinlich hauptsächlich in Kleidungsstücken bestand), *waddet*, (verschenken) geben, *waddetet*, reichlich geben, *waddejes*, freigebig, *watek*, eine Gabe an die Armen, *watet*, (eine Gabe begehren) betteln, *wädja*, Preis, Werth, *wäto*, Pfand bei Wetten, Versprechen, *wätot*, wetten.

Im Engl. wird das Substantivum *wad*, *wadding* gebraucht von grobem Tuche zum Futtern oder Wattiren der Kleider. Es ist sonderbar, dass in einer Stelle von *Berners Transl. of Froissart* das schw. *vadmal* sich wirklich findet. "*Many had no armure but their coates of wadmoll, and course grosse clothe*" Vol. II. p. 215. Von demselben Stamme ist ags. *waed*, engl. *weed*, welches in den ältesten Zeiten bedeutete alles, was den Körper bedeckt entweder Waffen oder Kleider, jetzt aber bloss beschränkt ist auf Kleider "*widows-weeds*". Neben diesen Worten findet sich ags. *wed*, *pignus*, *vadium*, *veddian pacisci*, *ducere uxorem*, engl. *wed*, *wedden*, *wedding*, *wed-sette* und das scot *wad*, alle in der Bedeutung einen Vertrag schliessen oder eingehen. Höchst wahrscheinlich gehören also diese Worte zu *wad* und *waed*; denn in den ältesten Zeiten bestanden die vorzüglichsten Pfänder in Kleidern oder Pelzen oder Waffen zufolge der Seltenheit des Geldes.

D.

UAÞR 304, ein Mannsname, der Hurtige, Muthige, Mannhafte, isl. *hvatr*, hurtig, mannhaft, *hvata*, Anreizung,

hvata,

hvata, eilen, *hvetia* und *hvessa*, schärfen, ermuntern, *hvetia*, Ermunterung, *hvattr*, *hvass*, scharf, ermuntert, schw. *hvass*, scharf, zornig, *hvässa*, schärfen, dän. *hvass*, *hvæsse*, ahd. *huass* oder *wass*, *huezzan*, ags. *hvaet*, hurtig, *hvettan*, engl. *whet*. *Vaþ* 448 (acc.).

Uar 868, 1458, 1468, 1489 (nom. und acc.), isl. *ver*, Gatte, Mann, *verar* oder *veriar*, Vertheidiger, Einwohner, *veria*, vertheidigen, *veria*, Harnisch, *vernd*, Schutz, *vernda*, schützen, *vörn*, Vertheidigung, Schutz, *vör*, (Schutz des Mundes) Lippen, vergl. *Vaurþr*, schw. *värja*, vertheidigen, *värja*, Degen, *värn*, Schutz, dän. *værge*, Vertheidiger, *værge*, vertheidigen, *værn*, Schutz, goth. *vair*, Mann, *varjan*, vertheidigen, ahd. *wir* oder *wer*, *weri* und *wera*, Vertheidigung, *weri*, Gewehr, *werjan*, *weran*, vertheidigen, (*german*, entweder Speer- oder Wehrmann), ags. *ver*, Krieger, *verjan*, engl. *war*, Krieg, franz. *guerre*, sansk. *wira*, ind. *wiroh*, Held. Die Grundbedeutung ist beschirmen (einfriedigen, ἕργω, ἕρκος), daher (Vertheidiger des Weibes) Mann, (Vertheidiger des Landes), Krieger, Held, (Vertheidigung des Körpers) Schutz- und Angriffswaffe, u. s. w. þuru : var : 868, d. h. Thuras Gatte. Var sin 1458, 1468, 1489, d. h. ihren Gatten. *Ver* 69 (acc.). Vergl. *Virikr*.

Grimm D. G. I. ii. Dritte Ausgabe. sagt, Unfern von Germanus zu liegen schiene unser alterthümliches *Irman*, Erman, Herman, (Nur kein zusammengesetztes Her-man, Ari-man darf man sich einbilden) aglsax. Eormen, Geormen, das in frühen sprachdenkmalen noch eine gewisse allgemeine und heilige bedeutung verräth, und gar nicht mehr für sich, bloss in der composition als überbleibsel der vorzeit da steht.

D.

Uaru 507, 634, 1705 (pl. imperf.), isl. *vera* (*var*, *varit*), sein, *vera*, (das Seiende) Wesen, *vara*, dauern, schw. *vara* (*var*, *varit*), *varelse*, *vara*, dän. *være* (*var*, *været*), *værelse*, *vare*, goth. *visan*, ahd. *wesan*, ags. *vesan*, engl. *was*. Die ursprüngliche Bedeutung ist dauern, d. h. der Zeit nach vorhanden sein. þai × varu + 507, d. h. Sie waren. *Var* 8, 189, 397, u. s. w. (s. imperf.), Han var a Kriklanti ., d. h. Er war in Griechenland. *Va* 1111, für *var*, *vor* 1508, für var, *vari* 1944 (imper. ?), *varin* 1860 (imper. pl.), *vas* 2, 38, 263, u. s. w. wie *var*, Is vas austr × tauþr × 2, d. h. Er war im Osten gestorben. *Vasi* 325, undeutlich, für *vas*. *Vaᛦ* 31, 312, 400, u. s. w., wie *var*, × Han × vaᛦ 31, d. h. Er war. *Vaᛦu* 51, 580, 799, u. s. w., wie *varu*, þaisi . vaᛦu . 51, d. h. Diese waren. *Vaᛦit* 860, 979 (praeter.), Han : hafþi : vaᛦit . 860, d. h. Er war gewesen; × Saᛦ × vaᛦit . hafþi × 979, d. h. Welcher gewesen war. Vergl. *Ir*.

Uarþvæita 2023 (pl. praes.), bewachen, verrichten, isl. *vardveita*, bewachen, altschw. *vardhveta* und *vardvaita*, zusammengesetzt aus *vardher* oder *vardh* und *veta*, wissen, vergl. *Vaurþr*.

Uarom 1919 (dat. s. m.), isl. *vor*, schw. *vår*, dän. *vor*, gebildet aus *vir*, s. d. W., O trotne . varom ., d. h. unserem Herrn. *Varr* 1952 (s. neut.) für *vart* (?), *varn* 1978 (acc. s. m.), für dat. *varum* (?), *vara* 1684, 1685 (acc. pl.). *Or* 1792, für *vor*. *Orar* 1779 (acc. pl.), für *vorar*.

Uarkas 107 (acc.), ein Mannsname, zusammengesetzt aus *Varþi*, s. *Vaurþr*, und *Kaus*, s. d. W., der Wachsame, schw. *vårdkase*, ein Holzhaufen, der bei der Annäherung eines Feindes angezündet wurde.

Uarit 2021 (acc. s. mit dem bestimmten Artikel), isl. *vor*, schw. *vår*, dän. *vaar*, lat. *ver*, Frühling (dän. *foraar*, holl. *voor-jaar*, gehören nicht hierher). Da *virþa*, s. d. W., die Bedeutung des engl. *grow* hat, so ist es wahrscheinlich, dass *var* mit *virþa* zusammenhängt und die Zeit des Wachsens (Werdens, Entstehens) bedeute, wie lat. *ver* von *virere* und engl. *spring-time* von *to spring*, knospen.

Uarasi 948, ein Mannsname, zusammengesetzt aus *Var*, s. d. W., un *Asi*, s. d. W., der schirmende Abkömmling der Götter.

Uakra 1275 (acc.), ein Mannsname, *Vakr*, *Vakri*, der Hurtige, isl. *vakr*, hurtig, arbeitsam, *vaka*, wachen (*vakinn*, fleissig), *vakna*, erwachen, *vakta*, bewachen, *vekia*, wecken, *vekra*, beeilen, *vacka*, herumschweifen, altschw. *vakor*, wachsam, schw. *vacker*, hübsch, *vaka*, *vakna*, *vakta*, *väcka*, *vackla* (*vakla*), schwanken, dän. *vakker*, hurtig, hübsch, *vaage*, *vaagne*, *vogte*, *vække*, *vakle*, goth. *vakan*, *vakjan*, ahd. *wahhar*, bieder, *wahhan*, *wecchan*, nhd. *wacker*, *wachen*, *wecken*, ags. *vacor*, *vacjan*, *veccan*, engl. *wake*, holl. *waken*, *wäcken*. Die Erklärung, *vakan* bedeute ursprünglich Acht geben, nicht schlafen, hat wenig Wahrscheinliches für sich; eher möchte es zur allgemeinen Wurzel *wà*, vergl. *Vihi*, gehören, und ausdrücken, in Bewegung sein. Dafür sprechen auch isl. *vacka*, (sich hierhin und dorthin bewegen), herum schweifen, das als Frequentativum von *vaka*, durch Verdopplung des Stammkonsonanten gebildet, vergl. *R. G.* S. 207, 394, auf eine Bedeutung von bewegen führt, *vekra*, (machen, dass sich etwas schleunig bewegt) beeilen, wie *skaka*, schütteln, *skakra*, beben, vergl. *R. G.* S. 207, 392, schw. *vackla*, dän. *vakle*, (sich oft hin- und herbewegen) wackeln, bestätigen die Annahme dieser Bedeutung ebenfalls. *Vakro* 122 (gen. f. ?).

Uan 1537, 1608 (imperf.), isl *vinna*, gewinnen, vergl. *Vinoman*. Van. Tanmaurk ala auk Nurviak × 1537, d. h. Er gewann (eroberte) ganz Dänemark und Norwegen. *Vant* 1050, Vant Selalant ala ×, d. h. Er gewann ganz Seeland.

Uantils 1323, undeutlich, vergl. *R. Spr.* S. 27, *L. R.* S. 84, *Sj.* III, 123.

Uaska 797 (acc. s. f.), isl. *vaskr*, *röskr*, rasch, tapfer, schw., dän. *rask*. Wie im Deutschen, z. B. Rasen und Wasen, so scheinen auch *raskr* und *vaskr* nur verschiedene Formen zu sein. *Vaskr* würde sich also am passendsten herleiten lassen von isl. *rása*, (sich schnell bewegen) laufen, *rasa* (*hrasa*), ausgleiten, *raska*, fortbewegen, *ruska* (unter einander bewegen) verwirren, schw. *rasa* (unsinnig umherlaufen) rasen, (sich schleunig bewegen) einztürzen, *raska*, (sich schnell fortbewegen) eilen, *ruska* (schnell hin- und herbewegen) schütteln, dän. *rase*, *raske*, *ruske*. Goth. *hrisjan*, schütteln, *hruskan*, (etwas ausschütteln) untersuchen, lassen sich ebenfalls so leicht erklären; denn dass goth. *hruskan* und schw. *grannska* zusammengehören sollten, ist höchst unwahrscheinlich. Die allgemeine Wurzel würde also *rhu*, laufen, sein, zu welcher auch *Ross*, (das laufende Thier) Pferd, gehört, vergl. *Haursi*. *Vasku* 1160, undeutlich.

Uasi 300, ein Mannsname, der entweder zusammenhängt mit *Vasi*, Garbe, Faschine, isl. *vasi* Sack, Tasche, altschw. *vasi*, Faschine, Fischreuse, schw. *vase*, Garbe, Faschine, dän. *vase*, Garbe, ein aus Faschinen gemachter Weg, goth. *vasjan*, bedecken, bekleiden, *ga-vaseins*, Bekleidung, ahd. *wâso*, (was die Erde bedeckt, bekleidet) Wasen oder Rasen, und also der Bedeckende, Beschirmende bedeuten, oder mit isl. *vas*, stolzer Gang, *vasa*, stolz einherschreiten, lappl. *wadset*, gehen, *wadsem*,

Gang, *wadsatallet*, gehend verfolgen, *wadsetjet*, hin- und hergehen, *wadsetet*, gehen machen, *wadsettattet*, gehen können, *waset*, vorübergehen, und dann der stolz Einherschreitende heissen.

Uatsfirþe 1966 (dat.), ein Ortsname, *Watnsfjord*, zusammengesetzt aus isl. *vatn*, Wasser, *votr*, nass, *væta*, Flüssigkeit, schw. *vatten*, *våt*, *väta*, dän. *vand*, *vaad*, *væde*, gth. *vato*, ahd. *wazar*, ags. *vaeter*, engl., holl. *water*, nhd. *Wasser*, von der Wurzel *wá*, sich bewegen, wogen, fliessen. Zu vergleichen ist noch isl. *údi*, Woge, *údaz*, regnen, *ýda*, brausen, agls. ýð, *fluctus*, ýðian, *abundare*, sansk. *uda*, Meer, griech. ὕδωρ, ὕειν, und *Firþr*, isl. *fiördr*, Meerbusen, *fiara*, der fernste Rand der Küste, Ufer, *fiara*, (sich entfernen, zurückweichen) ebben, von *fiarr*, s. *Fiaru*, schw. *fjärd*, dän. *fiord*, (d. h. ein sich vom Meere entfernendes Wasser?) Bucht, Meerbusen.

Uabn 1431 (acc. pl), vergl. *Va*, isl. *vapn*, schw. *vapen*, dän. *vaaben*, goth. *vepna* (pl.), ahd. *wâfan*, alts. *wapan*, ags. *vaepen*, engl. *weapon*, holl. *waepenen*, nhd. *Waffen*. Die Ableitung dieses Wortes ist ungewiss.

Ualr 901, ein Mannsname, isl. *valr*, ein Mannsname, der Haufen der in der Schlacht Erschlagenen, ein Falk, *val*, Wahl, *velia*, wählen, schw. *val*, Niederlage, *val*, *välja*, dän. *valg*, *vælge*, goth. *valjan*, vorziehen, wählen, ahd. *wal*, ags. *vael*, der Haufen der in der Schlacht Erschlagenen. Die ursprüngliche Bedeutung ist also, der von den Göttern zum Heldentode, zur Aufnahme in *Walhalla* Erwählte, der, an welchem die Götter Wohlgefallen haben, vergl. *Vil. Val* 1203 (acc.).

Ualraubaᛦ 2028 (pl.), zusammengesetzt aus *Valr*, s. d. W., und *Raub*, Raub, isl. (*raufari*, *reyfari*) *reifari*, Räuber, eigentlich Entkleider, *riafr* und *ræf*, (Bedeckung eines Gebäudes) Dach, *reifa*, (bedecken) einwickeln, *reifar*

(Bedeckung eines neugeborenen Kindes) Wickelband, *reifi*, (Bedeckung eines Thieres) rauhes Fell, schw. *rof*, Raub, *röfvare*, Räuber, *rufva*, (Bedeckung eines Baumes, einer Wunde) Rinde, *rufva*, (die Eier bedecken) brüten, dän. *rov*, *rovér*, *ruf*, (das Bedeckende) die Kajüte, *ruge* (für *ruve*, wie man auch häufig im Schwedischen *ruga* statt *rufva* gebraucht, also ebenfalls die Eier bedecken) brüten, goth., ahd. *raubon*, alts. *robon*, ags. *reafian*, engl. *to rob*, rauben, *robe*, Staatskleid, *to robe*, kleiden, franz. *derober*. Die eigentliche Bedeutung von *Raub* ist also Robe, Gewand, und dann das dem erschlagenen Feinde genommene Gewand, *spolium*. Der vollständige Ausdruck heisst mithin *valraub*, altschw. *valruf*, dän. *valrov*, ahd. *walaraupa*, ags. *vaelreaf*, aber isl. *valrán*, gehört nur der Bedeutung nach hierher.

Ualkustar 1594 (pl.), zusammengesetzt aus *Valr*, s. d. W., und *Kustr*, s. *Kas*, isl. *valköstr*, ein Haufe der in der Schlacht Erschlagenen, der vollständigere Ausdruck für *valr*.

Uale 2019, lat. *vale*. *Valete* 2023, lat. *valete*.

Ualtum 2028 (dat. pl.), isl. *valld* und *völld*, Gewallt, *velldi*, Obergewallt, *valldr*, ausgewählt, stark, *vallda* (*valld*, *valldid*), vermögen, *vallda* (*olli*, *ollad*), Ursache zu etwas sein, schw. *våld*, *välde*, *vålla*, dän. *vold*, *vælde*, *volde*, goth. *valdan*, ahd. *waltan*, walten, *kiwalt*, Gewalt, alts. *waldan*, ags. *vealdan*, *vald*, altengl. *welden*-*wealth*, holl. *welden*. Da isl. *valldr* zugleich erwählt heisst, so ist die Ableitung von *Wahl*, vergl. *Vil*, nicht unwahrscheinlich, und der Begriff des Auserwählten, in geistiger und körperlicher Hinsicht Vorzüglichen, zum Herrshen Erkorenen wohl der ursprüngliche. Die Inschrift selbst ist schwer zu deuten. Ist man ein Freund seltsamer Vermuthungen, so liesse sich *Furn i valtum*, durch Zauberer übersetzen, da, isl. *forn*, zauberkundig heisst, und *forn i skapi* sich ebenfalls findet.

Ualtika 1594, der Gewaltige, isl. *volldugr*, schw. *väldig*, dän. *vældig*, vergl. *Valtum*.

Usnikin 44, 241 (nom.), ein Mannsname, der Unsaubre, zusammengesetzt aus *U* —, s. *Ufaikr*, und *Snikin*, isl. *snöggr*, engl. *snug*, glatt, ohne Haare, sauber, *snókr*, *snákr*, das glatte, gleitende Thier, Schlange, *sneckia* (das glatte, gleitende Fahrzeug) Schiff, *snigil*, (das glatte, gleitende Thier) nackte Erdschnecke, *snakinn*, (glatt, gleitend) hurtig, *snikia*; (schlammig sein wie eine Schnecke) schlabbern (von Schlabber), gierig essen, schlemmen (von Schlamm), schmarotzen (das wahrscheinlich einen ähnlichen Ursprung hat), *snikir*, Schmarotzer, schw. *snygg*, glatt, sauber, *snigel*, nackte Erdsknecke, *snikas*, geizen (aus schmarotzen entstanden), *sniken*, geizig, dän. *snige*, (ohne Laut gleiten) schleichen, *snegel*, nackte Erdschnecke, *snekke*, Schiff, *snog*, Schlange, alt. *snøg*, sauber, ahd. *snahhan*, kriechen, *snekil*, *snecko*, ags. *snican*, kriechen, *snegl*, engl. *snail*, *snake*, nhd. *Schnecke*, *Schnake*, *schniegeln*, (sich glatt, sauber machen) putzen. Der Grundbegriff scheint also zu sein, glatt, von Haaren gesäubert, rein, geputzt. *Osnikin* 140.

Ustain 288, ein Mannsname, zusammengesetzt aus *U*, s. d. W., und *Stain*, s. d. W., Inselstein. *Uestain* 139, 150, *Ustin* 103, 509, 1169, 1410 (acc.), *Uestin* 936, 1437 (nom. und. acc.), *Ustis* 1433 (gen.), für *Ustins*, *Ueustin* 1154 (nom.), eine Verritzung, *Istin* 326 (acc.), *Istins* 306 (gen.), *Istan* 673 (acc.), *Istain* 242, 457, *Aistin* 116, 320, *Aistain* 658 (acc.), wie neben *öland* sich *åland* findet, so auch hier *Austin* 1129, 1185, 1532, 1588 (acc.), *Aüstin* 353, 641, *Austain* 363, 455, 540, 654, 1300 (nom. und acc.), *Austaen* 1116.

Usbaka 943 (acc.), ein Mannsname, zusammengesetzt aus *U-*, s. *Ufaikr*, und *Sbakr*, s. d. W., der nicht weise Mann.

Utr 1058, 1114, 1334, 1594, ein Mannsname, *Uþr*, vergl. *þuruþr*, isl. *oddr*, Spitze, *oddi*, Landzunge, *ydda*, spitzen, schw. *udd*, *udde*, dän. *od*, *odde*, spitzen, ahd. *ort*, ags. *ord*, nhd. *Ort* (des Schumachers). Der Grundbegriff dieses Wortes ist das Aeusserste, von *ut*, vergl. *Ur*, und der *Anfang*, von *virþa*, vergl. d. W., daher die Spitze. Im Deutschen finden sich viele mit *Ort* anfangende Namen, z. B. *Ortvin*, Schwertfreund. Anzuführen ist hier noch isl. *Ottar*, ein Mannsname, der Schreckliche, *ótta* erschrecken, *óttas*, fürchten, *otr*, Otter, schw. *utter*, dän. *odder*, ahd. *ottar* für *otar*, ags. *oter*, engl. *otter* (das im Wasser, isl. *údi*, s. *Vatsfirþe*, lebende Thier), Otter, Natter. *Ut* 1198 (acc.), *Uti* 884 (nom.), *Uta* 1069, 1252 (acc. vom nom. *Uti*), *Utar* 1137, 1142, 1577 [gen. (?)], [acc. (?)]. *Ut*ᛦ 758.

Utruk 836 (acc.), ein Mannsname, zusammengesetzt aus *U-*, s. *Ufaikr*, und *Trukr*, s. *Truk*, der Unzuverlässige. *Utrük* 721 (acc.), *Utrik* 613, 623 (acc.). *Otrüg* 1310.

Utrunkum 1071 (dat. pl.), ein Ortsname, vielleicht zusammengesetzt aus *Utr*, s. *Ur*, isl. (*ut*) *utar* (*ytst*), schw. (*ut*) *yttre* (*ytterst*), dän. (*ud*) *ydere* (*yderst*), und *Unkr* für *Aunkr*, schmale Landzunge, isl. *ángr*, schmale Landzunge, schmale Bucht, *ángr* und *óngr*, eng, *ángra*, (beengen) betrüben, *ángr*, (Beengen) Traurigkeit, Schmerz, *ángan*, Beschwerde, *ángist*, Angst, *engd*, Kummer, *engia*, (beengen) zusammenziehen, *engi* (ein schmaler mit Gras bewachsener Strich Landes) Wiese, schw. *ånger*, Reue, *ångest* und *ängslan*, Angst, *änga*, beklemmt sein, *äng*, Wiese, dän. *æng*, eng, *anger*, Reue, *angest*, Angst,

Angst, *eng*, Wiese, goth. *aggvus*, eng, *aggviþa*, Angst, ahd. *ankar* und *ankust*, Angst, *anki* und *enki*, eng. Die eigentliche Bedeutung von *Aunkr* ist mithin, ein schmaler Strich Land oder Wasser, daher Landzunge, Anger, Wiese.

Utamr 913, ein Mannsname, der Unbändige, zusammengesetzt aus *U-*, s. *Ufaikr*, und *Tamr*, isl. *tamr*, zahm, *temia*, zähmen, schw. *tam*, *tämja*, dän. *tam*, *tæmme*, goth. *tam*, *ga-tamjan*. ahd. *zam*, *zemjan*, ags. *tam*, *tamian*, engl. *tame*, holl. *tam*, *temmen*, scheint nicht mit goth. *timan*, ahd. *ziman*, nhd. *ziemen*, zusammenzugehören, da isl. *sæma* (von *sæmd*, *decus*), und *sóma* (von *sómi*, *decus*), schw. *sömma*, dän. *somme*, ziemen, auf einen anderen Stamm deuten, sondern vielmehr mit *Zaum*, isl. *taumr*, schw. *töm*, dän. *tomme*, und also mit *ziehen*, isl. *toga*, schw. *tåga*, dän. *tog*, Zug, goth. *tiuhan*, ahd. *ziuhan*, ags. *teon*, engl. *tug*, zusammenzustellen zu sein. *Otaim* 1713.

Ubir 121, 453, 616, 617, 799, ein Mannsname, isl. *ubbi*, zottig, schrecklich, *ybba sig*, grimmig aussehen, *ybbin*, zottig, zornig, *obba*, verabscheuen, *Ebbi*, ein Mannsname und auch ein mürrischer Greis (von *afi*, Grossvater, goth. *aba*, Mann (?)). Zu vergleichen sind auch ahd. *Eppo*, goth. *Ibba*, Abkürzungen von ahd. *epur*, agls. *eafor*, nhd. *Eber*; *Abo* und *Abbo*, Abkürzungen von *Adalbert*. *Ubi* und *Ubir* kann auch eine Nebenform von *Ufi* und *Ufir* sein, vergl. *Uf*, wie *rebbi* von *refr*, und würde alsdann der Ueppige bedeuten, ahd. *uppa*, Ueberfluss, Müssigkeit, *uppiki*, Ueppigkeit, *uppic*, üppig. *Ubi* 849, 868 (nom. und acc.), *Uebi* 868 (acc.), *Uebir* 234, 306, *Uebis* 869 (gen.), *Ubiᛦ* 19, 101, 104, 118, 125, 145, 150, 190, 193, 226, 246, 341, 396, 427, 428, 434, 474, 570, 577, 592, 641, 1048 (nom.), *Uebiᛦ* 346,

368, 400, 405, 423, 484, 921 (nom.). Ueber diesen ausgezeichneten Runenritzer vergl. *Sj.* I, 27. Er soll zu Ende des 10:ten oder auch im 12:ten Jahrhunderte gelebt haben.

Ubsalum 1431, 1442 (dat. pl., nom. *Ubsalir*, gen. *Ubsala*), ein Ortsname, zusammengesetzt aus *Ub*, isl. *upp*, schw. *upp*, dän. *op*, goth. *iup*, ahd. *uf*, holl. *op*, nhd. *ob*, vergl. *Ufir*, und *Salr*, isl. *salr*, Saal, *saldrótt*, Hausgenossenschaft, *salerni*, Flur, *sel*, Sennerhütte, *selia*, überreichen, verkaufen, *selía*, die Herausgeberin, Haushälterin, *sölur*, Handel, *selskapr*, Gesellschaft, schw. *sal*, *sälja*, verkaufen, *sälle*, Gesell, *sällskap*, dän. *sal*, *sælge*, goth. *saljan*, einkehren, *saliþvos*, Herberge, *saljan*, darbringen, opfern, ahd. *sal*, Wohnung, *sellan*, einkehren, *selida*, Aufenthalt, *sala*, Uebergabe, *salaman*, Mittler bei Uebergabe eines Dinges, *salpuch*, das Buch zum Anzeichnen der Uebergaben, *kisaljo* und *kisello*, Contubernale, ags. *seld* und *sele*, Herberge, *sellan*, darbieten. Die ursprüngliche Bedeutung scheint also zu sein, darbringen, opfern, feierlich überreichen, abtreten, verkaufen; dann der Ort, an welchem geopfert, verkauft wird, Wohnung, ferner die Personen, welche sich zum Handel vereinigen, Gesellschaft, u. s. w. Hieraus lassen sich auch erklären: isl. *sæll*, schw. *säll*, dän. (*ussel*, unglücklich, für *u*-) *sæl*, goth. *sels*, gut, ags. *sel*, und die hiervon abgeleiteten Wörter, vergl. *Roþvisl.* Jene bekannte Stelle aus der *Ingl. Sag. cap.* XL, dürfte hier noch einen Platz verdienen: "*Han* (*Ingialldr Konungr*) *let búa sal einn; engum mun minna, edr úvegligra, enn Uppsalr var*", d. h. Er liess einen Saal bauen, um nichts kleiner, noch weniger prachtvoll, als der *Uppsalr*, d. h. *hochhinauf gelegene Saal*, war. Vergl. *Str.* I, 194, *Id.* IX, 215, *E. G. Geijer*, *Mores heroicae aetatis apud veteres Graec. et Scandinavos com-*

parati, etc. Ups. 1830, S. 14. Saᛦ : flu : aki at : Ubsalum : 1431, und Saᛦ : flu : aiki : at : Ub : salum : 1442, d. h. Welcher nicht bei Uppsala floh. Verg. *Flu.*

Ulfr 77, 99, 213, 239, 340, 455, 475, 503, 517, 557, 563, 570, 589, 739, 1024, ein Mannsname, isl. *úlfr,* Wolf, *ýlfa,* Wölfin, *ýlfra,* heulen, *ýlir,* der Heulende, *ýlur,* Geheul, *yla,* heulen, schw. *ulf, ulfva* und *yla,* dän. *ulv, hyle,* goth. *vulfs,* vergl. *Vonniar,* ahd. *wolf,* ags. *vulf,* engl., holl. *welf.* Es ist viel wahrscheinlicher, dass die ursprüngliche Bedeutung von *Ulfr* Heuler sei, als dass dieses Wort Räuber bedeute vom goth. *vilvan,* rauben. Auch lappl. *holw-ot* heisst nach Art der Wölfe und Hunde heulen (*ululare*), *holjo* oder *håljo,* ein grosser Hund, *hål,* Rede, *hålet,* reden, u. s. w. *Ulf* 34, 39, 70, 100, 408, 414, 415, 459, 492, 506, 518, 950, 969, 992, 1148, 1160, 1253, 1422, 1435, 1619 (nom. und acc.), *Ulfor* 183 (nom.), *Ulfs* 449, 460, 1468, 1486, 1615 (gen.), *Ulfᛦ* 422, 1176, 1339, 1345, 1416 (nom.). In der Zusammensetzung bei Namen dient *Ulfr* zur Verstärkung des Begriffes des anderen Wortes der Zusammensetzung. *Olfilr* 446, ein Mannsname, zusammengesetzt aus *Ulfr,* und *Filr,* s. *Fulkfila,* Wolftödter, oder auch ein Diminutivum von *Ulfr,* vergl. *R. Gr.* S. 186, lat. *Ulfilas.*

Ulfrik 958 (acc.), ein Mannsname, *Ulfrikr,* zusammengesetzt aus *Ulfr,* s. d. W., und *Rikr,* der Hochmächtige, so auch *Rikulfr,* s. d. W., ahd. *Richolf. Ulfirk* 414, für *Ulfrik* (?), *Ulrifr* 883, für *Ulfrikr* (?).

Ulfriᚦ 146, ein Frauenname, *Ulffriþa,* vergl. *Ukuþ,* zusammengesetzt aus *Ulfr,* s. d. W., und *Friþa,* s. *Friþi,* die Starkschirmende.

Ulfkitil 31, 415 (nom. und acc.), ein Mannsname, zusammengesetzt aus *Ulfr*, s. d. W., und *Kitil*, s. d. W., der Starke Helm.

Ulfkil 414, 567, ein Mannsname, zusammengesetzt aus *Ulfr*, s. d. W., und *Kil*, s. d. W., der starke Keil. *Ulfkel* 393, 2162 (acc.), *Ulfkil* 216, ö), *Ulkil* 467, 2158, 59, 60, für *Ulfkil* (?).

Ulfkair 42, 77, ein Mannsname, zusammengesetzt aus *Ulfr*, s. d. W., und *Kair*, s. d. W., der starke Speer.

Ulfhiþin 796, ein Mannsname, zusammengesetzt aus *Ulfr*, s. d. W., und *Hiþin*, s. d. W., die starke Person, der eifrige Götzendiener (?).

Ulfast 386, 1014 (acc.), ein Mannsname, *Ulffastr*, vergl. *Ukuþ*, zusammengesetzt aus *Ulfr*, s. d. W., und *Fastr*, s. *Fasti*, der äusserst Feste, so auch *Fastulfr*, s. d. W.

Ulfshala 1590 (gen. pl.), ein Ortsname, zusammengesetzt aus *Ulfr*, s. d. W., und *Halr*, s. *Hal*. *L. R.* S. 134, glaubt, dass *Uppsala* gemeint sei, weil Erik der Heilige hier im Jahre 1160 fiel. A u k : h a n : e n t a þ i s : a t U l f s h a l a : þ a : h i n h i l g i . . . d. h. Und er gab seinen Geist auf zu Ulfshala, als der heilige . . .

Ulftalum 625 (dat. pl., gen. *Ulftala*), ein Ortsname, jetzt *Ortala*, zusammengesetzt aus *Ulfr*, s. d. W., und *Talr*, isl. *dalr*, Thal, *dæld*, ein kleines Thal, ein Landsee, *dalæ*, eine Vertiefung, *dæla*, eine kleine Vertiefung, ein Gefäss, *dala*, eine Vertiefung stossen oder schlagen, schw. *dal*, *dæld*, dän. *dal*, *dæl*, gth. *dal*, *dalaþ*, hinab, *dalaþa*, unten, *dalaþro*, von unten, ahd. *tal*, *tuola*, schw. *tuele*, Vertiefung, ags. *dael*, engl. *dale*. Der Hauptbegriff scheint also Vertiefung zu sein; die Wurzel ist ungewiss.

Ulir 1390, ein Mannsname, der Greise, isl. *Ullr*, ein Beiname *Odins*, der Greise, der Haar hat weiss wie

Wolle, isl., schw. *ull*, dän. *uld*, goth. *vulla*, vergl. *Uonniar*, ahd. *wulla*, ags. *vull*, engl. *wool*. Da bei den Dichtern die Flamme von ihrer wellenförmigen Bewegung isl. *ulli* heisst, so hat wahrscheinlich die Wolle von ihrer wie sprudelndes Wasser sich kräuselnden Oberfläche den Namen erhalten, isl. *vella*, schw. *upp-välla*, sprudeln, *vel* oder *vele*, Charpie, dän. *vælde*, *væle*, ahd. *wellan*, ags. *veallen*, nhd. *wellen*. *Uliur* 1184. *Oli* 1786, 1791. *Ole*ᛦ 1640.

Um 878, 944, 979, u. s. w., isl. *um*, schw., dän. *om*, ahd. *umpi*, ags. *umbe*, holl. *om*, nhd. *um*. Die Ableitung ist ungewiss.

Umal 964, ein Mannsname, der ungebundene, freie, in Niemandes Sold stehende Mann, zusammengesetzt aus *U-*, s. *Ufaikr*, und *Mal*, isl. *máli* und *málagiölld*, Sold, *málakona*, ein ausgestattetes Weib, *málamenn*, Söldner, Krieger, *mál*, Rede, u. s. w., *mæla*, reden, (*fast-*) *mæli*, (dauerhafter) Vertrag, schw. *mål*, *för-mäla*, vermelden und vermählen, dän. *maal* und *mæle*, Rede, *mæle*, reden, goth. *mel*, Schrift, *meljan*, schreiben, ahd. *mâl* oder *mahal* und *mâli*, Schrift, Vertrag, u. s. w., *mâlon*, schreiben, ags. *mal* und *mael*, *friðmael*, Friedensvertrag, nhd. *vermählen* (alts. *mahlian*, einen Vertrag schliessen), *Gemahl* (ahd. *kimahalo*, der einen Vertrag geschlossen hat). Es ist wahrscheinlich, dass *Umal* und *Amal* oder *Amala*, Name des bekannten ostgothischen Königs, dieselben Namen sind. Man erklärt diesen Namen gewöhnlich entweder durch *Amal*, d. h. ohne Makel oder auch durch eine Zusammenstellung mit isl. *ami* und *ambl*; indessen *mal* findet sich nicht in dieser Bedeutung von Makel und *ami* und *ambl* enthalten beide einen Tadel, so dass weder die eine, noch die andere dieser Erklärungen genügend sein dürfte. Die hier angegebene möchte dagegen weder gesucht, noch unpassend sein.

þ 2286, dient hier zur Bezeichnung des Sonntagsbuchstabens *C*, vergl. *U*.

þu 1307, 1953, 2009, du, isl. *þú*, schw., dän. *du*, gth., ags. *þu*, engl. *thou* *þik* 1971 (acc.), Ik : biþ : þik :, d. h. Ich bitte dich. *Tik* 1690 (acc.), Sihni . tik ., d. h. segne dich.

þü 952, Volk, vergl. *Tiur*, ein der Dichtersprache angehörender Ausdruck. *Br.* S. 189, übersetzt dieses Wort durch *da*. Isl. *þian* und *þiak*, Beschwerde, *þialf*, Arbeit, *þia*, in Sklaverei bringen, *þyr*, Sklave, *þir*, Sklavin, *þy*, c. *mancipium*, *þydi*, Völkerschaft, *þydir*, Männer, *þydverskr*, Deutscher, *þyda* und *þydlindi*, Leutseligkeit, *þyda*, (zu Leuten machen) bilden, vermildern, und (in die Sprache des Volks übertragen) deuten, *þiena*, dienen, *þion*, Diener, *þiona*, dienen, altschw. *dhy*, Sklave, Sklavin, schw. *tjena*, dienen, dän *tiene*, goth. *þius*, Diener, *þivi*, Dienerin, *þivan*, dienen, ahd. *diu*, *dionôn*, ags. *þeov*, *þeovian*. Der Grundbegriff ist also arbeiten, dienen, untergeben sein. Vergl. *þiuþ*.

þur 1482, 1489, ein Mannsname, der Wagende, Kühne, isl. *þor* und *þoran*, Kühnheit, *þora*, wagen, altschw. *thora* und *thoras*, wagen, schw. *töras*, dän. *tør*, goth. *daursan*, ahd. *turran*, alts. *daurran*, ags. *dear*, engl. *dare*, alem. *thar*, kühn, *tharen*, wagen (*Fulda*), schles. *Thurst*, Muth, *thurstig*, muthig (*Berndt*). Die Hauptbedeutung von *þur* ist also: der (seiner Kraft wegen) Alles Wagende, der Kühne. Findet sich z. B. nach *Zaupser Dorer*, und dän. *torden* (schw. *Thor-dön*, Thorkrachen) für Donner, — isl. *dunr* (eigentlich Erschütterung, dumpfes Tönen in der Luft oder unter der Erde), schw. *dunder*, (gth *þeiwo*), ahd. *donar*, alts. *thunar*, ags. *dyne* und *þunor*, engl. *thunder*, holl. *donder* (von ahd. *diunen*, tönen), — so beweiset dies für die Bedeutung des Namens nichts; denn der Donner kann wohl nach dem Gotte Thors Krachen benannt, *þur* aber nie aus *þunþr*, zusammengezogen sein, da sich keine ähnliche Zusammenziehung findet. *þor* 825, 1335, 1556 (nom. und acc.), *þurþr* 468, 891, 934, 1397, 1582, 1583, über die Endung — *þr* vergl. *R. G. S.* 194, 350, *þurþ*ᛦ 1204, 1231, *þurþi*ᛦ 1353, *þurþ* 1078, 1409, 1438, 1471 (nom. und acc.), *þorþr* 101, 151, 170, 1201, 1903, 1954, 2151, *þorþ* 91, 96, 166, 434, 953, 1550, (acc.), *þoorþ* 2162, 88, *þorþar* 1637 (gen.), Biarn : let kara sten þorþar, d. h. Biurn liess þorþs Stein machen. *Tortar* 1859 (gen.), *þuri* 310, 444, 561, 893, 1128, 1129, 1141, 1345, 1371, 1372, 1400 (nom. und acc.), *þurir* 82, 430, 1470, 1600, über die Endung — *ir* vergl. *R. G.* S. 184, 316, *þuri*ᛦ 259, 260, 456, 531, 696, 852, 1078, 1115, 1262, 1297, 1499, 1501, *þura* 1152 (acc.), *þori* 396, 391, 843, 1375 (nom.), über die Endung — *i* vergl. *R. G.* S. 181, 313, *þorir* 1329, 1330, *þori*ᛦ 112, 441, 842, *Turi* 65, 812, 1179. *þura*ᛦ 1500, *þurni*ᛦ 1400. *þar* 475. In zusammengesetzten Namen dient *þur* wahrscheinlich oft zur Verstärkung. Auf einem doppelten Irrthume beruht die Behauptung, dass die Schwedische Benennung für Mistkäfer, nämlich *Tordyfvel*, aus *þor* und *Djefvul*, Teufel, zusammengesetzt sei, vergl. Die Theogonie etc. der Hindus von *M. Björnstjerna*, S. 122; denn dieser Käfer heisst bekanntlich ags. *Tord-vifel*, zusammengesetzt aus ags. *tord*, engl. *turd*, *stercus*, und ags. *vifel*, engl. *weevil*, ahd. *wibil*, nhd. *Weibel*, Käfer, verg. *Hurvafr*, und hat also weder mit dem *Thor*, noch mit dem *Teufel* etwas zu schaffen.

Þura 64, 868, 1158, 1349, 1383, 1531, ein Frauenname, die Kühne, vergl. d. v. W., *Þuru* 868 (gen.), 1346, 1564 (acc.), *Þora* 22, 23, 347, 1117, *Tura* 9.

Þurfriþ 1098, ein Frauenname, die dem Gotte Thor geweihte Beschützerin, zusammengesetzt aus *Þur*, s. d. W., und *Friþ* oder *Friþa*, s. *Friþi*. *Þorfriþ* 367 (acc.), ein Mannsname, *Thorfridr*.

Þurfastr 29, 537, 618, 1297, 1478, ein Mannsname, zusammengesetzt aus *Þur*, s. d. W., und *Fastr*, s. *Fasti*, der am Gotte Thor Festhaltende, *Thurfostr* 269, *Þorfastr* 399, 786, 843, *Þorfatr* 749.

Þuruþr 90, 81, ein Mannsname, das dem Gotte Thor geheiligte Schwert, zusammengesetzt aus *Þur*, s. d. W., und *Uþr*, s. *Utr*. *Þoruþr* 146, *Þurut* 628 (acc.), *Þuruti* 358, *Þuruta* 358 (gen.), ᚴᚢᚦ : ᚼᛁᛅᛚᛒᛁ : ᛅᛏᚢᛁᚱᚢᛁᛋ :, d. h. Gott helfe Thuruds Geist. Hier ist der Name mit sogenannten Wenderunen geschrieben und die letzte Silbe desselben, nämlich ᛅᛏ muss doppelt gelesen werden, und bedeutet ein Mal Geist, s. *Anti*. *Þurot* 277 (acc.).

Þurun 89, 1246, ein Frauenname, *Þurrun*, vergl. Ukuþ, die Vertraute des Gottes Thor, zusammengesetzt aus *Þur*, s. d. W., und *Run*, s. d. W., *Þurunar* 869 (gen.), *Þorun* 78.

Þurvi 76, 483, 1538, 1540, ein Frauenname, zusammengesetzt aus *Þur*, s. d. W., und *Vi*, s. d. W., das dem Gotte Thor geweihte Heiligthum. *Þurviaᛦ* 76, 1541 (gen.) *Turvi* 1038, *Turvis* 10 (gen.), ein Mannsname (?).

Þurulf 469, ein Mannsname, zusammengesetzt aus *Þur*, s. d. W., und *Ulfr*, s. d. W., der dem Gotte Thor geweihte Wolf. *Þurulfs* 1617 (gen.).

Þur-

ÞURKUÞR 1312, 1462, ein Mannsname, *Þurkunþr*, zusammengesetzt aus *Þur*, s. d. W., und *Kunþr*, s. *Kunnr*, der Kämpfer des Gottes Thor, *Þurkunr* 905, *Þorkuþr* 726, *Þorkun* 1105. *Þurkun* 816, ein Frauenname.

ÞURKUTR 670, 1675, ein Mannsname, *Þurkautr*, zusammengesetzt aus *Þur*, s. d. W., und *Kautr*, s. d. W., der dem Thor geheiligte Abkömmling der Götter. *Þurkut* 1170, 1228, 1236, 2156, 2157 (nom. und acc.), *Þurkaut* 43 (acc,), *Þurhutr* 214, vergl. *Fulkir*, *Þorkut* 994, *Þorkot* 2113, 2114, 2115, *Þorgot* 2118, i i), 2162, t t).

ÞURKRIMᛦ 591, ein Mannsname, zusammengesetzt aus *Þur*, s. d. W., und *Krimr*, s. *Krimᛦ*, der dem Gotte Thor geweihte Volksanführer. *Þorkrim* 862 (acc).

ÞURKER 1054, ein Mannsname, *Þurkair*, zusammengesetzt aus *Þur*, s. d. W., und *Kair*, s. d. W., der Speer des Gottes Thor. *Þurkiᛦ* 849, *Þurgiᛦ* 2071, *Þurkar* 906, 1045, *Þorkir* 145, 199, *Þorker* 1552, *Þorkeir* 199, *Þorkar* 401, 1232, *Þorkaiᛦ* 1121.

ÞURKISL 389, 737, 903, 967, 1577, ein Mannsname, zusammengesetzt aus *Þur*, s. d. W., und *Kisl*, s. d. W., die Geisel (Waffe) des Gottes Thor, *Þorkisl* 120, 360, 748, 1105.

ÞURKITIL 936 (acc.), ein Mannsname, zusammengesetzt aus *Þur*, s. d. W., und *Kitil*, s. d. W., der Helm des Gottes Thor. *Þurkatil* 1071 (acc.).

ÞURKIL 41, 542, 851, 974, 1181, 1362, 1365, 1496, 1506, 2116 (nom. und acc.), ein Mannsname, zusammengesetzt aus *Þur*, s. d. W., und *Kil*, s. d. W., der dem Gotte Thor geheiligte Muthige, oder der Donnerkeil. *Þurkils* 817 (gen.), *Þurkl* 1112 (acc.), *Þurkal* 652, *Þurhils* 651 (gen.), vergl. *Fulkir*, *Þorgils* 1851.

þURKARþR 551, ein Frauenname, zusammengesetzt aus *þur*, s. d. W., und *Kirþr*, vergl. *Karþir*, die dem Gotte Thor geheiligte Beschirmerin. *þorkirþar* 199 (gen.), *þorkiairþar* 818 (gen.).

þURKARLA 1601, ein Mannsname, *þurkarl*, zusammengesetzt aus *þur*, s. d. W., und *Karl*, s. d. W., der dem Gotte Thor geheiligte Kämpfer.

þURELþ 1030, ein Frauenname, zusammengesetzt aus *þur*, s. d. W., und *Hiltr*, vergl. *Hiltulf*, die dem Gotte Thor geweihte Heldin.

þURALFR 1535, ein Mannsname, zusammengesetzt aus *þur*, s. d. W., und *Alfr*, s. *Alfvar*ᛏ, der dem Gotte Thor geheiligte Schutzgeist.

þURSTAIN 100, 444, 511, 516, 537, 539, 549, 651, 774, 785, 971, 1079, 1297, 1334 (nom. und acc.), ein Mannsname, zusammengesetzt aus *þur*, s. d. W., und *Stain*, s. d. W., der Stein des Gottes Thor. *þurstin* 162, 207, 306, 308, 499, 573, 796, 855, 1066, 1119, 1144, 1156, 1186, 1214, 1235 (nom. und acc.), *þursten*, 789 (acc.), *þurstan* 2162, u u), v v). *þurtsin* 1119, verritzt für *þurstin*. *þourstain* 802 (acc.), *þorstein* 2118, k k), l l). *þorstin* 27, 98, 111, 169, 212, 396, 428, 589, 680 (acc.), *þorstain* 95, 234, 365, 539, 569, 661, 833, 897, 1326, 1593 (nom. und acc.), *þorsstein* 1834.

þURBIURN 10, 67, 231, 264, 299, 626, 1052, 1207, 1506, 2009, ein Mannsname, zusammengesetzt aus *þur*, s. d. W., und *Biurn*, s. d. W., der Bär des Gottes Thor, *þurburn* 1112, *þurburna* 943. *þurbiourn* 1231, *þurbiorn* 591, 842, 1010 (nom. und acc.), *þurbirn* 377, *þurbiarn* 541, 647 (nom. und acc.), *þorborn* 749 (acc.), *þorbiurn* 27, 589, 1488 (nom.), *þorbiarn* 138, 181, 234, 453, 569, 637, 890, 1291 (nom. und acc.), *þorbiairn* 897.

þURLF 1548 (nom.), ein Mannsname, *þurlaifr*, zusammengesetzt aus *þur*, s. d. W., und *Laifr*, s. *Fastilifs* und *Laifa*, denn *lf* steht für *lif*, vergl. *Ufir*, der dem Gotte Thor geheiligte Abkömmling. *þurluf* 1279.

þURLIOR 1621, ein Mannsname, undeutlich. *Sj.* III, 114, liest: Badu Rlior ne Aki risti krus thono *aft* Fiak sun sin Orudr sun ears ., und übersetzt: Sowohl Rolfer (?) als Åke errichteten dieses Kreuz Fiak, dem Sohne jenes und Oröder, ihrem Sohne (nämlich dem Sohne des einen und dem Schwiegersohne des anderen). *L. R.* S. 140, übersetzt: Thorliot Neagi errichtete dieses Kreuz seinem Sohne Fjak (dem Brudersohne Hars).

þURLAKᛣ 1110, ein Mannsname, *þurlaukr*, zusammengesetzt aus *þur*, s d. W., und *Laukr*, isl. *laukr*, eine jede Saftreiche Pflanze, dann die Zierde der Familie, des Geschlechts, schw. *lök*, dän. *løg*, Zwiebel, ahd. *louh*, ags. *leac*, engl. *leek*, mtthd. *louch*, nhd. *Lauch*, welches Wort man gewöhnlich von *Luka*, vergl. *Lüktaþes*, ableitet, und durch die sich schliessende Pflanze erklärt. Da indessen isl. *lauk*, (scharfe Flüssigkeit) Bad, vergl. *Laukatahn*, *lögr*, (scharfe Flüssigkeit) Meer und endlich *jurtalögr*, Pflanzensaft heisst, so ist wohl nicht daran zu zweifeln, dass dieses Wort von isl. *lauk*, ahd. *louke*, nhd. *Lauge*, herstamme und ursprünglich eine Pflanze mit scharfem Safte (Lauch, Zwiebel) bezeichne. Nach dieser Erklärung würde also die Bedeutung von *þurlaukr* sein, der seinem Geschlechte zum Ruhme gereichende, dem Thor geweihte Spross; denn wie *Spross*, so wird auch *laukr* bildlich für Abkömmling gebraucht, und bezeichnet zugleich einen edlen Abkömmling. Die gewöhnliche Erklärung der letzten Silbe dieses Namens ist durch isl. *log*, ahd. *lauc*, Flamme, oder isl. *lauk*,

Bad, ahd. *louka*, nhd. *Lauge*, wenn von Frauennamen die Rede ist. þ*urlak* 1481, þ*orlak* 1099. Vergl. *Loker*.

þURMUNTR 637, ein Mannsname, zusammengesetzt aus þ*ur*, s. d. W., und *Muntr*, s. *Munti*, der dem Gotte Thor geweihte Beschützer. þ*urmu*þ*i* 2028, vergl. *Finr*. þ*urmontr* 475, *Turmu*þ*r* 1601. þ*armo*þ 1466 (?).

þUNAKI 1269, ein Mannsname, scheint fremden Ursprungs zu sein, vergl. *L. R.* S. 93. þ*ornack* 664.

þULIR 603, ein Mannsname, Schwätzer, isl. þ*ulr*, Schwätzer, þ*ula*, Geschwätz, þ*ylia*, schwatzen, schw. früher richtig *Tule*, jetzt *Ture*, Schwätzer, närrischer Kauz (*r* und *l* werden nämlich im Schwedischen häufig verwechselt, so sagt man *furt* für *fult* und *bol* für *bord*), mhd. *dalen*, nhd., landsch. *dahlen* und *talken* (*Berndt*), schwatzen, einfältig reden. Hiermit ist nicht zu verwechseln, isl. *tal*, Rede, Zahl, *tala*, reden, *telia*, zählen, schw. *tal*, *tala*, *tälja*, dän. *tal*, Zahl, *tale*, Rede, *tale*, *tælle*, ahd. *zala*, *zellan*, ags. (þ*yle*, Redner) *taljan* und *taellan*, *talian*, engl. *tell*, holl. *tal*, Zahl, *taal*, Rede, *tellen*, dessen ursprüngliche Bedeutung zu sein scheint, etwas der Reihe, Ordnung nach anführen, von einem Stamme *ta* (za), wofür auch goth. *teva*, Reihe, Ordnung, spricht. þ*uli* 765, þ*ula*ᛦ 1474, þ*ul*ᛦ 988.

þOUR 1954, für þ*ur*, isl. *dyr*, schw. *dörr*, dän. *dør*, goth. *daur*, ahd. *tura*, alts. *dor*, ags. *duru*, *dyra*, engl. *door*, nhd. *Thür*, *Thor*. þ*ur* bedeutet eigentlich Thüröffnung, *Hur*þ*ir*, s. d. W., dagegen Thürflügel. Hiermit scheint auch sansk. *dwar*, Oeffnung, und *tuwara* oder *dura*, Thür, übereinzustimmen, weswegen wohl die Ableitung dieses Wortes von goth. þ*airh*, durch, þ*airko*, Oeffnung, ahd. *durh*, *durhil*, ags. þ*urh*, þ*yrel*, nicht so ganz unwahrscheinlich sein möchte.

þORVAR 977, ein Frauenname, *þurvar*, die äusserst Vorsichtige, zusammengesetzt aus *þur*, s. d. W., und *Var*, isl. *var*, vorsichtig, schw. *varsam*, dän. *var* und *varsom*, vergl. *Vaurþr*.

þORVALR 1931, ein Mannsname, *þurvalr*, der vom Gotte Thor Erwählte, znsammengesetzt aus *þur*, s. d. W., und *Valr*, s. d. W.

þORVALᛏ**I** 1966 (dat.), ein Mannsname, *þurvaltr*, der äusserst Mächtige, zusammengesetzt aus *þur*, s. d. W., und *Valtr*, s. *Valtum*, Die ganze Inschrift, die sich auf einem Kupfernen Löwen befindet, welcher ursprünglich wahrscheinlich zu einem Tringeschirr gedient hatte, heisst: Leon . þetta . er . gefet . Gupi . til . ᛏirþar . ok . hinom . helga . Ulaf . at . Vatsfirþe . af . þorvalᛏi . ok . þorᛏiso ., d. h. Dieser Löwe ist gegeben Gott zu Ehren und dem heiligen Olof zu Watnsfjord von Thorwald und Thordisa. Vergl. *L. R.* S. 165, *Sj.* I, 28, *Kl.* S. 48.

þORONTR 170, ein Mannsname, *þuruntr*, der äusserst Geliebte, zusammengesetzt aus *þur*, s. d. W., und *Untr*, s. *Uni*. *þorot* 144 (acc,), vergl. *Finner*. *þaranþ* 1887 (?).

þORAIþIᛦ 1286, ein Mannsname, *þuraiþr*, der dem Gotte Thor Geweihte, zusammengesetzt aus *þur*, s. d. W., und *Aiþr*, isl. *eidr*, schw., dän. *ed*, goth. *aiþs*, ahd. *eid*, alts. *eth*, ags. *að*, engl. *oath*, holl. *eed*, nhd. *Eid*. Es ist höchst wahrscheinlich, dass dieses Wort wie Ehe von *Ai*, s. d. W., ewig, abstamme.

þORAL 1596 (acc.), ein Mannsname, *þuraltr*, der Abkömmling des Gottes Thor, zusammengesetzt aus *þur*, s. d. W., und *Altr*, s. *Al*.

þORTERF 668 (acc.), ein Mannsname, *þurtiarfr*, der äusserst Kühne, zusammengesetzt aus *þur* und *Tiarfr*, s. d. W.

þORᛏISO 1966 (dat.), ein Frauenname, *þurtisa*, die dem Gotte Thor geweihte Jungfrau, zusammengesetzt aus *þur*, s. d. W., und *Tisa*, s. d. W.

þOIRIM 862 (acc.), ein Mannsname, für *þurkrim* (?), s. *þurkrimr*.

þOIᛦ 1481, ein Mannsname, für *þurir* (?), s. *þur*.

þOS 1703, Benennung der Rune þ, die hier den Sonntagsbuchstaben *C* bezeichnet, vergl. *Ur*.

þOSTAIN 94 (acc.), ein Mannsname, für *þurstain*, vergl. d. W.

þRU 1233 (acc.), isl. *þró*, ein schmales ausgehöhltes Gefäss, isl. *trog*, schw. *tråg*, dän. *trug*, ahd. *truha*, Schüssel, Kasten, *troc*, *trouc*, Korb, länglichte Mulde, *druhsazo*, Schüsselsetzer, ags. *troh*, *trog*, engl. *trough*, *trug*, nhd. *Truhe*, Trog, Truchsess Man leitet dieses Wort von tragen ab, s. *Trau*. Vergl. *Stinþru*.

þRU 1068 (gen.), ein Frauenname, zusammengezogen aus *þuru* (?), s. *þur* und *þura*, oder von isl. *tru*, Treue, *trua*, trauen, *trufastr*, getreu, schw. *tro* (subst.), *tro* (verb.), *trogen*, dän. *tro*, *troe*, *tro* (adj.), gth. *trauains*, *trauan*, *triggus*, ahd. *triuwa*, *trouwan* und *truan*, *triuwi*, alts. *truon*, ags. *treove*, *treovian*, *treov*, engl. *true*, *trust*, mitt. lat. *treuga*, ags. *treovð*, franz. *trève*, Bündniss, Waffenstillstand. Die Wurzel ist *þru*, sansk. *dhru* und bedeutet fest, dauernd.

þRURIKS 1455 (gen.), ein Mannsname, *þrurikr*, zusammengesetzt aus *þur*, s. d. W., oder *þru*, s. d. W., und *Rikr*, s. d. W., der dem Gotte Thor geweihte oder der zuverlässige Herrscher. *þrurikᛦ* 883.

þRUNIUTR 806, ein Mannsname, zusammengesetzt aus *þur*, s. d. W., oder *þru*, s. d W., und *Niautr*, s. *Niautir*, der vom Gotte Thor Geschenkte, oder der Vertrauen Geniessende.

þRUNT 1176, 1462 (acc.), ein Mannsname, für *þuruntr* (?), s. *þorontr*.

þRUIT 1119, ein Mannsname, für *þurviþr* (?), s. *þur* und *Veþur*, der Baum des Gottes Thor.

þRUTAᛦ 885, 974 (gen. s.), isl. *þróttr*, Kraft, Ausdauer, *þróttugr*, kühn, tapfer, ausdauernd, *iþrótt*, Geschicklichkeit, Kunst, Handwerk, *iþrottamadr*, ein in Künsten, u. s. w. erfahrner Mann (vergl. die äusserst lehrreiche Abhandlung in *L. Hjs.* I, 268), schw. *idrott*, dän. *idræt*, *idrætsmand*, Handwerker, goth. *þroþjan*, üben. Dieses Wort hängt vielleicht mit *Trut*, Volk, zusammen, vergl. *Trutin*. Auf den beiden Runensteinen kommt *þrutr* nur in Verbindung mit *þiakn*, s. d. W., vor, und es ist ungewiss, was hiermit gemeint wird, vergl. *L. R.* S. 101. Vielleicht steht es mit *Trutin* in Verbindung, s. d. W.

þRIR 1632 (card. n. m.), isl. *þrir*, schw., dän. *tre*, gth. *þreis*, ahd. *dri* und *drie*, alts. *thria*, ags. *þri*, *þreo*, engl. *three*, holl. *dry*, nhd. *drei*. Die Ableitung ist ungewiss. þ r i r l i k k i a : m ä n :, d. h. Drei Männer liegen. *þriᛦ* 1237, 1541, 1978 (card. n. m.), b r u þ r : þ r i ᛦ :, d. h. drei Brüder, þ a i ᛦ : þ r i ᛦ, d. h. die drei, e ᛦ u : þ r i ᛦ :, d. h. sind drei. *þria* 1592, 1593 (card. acc. m.), s ü n i ᛦ : þ r i a : b r ü þ r : þ r i a :, d. h. drei Söhne, Brüder. *þru* 1705, 2021 (card. neut.), þ r u : *nom* : 2021, für *þrim* (?) *nottum* (dat. pl.), d. h. drei Nächte. *þriti* 8 (ord. n. m.), isl. *þridi*, schw. *tredje*, dän. *tredie*, gth. *þridja*, nhd. *dritter*. *þriþia* 1952 (dat.), a t þ r i þ i a l a k i, d. h. zum dritten Male.

þRIATIA 1334, für *þriatiu* (?), isl. *þriatiu*, schw. *trettio*, dän. *tredive*, goth. *þreistigius*, u. s. w., nhd. *dreissig*, eigentlich dreimalzehn, vergl. *Tiuhu* und *Tihi*. Die ganze Inschrift ist undeutlich; *Br.* S. 201, übersetzt, þria : tia var : marka :, durch : Drei Steige auf unserem Felde.

þRELKUR 1889, undeutlich, vielleicht von isl. *þrælka*, zu Sklavenarbeit zwingen, *þræl*, Sklave, *þræld*ó*mr*, Sklaverei, *þræla*, Sklavenarbeit verrichten, schw. *träl*, *träldom*, *träla*, dän. *træl*, *trældom*, *trælle*, ags. *trall*, engl. *thrall*, *thraldom*. Die auf einem Trinkhorn befindliche Inschrift heisst:

þrekar þrelkur otl selþur
þa oeil heilþur.

L. R. S. 158, sagt die Inschrift sei der undeutlichen oder nachlässigen Abschrift wegen nicht zu übersetzen; doch scheine aus derselben hervorzugehen, dass muthige Kämpfer Streitworte nicht scheueten, wenn das Bier flösse. Vielleicht liesse sich noch leichter folgender Inhalt vermuthen: Männer verrichten selten Sklavenarbeit, sie trinken lieber Bier.

þIUþ 1385 (acc.), ein Mannsname, *þiuþr*, Volksherrscher, isl. *þiód*, Volk, *þiódan*, König, vergl. *Visr*, *þiódverskr*, Deutscher, altschw. *dhiudh*, Volk, (*tydskr*) *tysk*, deutsch, dän. *tydsk*, deutsch, *tyende*, Hausvolk, goth. *þiuda*, Volk, *þiudans*, König, *þiudisks*, zum Volke gehörend, heidnisch, *þiudanon*, herrschen, ahd. *diot*, *diutisc*, alts. *thiod*, *thiodan*, ags. *þeod*, *þeoden*. Man stellt dieses Wort in der Regel zusammen mit Diener und dienen, isl. *þión*, Diener, *þióna* und *þiena*, dienen, schw. *tjenare*, *tjena*, dän. *tiener*, *tiene*, goth. *þius*, *þidan*, ahd. *diu*, *dionon*, alts. *thiu*, *thionon*, ags. *þeov*, *þeovian*, vergl. *þu*. In Zusammensetzungen dient dieses Wort sehr oft zur Verstärkung, z. B. isl. *þiódspekingr*, ags. *þeodvita*, ein ausgezeichneter Weltweiser. Vergl. *R. Gr.* S. 216, *R. Spr.* S. 94. Auch die Form *Tiþ* kommt vor, s. *Tiþfriþ*.

þIUþKIR 1053, ein Mannsname, *þiuþkair*, Volksspeer oder starker Speer, zusammengesetzt aus *þiuþ*, s. d. W., und *Kair*, s. d. W.

þIUþMUNT 1053 (acc.), ein Mannsname, *þiuþmuntr*, der Beschützer des Volks, zusammengesetzt aus *þiuþ*, s. d. W., und *Muntr*, s. *Munti*.

þIUþBURH 490 (nom.), ein Frauenname, *þiuþburk*, vergl. *Fulkir*, die Volksburg oder starke Burg, zusammengesetzt aus *þiup*, s. d. W., und *Burk*, s. d. W.

þIURVI 1537, ein Frauenname, für *þurvi*, s. d. W.

þIUK 1668 (acc.), ein Mannsname, *þiukr*, der Dicke, isl. *þyckr*, erzürnt, dick, *þyckia* und *þyckiaz*, zornig werden, *þyckia*, Hass, *þyckr*, Verbitterung, *þyckna*, zornig werden, dick werden, schw. *tjock*, dän. *tyk*, *dyck*, ahd. *dicchi*, ags. *þic*, engl. *thick*. Man pflegt dieses Wort abzuleiten von goth. *þeihan*, ahd. *dian*, alts. *thian*, ags. *þeon*, nhd. *gedeihen*, allein da isl. *þyckr* ursprünglich zornig und dann vor Zorn aufgeblasen heisst, so ist eine Verwandtschaft mit nhd. *tückisch* nicht unwahrscheinlich, welches Wort im Zusammenhange steht mit isl. *þyka*, meinen, *þycka*, als Freq. von *þyka*, vergl. *R. Gr.* S. 207, 394, eifrig etwas meinen, zürnen, *þyckia*, Meinung (böse Meinung), Zorn, Hass, schw. *tycka*, meinen, *tyckmycken*, eigentlich, wie isl. *þyckiumikill*, einer der lange zornig ist, Beleidigungen nicht vergisst, dann leicht in Zorn geräth, dän. *tykke*, Meinung, *tykkes*, meinen, goth. *þugkjan*, was mit denken zusammenhängt, vergl. *þik* und *þikra*.

þIþ 1482 (acc. s. neut.), isl. *þinn*, schw., dän. *din*, goth. *þeins*, ahd. *din*, ags. *þin*, engl. *thine*, nhd. *dein*. þit 148 (acc. s. neutr.), ᚦ*in* 1746.

þIK 1240 (acc.), für *þink*, vergl. *Friantr*, ein Mannsname, Schützling, isl. *þíng* und *þíngi*, Berathung, *þínga*, berathen, *þíng*, Gemeinde, *þínga*, Gau, *þingmenn* (altschw. *dhingmenn*), Schützlinge, die, welche zu demselben Gerichtssprengel gehören, schw. *ting*, Gericht, *tingta*, Gericht halten, *tinga*, vor Gericht verklagen, bedingen, dän. *ting*, *tinge*, ahd. *dinc*, ags. *þing*, *þingian*, engl. *thing*. Die ursprüngliche bedeutung scheint das Gedachte, dann die Sache, das Urtheil, zu sein, weswegen eine Ableitung von thun weniger wahrscheinlich ist, als von denken, isl. *þenkia*, schw. *tänka*, dän. *tænke*, goth. *þægkjan*, ahd. *denkian*, ags. *þincan*, engl. *thinc*.

þIKFASTR 71, ein Mannsname, der welcher seinem Gaue treu ist oder kein falsches Urtheil fällt.

þIKRA 1179, undeutlich, isl. *digr*, dick, altschw. *digher*, schw. *diger*, dick, schwanger, gross, verwandt mit *gedeihen*, vergl. *þiuk*. *þihri* 1887, der Dicke, vergl. *Fulkir*.

þIKSTAþI 868 (dat.), altschw. *dhingstadher*, ags. *þingstow*, Gerichtsplatz, zusammengesetzt aus *þik*, s. d. W., und *Staþr*, s. *Staþ*. *Sj*. I, 27, glaubt, dass dieser Runenstein ein hohes Alter habe. Vergl. noch *Sj*. II, 133.

þIKBÜRN 738, ein Mannsname, *þikbiurn*, zusammengesetzt aus *þik*, s. d. W., und *Biurn*, s. d. W., der starke Schützling.

þIHNA 1265, undeutlich, vergl. *Sj*. III, 119.

þINOFTIᛦ 540, steht für ᚦᛁᚾᛅᛅᚠᛏᛁᛦ, d. h. diesen nach, indem ᛅᛅ zusammengezogen wurde in ᚼ, ein Beweis wie diese Rune entstanden ist, vergl. *L. R.* S. 33.

þINAFIR 702, steht für ᚦᛁᚾᛅᛁᚠᛁᚱ, d. h. diesen über, vergl. *Ufir*, indem ᚠ für ᛁᚠ gilt, vergl. *L. R.* S. 32.

þIAKN 885, 974, 1489, 1533 (acc.), isl. *þegn*, der freie Unterthan, im Gegentheil von *þræl*, s. *þrælkur*, Sklave, *þegnskaþr*, *virtus*, *þengill* (für *þegngill*), poet. Herrscher, *tign*, Ehre, Würde, *tiggi*, der Geehrte, der König, altschw. *dhiægn* oder *dhægn*, freier Mann, *deghia* (*deia*), Haushälterin, *dhign* (*dign-itas*), Würde, Hoheit, vorzüglich eines Fürsten (hiermit ist nicht zu verwechseln isl. *diákn* und *diakni*, Diakonus, schw. *djekne*, (Chorschüler?) Gymnasiast, *djeknepenningar*, freiwillige Abgabe an die zur Einsammlung herumwandernden Schüler, dän. *degn*, Küster, *degnepenge*, Abgaben an denselben, entstanden aus *διάκονος*), ahd. *degan*, Diener, alts. *thegan*, ags. *þaegn* und *þegn*, *þegnjan* und *þenjan*, engl. *thane* (*theyne*), *chief-tain*, franz. *capi-tain*, nhd. *Ober-than*, *Unter-than* (leitet *Fulda* wohl ganz richtig ab von ags. *than*, Heerführer, alts. *than*, Knecht). Die ursprüngliche Bedeutung scheint also zu sein ein freier Unterthan, und wie *þiuþ*, s. d. W., mit *dienen*, so möchte *þiakn* mit *arbeiten* im Zusammenhange stehen, vergl. isl. *þiá*, ermüden, *þiak*, Beschwerde, *þiálf*, Arbeit, *þiálfa*, durch Arbeit bändigen. Ein ganz anderes Wort scheint dagegen zu sein nhd. *Degen*, Schwert, isl. *daggardr*, schw., dän. *daggert*, engl. *dagger*, franz. *dague*, ital. *daga*, kurzes Schwert, Dolch, das zu einem Stamme *dah*, der schlagen bedeutet, gehört, vergl. ndd. *dáksen*, *Dachtel*, u. s. w. und also *Schläger*, *Stösser* heisst. Auf den Runensteinen kommt *þiakn* wahrscheinlich nur als *epitheton ornans* vor, ohne eine Würde zu bezeichnen, wie *L. R.* S. 101 meint. Mit *tignarmän* bezeichnete man sonst nur Personen, die eine hohe oder fürstliche Würde bekleideten, vergl. besonders *Hall.* II, 128, welches Werk eine wahre Fundgrube für den Geschichtsforscher ist. — *þikn* 1342, 1356, 1369 (acc.), *þekn* 1393 (acc.), *þiagn* 1491 (acc.), *þiaknar* 851 (nom. pl.), *þakn* 1348, 1392 (acc.), *þagn* 1383 (acc.), *þakhn* 1398, Verritzung für *þahn*, *þahn* 1397 für *þakn*, vergl. *Fulkir*, þᛅ*kn* 1370. Die Verbindung, in welcher dieses Wort auf den Runensteinen vorkommt, ist: harþa kuþan, miuk kuþan (nur 1356), d. h. sehr guten; *kuþiᛅ* (nur 851, pl.), d. h. gute. Auf den Runensteinen 885, 974, steht þ*rutaᛅ*, s. d. W., þ*iakn*, auf dem Runensteine 1489 steht *iar*þ*an*, s. d. W., þ*iakn*, und es ist ungewiss, was hiermit gemeint sei. Wie þ*iakn*, so kommt auch *Trink*, s. d. W., auf den Runensteinen vor.

þIAKN 404, 517, 546, 661, 1240 (nom. und acc.), ein Mannsname, s. d. v. W., þ*ekn* 303 (acc.), þ*ikn* 511, vergl. *Fulkir*, þ*ia*þ*kn* 958, þ*iahkn* 826, verritzt für þ*iakn*, þ*iakn*(*i*) 469, þ*iahn* 523, vergl. *Fulkir*, þ*akn* 305, 347 (nom. und acc.), þ*aikn* 804.

Die anglosachsischen Wörter þ*egen*, þ*egn*, þ*en*, þegn bedeuten eigentlich Diener, Beamter; und das Verbum þ*egnian ministrare*, das Geschäft eines *Thane* vollziehen. Dieses Wort, wie *knight*, wurde von einem Ausdrucke, welcher einen Dienst umfasste, ein Ehrentitel. Unter den Anglosachsen gab es zwei Arten von *Thanen*, 1) den *Thane* des Königs (*cyninges* þegn), dessen Rang im Staate gleich war einer halben Earl-Würde; 2) ein eigentlich sogenannter *Thane* oder *Les*-þ*egn*, dessen Ansehen vergleichungsweise gering war. Es scheint sehr wahrscheinlich, dass die Dienstleistung eines jeden *Thane* eigentlich militärisch war, wiewohl dieser Titel im späteren Zeiten von allen grossen Besitzern freier Lehne dürfte angewandt worden sein. Nach *Mercian Law* war þ*egens wér* 1200 Schillings. In den zusammengesetzen Wörtern *mæsse*-þ*egn*, *weofod*-þ*egn*, die von Geistlichen gebraucht werden, ist dieses Wort in seiner alten Bedeutung von Diener angewandt. Sieh *Thorpe Angl. Sax. Laws. sub voce.*

D.

þIALFR 40, ein Mannsname, der Arbeitsame, vergl. *þiakn*, *þulf*ᛅ 1120, 1416, 1511, *þolfi* 253. *þolfs* 1608 (gen.). *þialfi* 69, 76, 371, 1452. *þialfu* 69, 820, 1131, 1237 (acc.). *þialfar* 1115.

þISI 207, u. s w. (pron. dem.), isl. *þessi*, schw., dän. *denne*, nhd. *dieser*. Vergl. auch *Sa*. Eine Declination dieses Wortes hier aufzustellen, ist ganz unmöglich, wovon man sich aus folgenden Beispielen leicht überzeugen kann. Krus : þono : 1617, 1621 (acc. s.), d. h. dieses Kreuz. Stain . þona 754 (acc. s.), d. h. diesen Stein. Stin . þonsi . 1187 (acc. s.), Hauk . þonsi . 1468 (acc. s.), d. h. diesen Hügel, u. s. w., von der Endung *si* heisst es *Id.* IX, 351, sie scheine aus der russischen Sprache aufgenommen zu sein, in welcher *si* oder *sei*, lat. *hunc*, vorkommt. Stain × þona × 1113 (acc. s.), Krus : þona : 1619 (acc. s.). Bur : þosi : 984 (acc. s.), für Bru : þosi :, d. h. diese Brücke, Stain : þosi : 1497 (acc. s.). Stin . þna . 958 (acc. s.), für Stin : þina, vergl. *Ufir*. Stain . þino × 29, 43, 44, u. s. w. (acc. s.). Stain þeno 24, 26, 37, u. s. w. (acc. s.). Stin : þinna : 1647, 1763, 1764, u. s. w. (acc. s.). Stin . þini . 116, 188, 670, u. s. w. (acc. s.). Stain : þeni : 1598 (acc. s.). Stain þina 2, 5, 9, u. s. w. (acc. s.). Stain . þena . 66, 612, 910, u. s. w. (acc. s.). Stain . Ðena . 64 (acc. s.). Stan . þinan . 697 (acc. s.). Stain : þinasi : 898 (acc. s.). Stain × þinasa × 1133 (acc. s.). Istin þins 723 (acc. s.), für *Stin þins*, eine Verritzung, vergl. *L. R.* S. 78. Stain . þinso . 187 (acc. s.). Il . þinsn 837 (acc. s.), verritzt für Il : þinsa, indem ᚾ für ᛁ steht, d. h. dieses Felsenstück. Stain : þinosi : 10, 259, 371, u. s. w. (acc. s.). Stan . þensi : 1356 (acc. s.). Stin : þensi : 1390 (acc. s.). Stain þinsa . 40, 49, 71 (acc. s.). Stein : þensa :

20, 562 und Stain : þensa : 927 (acc. s.). Stin þinti 116 (acc. s.), da in derselben Inschrift auch Stin . þini steht, so ist dieses wohl eine Verritzung. Stein : þinsa : 16 (acc. s.). Stin : þeisi : 1405 (acc. s.). Stin : þiasi : 1436 (acc. s.), wahrscheinlich für *þinsi*, indem ᚼ und ᛅ wieder verwechselt wurden. Bruþis : 1470 (acc. s.). Hauk þis . . . 1536 (acc. s.), da an der ersten Stelle iftir auf þis folgt, und an der zweiten etwas weggefallen ist, so kann auch *þis* für *þisi* stehen. Um lanti þisuri 1065 (dat. s.), d. h. in diesem Lande. Marki . þisum . 583 (acc. s. ?), d. h. dieses Denkmal. þisun . merki . iru . 2011 (nom. pl.), d. h. diese Denkmale sind. Runir : þesr : 1680 (acc. pl.), d. h. diese Runen. Bru × þisi × 378, mirki . þisi . 640, Kumbl : þisi : 1116, d. h. diesen Denkstein, u. s. w. (acc. s.). Runar : þisi × 603, 714, 1448, u. s. w. (acc. pl.). Bru . þesi × 312, Stin : þesi 1166, Kubl : þesi : 1254, u. s. w. (acc. s.). Merki . þisa . 3, Stin : þisi : 61, Bru : þisa : 117, Heli þisa 391, d. h. dieses Felsenstück, u. s. w. (acc. s.). Stin . þesa . 28, Merki . þesa . 40, 41 (acc. s.). þesa . Steinaᛦ . 1277 (acc. pl.), d. h. diese Steine. Runar . þisar . 170, 462, 463, u. s. w. (acc. pl.). Runoᛦ þisaᛦ 265, Runiᛦ . þisaᛦ . 684, 948, u. s. w. (acc. pl.) Kubl þita 334, Kubla : þita . 624, . . rki þita (mirki þ.) 1061, u. s. w. (acc. s. neut.). Hvalf . þetta . 1765, d. h. dieses Gewölbe, þetta . hus . 1919, d. h. dieses Haus und Leon . þetta . 1966 (acc. s. neut.), d. h. diesen Löwen. þeta : ier : 2012 (nom. s. neut.), d. h. dieses ist Merki + þausi + 856, Kuml : þausi : 860 und Kubl . þausi . 1383 (acc. s.). Stin : þanu : 1437 (acc. s.). Stain × þano + 688 (acc. s.). Sten : þænna : 1634, Hvalf : þænna : 1639 und Stein . þenna . 1920 (acc. s.). Stin . þani . 900 und Stain : þani : 1501 (acc. s.). Stin þana × 305, 323, 331, u. s. w. (acc. s.). Stain þansi . 478, Stan : þansi : 830, Stain : þan : si : 876, u. s. w. (acc. s.). Hauk þanasi 654 (acc. s.). Stin × þansin × 1186 (acc. s.). Stain þain + 788 (acc. s.), da aftir auf þain folgt, so kann man auch þaina lesen, vergl. Ukuþ. Stin . þaina : 725 (acc. s.). Stain þainsa . 1096 (acc. s.). Kumb : þaisi : 912, Haili : þaisi : 1091, Stin : þaisi : 1207, u. s. w. (acc. s.). þaisi . vaᛦu . 51 (nom. pl.), d. h. diese waren. Stin × þaisa × 504 (acc. s.). I : þaimsi : huki : 1323 (dat. s.), d. h. in diesem Hügel. Stin : þasu : 1384 (acc. s.), Runo þasi . 242, Stin × þasi × 1098 und Stan : þasi : 1159 (acc. s.). Runaᛦ : þasi : 352, Staina . þasi . 450, 493 (acc. pl.). Stain . þasa . 379, Bro . þasa . 1352 (acc. s.). Kuml : þatsi : 895, 896 (acc. s.). Stin : þtina : 729, 735, 936 (acc. s.), verritzt für þina oder tina, vergl. *L. R. S.* 78. Stino + tino × 717 (acc. s.). Tinna : stain : 1782 (acc. s.). ᛂinna stain . 1746 (acc. s.). Sten ᛂinsi 1543 (acc. s.). Stin . tinsa . 736 (acc. s.). Tisa : (klokko?) 1993 (acc. s.), d. h. diese Glocke. Tisan : stain : 1748 (acc. s.). Tissan : mur : 1885 (acc. s.), d. h. diese Mauer.

þILTU 277, eine der Zusammenziehungen, welche der Volkssprache angehören, für *þir litu*, d. h. sie liessen.

þA 325, 1064, 1764, 1779, 1952, 1985, 2009, 2022, isl. *þa*, schw. *då*, dän. *da*, goth. *þan*, ahd. *do*, *danne*, alts. *than*, ags. *þon*, altengl. *tho*, neuengl. *then*, nhd. *da*, *dann*. Oft kommt dieses Wort auch ohne weitere Bedeutung als Einschiebsel vor. Es ist entstanden aus *Sa*, s. d. W.

þAN 285, 449, isl. *enn*, schw. *än*, dän. *end*, engl. *than*, nhd. *als*, s. d. v. W. Bitr þan an karþi × til 285, d. h. Besser als er verdiente (handelte). þ*en* 938, 1763. Ok . ainu . ari . minna . þen . 1763, d. h. und ein Jahr weniger, als . þ*ian* . 378, Bitr × þian × on krþi × til ., d. h. Besser als er verdiente.

O 1750, vergl. *F.* Ta var : ᚼ : ok : ᚠ : prim : i : fiurtando : rado :, d. h. Da war *D* (Sonntagsbuchstabe) und VI goldene Zahl in der 14:ten Reihe, wodurch das Jahr 1506 bezeichnet wird. *Sj.* II, 27 hat unrichtig das Jahr 1411.

O 1950, O ⁝ alfa ⁝, sind die Schlussworte dieser Inschrift.

Ofr 1978, isl. *offr*, schw., dän. *offer*, ahd. *ophar*, nhd. *Opfer* vom lat. *offerre*; opfern heisst bekanntlich isl. *blóta*, goth. *blotan* (*bloþan*), ahd. *blozan*, ags. *blotan.* Kiarþu : ofr : varn : ᛏti :, d. h. Sie brachten unserem Herrn Opfer.

Oþuakan 143, (acc.), ein Mannsname, s. *Uþuakins.*

Oþintisu 1005 (acc.), ein Frauenname, *Oþintisa*, die dem Odin geweihte Maid, zusammengesetzt aus *Oþin* und *Tisa*, s. d. W. *Oþinn* heisst wohl ohne Zweifel ursprünglich der Wehende, der Geist, und hängt zusammen mit isl. *ódr*, (Geist) Sinn, *ódr*, (begeistert) wüthend, *ædi*, (Begeisterung) Wuth, *æda*, (begeistert sein) wüthen, ahd. *atum*, für *ahadum*, vergl. *Afriþ*, ags. *aeþm*, holl. *adem*, nhd. *Athem* (*Odem*, *Othem*), eigentlich das Wehende, der Hauch, der Geist, und bezeichnet dieselbe Gottheit wie ahd. *Wotan*, *Wuotan*, ags. *Voden*, welche Benennung zu zerlegen ist in den gunirten Stamm *wuo*, *wo*, von der Wurzel *wa*, wehen, vergl. *Uihi*, und die Endung *tan* oder *tin*, die Namen bildet. Hierher gehören auch goth. *vods*, (angehaucht, begeistert) besessen, ahd. *wuot*, (Begeisterung) Wuth, *wuoten*, (begeistert sein) wüthen, *wotnissa*, (Begeisterung) Wahnsinn, ags. *vod*, *vodan*, engl. *wood.* Zu vergleichen ist der Aufsatz über *Odin* und *Buda* Id IX, 47 und X, 179 u. f.

Or 1896, conj., engl. *or*, isl. *eda*, schw., dän. *eller*, goth. *aiþþau*, ahd. *edo*, *odo*, *eddo*, ags. *odde*, nhd. *oder*. Die Inschrift findet sich auf einem in Cumberland im Jahre 1817 gefundenen goldenen Ringe, und wird verschieden gelesen.

Orkr 1896, 1897, unbestimmt, s. d. v. W.

On 1896, engl. *on*, vergl. *Or*.

Oniþikᛦ 1272, vergl. *Uniþikᛦ*, Han : faᛦ : mana : mestr oniþikᛦ :, d. h. Er war der biederste der Männer.

Onims 397 (gen.), ein Mannsname, s. *Unim*.

Oifuþ 1054 (acc.), ein Mannsname, für *Vifut* (?), s. d. W.

Oeil 1889, vergl. *þrelkur*, isl. *öl*, schw. *öl*, dän. *øl*, engl. *ale*, franz. *aile*, ursprünglich ein jeder nährende Saft, vergl. *Al*, dann eine Art süssen Bieres, auch Bier überhaupt. Wahrscheinlich gehören isl. *olia*, schw. *olja*, dän. *olie*, goth. *aleo*, ahd. *oli*, ags. *ele*, engl. *oil*, nhd. *Oel*, ebenfalls hierher, da die Ableitung von *oleum* (was vielleicht ebenfalls mit *alere* zusammenhängt) dem nicht widerspricht.

Oiboi 1810, ein Mannsname, für *Ubui* (?), Inselbewohner, s. *U* und *Bu*.

Onr 362, ein Mannsname, für *Unr* (?), s. *Uni*.

Oaklu 1698, undeutlich, vielleicht für *vaktu*, geschlagen, getödtet, vergl. *Ua*.

Otl 1889, isl. *ott*, häufig (?), vergl. *þrelkur*.

Omnia 1989, lat. *omnia*.

R 1763, 2827, vergl. *F.* Ok . ta . var . liþit . af . Gus . birþ . furtan . hun᛭raþ . ar . ok . ainu . ari . minna . þen . V . tihi . ar . ok . i . þa . ari . primaþi . ᚠ . (ᚠ .) ok . ᚱ . sunutahr . ᛚ . raþu ., d. h. Da waren vergangen seit der Geburt Gottes vierzehnhundert Jahre und um ein Jahr weniger denn fünfzig Jahre, und in diesem Jahre war VI goldene Zahl und *E* Sonntagsbuchstabe in der zwölften Reihe, wodurch auf eine zwiefache Weise das Jahr 1449 bezeichnet wird; denn statt ᚠ ist nothwendig ᚠ zu lesen, da in der zwölften Reihe der Tabelle ᚠ dem Sonntagsbuchstaben ᚢ angehört und das Jahr 1763 andeutet, was ein offenbarer Widerspruch wäre. — Ta var . ᚱ sunu᛭ahr . ok ᛉ . primstafvar . i . siæktan᛭o . ra᛭o ., d. h. Da war (*E* und) *F* Sonntagsbuchstabe und XV goldene Zahl in der sechzehnten Reihe, wodurch das Jahr 1572 bezeichnet wird.

Ruffus 1956, 1957, 1958, ein Mannsname, *Rufus*, für *Rauþr*, s. d. W.

Ruf᛭a 1214, ein Frauenname, die Ausschweifende (?). *Sj.* III, 118 sagt, *Rufra* ist ein neuer (?) Frauenname und bedeutet die Zottige, von *rufinn*, zottig. Da sich indessen findet altschw. *roffa*, *lenocinari*, *roffare*, *cinædus*, *leno*, *rofferska*, *lena*, dän. *ruffe*, *ruffer*, *rufferske*, engl. *ruffian*, franz. *rufien*, mittl. *rufa*, *scortum* und isl. *rú*, Zotte, *rya*, zottiges Kleid, schw. *rya*, zottige Decke, dän. *ry*, Filz, so ist es wahrscheinlich, dass *rú*, wie Zotte, auch die bildliche Bedeutung von Zote gehabt habe, weswegen auch diese Wörter im Deutschen weniger natürlich mit *grob*, *Grobian*, als mit *rauh*, ahd., ags. *ruh*, engl. *rough*, holl. *rouw*, zottig, zusammenzustellen sind, wohin schw. *ruffig*, niedd. *ruppig*, ebenfalls ursprünglich gehören.

Ruþvi 1756, 1764, ein Frauenname, zusammengesetzt aus *Hruþr*, s. *Hruþa* und *Ui*, s. d. W., Heiligthum des Ruhmes.

Ruþviþr 1775, ein Mannsname, der ruhmvolle Anführer, zusammengezetzt aus *Hruþr*, s. *Hruþa*, und *Uiþr*, s. *Uiþur*.

Ruþul 1789, ein Mannsname, der Ruhmvolle, Diminutivform von *Hruþr*, s. *Hruþa*, vergl. *R. Gr.* S. 186.

Ruþr 1145, ein Mannsname, der Ruhmvolle, s. *Hruþa*.

Ruþkaiᛦ 860 (acc.), ein Mannsname, der ruhmvolle Speer, zusammengesetzt aus *Hruþr*, s. *Hruþa*, und *Kair*, s. d. W., ahd *Hruodker*, altfr. *Chroþegar*, ags. *Hroðgar*.

Ruþingr 1950, ein Mannsname, der Ruhmvolle, zusammengesetzt aus *Hruþr*, s. *Hruþa*, und der Endung — *inkr*, die eine Person von einer gewissen Beschaffenheit bezeichnet, ahd. *Hruodinc*.

Ruþia 797, 798 (infin.), isl. *rydia*, niederwerfen, *rydia veg*, einen Weg bahnen, altschw. *rydhia*, Wege und Brücken anlegen, schw. *rödja*, dän. *rydde*, goth. *ratjan* (?), legen, ahd. *riutan*, nhd. *reuten*, leitet man in der Regel von isl., schw. *rot*, dän. *rod*, engl. *root*, Wurzel, her, als Formen die neben isl. *róta*, schw. (ut-) *rota*, dän. *rode*, holl. *wroeten*, nhd. (aus-) *rotten*, entwurzeln, bestehen; es ist jedoch wahrscheinlicher, dass *ruþia* mit *rú*, Wolle, Zotte, s. *Rufᛦa*, zusammenhängt, und dass, wie isl. *rya* (*rúdi*, *rúd*), die Wolle, Zotten ausrupfen, scheren (glatt, eben machen) heisst, auch *rydia* (*ruddi*, *rudt*), vielleicht eine ähnliche frequentative Bedeutung habe, also ursprünglich bedeute von Unebenhieten befreien, Wege bahnen, urbar machen. Hurfastr × lit ×

braut × ruþia ×, d. h. H. liess einen Weg anlegen, vergl. *G. S. H.* S. 159.

Ruþarnn 1945, ein Mannsname, zusammengesetzt aus (?) *Hruþr*, s. *Hruþa*, und *Arin*, s. *Arni*, oder *Arn*, s. d. W., Heerd oder Adler des Ruhms.

Ruþmar 1311 (acc.), ein Mannsname, der durch Ruhm Ausgezeichnete, zusammengesetzt aus *Hruþr*, s. *Hruþa*, und *Mar*, vergl. *Uihmar*. *Roþmars* 921 (gen.).

Rukstarkr 1323, sehr stark, zusammengesetzt aus *Ruk-*, welches Wort zur Verstärkung dient, isl. *rok*, *roka*, Wirbelwind, *rokna-hliód*, ein äusserst starkes Geschrei, *rokvidri*, ein äusserst heftiger Sturm, *hröcka*, heftig bewegen, *hrókr*, ein Vogel, starker Mann (engl. *ruck*), schw. *ryck*, Ruck, *rycka*, rücken, dän. *ryge*, etwas gewaltsam angreifen, *rykke* (*rygge*), rücken, goth. *riggus*, ungeheuer, und *Starkr*, s. *Starkar*. — Das isl. *hróckr* ist auch die Benennung einer Figur im Schachspiele, so dass *le roc* eben so gut aus dem Isländischen als von dem Persischen *rokh*, Elephant, abstammen kann.

Run, kommt im *nom. sing.* in keiner Inschrift vor, isl. *rún*, Rune, *rýna*, verborgene Dinge ergründen, *rún*, *rúna*, die vertraute Rathgeberin, *rúni*, der vertraute Rathgeber, *eýrarúna*, Gattin, *grams-rúni*, Rathgeber des Königs, *rýndr*, kundig, Zauberer, schw. *runa*, Rune, *röna*, erfahren, dän. *rune*, goth. *runa*, Geheimniss, Berathung, Rathschluss, *runan*, rathen, ahd. *runa*, Gemurmel, Rath, *karuni*, Geheimniss, *runen*, heimlich sprechen, raunen, *runezan*, grunzen, alts. *giruni*, Geheimniss, ags. *run*, *geryn*, Geheimniss, *runjan*, murmeln. Es ist äusserst wahrscheinlich, dass *run* von isl. *renna*, schw. *rinna*, dän. *rinde*, goth. *rinnan* (*runs*, Fluss, *uruns*, Aufgang), ahd., alts. *rinnan*, ags. *rennan*, engl. *run*, nhd. *rinnen*, herstamme, und, wie Ursprung (ahd. *runs*, schw. *upp-rinnelse*), eigentlich Spring (Quell) bedeutet habe, dann bildlich für Entstehungsgrund, verborgene Ursache, Geheimniss gebraucht sei. Man erinnere sich hierbei nur des im ganzen Alterthume herrschenden Glaubens an die begeisternde Kraft der Quellen und besonders des *Mimisbrunnr*, des *Urdarbrunnr*, und man wird diese hier versuchte Ableitung weniger gewagt halten. Alle Bedeutungen wie murmeln, erforschen, prophezeien, rathen sind dann von selbst klar, und man hat nicht nöthig zum Indischen seine Zuflucht zu nehmen, wie z. B. *Id.* VI, 43 geschehen ist. — *Run* 238, 241, 989 (acc. pl.), Ikulfr . risti . run ., d. h. I. ritzte die Runen. Kuli . risti . run ., d. h. K. ritzte die Runen. þulᛦ × iuk × run ×, d. h. þ. metzte (hackte) die Runen. *Runum* 692, 947, 1442 (dat. pl.), þaᛦ . rᛦns i . runum . þimsum ., d. h. Das wird erfahren in diesen Runen. *Runo* 242, 1004 (acc. pl.), Kiulin ristiᛦ . runo þasi, d. h. K. ritzt diese Runen. *Runo*ᛦ 29, 89, 265 u. s. w. (acc. pl.), þurfastr . hristi runoᛦ, d. h. Th. ritzte Runen. Fasþikn raista runoᛦ þisar, d. h. F. ritzte diese Runen. *Runir* 149, 246, 1003, u. s. w. (acc. pl.), Litli : risti : runir ., d. h. L. ritzte Runen. þir . iogo runir a þisa ., d. h. Sie metzten (kackten) diese Runen ein. *Runi*ᛦ 329, 684, 1010, u. s. w. (acc. pl.). Bali . risti . runiᛦ . þisaᛦ ., d. h. B. ritzte diese Runen. *Runa* 1004, 226, 246, u. s. w. (acc. pl.), Ubiᛦ . risti . runa ., d. h. U. ritzte Runen. *Runar* 170, 370, 376, u. s. w., (acc. pl.), þorþr hiak runar . þisar val ., d. h. Th. metzte (hackte) diese Runen gut. Aþil iak runar ., d. h. A. metzte (hackte) Runen. Litu × rista × runar × þisa ×, d. h liessen diese Rnuen ritzen. *Runa*ᛦ 118, 122, 204, u. s. w., (acc. pl.),

Fotr × risti × runaᛦ., d. h. F. ritzte Runen, *Rua* 453, für *Runa*. Die Endung *or* im Pluralis gehört der neueren Sprache an, über die Endung *ar* neben der Endung *ir* vergleiche man *R. Gr.* S. 88.

Runfriþ 193, 226, ein Frauenname, *Runfriþur*, zusammengesetzt aus *Run*, s. d. W., und *Friþur*, s. *Friþi*, die durch Rath Schirmende.

Runfastr 238, ein Mannsname, zusammengesetzt aus *Run*, s. d. W., und *Fastr*, s. *Fasti*, der treue Rathgeber. *Runfast* 1004 (acc.).

Runulfr 1062, ein Mannsname, zusammengesetzt aus *Run*, s. d. W., und *Ulfr*, s. d. W., der an Rath Starke. *Runulfs* 1056, (gen.).

Runhilts 1474 (gen.), ein Frauenname, *Runhild*, zusammengesetzt aus *Run*, s. d. W., und *Hiltur*, s. *Hiltulfr*, die weise Kriegerin. Dieser Stein ist äusserst merkwürdig, vergl. *Sj.* I, 31, *F. M.* S. 43.

Runi 213, 722, 723, ein Mannsname, der Kundige, Rathgeber, vertraute Freund, Seher. *Runiᛦ* 1434. *Runa* 726 (acc.). *ᛦuna* 726.

Runa 191, ein Frauenname, die Rathgeberin, vertraute Freundin, Seherin. *Runu* 238 (acc.). *Runur* 1054 (gen).

Runaᛦit 93 (acc.), Runenritzung, Runenschrift, zusammengesetzt aus *Run*, s. d. W., und *Rita*, s. d. W., Osmuntr hiu runaᛦit × , d. h. O. metzte (hackte) Runenschrift. *Runoᛦritaᛦ* 1053 (acc. pl.). Markaþi × runoᛦ ritaᛦ, d. h. Zeichnete die Runenschrift. *Runaᛦrit* 333 (acc.), Runaᛦrit . lit : rista :, d. h. Runenschrift liess ritzen.

Runaᛦstin 2044 (acc.), Runenstein, zusammengesetzt aus *Run*, s. d. W., und *Stain*, s. d. W. Sasi sati runarstin, d. h. S. errichtete (setzte) Runenstein.

Rünbü 398, eine Ortsbenennung, zusammengesetzt aus *Run*, s. d. W, und *Bu*, s. d. W.

Rui 1429, ein Mannsname, entweder der Gepriesene, vergl. *Hruþa*, oder der Held, isl. *hrói*, der Kämpfer, der König, franz. *roi*. *Rua*ᛦ 1004. *Ro* 883. *Roir* 1579. vergl. *Hruar*.

Rutvi 761 (acc.), gebahnter Weg, zusammengesetzt aus *Ruþia*, s. d. W., und *Vikr*, s. *Vihi*. Vergl. *L. R. S.* 127

Rubiᛦ 1214, ein Mannsname, ein ungehobelter, eigenmächtiger Mann, isl. *rubbúngr*, *rubb*, ein ungeordneter Haufen von Dingen, *rubba*, zwischen den Händen reiben, fortbewegen, schw. *rubb*, *rubba*, dän. *rub*, *rubbe*, nhd. *rupfen*, engl. *rub*, scheint eine Nebenform von *raffen* oder rauben zu sein.

Rulaifᛦ 1550, ein Mannsname, entweder der berühmte Nachkomme, oder der Nachkomme eines Helden, Königs, zusammengesetzt aus *Rui*, s. d. W., oder *Hruþr*, s. *Hruþa*, und *Laifr*, s. *Fastilifs*, isl. *hrolfr*, der Mächtige. *Rulufa* 567, für *Rulofar*, das *R* in dem folgenden *Riþ* ist nämlich doppelt zu lesen, vergl. *Ukuþ*. *Ruluf*ᛦ 1150, *Rulifr* 143, *Rulefr* 174, *Rulif*ᛦ 973, *Rolf* 666, 835. *Rolufr* 33. *Rolif* 23 (acc.), vergl. *Hrulfr*.

Rimük 1276 (acc.), ein Mannsname, *Ruminkr*, der Rufer im Streit (*Βοὴν ἀγαθός*), vergl. *Furuki* und *Uirikr*, isl. *rómr*, die Stimme, *róma*, (Geschrei) Feldschlacht, *róma*, (ausrufen) bekanntmachen, *rymia*, brüllen, Lärm machen, *rymr*, Gebrüll, Geschrei, schw. *râma*, brüllen, ahd. *hruom* und alts. *hrom*, bedeutete wohl ursprünglich Ruf, so Ruhm und dann erst Hochmuth, und nicht umgekehrt, ags. *hryman*, schreien, nhd. *Ruhm*, *rühmen*, schw. *be-röm*, *be-römma*, dän. *be-rømmelse*,

be-

be-rømme. — So glaube ich wenigstens diesen Namen erklären zu können.

Rumar 1269 (acc.), ein Mannsname, *Rumr*, entweder gleichbedeutend mit dem vorigen Namen, der Rufer im Streit, oder für *Ruþmar*, s. d. W.

Ro 1684, 1685, 1738, 1939 (acc. s.), isl. *ró*, schw. *ro*, Ruhe, *ruga* (*rufva, rua*), auf etwas (ruhen) brüten, dän. *ro*, *ruge* (*rue*) (*Chr. Molbech* hält den Ursprung dieses Wortes für unbestimmt und stellt es zusammen mit isl. *hrúga*, Hügelchen), ahd. *ruowa*, Ruhe, *ruowan*, ruhen, isl. *hvíla*, schw. *hvila*, dän. *hvile*. — þera Sihal ⁝ til ⁝ ro ⁝ 1684, d. h. ihrer Seele zur Ruhe. Hans . sial . til . ro . 1685, d. h. seiner Seele zur Ruhe. 1738 und 1939 sind undeutlich.

Rofin 1817 (acc.), ein Mannsname, der Rauhe, isl. *rúfinn*, vergl. *Rufᛅa.*

Rouþa 1110 (acc.), ein Mannsname, *Ruþi*, der Berühmte, vergl. *Hruþa. Roþar* 1593 (nom.), die Endung — *ar* bezeichnet nämlich einen Mann mit der Eigenschaft des Stammwortes. — *Roþair* 1571.

Roþfos 1592 (acc.), ein Mannsname, der nach Ruhm Begierige, zusammengesetzt aus *Hruþr*, s. *Hruþa*, und *Fus*, isl. *fús*, geneigt, *fýsi*, Verlangen, *fýsiz ég*, ich habe Verlangen, begehre, schw. *foss*, Kühn, *fosshet*, Kühnheit, *fram-fos*, *fram-fus* (biblisch), jähe, *fram-fusen*, zudringlich, *fram-fusenhet*, Zudringlichkeit, dän. *fuus*, eilig, übereilt, *fuse*, hervorstürgen, *frem-fusende*, unbedächtig, *frem-fusenhed*, alts. *fus*, bereit, ags. *fus*, bereit, *fysa*, eilen. Da im Dänischen *fuse* auch von der schnellen Bewegung des Wassers und der Schiffe gebraucht wird, so ist es sehr wahrscheinlich, dass *Fuste* oder Jagdschiff, ital. *fusta*, franz. *fuste*, engl. *foist*, hierher gehört und keinesweges von dem lat. *fustis* abzuleiten sei, mit dem es nur eine zufällige Lautähnlichkeit hat. Die ursprüngliche Bedeutung von *fus* scheint geschwind gewesen zu sein, denn isl. *fysa* heisst wehen, *fys*, das Wehen, bezeichnet also die bewegung der Luft und scheint von dem Laute des wehenden Windes entstanden zu sein, weswegen auch die Bedeutungen von *pedere* und *peditus* stattfinden konnten. — *Roþfosaʎ* 1592 (gen.).

Roþurm 1742 (acc.), ein Mannsname, *Raþurmr*, der Ruhmbegierige, zusammengesetzt aus *Hruþr*, s. *Hruþa*, und *Urmr*, s. *Urmar*.

Roþuisl 1592, ein Mannsname, der an Ruhm Arme, zusammengesetzt aus *Hruþr*, s. *Hruþa*, und *Uisl*, isl. *vesæll*, elend, *væselld* oder *vesla*, Elend, schw. *usel* (*o-säll*), *uselhet*, dän. *ussel* (*u-sæl*), *usselhed*, dieses letztere Wort ist also zusammengesetzt aus der Negation und isl. *sæll*, glücklich, schw. *säll*, glücklich. Es ist höchst wahrscheinlich, dass isl. *sæll*, glücklich, *sæla* oder *sælld*, Glückseligkeit, *sællífr*, dem Wohlleben ergeben, *sællífi*, wohllüstiges Leben, *sæluhöfn*, ein sicherer Hafen, *sælerhús*, Herberge, u. s. w., goth. *sels*, gut, *un-sels*, böse, ags. *sel*, engl. *sely*, ursprünglich nichts anderes als gesellig, d. h. *von Vielen umgeben*, *von Vielen gelitten*, *reich an Umgebung*, *reich* bedeutet habe, und mit *salr*, vergl. *Ubsalum*, zusammenzustellen sei. Dagegen scheint mir, wie man allgemein annimmt, durchaus nicht hierher zu gehören, isl. *sálugr*, *sáladr*, entseelt, todt, schw., dän. *salig*, ahd. *salic*, nhd. *selig*, sondern wirklich mit *Seele*, vergl. *Sial*, zusammenzuhängen, in Uebereinstimmung mit dem isl. *sálaz*, sterben, von *sál*, *sála*, Seele, eben so gebildet zu sein wie *andaz*, sterben, vergl. *Antaþis*, von *andi*, vergl. *Anti*, Geist, und nichts anderes als todt bedeutet zu haben. Wie hieraus der jetzige Begriff von *selig*, *Seligkeit* entstanden, bedarf keiner weiteren Erklärung.

RoþVALþR 1751, ein Mannsname, der an Ruhm Mächtige, zusammengesetzt aus *Hruþr*, vergl. *Hruþa*, und *Valþr*, vergl. *Valtum*.

RoþKUTR 1593, ein Mannsname, der berühmte edle Mann, zusammengesetzt aus *Hruþr*, s. *Hruþa*, und *Kauti*, s. d. W.

RoþANþR 1593, ein Mannsname, für *Roþaþr* (?), der Ruhmvolle. Die Endung — *adr* dient nämlich, um eine Person zu bezeichnen, welche die Eigenschaft des Stammwortes hat, *R. Gr.* S. 199. Diese Erklärung möchte wahrscheinlicher sein als die durch *Rådande*, der Herrschende.

RoþAIþᛦ 1742, ein Mannsname, der dem Ruhme Verpflichtete, zusammengesetzt aus *Hruþr*, s. *Hruþa*, und *Aiþr*, s. *þoraiþiᛦ*.

RoþALFR 1817, ein Mannsname, der Ruhm verleihende Schutzgeist, zusammengesetzt aus *Hruþr*, s. *Hruþa* und *Alfr*, s. *Alfvarᚿ*. *Roþalf* 1592, ein Frauenname.

RoþBIARN 1291, ein Mannsname, der berühmte Held, zusammengesetzt aus *Hruþr*, s. *Hruþa*, und *Biurn*, s. d. W.

RoþLAUþUR 1703 (gen.), ein Frauenname, *Ruþlauþ*, die zu Ruhm Auffordernde, zusammengesetzt aus *Hruþr*, s. *Hruþa*, und *Lauþ*, isl. *löd*, Einladung, von *lada*, einladen, goth. *laþon*, ahd. *ladon*, ags. *ladian*, altfr. *ladia*, nhd. *laden*. Die ursprüngliche Bedeutung dieses letzteren Wortes, ist wie bekannt, rufen, daher noch im Schw. *låta*, lauten. Ich möchte das engl. *Lady* viellieber aus diesem Stamme durch die Rufende, die Einladende erklären, als annehmen, dass es von *hlaford* aus (*hlafordige* oder) *hloefdige* entstanden sei. — Isl. *gunnlöd*, eine (Männer einladende) geile Dirne.

Rok 666 (acc.), ein Mannsname, *Rokr*, der Heftige, vergl. *Rukstarkr*.

Ronvig 1366, ein Frauenname, die in der Schlacht Geraubte, zusammengesetzt aus *Ran*, s. *Rani*, und *Vik*, vergl. *Viki*.

Ronum 1789 (dat. pl.), ein Ortsname. Es ist höchst wahrscheinlich, dass solche Oerter diese Benennung erhielten, von denen man glaubte, dass sie unter dem besonderen Schutze eines überirdischen Wesens ständen, isl. *hræ*, todter Körper, schw. *rå*, Gespenst, *tomtrå*, Kobold, u. s. w., s. *Rostein*.

Ronli 308, ein Mannsname, Diminutivum (?) von *Rani*.

Rostein 1277, ein Mannsname, entweder für *Roþstein*, Stein des Ruhmes, zusammengesetzt aus *Hruþr*, s. *Hruþa*, und *Stain*, s. d. W., oder auch Gränzstein, schw. *råsten*, zusammengesetzt aus *Ra*, Gränze, und *Stain*, s. d. W. — In den alten schwedischen Gesetzen heisst *rå och rör*, Gränze, isl. *hræ*, Leiche, *hræda*, Schreckbild, *hræda*, erschrecken, *hræddr*, furchtsam, u. s. w., schw. *rädas*, sich fürchten, *rädd*, furchtsam, u. s. w., dän. *ræde*, Schreckbild, Vogelscheuche, *ræd*, furchtsam, u. s. w., goth. *hraio*, ahd. *hreo*, alts. *hreu*, ags. *hreao*. Schon *Haq. Spegel* ist der Meinung, dass schw. *rå* und isl. *hræ* zusammengehören. Ist dem wirklich so, so liesse sich vermuthen, dass an den Gränzen Bilder von Göttern, u. s. w., aufgestellt wurden — wie z. B. *Priapus* als Hüter der Gärten und Weinberge, der ebenfalls dazu dienen musste ausser den Dieben auch die Vögel zu scheuchen —, die vielleicht mit den sogenannten *Hällristningar* Aehnlichkeit hatten, vergl. über diese *Annaler for Nord. Olk.* 1838–39, S. 387. In dieser Vermuthung werde ich dadurch noch mehr bestärkt, dass isl. *hrediar*, schw. *rär*, dän. *ræder* (altd. *rædier*), die männliche Scham bezeichnet; diese Bilder würden also, wie der Priapus durch den *phallus*, zugleich Symbol der Zeugungskraft und Fruchtbarkeit gewesen sein. — Hierher gehört wahrscheinlich auch *Revier*.

Rifnikᛦ 1342, ein Mannsname, der listige Fuchs, zusammengesetzt aus *Rifr*, und *Nikr*, s. *Nikurs*; isl. *refr*, Fuchs, schw. *räf*, dän. *ræv*, scheint ebenfalls ursprünglich der Rothe zu heissen, denn lappl. findet sich *repe*, Fuchs und *rawetet*, rothwerden (ähnlich wechseln *p* und *w* in *rapet*, Wellen werfen und *rewe*, Wellen); doch liesse sich *rifr* auch mit isl. *hrifs* oder *rifs*, Raub, *hrífa*, rauben, oder *rífia*, in Stücke zerreissen, zusammenstellen, vergl. d. f. W.

Rifas 1830 (gen.), ein Frauenname, *Rifa*, die Mildthätige, isl. *rífr*, freigebig, *rífleger*, freigebig, ehrbar, *rífleiki*, Freigebigkeit, *bodrifr*, gastfrei, altschw. *river*, von isl. *rifa*, schw. *rifva*, dän. *rive*, zerreissen, ahd. *ripan*, engl. *rive*, holl. *ryven*, nhd. *reiben* — und ist aus der isl. Redensart *rifinn i bríóstid*, (zerrissen in der Brust) barmherzig, mitleidig, entstanden.

Rifata 1367, ein Mannsname, der von Raub Lebende (?), zusammengesetzt aus *rifs*, *Raub*, s. *Rifnikᛦ*, und *ata*, essen, s. *Ufata*.

Riþ 485 (dat.), dän. *rit*, ahd. *hriot*, ags. *hreod*, engl. *reed*, nhd. *Ried*, *Rieth*, ein mit Rohr bewachsener Platz, sumpfige Gegend, isl. *rid*, das Hin- und Herschwanken, *rida*, leise schwanken, *ridta*, Frequentativum, oft hin- und herschwanken, in Unordnung bringen, ahd. *hrutan*, bewegen, nhd. *rütteln*, vergl. *Riþu*, also eigentlich das Schwankende, das Rohrdickicht, die sumpfige Gegend. — Bru + arþ + slagin + i + riþ ×, d. h. Brücke ward (geschlagen) angelegt im Ried (über die sumpfige Gegend). *L. R.* S. 82 übersetzt *riþ* durch urbar gemachtes Land, altschw. *riudh, ryd,* dän *ryddeland,* gereutetes Land, vergl. *Ruþia,* was jedoch wenig Wahrscheinlichkeit für sich hat, da über dasselbe weniger als über einen Sumpf eine Brücke (ein trockener Weg) erforderlich ist.

Riþu 1978 (plur. imperf.), von *Riþa,* reiten; isl. *reida,* schwingen, wägen, (auf einem Pferde) fortbewegen, reiten, *reid,* das Reiten, der Wagen, u. s. w., *rída,* (festhangen am Pferde) reiten, *rída nidr,* bändigen, daher *rída hest,* ein Pferd bändigen, einreiten (*reida* und *rida* sind also zwei ganz verschiedene Wörter, das eine heisst zu Pferde reisen und das andere zu Pferde sitzen), schw. *rida,* dän. *ride,* ahd. *ritan,* ags. *ridan,* engl. *ride,* nhd. *reiten* (jetzt nur sich zu Pferde weiter bewegen, früher auch fahren). — Hiar : riþu : þair : burt :, d. h. Darauf ritten sie fort.

Riþulf 1165, ein Mannsname, *Hriþulfr,* Schlachtwolf, der in der Schlacht Starke, vergl. *Hriþulfs.*

Riþanes 1753, Ortsbenennung, zusammengesetzt aus *Riþ,* s. d. W., und *Nes,* s. d W.; eine mit Rohr bewachsene Landzunge.

Rikr 261, ein Mannsname, der Mächtige, isl. *ríkia,* herrschen, *ríki,* Herrschaft, *ríkr,* mächtig, herrschsüchtig, schw. *rik* (alt. *rikr*), reich, *rike,* Reich, dän. *rig, rige,* goth. *reiks,* vornehm, mächtig, Fürst, *reiki,* Herrschaft, *reikinon,* beherrsehen, ahd. *rihhi,* reich, *rihhi,* Reich, ags. *ric,* engl. *rich,* eigentlich das sich Erstreckende, von schw. *räcka,* dän. *række,* goth. *rakjan,* ahd. *recchan,* ags. *reccan,* engl. *reach,* nhd. *recken, reichen.*

Rikviþr 94, 190, 300, 309, ein Mannsname, der mächtige Anführer, zusammengesetzt aus *Rikr,* s. d. W., und *Viþr,* s. *Viþur. Riviþr* 1384, für *Rikviþr. Renviþr* 252, für *Rikviþr* (?).

Rikulfᛦ 1663, ein Mannsname, der mächtige Wolf, zusammengesetzt aus *Rikr*, s. d. W., und *Ulfr*, s. d. W., ahd. *Richolf*, der sehr mächtige.

Rikhatr 241, ein Mannsname, der mächtige Feind, Krieger, zusammengesetzt aus *Rikr*, s. d. W., und *Hatr*, s. *Hatikr*.

Rikinmunt 581 (acc.), ein Mannsname, *Rikinmuntr*, der göttliche Beschützer, zusammengesetzt aus *Rikin*, vergl. *Raknfriᛦ*, und *Muntr*, s. *Munti*. *Reginmot* 1636, vergl. *Furuki*.

Rikaukar 770 (gen.), ein Frauenname, *Rikauka*, die Vermehrerin des Reiches, zusammengesetzt aus *Rikr*, s. d. W., und *Auka*, s. d. W.

Rekarþ 1979, ein Mannsname, *Rikharþr*, der sehr Mächtige, zusammengesetzt aus *Rikr*, s. d. W., und *Harþr*, s. *Harþuᛦ*, ahd. *Rihhart*.

Rigair 142 (acc.), ein Mannsname, *Rikkair*, der mächtige Speer, vergl. *Ukuþ*, zusammengesetzt aus *Rikr*, s. d. W., und *Kair*, s. d. W.

Rigaim 1747 (dat.), ein Ortsname.

Ringorm 1570 (acc.), ein Mannsname, *Hringormr*, isl. *hríngorm*, schw., dän. *ringorm*, engl. *ringworm*, Flechte (*herpes*), zusammengesetzt aus *Hringr*, s. d. f. W., und *Urmr*, s. *Urmar*.

Ringana 1954 (acc. pl.), isl. *hringr*, schw., dän. *ring*, ahd. *hrinc*, ags. *hring*, engl. *ring*, nhd. *Ring*, von isl. *hrínga*, schw. *ringa*, dän. *ringe*, einen Kreis machen, mit einem Kreise umgeben, in einem Kreise bewegen, goth. *vriggan*, drehen, ags. *vringan*, engl. *wring*, ndd. *wringen*, nhd. *ringen*. — þour . hurþir . gerþe . þorþr . a Etafi : en Kari ringano guþo, d. h. Die Thürflügel machte Th. zu Etafi (?), K. aber die guten Ringe.

Rintʎ 1268, ein Mannsname, der Seher (?), isl. *rýndr*, weise, Zauberer, vergl. *Run.*

Risnum 11 (dat.), ein Ortsname, Anhöhe (?), s. *Raisa.*

Risi 683, (?), isl. *risi*, schw. *rese*, dän. *rise*, ahd. *riso*, nhd. *Reise*, von *Raisa*, s. d. W., doch ist auch möglich dass *risi* für *risti*, ritzte, steth, s. *Rista* und *Raisa*, und *Kil* ein Name ist.

Rista 8, 83, 333 (infinitiv.), isl. *rista*, ritzen, Runen in Holz schneiden, *riss*, Schnellschrift, *rissari*, Schnellschreiber, schw. *rista*, dän. *riste*, ahd. *rizan*, *reiz*, Buchstabe, nhd. *reissen*, *Riss*, vergl. *Rita.* — Svin̤ : lit : rista : runar : þasa : 8, d. h. Sv. liess diese Runen ritzen. Litu rista stin þina, 83, d. h. Liessen (in) diesen Stein (Runen) ritzen. Hakun : baþ : rista : 333, d. h. H. bat zu ritzen. *Risu* 1378, für *ristu. Risi* 71, für *risti. Rist* 1183 (sing. imperf.), Luki × rist × runaʎ ×, d. h. L. ritzte die Runen. *Ristu* 2, 250, 476, u. s. w., (pl. imperf.), × ristu × stain × þina × 2, d. h. ritzen (Runen in) diesen Stein, oder auch errichteten diesen Stein, vergl. *Raisa.* Ristu runa . 250, d. h. Ritzten die Runen. Ristu . merki . 476, d. h. Ritzten das Denkmal, oder auch, Errichteten u. s. w. *Ristu* 1058, eine Verritzung für *Rista*, dergleichen Verritzungen kommen so häufig vor, dass man sie für eine Spracheigenheit halten möchte. Litu × ristu ×, d. h. Liessen ritzen. *Risti* 11, 19, 61, u. s. w., (sing. imperf.), Svair risti 11, d. h. S. ritzte. Ubiʎ . risti . runa . 19, d. h. Ubir ritzte die Runen. Kalfr risti : stin : þisa : 61, d. h. K. ritzte (errichtete?) diesen Stein. *Risti* 329, eine Verritzung für *Rista*, s. *Ristu*, Lit . risti . runaʎ ., d. h. Liess Runen ritzen. *Ristiʎ* 242 (sing. praes.), Kiulin ristiʎ . runo þasi .,

d. h. K. ritzt diese Runen. *Rista*˜453, für *Risti*, vergl. *Furþa*. Ubir . rista . rua +, d. h. Ubir ritzte Runen. *Raist* 1489, für *Raisti*, Suti . raist . runaᛦ . þasi ., d. h. S. ritzte diese Runen. *Raisti* 122, 162, 187, u. s. w., für *Risti*. Raisti . runaᛦ . 122. Raisti . staina : þisa :, 162. *Raistik* 38, für *Raisti ek*, ritzte ich, vergl. *R. Gr.* S. 166. *Raista* 1296, für *Rista*. Litu : raista : stin :, d. h. Liessen den Stein ritzen oder errichten. *Raista* 265, 904, 1085, 1211, für *Raisti*, vergl. *Furþa*. Fasþikn raista runor þisaᛦ . 265, d. h. F. ritzte diese Runen. Kuni : raista stan . þansi : 904, d. h. K. ritzte (errichtete) diesen Stein. *Rastr* 1482 (sing praes.?). *Riþsi* 1574, für *Risti*. *Hristi* 29, 771, 1571, u. s. w., für *Risti*. *ᛦoisa* 205, *ᛦista* 1054, für *Raisa*. *ᛦisþu* 1446, für *Risþu*.

Rita 44, 62, 149, u. s. w. (infinitiv.), isl. *rita*, schreiben, *rit*, Schrift, *ritari*, Schreiber, schw. *rita*, zeichnen, dän. *ridse*, ritzen, goth. *vrits*, Punkt, Strich, ags. *writan*, engl. *write*, die ursprüngliche Bedeutung ist einritzen, vergl. d. v. W. Usnikin . lit rita stin þino . 44, d. h. Us. liess (Runen auf) diesen Stein schreiben. Litu . rita stain . 62, d. h. Liessen (Runen auf) den Stein schreiben. þo . litu . rita miki (mirki) . 149, d. h. Sie liessen (Runen auf) das Denkmal schreiben. *Riþ* 118, 193 (sing. imperf.). Riþ runaᛦ Ubiᛦ, d. h. Die Runen sehrieb Ubir. *Riþu* 1251 (pl. imperf.). *Rüt* 1465 (sing. imperf.), + Arlantr : rüt : runaᛦ : þisa :, A. schrieb diese Runen. *Rit* 1065, 1607 (sing. imperf.), Uþkil : rit : stin : 1607, d. h. U. schrieb den Stein. *Ritu* 81, 116, 530, u. s. w. (pl. imperf.). Ritu stin . þini 116, d. h. Schrieben diesen Stein. *Ritu* 216, für *Rita*. Jofur lit : ritu ., d. h. J. liess screiben. *Rito*

70, für *Rita.* Lita . rito ., d. h. Liessen schreiben. *Riton* 999. × Sten hafir × riton ×, d. h. Den Stein hat geschrieben. *Riti* 220, 476, u. s. w. (sing. imperf.). Riti : stain : þinsa : 220, d. h. Schrieb diesen Stein. *Riti* 590, für *Ritu.* × þaiᛦ × riti ., d. h. Sie schrieben. *Riti* 478, eine Verritzung, die durch das sogleich darauf folgende *Rita* verbessert wird, also þiᛦ litu riti rita stain þansi, d. h. Sie liessen diesen Stein schreiben. — Verritzungen wurden nicht ausgestrichen. *Ritiþu* 1391, für *Riþu*, so dass *þu* als eine Verbesserung von *ti* anzusehen ist, vergl. d. v. Form. *Rita* 913, für *Ritu. Reta*, 1291 (infinit.). *Ritar* 1050 (sing. praes.), Runiᛦ ritar Hurmsr, d. h. Die Runen schreibt H. *Ritan* 151, für *Rita*, Anglos. (?). Lit × ritan × sten, d. h. Liess den Stein schreiben. *Ritaᛦ* 1571, undeutlich. *Hriti* 269, für *Riti.* × þurfostr × hriti runoᛦ ., d. h. Th. schrieb Runen. *Hrita* 158, für *Rita. Raita* 1579 (infin.). *Rt* 388, 508, für *Rita.*

Ribut 620 (acc.), ein Mannsname, *Rifbutr* oder *Ribbutr* (?), wie isl. *Ribballdi*, für *Rifvalldi* (eingewaltthätiger Mensch), zusammengesetzt aus *Rifa*, isl. *rífa*, reiben, zerreissen, *rífa*, Ritze, *rífaz*, gegenseitig verwunden, *rifna*, zerplatzen, bersten, *riffrildi* ein Lumpenkerl, schw. *rifva*, reiben, ritzen, zerreisen, *rifvas*, sich raufen, *rifvande*, reissend, schnell, *remna*, bersten, *Ribbalder*, ein Thunichtgut, *ribbalderi*, unzüchtiges Leben, dän. *rive*, *rives*, *rivende*, *revne*, ahd. *ripan*, engl. *rive*, holl. *ryven*, *wryven*, nhd. *reiben* (*ribbeln*, *wribbeln*), griech. *τρίβειν*, *τρίβων*, *τριβάς*, u. s. w. — und *Butr*, isl. *bútr*, der Stumpf, *buta*, verstümmeln, nhd. *butt*, kurz und dick, *Butz*, *Butte*, *Biez* (Brustwarze), engl. *but*, *butt*, franz. *beut*, *butte.* — Wahrscheinlich ist das franz. *ribaud* nicht verschieden von dem obigen *Ributr.*

Rimbiu 1065 (dat.), ein Ortsname, zusammengesetzt aus (?) *Rimi*, Tapferkeit, isl. *remi*, vergl. *Ramborgar*, und *Bu*, s. d. W.

Rauþr 465, ein Mannsname, der Rothe, isl. *raudr*, roth, *rod* oder *rodi*, Röthe, *rodna*, roth werden, *ryd*, Rost, *rioda*, mit Blut bespritzen, *rotna*, verfaulen (rotten), *hrodi*, Unreinlichkeit, schw. *röd*, *rodnad*, *rodna*, *rost*, *röta*, Fäulniss, *ruttna*, *ruta*, unzüchtig leben, dän. *rød*, *røde*, Röthe, Fäullniss, *rødme*, roth werden, *rødne*, roth werden, rösten (röthen, z. B. Hampf.), *raadne*, verfaulen, *rutte*, unzüchtig leben, goth. *rauds*, ahd. *rot*, *rozzan*, *rost*, altfr. *rad*, alts. *rod*, ags. *read*, roth, *rot*, faul, *rotan*, faulen, *hrot*, Unreinlichkeit, *hirstan*, rösten, engl. *red*, *rot*, *roast*. Aus dieser Zusammenstellung dürfte höchst wahrscheinlich werden, dass *roth* die Farbe der verwesenden Körper bezeichne, wie *grün* die Farbe der wachsenden. *Rauþ* 1959. *Rauþr* 314, unbestimmt. *Rauþa* 1617 (gen. sing.), hins : rauþa, d. h. des Rothen.

Raukusio 2013 (dat.), Benennung eines Sees in Norwegen, zusammengesetzt aus *Rauka*, isl. *reykr*, Rauch, *reykia*, rauchen, *rök*, (rauchendes) nasses Heu, *röckur*, Abenddämmerung, *röckva*, finster werden, *riúka*, dampfen, *ryk*, Staub, schw. *rök*, *röka*, *ryka*, dän. *røg*, *røge*, *ryge*, goth. *rigis*, Finsterniss, *riqizjan*, finster werden, ahd. *rouh*, *richhan*, alts. *roc*, ags. *rec*, *recan*, engl. *reck*, holl. *rooken*, nhd. *Rauch*, *rauchen*, *riechen*, bedeutet also ursprünglich emporsteigende Dünste, daher auch isl. *raukstólar*, Wolken, *ragnaröckr*, Ende der Welt, und *Siu*, s. d. W. *Raukusiu*, würde also heissen der rauchende, dampfende See.

Raþu 1763 (dat. sing.), Reihe, bezieht sich auf die Tabelle, welche zur Bestimmung des Osterfestes ausgerechnet war, vergl. *L. R.* S. 194 und Taf. IX, isl. *röd*, schw., dän. *rad*, nhd. *ge-rade*, entweder von *rada*, ordnen, s. d. W., oder auch von *rauþr*, s. d. W., so dass isl. *röd*, eigentlich *rubrum* hiesse. *Raþo* 1911 (dat.). *Rato* 1992. *Ra*ᛘ*o* 1780, 1855, 1856.

Raþulfr 262, ein Mannsname, entweder der mächtige Rathgeber, oder auch der äusserst Hurtige, zusammengesetzt entweder aus *Raþa*, s. d. W., oder aus *Hradr*, isl. *hradr*, hurtig, *hrada*, eilen, *hradi*, Schnelligkeit, *hratta*, antreiben, ahd. *hrado*, schnell, — und *Ulfr*, s. d. W.

Raþi 692, unbestimmt, vergl. *L. R.* S. 83, und *Br.* S. 278.

Raþisi 495, wahrscheinlich für *Raþ þisi*, vergl. *Ukuþ* und *Raþa*. *L. R.* S. 97, hat eine andere Lesart.

Raþa 93, 1307, 2023 (infin.), lesen, isl. *rada*, an einander reihen, ordnen, *ræda*, Rede, *ræda*, reden, *reida*, zubereiten, *reida*, Zubereitung, Bereitschaft, *rædi*, Verwaltung des Hauswesens, *rædismadr*, Verwalter des Hauswesens, schw. *rad*, Zeile, *rada*, an einander reihen, ordnen, *reda*, Rechenschaft, *reda*, erörtern, dän. *rad*, *rede*, *s*, *rede*, *v*. goth. *raþjan*, sprechen, zählen, *rodjan*, reden, *redan*, vorhersehen, bedenken, ahd. *redon*, reden, *reda* oder *redia*, Rede, ags. *rædan*, engl. *read*. Die ursprüngliche Bedeutung scheint also zu sein, etwas in einer gewissen Ordnung folgen lassen oder in eine gewisse Ordnung bringen, daher Buchstaben in einer gewissen Ordnung folgen lassen oder *lesen*, Wörter in einer gewissen Ordnung folgen lassen, *zählen*, *reden*, *erzählen*, Dinge in eine Gewisse Ordnung bringen oder *vorbereiten*, u. s. w. — *Raþ* 145, 2009 (imperat.), *Raþ þu* 2009, d. h. Lies du! entsprechend dem bekannten "*Siste viator!*" *Raþu* 333, für *Raþ þu*, vergl. *R. Gr.* S. 29 und 165, J. Grimm's *D. Gr.* S. 32. — Diese Inschrift ist dunkel, doch ist so viel klar, dass die ersten

Worte "Lies du!" bedeuten, und keinesweges, wie *Sj.* III, 25 meint, durch *den rådige*, der entschlossene, umsichtige, zu übersetzen sind. *A. S. H.* 132 hat auch bei Erwähnung dieses Runensteins eine historische Beziehung angenommen. *Raþi* 947 (conj. praes.), Raþi : saᛦ : kuni ., d. h. Lese, wer können mag!

Raþa 1323 (infin.), schalten, herrschen, isl. *ráda*, rathen, errathen, herrschen, züchtigen, *rád*, Rath, Mittel zu etwas, *radgaz*, berathen, schw. *råda*, *råd*, dän. *raade*, *raad*, goth. *raidjan*, bestimmen, festsetzen, *ga-raideins*, Anordnung, Befehl, Gesetzgebung, *ga-redan*, Sorge für etwas tragen, ahd. *ratan*, *rat*, ags. *raedan*, *raed*, engl. *rid.* Es ist höchst wahrscheinlich, dass dieses Wort ursprünglich von dem vorhergehenden nicht verschieden gewesen sei, und dass es also ursprünglich nicht stark sein, sondern in eine gewisse Ordnung bringen bedeutet habe; daher die Angelegenheiten eines Allgemeinwesens in Ordnung bringen oder *regieren*, die Gründe für eine Sache in Ordnung bringen oder *rathen*, *berathen*, u. s. w. — Munat : raiþ : viþur : raþa :, d. h. Sollte nicht der Anfürer herrschen, vergl. *Fulkþu*. *Roþ* 1891 (sing. praes.), Roþ ag lagta laga (Inschrift eines goldenen Ringes mit einem Carniol), d. h. Ich beherrsche das Verhängte der Verhängnisse.

Raþa 1511 (acc.), ein Mannsname, *Raþi*, Rather, s. d. v. W., *Raþars* 1739 (gen.), von *Raþari*.

Raþsbaka 1506 (gen. s.), zusammengesetzt aus *Raþ*, s. *Raþa*, und *Sbakr*, s. d. W., isl. *rádspakr*, der weisen Rath geben kann. Hins . raþsbaka : faþur : sins :, d. h. des weisen Rathgebers, ihres Vaters.

Raknfriᛦ 499, ein Mannsname, der sehr Fruchtbare, zusammengesetzt aus *Rikin* (gen. *Rakna*), isl. *regin*, (die Richtenden, Rächenden, Herrschenden) die Götter, *raga*,

(Rache suchen) herausfordern, *ragn*, Verwünschung, *ragna*, verwünschen, *ragr*, (verwünscht) furchtsam, *regi*, Furcht, *röggva*, die Rache der Götter über Jemand erflehen, *reka*, rächen (*rógr*, Verläumdung, *rægia*, verläumden, rügen?), altschw. *rekia*, vertreiben, goth. *ragin*, (Richterspruch) Meinung, *raginon*, (richten) regieren, *ragineis*, (Richter) Rathgeber, Vormund, *bi-reks* oder *bi-reiks*, (der Rache verfallen) gefährdet, *bi-reikei*, Gefahr, *vrikan*, (Rache suchen) verfolgen, *vrohjan*, (Rache nehmen) rügen, ahd. *rahha*, Rache, *rehhan*, rächen, *hrehhan*, (Rache suchen) verfolgen, *hrechio*, der Verfolgte, Verbannte, *rogian*, rügen, (*raha*, Erzählung *rahhon*, erzählen), mhd. *recke*, (πολύτροπος) vielgewanderter Held, altfr. *ragin*, *rachin*, der Rath, fränk. *raginburgio*, *rachinburgio*, (Racheberger) Richter, ags. *vrecan*, *vrican*, *vräcia*, *vregan*, engl. *wreak*, s. *Aurikia*, von der Wurzel *ri*, *rih*, anordnen, richten, den Richterspruch ausführen, rächen, regieren, u. s. w., vergl. *Rikr*, und (?) *Frir*, isl. *frær*, für *frjór*, oder *frjófr*, fruchtbar, *frævaz*, fruchtbar werden, *frjó* oder *frjóf*, Saamen, Ei, Ursprung, *frjófga*, befruchten, schw. *frö*, Saamen, *frodas*, gedeihen, dän. *frø*, *frodig*, gut, üppig gewachsen, wuchernd, goth. *fraio*, scheint mit ahd. *frua*, holl. *vroeg*, nhd. *früh*, (schw. *fru-kost*, dän. *fro-kost*, Frühstück) zu derselben Wurzel zu gehören, und also den Anfang, Ursprung eines Dinges zu bezeichnen. Was die Benennungen schw. *frö*, dän. *frø*, (isl. *fro-ska*, ahd. *vro-sc*, ags. *fro-gga*, *fri-ska*, engl. *fro-g*, *fre-sk*, holl. *vo-rsch*, nhd. *Fro-sch*) betrifft, so ist es höchst wahrscheinlich, dass sie ursprünglich nur den Laich der Frösche bezeichnet haben, und weder mit frieren, noch springen oder grün in Verbindung stehen. — In Zusammensetzungen dient *Rikin* oft nur zur Verstärkung des Begriffes, z. B. isl. *reginfioll*, die höchsten Glätscher, *regindiúp*, eine gränzenlose Tiefe, ags. *regnheard*, sehr hart, *regntheof*, Erzdieb, u. s. w.

Raknfastr 400, 2009, ein Mannsname, der äusserst Feste, zusammengesetzt aus *Rikin*, s. *Raknfriᛦ*, und *Fastr*, s. *Fasti*. *Raknfast* 497, 498, 2010 (acc.) *Raknfastir* 369. *Rakinfest* 496 (acc.).

Raknvi 504, ein Frauenname, Erzheiligthum, zusammengesetzt aus *Rikin*, s. *Raknfriᛦ*, und *Vi*, s. d. W.

Raknvalt 436, 437 (acc.), ein Mannsname, *Raknvaltr*, der höchst Mächtige, zusammengesetzt aus *Rikin*, s. *Raknfriᛦ*, und *Valtr*, s. *Valtika*, *Rahnvaltr* 397, vergl. *Fulkir*. Ahd. *Reginwalt*.

Raknþruþr 926, ein Frauenname, die sehr Geliebte, zusammengesetzt aus *Rikin*, s. *Raknfriᛦ* und *þruþr*, s. *þru*.

Raknhiltr 1468, 1489, ein Frauenname, die hehre Kriegsgöttin, zusammengesetzt aus *Rikin*, s. *Raknfriᛦ*, und *Hiltr*, vergl. *Hilᛅulf*. *Raknilti* 1888 (dat.). *Rakniltar* 400 (gen.). *Rahniltr*, 605, vergl. *Fulkir*. *Rakniltᛦ* 526. Altfr. *Raginhild*.

Raknilfᛦ 378, ein Frauenname, die starke Hülfe, zusammengesetzt aus *Rikin*, s. *Raknfriᛦ*, und *Hilfr*, s. *Hialbi*. *Rahnilfi* 122.

Raknar 601, ein Mannsname, der Göttliche, der sehr Mächtige, vergl. *Raknfriᛦ*. *Raknir* 1339. *Ragnar* 369. *Rakna* 904 (acc.), 925. *Rahna* 526 (acc.).

Raknburk 925, ein Frauenname, die vornehmste Burg, zusammengesetzt aus *Rikin*, s. *Raknfriᛦ*, und *Burk*, s. d. W. (in den Sachsischen Gesetzen heisst *Rachinburgio*, der Richter, s. *Raknfriᛦ*, was hiermit nicht zu verwechseln ist).

Rakᛦ 1668, ein Mannsname, der Held, isl. *raskr*, tapfer, *reckr*, Held, *reki*, Tapferkeit, vergl. *Rikr* und *Raknfriᛦ*.

Rahnfriþr 508, 525, ein Frauenname, *Raknfridur*, die treffliche Beschützerin, zusammengesetzt aus *Rikin*, s.

Raknfriᛅ und *Friþur*, (isl. *Frídur*), vergl. *Friþi. Rahnfríþ* 507, 916. Ahd. *Reginfrid*, fränk. *Ragenfred*, m.

Rahnviþr 200, ein Mannsname, der mächtige Anführer, zusammengesetzt aus *Rikin*, s. *Raknfriᛅ*, und *Viþr*, vergl. *Viþur*.

Rahbaþr 238, ein Mannsname, *Raknbaþr*, der mächtige Krieger, zusammengesetzt aus *Rikin*, s. *Raknfriᛅ*, und *Baþr*, s. *Butvi*.

Ranfastr 583, 584, 641, ein Mannsname, der starke Räuber, zusammengesetzt aus *Ran*, s. d. f. W., und *Fastr*, s. *Fasti*.

Rani 1562, ein Mannsname, der Räuber, isl. *rán*, Raub, *rán* oder *rána*, (die Männer Raubende) das Meer, die Meeresgöttin (von der *Tegnér* so treffend singt: "*Blåa bolstrar bäddar Ran i djupet åt oss*"), *ræna*, rauben, *ræníngi*, Räuber, *rændr* oder *ræníngr*, beraubt, schw. *rån*, *råna*, dän. *ran*, *rane*, ahd. *ranan* (*rahanen*), rauben, d. h. Strassenraub begehen, Beute machen dagegen hiess *Rauba*, vergl. *Valraubaᛅ*. Wahrscheinlich ist die Urbedeutung dieses Wortes herumschweifen (goth. *rannjan*, ahd. *ranjan*, isl. *renna*, nhd. *rennen*, Nebenform von rinnen, vergl. *Run*), um Raub zu suchen (*rán*, würde alsdann auch sehr passend die gewaltsame Bewegung des Meeres und das Verlangen desselben Menschen zu verschlingen bezeichnen), oder um sich zu begatten, wodurch ebenfalls folgende Wörter erklärt wären: schw. *rana*, rammeln (von den Haasen), *rone*, Bock, *ron-sk*, geil, fränk. *wa-rannio*, ahd. *reinno*, Beschelhengst, ags. *vraene*, geil, nhd. *ranschen* oder *ranzen*, landsch. *Run-Kunkel*, geiles Weib (?); man denke an *laufen* und *läufisch*.

Raneulfr 1720, ein Mannsname, *Ranulfr*, der starke Räuber, zusammengesetzt aus *Ran*, s. d. W., und *Ulfr*, s. d. W.

Rana 176, ein Frauenname, die Meeres-Göttin, die (Männer) Raubende, s. *Rani.*

Ranti 140, ein Mannsname, Kriegsschild, isl. *rönd*, Rand, Schild., schw., dän. *rand*, ahd. *rant*, ags. *rand*, Rand und Schild, ursprünglich das Herumlaufende, Umgebende, von *Rinna*, vergl. *Run* und *Rani.*

Rantvi 1588, ein Frauenname, das geschildete, geschützte Heiligthum, zusammengesetzt aus *Rant*, s. d. v. W., und *Vi*, s. d. W.

Ranbᛅarn 288, ein Mannsname, *Ranbiurn*, der Raubbär, zusammengesetzt aus *Ran*, s. *Rani*, und *Biurn*, s. d. W.

Ranlauk 1458, ein Frauenname, die blühende Räuberin, zusammengesetzt aus *Ran*, s. *Rani*, und *Laukr*, s. *Þorlakr.*

Ranlaif 1485 (acc.), ein Mannsname, *Ranlaifr*, der räuberische Nachkomme, zusammengesetzt aus *Ran*, s. *Rani*, und *Laifr*, s. *Fastilifs.*

RaiÞviÞur 1323, Wortführer oder Verwalter, zusammengesetzt aus *Raiþa*, isl. *ræda*, Rede, oder *Raiþi*, isl. *rædi*, Verwaltung, s. *Raþa*, und *Viþur*, s. d. W.

Rainmot 1823, ein Mannsname, *Raknmuntr*, der starke Beschützer, zusammengesetzt aus *Rikin*, s. *Raknfriᛅ*, und *Muntr*, s. *Munti.*

Raisi 402, scheint für *Riki* zu stehen, vergl. *Rikr.*

Raisa 6, 9, 306, 675, 1060, u. s. w. (infin.), isl. *reisa*, aufrichten, errichten, *rísi*, sich erheben, *risi*, Riese, schw. *resa*, *rese*, dän. *reise*, *risi*, goth. *reisan*, aufstehen, *raisjan*, erheben, ahd. *risan*, *riso*, ags. *risan*, *raesan*, engl. *rise*, bedeutet wohl ursprünglich bewegen im Allgemeinen, daher in die Höhe bewegen oder *erheben,* und im Deutschen noch von einem Orte zum anderen bewegen oder *reisen,* sich sanft bewegen oder *rieseln,* u. s. w. Die drei Verba *rista, rita* und *raisa* sind auf den Runensteinen wahrscheinlich oft verwechselt worden; besonders schwer ist es ihre Imperfecta von einander zu unterscheiden. Zwar heisst es: Vifastr : resti : stan : üftir : salfan : sik : kvikan : Lisval . risti . 681, d. h. V. errichtete sich selbst (noch) lebend diesen Stein. L. ritzte (die Runen); doch selten ist ein solcher Unterschied beobachtet worden. — þair . litu . raisa . merki . þisa . 6, d. h. Sie liessen dieses Denkmal errichten. Utiar . lit × raisa × þina × stin . 9, d. h. U. liess diesen Stein errichten. Litu raisa stin uk . bru . 306, d. h. liessen Stein und Brücke errichten. þau . litu . kvial . raisa . þisa . 675, d. h. Sie liessen dieses Felsstück errichten. Lit × raisa × stain × kumbl × þisa × 1060, d. h. Liess diesen Denkstein errichten. *Vistu* 935, scheint für *Ristu* zu stehen. *Rusti* 1438, für *Risti. Roisþu* 1492 (pl. imperf.), Roisþu stain þansi, d. h. errichteten diesen Stein. *Roisa* 760 (infin.), Litu roisa stin, d. h. liessen den Stein errichten. *Rosa* 244 (infin.), Lit rosa stin, d. h. liess den Stein errichten. *Reisþu* 1277 (pl. imperf.), Reisþu . þesa . steinaᛦ ., d. h. errichteten diese Steine. *Reisþi* 1194 (sing. imperf.), Reisþi : stein : þena :, d. h. errichtete diesen Stein. *Reisiᛦ* 1199 (sing. praes.), Reisiᛦ : stein :, d. h. errichtet den Stein. *Reisa* 16, 20, 452, u. s. w. (infin.), Let : reisa :, d. h. liess errichten. *Reistu* 1347, 1586 (pl. imperf.), Reistu × knbl × þini ×, d. h. errichteten dieses Zeichen (Denkstein). *Reisti* 817, 1361 (sing. imperf.). *Riesti* 1495 (sing. imperf.). *Risþ* 1164, 1513 (sing. imperf.), Risþ : stin :

þisi : 1513, d. h. errichtete diesen Stein. *Risþu* 485, 1183, 1184, u. s. w. (pl. imperf.). *Risþi* 489 für *Risþu*, *þau risþi*, d. h. sie errichteten. *Risþi* 10, 1063, 1203, u. s. w. (sing. imperf.) *Resþi* 1193, 1397, 1399 (sing. imperf.). *Risþiu* 1595 für *Risþu*, *u* ist hier eine Verbesserung des verritzten *i*. *Risþa* 1398, für *Risþi*, vergl. *Furþa*, Kafli risþa . stin . þisi ., d. h. K. errichtete diesen Stein. *Risþtu* 1181, für *Ristu*, *t* ist nämlich eine Verbesserung von þ. *Risi* 687, 1401, für *Risti*, Kil . risi . 6, d. h. K. errichtete oder ritzte. *L. R. S.* 103 übersetzt *"ein kecker Mann"*. Kuli : risi : stin : þisi : 1401, d. h. K. errichtete diesen Stein. *Risiþ* 1373, 1384, für *Risþi* (?), Kuþa × risiþ × stin . und Riviþr : risiþ : stin :, d. h. K. errichtete den Stein. *Risa* 1, 65, 155, 542, u. s. w. (infin.), Latu : risa : stainil : 542, d. h. Liessen das Felsstück errichten. *Resa* 206, 241, 1000 (infin.). *Rist* 1178, 1462 (sing. imperf.), Uria : rist stin þani und þurkuþr rist stin þana, d. h. þ. errichtete diesen Stein. *Restu* 1126, 1557 (pl. imperf.). *Ristþi* 1441, für *Risþi*, þ ist eine Verbesserung für *t*. *Resti* 681, 965, 1120, u. s. w. (sing. imperf). *Ris4i* 1543 (sing. imperf.). *Ristin* 277, für *Rista stin*, vergl. *þiltu*. *Rista* 837, für *Ristu*. *Rista* 1835, für *Risti*. *Raisþu* 357, 802, 878, u. s. w. (pl. imperf.). *Raisþi* 868, 899, 1206, u. s. w. (sing. imperf.). *Raisi* 358, für *Raistu*, þuruti . auk . Asi . raisi . stain ., d. h. þ und A errichteten den Stein. *Raisa* 1286 (pl. praes.). *Raesa* 739 (infin.). *Raistu* 27, 33, 46, u. s. w. (sing. imperf.). *Raistu* 385 für *Raisa*, Litu raistu, d. h. liessen errichten. *Raistþi*, 963, 1128 für *Raisþi*, indem þ eine Verbesserung für *t* ist. *Raitu* 382, für *Raistu* (?). *Raiti* 1119, für *Raisti* (?) *Rasþu* 1510 für *Raisþu*. *Rasþi* 1497, 1498, 1530, für *Raisþi*.

Rasa 29, 640, 939, u. s. w. (infin.), für *Raisa*. *Rast* 830 (sing. imperf.). *Rastu* 780, 860, 1434 (pl. imperf.). *Rasti* 1106, für *Raisa* (?). *Arisa* 34, 324, 522, u. s. w. für *Raisa*. *Aristin* 685. ᛅᚱᛁᛋᛏᛁᚾ steht für ᛅᚱᛁᛋᛏᛁ ᛋᛏᛁᚾ, und scheint eine Zusammenziehung oder Verritzung zu sein. Vergl. *L. R. S.* 77.

Raskviðr 270, ein Mannsname, der tapfere Anführer, zusammengesetzt aus *Raskr*, isl. *röskr*, tapfer, *röskleiki*, Tapferkeit, schw., dän. *rask*, *hurtig*, *keck*, ahd. *rasc*, ags. *rask*, engl. *rash*, nicht unwahrscheinlich verwandt mit isl. *rása*, laufen, *raska*, bewegen, verletzen, *rask*, Lärm, *rusk*, engl. *rush*, Getümmel, Lärm, *ruska*, verwirren, *ryskiaz*, kämpfen, *ryskíngr*, Kampf, schw. *rasa*, einstürzen, rasen, *raska*, eilen, dän. *rase*, *raske sig*, ahd. *rason*, nhd. *rasen* (zwecklos herum laufen), toll sein, — und *Viþur*, s. d. W.

Raskulf 784 (acc.), ein Mannsname, *Raskulfr*, der tapfere Wolf, der sehr Tapfre, zusammengesetzt aus *Raskr*, s. d. v. W., und *Ulfr*, s. d. W.

Ramborgar 1685 (gen.), ein Frauenname, *Ramburg*, die starke Burg, zusammengesetzt aus *Ramr*, isl. *ramr*, tapfer, stark, *ramleikr* oder *remi*, Tapferkeit, Stärke, *rema*, Stärke geben, altschw. *rammur*, stark, oder von *Hrafn*, s. d. W., und *Burg*, s. d. W. Vergl. auch *Raknburk*.

Rᛦns 692 (sing. praes. pass.), isl. *ryna*, verborgene Sachen erforschen, schw. *röna*, erfahren, vergl. *Run*.

K 1750, 1763, 1856, 1992, vergl. F. 1750, vergl. *O.* 1763, vergl. *R.* Ta var ᛡ sunudahr oh ᚴ primstafr i tretanᚭo raᚭo . 1856, d. h. Da war *G* Sonntagsbuchstabe und VI goldene Zahl in der dreizehnten Reihe, wodurch das Jahr 1487 bezeichnet wird, *Sj.* II, 22 hat unrichtig 1419. ᚴ : suntahr : taur : prim : ᛡ : i : tretantu : rato : 1992, d. h. F. war damals Sonntagsbuchstabe, VI goldene Zahl in der dreizehnten Reihe, wodurch das Jahr 1488 angedeutet wird, und nicht, wie in den Runenurkunden steht, das Jahr 1487. Da aber in diesem Jahre eigentlich ᚴᚱ oder *FE* Sonntagsbuchstaben waren, und der goldenen Zahl ᛯ oder XVIII der einzelne Sonntagsbuchstabe ᚴ oder *F* entspricht, so ist höchst wahrscheinlich, dass ᛡ und ᛯ verwechselt seien, und dass hier eigentlich das Jahr 1499 gemeint werde; doch ist auch an anderen Stellen nur ein Sonntagsbuchstabe angegeben, s. *R.*

Kufriþr 299, ein Frauenname, *Kuþfriþur*, zusammengesetzt aus *Kuþ*, s. d. W., und *Friþur*, vergl. *Friþi. Kufriþ* 20. *Kofriþ* 947.

Kufi 903, 1405, 1409, ein Mannsname, der Unterdrücker, isl. *kafa*, untertauchen, *kafna*, (durch Untertauchen tödten) ersticken, *kéfia*, unterdrücken, *kúga*, (eine neuere Form für *kufa*), unterdrücken, bändigen, schw. *kufva*, dän. *kue*, goth. *kumbjan*, (niedergedrückt sein) liegen, ahd. *chouwan*, a) (mit den Zähnen niederdrücken) käuen, b) niedergedrückt (sitzen) kauchen, kauern, ags. *ceovan*, *ceovian*, engl. *cow*, (unterdrücken?) erschrecken, *chaw*, *chew*. Die ursprüngliche Bedeutung von *kufa* ist mithin, niederdrücken, und dann bändigen, daher isl. *kúfr* (das Niedergedrückte und auf der anderen Seite Erhabene) die Kuppe, ahd. *chufa*, (das Niedergedrückte, Ausgehöhlte) Kufe; isl. *ku*, schw., dän. *ko*, ahd. *chua*, ags. *cu*, engl. *cow*, (das niedergedrückte, gebändigte, gezähmte Thier), Kuh, vergl. *Uksa*, und ebenso ahd. *chouf*, ags. *ceap*, Vieh; isl. *kiaftr*, schw. *käft*, (käk), dän. *kiæft*, *kiæve* (kiæg), ahd. *chiewa*, (das Niederdrückende, Zermalmende) Kiefer oder Kinnbacken — *Kufinkᛦ* 914, vergl. *Virikr*. *Ku* 282, 640. *Kui* 415, 449, 532. Sollte vielleicht der engl. Name *Gui*, den man durch *Guido* zu erklären pflegt, hierher gehören?

Kuþ 2, 14, 16, u. s. w., isl. *gud*, Gott, *god*, Gott, Götze, *godi*, Priester, *gydia*, Göttin, Priesterin, schw., dän. *gud*, goth. *guþ*, Gott, Götze, *gudja*, Priester, ahd. *got*, *cot*, ags., engl. *god*. Die Erklärung dieses Wortes ist schwierig, vergl. *Id.* VI, 21 u. f. — *Küþ* 1269; *Guþ* 1513, 1659, 1696, u. s. w.; *Guþi* 1966 (dat.); *Guᚦ* 1654, 1850; *Guᚦi* 1653 (dat.); *Koþ* 461, 507, 1832; *Got* 1916. — Kuþ hialbi ot × Onutar . 2, d. h. Gott helfe dem Geiste O. s. Kuþ hialbi silu × ans . 14, d. h. Gott helfe seiner Seele. Kuþ : hialbi : at : hans : auk : alum : kristnum : 16, d. h. Gott helfe seinem Geiste und allen Christen. *Kus* 1763, 1764, 1985, u. s. w. (gen.), für *Kuþs*. *Kos* 379, 1713, 1716, 1921 (gen.), *Kius* 1751 (gen.).

Kuþfastr 170, 171, 174, 221, 263, 887, 1213, 1587, ein Mannsname, zusammengezetzt aus *Kuþ*, s. d. W., und *Fastr*, s. *Fasti*. *Kufast* 1125 (acc.); *Kuþfast* 320, 685, 748, 1201; *Kuþfastar* 1085 (gen.); *Kuþoastr* 239, *Kuþastr* 717. *Kuast* 101. *Kiastr* 786.

Kuþvar 1247, 1393, ein Mannsname, zusammengesetzt aus *Kuþ*, s. d. W., und *Var*, s. d. W. *Kuþviᛦ* 885; *Kuþvari* 275.

Kuþulfr 614, ein Mannsname, zusammengesetzt aus *Kuþ*, s. d. W., und *Ulfr*, s. d. W.

Kuþormr 1829, ein Mannsname, *Kuþurmr*, zusammengesetzt aus *Kuþ*, s. d. W., und *Urmr*, s. d. W. *Kuþurn* (?) 1134. *Kurm* 1384, 1537, synkopirte Form; *Kurms* 1442; *Kurmᛦ* 1538.

Kuþr 1005, 1145, 1184, u. s. w., isl. *góðr*, schw., dän. *god*, goth. *gods*, ahd. *kuot*, *got*, ags. *god*, engl. *good*, nhd. *gut*, griech. *ἀ-γαθ-ός*. Man pflegt dieses Wort wohl von einem Verbo *ka*, gehen, herzuleiten, so dass es mit *passable* zu vergleichen wäre; allein diese Herleitung dürfte sehr ungewiss sein. — *Kuþo* 1954 (acc. pl. def.), vergl. *Ringana*. *Kuþon* 1342, 1351, 1372, u. s. w. (acc. sing. indef.), H a r þ a : k u þ o n : þ i k n : 1342, d. h. sehr guten Ehrenmann. *Guþoa* 1499 (acc. sing. def.), *a* scheint eine Verbesserung von *o* zu sein, I t i n : g o þ o a : f ᛦ l a k a :, d. h. den guten Genossen. *Kuþir* 485 (nom. plur. indef.), K u þ i r + s v i n a r +, d. h. gute Bursche. *Kuþiᛦ* 851 (nom. pl. indef.), þ i a k n a r . k u þ i ᛦ ., d. h. gute Ehrenmänner. *Kuþa* 362, 1489 (acc. sing. def.), K u þ a : f a þ u r : s i n . 362, d. h. ihren guten Vater. *Kuþa* 232, 718, 1020, 1577 (acc. pl.); F a þ r . s i n a k u þ a . 232, d. h. ihre gute Väter. t v o × k u þ a + t r e k a + 718, d. h. zwei gute Bursche. *Kuþan* 33, 203, 233, u. s. w. (acc. sing. indef.), k u þ a n . f a þ u r . 33, d. h. guten Vater. F a þ u r : s i n : k u þ a n : 233, d. h. seinen guten Vater. *Kouþan* 869 (acc. sing. indef.), *Koþraᛦ* 871 (gen. sing. f.). K u n u r k o þ r a ᛦ, d. h. eines guten Weibes. *Koþiᛦ* 745 (nom. pl.), K o þ i ᛦ . t r e k a ᛦ ., d. h. gute Bursche. *Koþa* 1609 (acc. sing. f.) *Goþa* 1576, 1779 (acc. s.) *Koþan* 48, 664, 673, u. s. w. (acc. sing. m.), B o n t a × k o p a n . 48, d. h. guten Hauscherrn. *Koᚿvar* 1654 (gen.

sing.), vergl. *Vonniar*. *Kutan* 1394 (acc. sing. m.). *Kuta* 242 (acc. sing. f.).

Kuþrun 874, 921, ein Frauenname, zusammengesetzt aus *Kuþ*, s. d. W., und *Run*, s. d. W. *Kuþrinin* (?) 759.

Kuþrikr 179, 921, ein Mannsname, zusammengesetzt aus *Kuþ*, s. d. W., und *Rikr*, s. d. W. *Kuþrik* 37 (acc.) *Kuþriks* 524 (gen.). *Kurukr* (?) 783. *Kurkiʎ* 1193.

Kuþkutr 836, ein Mannsname, *Kuþkautr*, zusammengesetzt aus *Kuþ*, s. d. W., und *Kautr*, s. *Kauti*. *Kuþkurʎ* (?) 1254.

Kuþiati 1483, wahrscheinlich für *Kuþlata* von *Kuþlatr*, isl. *góðlátr*, milde, oder auch zusammengesetzt aus *Kuþ*, s. d. W., und *iata*, vergl. *Jetan*, gottesfürchtig, Gott bekennend.

Kuþiliufr 621, ein Mannsname, zusammengesetzt aus *Kuþ*, s. d. W., und *Liufr*, s. d. W.; ahd. *Kotleip*, *Gottlieb*. *Kilf* 992, *Kilfs* 992 (gen.). *Kilifʎ* 429.

Kuþarfa 1855 (acc.), ein Mannsname, *Kuþarfi*, zusammengesetzt aus *Kuþ*, s. d. W., und *Arfi*, s. d. W.

Kuþsmuþiʎ 90, 195, 261, u. s. w., die Mutter Gottes, zusammengesetzt aus *Kuþ*, s. d. W., und *Muþir*, s. d. W. *Kuþsmuþir* 211. *Kuþsmoþiʎ* 605. *Kusmuþiʎ* 421, 468, 504, u. s. w. *Kusmoþiʎ* 204, 917. *Kusþmuþiʎ* 415, eine Verritzung, für *Kuþsmuþiʎ*.

Kuþbratr 1302, ein Mannsname, *Kuþbrantr*, vergl. *Furuki*, zusammengesetzt aus *Kuþ*, s. d. W., und *Brantr*, s. d. W. In Ol. Tr. Sag. heisst es: Brand wurde zu seinem Vater geschickt, dieser weihete den Knaben den Göttern und darauf wurde es *Gudbrand* genannt.

Kuþbiurn 1055, ein Mannsname, zusammengesetzt aus *Kuþ*, s. d. W., und *Biurn*, s. d. W. — *Kuþabiarnar* 621 (gen.). *Kuþbirn* 884. *Kuþbiarn*, 1482.

Kuþ-

Kuþlauk 1291, ein Frauenname, zusammengesetzt aus *Kuþ*, s. d. W., und *Lauk*, vergl. *þurlakr*. *Kuþulauk* 429; *Kuþluk* 457, 495, 541, 657; *Kuþluku* 998 (acc.); *Kuþlaukar* 639 (gen.); *Kuþlaukaʎ* 668 (gen.). *Koþlauk* 821. *Kutliauh* 522, vergl. *Fulkir*. *Kulauk* 536, 821 *Kiluk* 409, 412, 443. *Kilok* 196. *Gilok* 151. *Kilauk* 556, 565, 749, 791. *Gilauk* 159. *Gilauku* 295 (acc.). *Gilaukaʎ* 122 (gen.). *Kilaua* 570. *Kalaukʎ* 655.

Kuþlaifr 1053, ein Mannsname, Gottesspross, zusammengesetzt aus *Kuþ*, s. d. W., und *Laifr*, s. d. W. und *Fastilifs*; *Kuþlifiʎ* 273; *Kuþlifs* 805 (gen.); *Kuþlaf* 1068 (acc.). *Kulifr* 155, 319. *Kulifs* 583 (gen.). *Kulaifr* 45, 1550. *Kulaifʎ* 907. Ags. *Guðlaf*.

Kuþmuntr 239, 715, 1055, 1190, 1309, 1360, 1644, ein Mannsname, Gottesschutz, zusammengesetzt aus *Kuþ*, s. d. W., und *Muntr*, s. *Munti*. *Kuþmuþ* 816, vergl. *Furuki*; *Kuþmunt* 458, 872, 1133 (acc.). *Kuþmuntar* 1055 (gen.). *Kuþmut* 1250 (acc.), vergl. *Furuki*; *Kuþmutr* 1184, 1412, vergl. d. v. F.; *Kuþmutir* 608, vergl. d. v. F.

Kuþmar 534, 884, ein Mannsname, Gottberühmt, zusammengesetzt aus *Kuþ*, s. d. W., und *Mar*, vergl. *Vikmar*. ahd. *Godomar*.

Kuþman 1996, ein Mannsname, zusammengesetzt aus *Kuþ*, s. d. W., und *Manr*, vergl. *Maþr*.

Kuriþr 24, ein Frauenname, *Kuþriþr*, Gottvertrauend, zusammengesetzt aus *Kuþ*, s. d. W., und *Riþr*, bereit, isl. *reida*, vorbereiten, *hann reidir sig uppá Gud*, er verlässt sich auf Gott, schw. *redo*, bereit, dän. *rede*, goth. *raþs*, *raids*, ags. *ræd*, engl. *ready*, vergl. *Raþa*. *Kuriþ* 34, 318, 393, 495. *Güriþ* 149, 313, 535; *Kuriþaʎ* 498, 567 (gen.). *Kiriþ* 380. *Kiʎiþr* 215.

Kukiþor 385, ein Mannsname, für *Kankiþur* (?), zusammengesetzt aus *Kankr*, s. d. W., und *þur*, s. d. W.

Kunfus 1297 (acc.), ein Mannsname, der zum Kriege Geneigte, der Kriegerische, zusammengesetzt aus *Kunþr*, s. *Kunr*, und *Fus*, vergl. *Roþfos*.

Kunvur 1455, ein Frauenname, die im Kriege Vorsichtige, zusammengesetzt aus *Kunþr*, s. *Kunr*, und *Var*, isl. *var*, vorsichtig, vergl. *Var*, und *Kunukun*.

Kunukun 365, ein Frauenname, *Kunigunþ*, die Heldin des Stammes, Geschlechtes, zusammengesetzt aus *Kun*, Geschlecht, vergl. *Kuni*, und *Kunþr*, vergl. *Kunr*.

Kunukr 1537, 1538, *König*, für *Kununkr*, vergl. *Furuki*, isl. *konr*, (der könnende, vermögende) ausgezeichnete, edle Mann, der Herrscher, *kon-úngr*, synkopirt *kóngr*, Abkömmling, Verwandter eines edlen Mannes, Herrscher, die Endung — *úngr*, vergl. *R. G.* S. 186, dient bekanntlich besonders zur Bildung der Patronymica, schw. *konung*, synkopirt, *kung*, dän. *konge*, goth. *kindins*, Statthalter (*þiudans*, König), ahd. *chuninc*, ags. *cyning*, engl. *king*, vergl. *Kuni*. — *Kunuki* 333 (dat.), die Stelle ist undeutlich, vergl. *Sj.* III, 25, *Br.* S. 125, *A. S. H.* I, 132. *Kunukaᛦ* 1365 (gen. sing. ?). *Kununk* 1764 (nom.). *Kununkar* 1978 (nom. pl.).

Kunviþr 85, 245, 1079, ein Mannsname, Anführer in der Schlacht, zusammengesetzt aus *Kunþr*, s. *Kunr*, und *Viþr*, s. *Viþur*. *Kunviþ* 259 (acc.); vergl. auch *Kunukun*.

Kunvar 661, 831, 1235, 1590, 1591, ein Mannsname, Schutz in der Schlacht, zusammengesetzt aus *Kunþr*, s. *Kunr*, und *Var*, s. d. W. *Kunvir* 77, 761; vergl. *Kunvur*.

Kunvalt 1474, ein Mannsname, der in der Schlacht Mächtige, zusammengesetzt aus *Kunþr*, s. *Kunr*, und *Valtr*, s. *Valtum*, vergl. auch *Kunukun*.

Kunulfᛦ 969, 1209, ein Mannsname, der in der Schlacht Tapfre, zusammengesetzt aus *Kunþr*, s. *Kunr*, und *Ulfr*,

s. d. W. *Kunulf* 835, 1468 (nom.). *Kunulfs* 202 (gen.); vergl. auch *Kunukun*.

Kunþor 2201, ein Mannsname, *Kunþur*, der in der Schlacht Verwegene, Kühne, zusammengesetzt aus *Kunþr*, s. *Kunr*, und *þur*, s. d. W.; vielleicht ist *Günther* nicht aus ahd. *kundahari*, Krieger, sondern aus *Kunþur* entstanden.

Kunþruþr 261, ein Frauenname, die in der Schlacht Treue, zusammengesetzt aus *Kunþr*, s. *Kunr*, und *þruþr*, isl. *þrudur*, die Traute, die Braut, *þrúda*, Benennung eines Mädchens, ahd. *drut*, vergl. *þru*, und auch *Kunukun*. *Kuntru* 467.

Kunr 1830, ein Mannsname, Krieger, isl. *gunn* oder *gunnur*, *gud* oder *gudur*, Schlacht, *gunni*, kriegerischer Mann, *gudr* oder *gunnr*, (Krieger, überhaupt) Mann, ahd. *kund* oder *kundea*, alts. *gudea*, ags. *gud*, der Krieg, eine der Walkyrien, engl. *gun*, *gunner*, *gunnery*, vielleicht gehört *Kanone* ebenfalls hierher. *Kunor* 70, 304; *Kunnar* 1636, 1903, 1953 (acc. und nom.); *Gunnᛅrs* 1845 (gen.), vielleicht auch für *Kunþurs*. *Kunnuru* 1640 (acc.), ein Frauenname, *Kunnura*, die Kriegerische. Vergl. *Kuni*.

Kunhiltr 316, ein Frauenname, die Göttin der Schlacht, zusammengesetzt aus *Kunþr*, s. *Kunr*, und *Hiltur*, vergl. *Hilᛅulf*, und auch *Kunukun*. *Kunilr* 427. *Kuniltr* 40, 760. *Kunilti* 553.

Kuni 947, 948 (sing imperf.) von *Kunna*, isl. *kunna*, können, kennen, *kani*, etwas Hervorstehendes an einem Dinge, Schnabel, Schnauze, (Gefäss mit einem) Handgriff, *kanna*, untersuchen, erkennen, *kantr*, Kante, *kaun*, erhabenes Geschwür, *keingr*, Buckel, *kénna*, lehren, kennen, fühlen, *kinn*, Backen (Wange), *kona* oder *qvinna*, *qven*, *qvon*, *qván*, Weib, *konr*, Mann, *kundr*, Sohn, Verwandter, *kunníngi*, Bekannter, *kunnleiki*,

Kenntniss, Bekanntschaft, *kunnr*, bekannt, berüchtigt, *kunta*, *cunnus*, *kyn*, Geschlecht, *kynd*, Nachkomme, *kyndia*, bekannt machen, *kyniaz*, erzeugt werden, *kænn*, erfahren, *kynda*, anzünden, *kyndill*, Licht, *kinda*, das Feuer unterhalten, *kindir*, Ernährer, Unterhalter des Feuers, Feuer (lappl. *kannet*, können, *kana*, was zur Unterhaltung, oder Anzündung des Feuers tauglich ist, ahd. *chien*, Kien, ags. *cen*, engl. *kindle*, *cinder*), vergl. *Kuli*, schw. *kunna*, können, *känna*, kennen, früher auch lehren, *kona*, (das) Mensch, *kön*, Geschlecht, *kind*, Backen (Wange), *qvinna*, Weib, dän. *kunne*, *kiende*, *kone*, Frau, *kion*, *kind*, *kynder*, Geburtswehen, goth. *kunnan*, kennen, *kuni*, Geschlecht, *kinnus*, Backen, *keinan*, keimen, wachsen, *qens* oder *qeins*, Frau, *qino*, Weib, ahd. *chinan*, hervorgehen, spriessen, *chind*, (Sprosse) Kind, *chunnan*, hervorbringen, erzeugen, vermögen im Allgemeinen, (*kun*, *membrum virile*, *Fulda*.) *chuena*, Weib, *chuni* oder *chunni*, Natur, Geschlecht, *chinni*, Kinn, *chennan*, kennen, ags. *connan*, *cennan*, wissen, erzeugen, *cven*, Weib, *cyn*, *cene*, kühn, u. s. w., engl. *can*, *know*, *chin*, *kin*, *quean*, *queen*, u. s. w., nhd. *kühn*, — Die ursprüngliche Bedeutung dürfte also hervorragen sein, dann hervorragen oder spriessen machen, erzeugen, und endlich sowohl in körperlicher als geistiger Hinsicht das Vermögen zum Schaffen, Zeugen im vollen Masse besitzen, d. h. *können* und *kennen*. Man erinnere sich hierbei an *γίγνεσθαι* und *γιγνώσκειν*, an *nasci* und *noscere* etc. Daher isl. *kani*, *kantr*, *kaun*, *keingr*, *kinn*, *kunta*, — das Hervorragende, der Schnabel, Rand, u. s. w., *kunna*, (hervorragen machen) erzeugen, *konr*, (Erzeuger) Mann, *kundr*, (Erzeugter) Sohn, *kyn*, (Erzeugtes) Geschlecht, u. s. w. — þan . han . kuni . 948, d. h. als er konnte.

Kuni 749, Ehegatte, vergl. d. v. W., Kilauk . riþ . kirva . merki . at . kuni . sin ., d. h. K. liess (?) ihrem Manne dieses Denkmal errichten.

Kuni 104, 107, 205, 295, 357, 568, 642, 843, 904, ein Mannsname, entweder der edle Mann oder der Krieger, vergl. d. v. W. und *Kunr*. *Kunir* 450. *Kuniᛦ* 478, 484. *Kuna* 22, 148, 427, 545, 639, 841, 908, 983, 1110, 1239, 1365, 1393, 1576, 1666 (nom., gen. und acc.). *Kunar* 19, 63, 130, 196, 283, 305, 402, 434, 439, 529, 536, 540, 590, 659, 761, 877, 1137, 1223, 1325, 1390, 1550, 2023 (nom. und acc.). *Kunars* 11 (gen.). *Kunair* 80 (acc.). *Kinu* 1317 (acc.). Auffallend ist, dass die Budha-Priester auf Ceylon *Gunnis* genannt werden, vergl. Id. X, 237.

Kuneitr 2036, ein Mannsname, *Kunniautr* (?), der sich eines edlen Geschlechtes erfreut, zusammengesetzt aus *Kuni*, s. d. W., und *Niautr*, s. *Niautir*.

Kunilfr 160, ein Frauenname, *Kunhilfr*, die im Streite Helfende, zusammengesetzt aus *Kunþr*, s. *Kunr*, und *Hilfr*, s. *Hialbi*.

Kunimar 743, ein Mannsname, entweder Geschlechtsberühmt oder Kriegsberühmt, zusammengesetzt aus *Kuni*, s. d. W., und *Mar*, s. *Vikmar*; burg. *Gundomar*.

Kuna 542, 1489, Gattin, vergl. *Kuni*. Hiþinfast kuna has 542, d. h. Seine Gattin H. Auk . hons . kuna . 1489, d. h. und seine Gattin. *Kunu* 216, 276, 295, u. s. w. (acc.), Jofastu kunu sin . 216, d. h. F. seine Gattin. Kunu . sina . 276, Kuno . sino . 295. *Kunur* 871 (gen.), Kunor koþraᛦ. d. h. einer guten Gattin. *Kuno* 1818 (acc.), Sina : kuno : *Kuino* 242, Hit . kuino . has ., d. h. hiess seine Gattin. *Kuinna* 1654, Kuinna Biarnar, d. h. B.'s Gattin. *Kuanu*

1619 (acc.), Knanu : sina. *Konu* 1000 (acc.). *Kona* 1618.

Kuna 431, 1114, 1317, 1537, ein Frauenname, das edle Weib, vergl. *Kuni.*

Kuntkel 1233, ein Mannsname, *Kunkil,* der in der Schlacht Kecke, susammengesetzt aus *Kunþr,* s. *Kunr,* und *Kil,* s. d. W.

Kuntiarfr 589, ein Mannsname, der in der Schlacht Kühne, zusammengesetzt aus *Kunþr,* s. *Kunr,* und *Tiarfr,* s. d. W., *Kuntiarf* 26 (acc.).

Kunburka 1071, ein Frauenname, die Kriegsburg, zusammengesetzt aus *Kunþr,* s. *Kunr,* und *Burk,* s. d. W., long. *Gundiberga.*

Kunbiurn 956, ein Mannsname, der in der Schlacht Tapfere, zusammengesetzt aus *Kunþr,* s. *Kunr,* und *Biurn,* s. d. W. *Kunbirn* 722, 723 (acc.). *Kunbiarn* 209.

Kunlaif 47 (acc.), ein Mannsname, *Kunlaifr,* der Abkomme eines edlen Geschlechts oder der in der Schlacht verschonte, zusammengesetzt aus *Kuni,* s. d. W., oder *Kunþr,* s. *Kunr,* und *Laifr,* s. d. W. und *Fastilifs. Kunlif* 38 (acc.). *Kunlifi* 894 (nom.).

Kuikan 681 (acc. sing. m. indef.), von *Kuikr,* noch am Leben, isl. *qvikr,* beweglich, lebend, lebendig, betriebsam, *qvikur,* (was macht, dass etwas geht oder gährt) die Hefe, *qvika,* Bewegung, Leben, *qvika,* sich bewegen, *qvikindi,* ein lebendes Wesen, Thier, *qvikna,* wieder aufleben, angezündet werden, *qvika-silfr,* (bewegliches Silber) Quecksilber, *qvik-fé,* (lebendes Eigenthum), Vieh, *qvik-sander,* (beweglicher Sand) Treibsand, *qveik,* lebendige, wachsende Saat, *qveikia,* ermuntern, anzünden, *queikr,* Docht (schw. *veke,* dän. *væge,* ags. *vecca,* engl. *week*), Zunder, *qveiking túngls,* (Anzündung des Mondes) Neulicht, *qveikia,* Fluth, altschw. *qvika,* sich rühren, leben, *kviker* oder *kvikher*, lebend, *kviki*, Thier, schw. *qvicka*, beweglig, hurtig machen, *qvickna*, Leben bekommen, wieder aufleben, *qvick*, lebendig, munter, *qvicktionde*, der Zehende vom Vieh, u. s. w., dän. *qvæge*, neues Leben geben, erquicken, *qvægne*, erquicken, *qvik* (*qvig*, *qvæg*), lebend, lebhaft, *qvæg* (oder *qvægfæ*, nicht zu verwechseln mit isl. *qvígr*, Kalb, *qvíga*, Ferse, schw. *qviga*, dän. *qvie*, von isl. *qví*, Melkplatz, Melkhof, *qvia*, Vieh abgesondert halten), lebende Güter, Vieh, besonders Rindvieh, goth. *qius*, lebend, *ana-qiujan*, erwecken, nähren, *ga-qiujan*, lebendig machen, *ga-qiunan*, wieder lebendig werden, ahd. *queh*, lebendig, *quehsilpar*, Quecksilber, (*kuk*, lebend, *kuken*, beleben, *Fulda*.) nhd. *erquicken*, *anquicken*, u. s. w., die *Quecke*, ags. *cvic*, engl. *quick*, holl. *quiken*, sich rühren, leben. Hierher gehört auch nhd. *Küchlein*, isl. *kiuklingr* (für *qviklingr*) oder *kycklingr*, schw. *kyckling*, dän. *kylling*, ahd. *kouh*, engl. *cock*, franz. *coq*, u. s. w. Die ursprüngliche Bedeutung der Wurzel *Kui* (Quih) ist also sich regen, leben; dann rege machen, ins Leben rufen, rege gemacht, ins Leben gerufen, u. s. w. — Vifastr : resti : stan : üftir : salfan : sik : kuikan . Lisval . risti . 681, d. h. V. errichtete sich selbst lebend (noch während seines Lebens) diesen Stein. L. ritzte (die Runen). *Kuik* 236, 809 (acc. sing. m. indef.), Afti*ᛦ* kuik faþur sin . 236, ifter kuik fasar . 809, d. h. über seinen lebenden Vater. *Kuik* 135 (acc. pl.?), Efti*ᛦ* : sik : guik : baþi : d. h. über sich beide lebend (noch am Leben). *Kuikuan* 403, 445, 644, 645, 660 (acc. sing. m. indef.), über die Einschiebung des *u* s. *R. Gr. S.* 75, Jarlabaki × lit × raisa × staina × þasa × at × sik × kuikuan × 403, Jarlabaki × lit × raisa × stain × þina × at × sik × kuikuan × 445, Jarlabaki lit raisa staina þisa at sik kuikuan . 644, Jarlabaki × lit raisa × stain × þisa × at × sik × kuikuan × 645, Jarlabaki × lit raisa staina × þasa at sik kuikuan . 660, d. h. J. liess u. s. w. sich selbst während seines Lebens. *Kuikuan* 292 (acc. plur. ?), Iku merki at kuikan sik, d. h. Metzten sich lebend ein Denkmal. *Kuih* 356, für *Kuik*, vergl. *Fulkir*.

Kuik 635 (acc.), ein Mannsname, *Kuikr*, der Lebhafte, s. d. v. W. *Kuikun* 456 (acc.), *Kuikunr* (?), zusamengesetzt aus *Kuikr*, s. d. v. W., und *Unr*, s. *Uni*.

Kiukbiarn 479, 680, ein Mannsname, *Kuikbiurn*, der lebhafte Bär, oder der sehr Lebhafte, zusammengesetzt aus *Kuikr*, s. *Kuikan*, und *Biurn*, s. d. W.

Kuihulfr 322, 370, ein Mannsname, *Kuikulfr*, vergl. *Fulkir*, der lebhafte Wolf, zusammengesetzt aus *Kuikr*, s. *Kuikan*, und *Ulfr*, s. d. W.

Kuial 675 (acc.). Man nimmt in der Regel an, dass dieses Wort gleichbedeutend sei mit *Stainhalr*, Steinblock, und den ersten Theil seiner Zusammensetzung aus dem Finnischen entlehnt habe, in welcher Sprache *kivi* Stein heisst, vergl. *L. R.* S. 90. þau . litu . kuial . raisa . þisa ., d. h. Sie liessen diesen Steinblock errichten. *Kuol* 1173, diese Inschrift ist unvollständig.

Kuam 209, 2010 (imperf.), von *Kuma*, isl. *koma*, kommen, schw. *komma*, dän. *komme*, goth. *qiman*, ahd. *queman*, ags. *cuman*, engl. *come*, nhd. *kommen*, ursprünglich hervorgehen, vorgehen bis zu einem gewissen Punkte. Inko . þiᛦ kuam . at sunar arfi . 2009, d. h. I. kam darauf zum Erbe des Sohnes. þir kuam Kairlauk . at arfi Inku þutur sinar . 2009, d. h. Darauf kam K. zum Erbe ihrer Tochter I. Han . kuam .

at

at arfi barn . sins . 2010, d. h. Er kam zum Erbe des Kindes. *Kuam* 220, unbestimmt. *Kumo* 688, undeutlich. *Kam* 2011 (imperf. sing.). *Kamu* 2011 (imperf. pl.).

Kus 32, 36, 245 (nom. und acc.), ein Mannsname, der in Schrecken Setzende, der Hausherr, isl. *geys*, Hausen, Heftigkeit, Wuth, *geysa*, hausen, *geistr*, heftig, feurig, altschw. *kuse*, Benennung eines jeden Schrecken einjagenden Thieres, ein hochmüthiger Mensch, Hausherr, u. s. w., dän. *kyse*, erschrecken, goth. *geisan*, erschrecken, ags. *gast*, Gespenst, engl. *gaster*, schw., dän. *gast*, Gespenst, ahd. *keist*, nhd. *Geist*, von isl. *giosa*, heftig aufbrausen, gischen, goth. *gaisjan*, brausen, gähren, den Geist absondern (daher noch Weingeist), ags. *gist*, mhd. *gest*, Schaum, schw. *gäsa*, gähren, *gäst*, Hefen, nhd. *Gischt*, Schaum. Vielleicht gehören altfr. *Ansegis*, long. *Gisulf*, ahd. *Kisihho*, nhd. *Giesecke*, ebenfalls hierher und nicht zu *Kair*, Speer. — *Vikusa* 35.

Kustin 143 (acc.), ein Mannsname, *Kuþstain* (?), Gottesstein, zusammengesetzt aus *Kuþ*, s. d. W., und *Stain*, s. d. W.

Kusta 1286, ein Mannsname, *Kuþstafr*, Gottesstab, zusammengesetzt aus *Kuþ*, s. d. W., und *Stafr*, s. d. W. Es ist indessen auch möglich, dass dieser Name zusammengesetzt sei aus *Kutr* oder *Kautr*, s. *Kauti*, und würde alsdann Stützte der Gothen bedeuten.

Kustaka 233 (gen. pl.), ein Ortsname, zusammengesetzt aus (?) *Kuþ*, s. d. W., und *Taka*, nehmen, s. *Take*, schw. *tägt*, der Acker, Anger, u. s. w., wo man etwas gewinnt, das, was man gewinnt, *teg*, ein Ackerrücken.

Kuto 1993 (plur. imperf.), von *Kiutan*, isl. *gusa*, ausspritzen, schw. *gjuta*, dän. *gyde*, goth *giutan*, ahd. *kiozan*, *giuzan*, ags. *geotan*, engl *gush*, nhd. *giessen*. — T a i r : g u t o :, d. h. sie gossen.

Kutrikr 1061, ein Mannsname, *Kautrikr*, Gothen-Fürst, zusammengesetzt aus *Kauti*, s. d. W., und *Rikr*, s. d. W. *Kutirik* 141.

Kutraþᛦ 1265, ein Mannsname, *Kautraþr*, Gothen-Herrscher, zusammengesetzt aus *Kauti*, s. d. W., uud *Raþr*, s. *Raþa*.

Kuᛑi 1978 (imperf.), von *Kuta*, isl. *geta*, zeugen, *giota*, gebären, besonders von Thieren, *god*, ein kleines Kind, schw. landschaftlich *kuta*, jungen, *kutte*, ein kleiner Knabe, *kytta*, ein kleines Mädchen, *kute*, *vulva*, altschw. *gieta*, gebären, schw. *gitta*, können, vermögen, dän. *gide*, sich vermögen, gelüsten, engl. *beget*, ahd. *kikato*, mhd. *gate*, ags. *gegada*, nhd. *Gatte* (also nicht der Verbundene, sondern der Zeugende), *begatten*, u. s. w., norweg. *gut*, ein junger Mann. Man hat also keinesweges nöthig statt *kuᛑi* zu lesen *fuᛑi*, wie es *L. R.* S. 162, geschehen ist. S u m : h a n : b a r n : k u ᛑ i, d. h. Die ihn gebar als Kind. Hierher gehört wahrscheinlich auch isl. *köttr*, Kater, nhd. *Köter*, Hund; vergl. *Katr*.

Kutirfᛦ 469, ein Mannsname, *Kauttiarfr*, der kühne Gothe, zusammengesetzt aus *Kauti*, s. d. W., und *Tiarfr*, s. d. W.

Kutiki 479, ein Mannsname, *Kautingr* (?), der Gothenabkömmling, vergl. *R. Gr.* S. 186, von *Kauti*, s. d. W., vergl. *Furuki*.

Kutilau 1420, ein Frauenname, *Kautilauk*, die Gothenzierde, zusammengesetzt aus *Kauti*, s. d. W., und *Laukr*, vergl. *þurlakr*.

Kutanu 1484, unbestimmt, vergl Sj. I, 32.

Kutlant 325, Gottland, *Kautlant*, zusammengesetzt aus *Kauti*, s. d. W., und *Lant*, s. d. W. þ a þ i r . k i a l t .

toku a Kutlant, d. h. Als sie Abgabe auf Gottland einnahmen. *Kutlanti* 1555 (dat.). þiᛦ . fürþu . stin . þina . af Kutlanti, d. h. Sie brachten diesen Stein von Gottland; man erhält nämlich von Öland und Gottland die zum Metzen passendsten Steine. *Kutlati* 1436 (dat.), vergl. *Furuki.*

Kulfinkr 540, 556, ein Mannsname, Herrscher, isl. *Gilfi* oder *Gylfi*, König. Wie *Kununkr*, s. *Kunukr*, eigentlich bedeutete Abkömmling aus einem edlen Geschlechte, so bedeutet auch *Kulfinkr* dasselbe, s. *Kuli*. *Kulfik*ᛦ 488. *Kulva* 51. *Kaulf*ᛦ 1428.

Kuli 241, 927, 1401 (nom. und acc.), ein Mannsname, der Erzeuger, schw. *kull*, Kinderschaar, *samkullar*, Kinder von denselben Eltern, *sunderkullar*, von verschiedenen Eltern, *kulla*, Mädchen, Frau, landsch. *kullter*, ein kleiner Knabe, *kullting*, ein halberwachsener Knecht, dän. *kuld*, Nachkommen aus derselben Ehe, engl. *colt*, Füllen, (holl. *kul*, *membrum virile*, deut. *kulle*, Hode, *Fulda*.). Die ursprüngliche Bedeutung scheint also erzeugen zu sein. Da nun isl. *kinda*, Feuer nähren, *kindir*, Nährer des Feuers, Feuer, bedeutet vergl. *Kuni*, wie auch *qveikr*, s. *Kuikan*, Zunder, Docht, oder das, was das Feuer hervorbringt und unterhält, so ist auch hieraus ganz erklärlich, wie sich neben dieser ersten Bedeutung noch finden konnte isl. *kol*, Kohle, *kola*, Lampe, schw. *kol*, dän. *kul*, ahd *chol*, ags. *col*, engl. *coal*, nhd. *Kohle*. Hierher dürfte auch gehören goth. *kal-kjo*, πόρνη, *kal-kinassus*, πόρνεια, *kil-þei*, Mutterleib, *in-kil-þo*, schwanger, engl *child*, *to child* u. s. w. — *Kul* 251 (acc.). *Kulin* 244. *Kuli*ᛦ, *Kula* 766 (acc.). *Kuhli* 633. *Kuls* 634 (gen.). *Kauli* 1356.

Kula 2, 758, 767, 920, 941, 955, ein Frauenname, die Fruchtbare, *Küla* 333, 877, 926. *Külu* 869 (gen.). *Kulhu* 19 (?), *Kulha* 240 (?).

Kumi 270, 682, ein Mannsname, der Ab-Komme, der Mann, von *Kuma*, s. *Kuam*; isl. *gumi*, Mann, Krieger, *brudgumi*, Bräutigam, schw. *gubbe* (*gumme*), ein alter Mann, *gumma*, eine alte Frau, *brudgumme*, Bräutigam, *gumse*, Widder, *gimmer* oder *gymla*, ein Schaf, das zum ersten Male gelammt hat, dän. *brudgom*, Bräutigam, goth. *guma*, Mann, ahd. *kumo* oder *gomo*, Mann, *Brutikomo*, Bräutigam, *gimma*, Frau, alts., ags. *guma*, engl. *gom*, griech. *γαμεῖν*, *γάμος*.

Kuml 485, 640, 846, u. s. w., bedeutet wahrscheinlich vorzugsweise den rohen, unbehauenen Runenstein, dann auch Erd- oder Steinhügel, vergl. *Sj* III, 122, *Id* V, 48; isl. *kuml*, Hügel, *kumbari*, ein schlecht gebautes Schiff, *kumba*, eine dicke, plumpe Dienerin, *kymbi*, Bündel, *kymbill*, Bündchen, Erdhügel, *herkuml*, Wappen, schw. *kummel*, Holz- oder Steinhaufen, um Klippen und Untiefen anzuzeigen, *bokummel*, Hauszeichen, ags. *cumble*, *cumblo*, Feldzeichen, nhd. *Kummer*, Schutthaufen. Die ursprüngliche Bedeutung scheint also das Unförmliche zu sein. B r u t a ᛦ × k u m l + 485, d. h. Brücken-Denkstein, wodurch der an der Brücke (dem Wege über einen Sumpf) errichtete Runenstein bezeichnet wird. K u . l i t . r a s a . k u m l . 640, d. h. K. liess einen Denkstein errichten. *Kubl* 334, 1254, 1265, u. s. w. B a þ k a r v a k u b l þ i t a 334, d. h. Bat diesen Denkstein zu machen. K a r þ i : k u b l : þ i s i : 1254, und 1265, d. h. Machte diesen Denkstein. *Kubla* 624, undeutlich. *Kubls* 1488 (gen.), þ o r b i u r n n i o u t : k u b l s, oder þ o r m o þ r n i a u t i k u b s (undeutlich), d. h. þ. geniesse des Denksteins. *Kumbel* 1248. *Kumbl* 875,

1060, 1655, u. s. w. Let : kiara : kumbl : 875, d. h. Liess diesen Denkstein errichten. Lit × raisa × stain × kumbl × þisa . 1060, d. h. Liess diesen Denkstein errichten.

Koþvin 2096, 2138, ein Mannsname, *Kuþvinr*, Gottesfreund, zusammengesetzt aus *Kuþ*, s. d. W., und *Vinr*, s. *Vinni*. *Koþvini* 2139. *Koþvins* 2137.

Korta 1782, vergl. *Vistr* und *Karþir*.

Kombana 1050, Kameraden, isl. *kompan*, altschw. *komban*, franz. *compagnon*, nhd. *Kumpan*. Sollte dies Wort nicht von *companium* (aus *cum* oder *com* und *panis*) herstammen, so ist es gar nicht unwahrscheinlich, dass es mit *Kum-l*, s. d. W., in Verbindung stehe und ursprünglich die bezeichnet habe, welche dasselbe Haus- oder Feldzeichen hatten.

Krukr 74, 348, 598, ein Mannsname, Haken, Krücke, Stütze; isl. *krókr*, Haken, Winkel, Krümmung, *kroka*, krümmen, *krokna*, vor Kälte zusammenkrümpen, *kryki*, Haken, Winkel, Leisten, ein in Armuth erzogener Knabe, *kráka*, Haken, *kraki*, ein kleiner Knabe, *krekla*, gebogener Zweig, *kringr*, Ring, schw. *krok*, Haken, Krümmung, *kroka*, einen Umweg machen, *krokna*, krumm werden, *kröka*, krümmen, *krycka*, Krücke, *kräckla*, Bischofsstab, Quirl, landschaftl. *armkrik*, Armhöhle, dän. *krog*, *kroke*, krümmen, *krykke*, *krøge*, krumm werden, *krig*, eine Vertiefung, besonders eine von Körpertheilen gebildete, ahd. *chruccha*, Krücke, *chrako*, Kragen, ags. *crycce*, *cricce*, engl. *crook*, *crutch*, u. s. w., deutsch, landschaftl. *Kroke*, *Krükel*, *Krückel*, *Krünkel*, (das Gekrümmte) Falte. — *Krug* 1161 (acc.). *Krok* 328 (acc.).

Krur 1461, ein Mannsname, der Blühende (?), der von Wunden Geheilte (?), isl. *groinn*, blühend, von Wunden geheilt, *groa*, grünen, blühen, in einander-, zusammenwachsen, *sárid grær*, die Wunde verharscht, *grænka*, grünen, *grænn*, grün, *grodr*, Fruchtbarkeit, *gras*, Gras, schw. *gro*, keimen, *grönska*, *grön*, *gröda*, Saat, *gräs*, *gran*, (isl. *greni*) Tanne, gehört auch hierher und heisst der schlanke Baum, von isl. *grannr*, schlank, in die Höhe gewachsen, nhd. *Granne*, die Aehrenspitze, vergl. *Kranbi*, dän. *groe*, wachsen, *grønnes*, *grøn*, *grøde*, die zum Wachsen treibende Kraft der Erde, Wuchs, *grødes*, diese Kraft entwickeln, *græs*, goth. *gras*, ahd. *kruoni*, grün, *kras* oder *gras*, Gras, *kroz*, (gewachsen), gross, ags. *groen*, *grovan*, *graes*, *great*, engl. *grow*, *green*, *grass*, *great*. Ferner gehören hierher isl. *krydd*, Gewürze, *krydda*, würzen (wie Würze und würzen von Wurzel, vergl. *Verþa*), schw. *krydda*, würzendes Kraut, pl. Gewürz, *krydda*, würzen, biblisch *krut*, Kraut, dän. *krud*, Kraut, pl. *kryder*, Gewürz, *krydre*, würzen, ahd. *chrut* oder *chriut*, alts., ags. *crud*, holl. *kruit*.

Kruntar 323 (acc. pl.), Felder, isl. *grunnr*, *grund*, *grunn*, Grund, Land, Ebene, Feld, schw., dän. *grund*, goth. *grundus*, ahd. *krunt*, *grunt*, ags. *grund*, engl. *ground*. Ich glaube nicht, dass die ursprüngliche Bedeutung feiner Staub sei, sondern bin der Meinung, dieses Wort stehe mit dem vorigen in Zusammenhange und bedeute die Gewächse zeugende, die grünende Erdoberfläche. Vergl. *Jarmunkruntar*.

Krus 1617, 1618, 1619, 1621 (acc.), isl. *kross*, schw., dän. *kors*, ahd. *chruzi* oder *chriuzi*, ags. *cruce*, engl. *cross*, lat. *crux*, nhd. *Kreuz*. R i s t i : oder R a i s t i : k r u s : þ o n o : oder þ e n a : oder þ o n s a :, d. h. errichtete (ritzte?) dieses Kreuz.

Krusa 1425, ein Mannsname, *Krusi*, Krause, isl. *krusa*, schw. *krusa*, dän. *kruse*, nhd. *krausen*, kräusen, kräuseln, eigentlich von den unter einander gewachsenen Ranken von Kräutern zu verstehen, und von der Wurzel *Kru*, s. *Krur*.

Krontari 1323 (dat. sing.?), hügelig (?), vergl. *Sj.* III, 123, isl. *grandi*, ein kleiner Hügel, nhd. *Grand*, grober Sand, engl. *gravel*, franz. *gravier*, von ags. *grindan*, engl. *grind*, zermalmen.

Krosmesa 2021, isl. *krossmessa a vori*, *crusis inventio*, *krossmessa a hausti*, *crusis exaltatio*. Vergl. *L. R. S.* 176.

Krifi 933, ein Mannsname, Graf, isl. *greifi*, schw. *grefve*, dän. *greve*, ahd., ags. *gerefa*, fränk. *graffjo*, engl. *reeve*, Schultheiss. Ich möchte hier von den gewöhnlichen Erklärungen abweichen und *Krifi* zusammenstellen mit isl. *krefia*, fordern, eintreiben, *krafa* Forderung, *krafi*, Nothwendigkeit, schw. *kräfva* (*kräfja*), *kraf*, dän. *kræve*, *krav*, ags. *crave*, so dass also *Krifi* mit ahd. *sculdheizo*, longob. *sculdahis*, d. h. Schulden- (Abgaben-) Heischer oder Eintreiber ganz übereinstimmt und im Englischen noch die ursprüngliche Bedeutung geblieben ist. Man hat diese Erklärung zwar schon früher versucht, sich aber dabei nur auf goth. *gagrefts*, Gebot, ahd. *grifil*, *graft* und *grefti*, das Eingeschriebene, *kraftpilidi*, das Schnitzbild bezogen, welche Wörter zu einer ganz anderen Wurzel gehören. Da sich ferner im Isländischen noch *kræfr*, kräftig, findet, so ist zu vermuthen, dass *Krifi* zusammengehöre mit schw., dän. *kraft* (isl. *kraptr*), ahd. *chraft*, agls. *craeft*, engl. *craft*, nhd. *Kraft*, und *krefia* also eigentlich heisse, Kraft, Gewalt anwenden.

Krivolt 1896 oder *Geriofol*, d. h. *leprosus*. Diese Inschrift findet sich auf einem in Cumberland gefundenen goldenen Ringe.

Krivri⁊æ 1896 oder *Gerifridæ*, d. h. *febriculosus*; vergl. d. v. W.

Krikfara 211, 416 (acc.), von *Krikfari*, Griechenlandsfahrer. zusammengesetzt aus *Krikir*, s. *Krikum*, und *Fari*, s. *Fara*. Von Schweden sind ungefähr um das Jahr 1070 die meisten Fahrten nach Griechenland unternommen worden, vergl. *L. R.* S. 107, *Sj.* I, 25

Krikum 469, 552, 729, 1180, 1254 (dat. plur.), von *Krikir*, Griechenland, isl. *grickir*, Griechen. On furs.uti. krikum. 469, d. h. Er kam in Griechenland um. Hon tu i krikum. 552, d. h. Er starb in Griechenland. Far. aflaþi uti krikum arfa. sinum. 729, d. h. Er erwarb in Griechenland seinem Erben Vermögen. Iaᛦ. entaþis. austr. i. krikum. 1180, d. h. Er gab östlich in Griechenland seinen Geist auf. Iᛦ: itaþisk: o ustr i krikum. 1254, d. h. Er gab im Osten in Griechenland seinen Geist auf. Diese Inschrift liest *Sj.* III, 119 so: *i mita disk ov tri kirkum*, und übersetzt: Er verfertigte für drei Kirchen Oblatenschüsseln (!!!). Ueber *itaþisk*, vergl. *Antaþis*. *Kriku* 874, für *Krikum*. *Krikium* 883. Vergl. d. f. W. *Kirkha* 101 (gen.), für *Kirika*. Sum. for. til. kirkha. hut., d. h. der nach Griechenland ausfuhr. *Kirkium* 141 (dat), Var⁊ tau⁊r i Girkium, d. h. starb in Griechenland. *Kirika* 396 (gen.), þiᛦ. hvaru. hut. til Kirika, d. h. Sie waren aus nach Griechenland. *Kirikium* 2011 (dat.), þir to i kirikium, d. h. Sie starben in Griechenland. *Kᛦkum* 988, undeutlich.

Kriklanti 397, 605 (dat. sing.), Griechenland, vergl. d. v. W. A kriklanti. 397, d. h. in Griechenland. Varþ tauþr a kriklanti. 605, d. h. Starb in Griechenland. *Kriklontu* 520. Hon fil o kriklontu, d. h. Er

fiel

fiel (in der Schlacht) in Griechenland. *Krik* 220; hier scheint krik . haf . den Archipelagus zu bezeichnen.

Krein 1999 (acc.), ein Mannsname, der Beredte, Gewitzte, isl. *greindr*, beredt, witzig, *greina*, auseinandersetzen, *grein*, Meinung, Rücksicht, *greinagodr*, klug, weise, *greind*, Einsicht, Verstand, *greindarlegr*, umsichtig, klug, *greinisemi*, Verstand, lappl. *kreinet*, deuten, erklären, *kreinas*, erklärt, deutlich *kreineje*, Ausleger, Deuter, *kreinemas*, zu erklären, erklärbar, *kreinik*, Auslegung, Rechenschaft, *kreinok*, erklärt, deutlich.

Kristr 351, 398, 711, u. s. w., Christus. *Krist* 875, 1686, 1724, u. s. w. *Kristus* 1693, 1736, 1752, u. s. w. *Kristi* 1839. *Kiristr* 242. *Kistr* 1777.

Kristnum 16, 1684 (dat. plur.), Christen. *Krisnum* 1736, 1763, 1764, u. s. w. *Kristunia* 874 (gen. pl. ?). *Kristina* 259, 1901 (gen. pl.).

Kristno 1085, 1537 (infin. praes.), schw. *kristna*, taufen, Hon lit kristno Jotalont : 1085, d. h. Er liess Jemtland (?) taufen. 1537 ist undeutlich.

Krimulf 1139, ein Mannsname, *Krimulfr*, der sehr Grimme, zusammengesetzt aus *Krimᛦ*, s. d. W., und *Ulfr*, s. d. W. *Krimulfu* 882.

Krimbr 658, ein Mannsname, der Grimme, s. d. f. W. *Krim*, 608, 854, 1337. *Krimu* 1159. *Krimiᛦ* 1224. *Kribun* 1446, scheint, wie *Gribo*, *Grippo*, im Deutschen, eine Abkürzung zu sein. *Kirims* 1273 (gen.). *Kiᛦimr* 215.

Krimᛦ 864, vergl. *Fulkskrimᛦ*, isl. *grimr*, der Behelmte, *grima*, Larve, Helm, *grimd*, Grausamkeit, *grimmr*, grausam, tyrannisch, *gramr*, poet. König, *gramr*, böse, *gremia*, erzürnen, *gremia*, Verdruss, altschw. *grimumadher*, eine maskirte Person, ein Räuber, *grima*, Maske,

Halfter, *grimbr*, grausam, schw. *grimma*, Halfter, *grym*, grausam, dän. *grim*, von scheusslichem Aussehen, *grim* oder *grïim*, Russ, *grime*, ein Strich von anderer Farbe über den Kopf oder über das Gesicht, Halfter, Maske, *grimet*, ein Thier mit buntem Kopfe, *gram*, böse, ahd. *krimm*, grausam, *krimmi*, grimmig, ags. *grima*, Larve, *grimman*, wüthen, engl. *grim*, *grum*, ital. *grims*, franz. *grimace*. Aus dem Angeführten scheint hervorzugehen, dass die ursprüngliche Bedeutung sich auf ein Bemalen des Gesichter beziehe, und daher den Krieger, den Anführer, u. s. w. unterschied. In dieser Vermuthung bestärken noch mehr die Wörter isl. *grom*, ein festgetrockneter Schmutzfleck, *gromr*, beschmutzt, schw. *grumla*, trüben, *grums*, Bodensatz, u. s. w. Das Dänische macht sogar äusserst wahrscheinlich, dass sich *kram* zu Rahm (Russ) verhalte, wie Kringel z. B. zu Ring, d. h. ursprünglich dasselbe Wort sei. Später wurde statt des Bemalens ein Helm angewandt oder auch eine Maske. Selbst im Zimmer wurden oft solche Gesichtsbedeckungen von Personen gebraucht, die nicht erkannt sein wollten, und alsdann die Benennung *grimumen* erhielten. Aus der Entstellung des Gesichtes entstanden endlich die Nebenbedeutungen von gramm und grimm, von grinsen (grimm-sehen), ahd. *krimizon*, und Grimasse.

Krafin 642, 896, 1306, 1411 (part. praes. pass.), von *Krafa*, begraben, isl. *grafa*, schw. *be-grafva*, dän. *be-grave*, goth. *graban*, ahd. *graban* oder *grapan*, ags. *grafan*, engl. *grave*. Krafin . i . kirkiu . karþi . 642, d. h. Begraben auf dem Kirckhofe. Han × var × krafin × i × kirkiu × 1306, d. h. Er war in der Kirche begraben.

Kraubiurn 993, ein Mannsname, Graubär, zusammengesetzt aus *Kraur*, isl. *grár*, schw. *grå*, dän. *graa*, ahd.

krao, engl. *gray*, holl. *grauw*, nhd. *grau*, scheint eigentlich die Farbe zermalmter Steine oder des Staubes anzuzeigen, isl. *griot*, Steine, schw. *grus*, dän. *gruus*, mhd. *grus*, nhd. *Graus*, von (isl. *knosa* oder *knusa*), schw. *krossa*, (dän. *knuse*), engl. *crash*, zermalmen. Hierher gehören auch schw. *gry*, dän. *grye*, nhd. *grauen*, tagen, zwischen Finsterniss und Licht schwanken, nicht Nacht (schwarz), nicht Tag (weiss, hell) sein.

Kranbi 499, ein Ortsname, *Kranbu*, Granby, zusammengesetzt aus *Krani*, isl. *greni*, Tanne, *grannr*, schlank, genau, schw. *gran*, Tanne, *grann*, zierlich, genau, dän. *gran*, *grand*, genau; *Krani* heisst also der schlank gewachsene, der majestätische Baum, — und *Bu*, s. d. W.

Kraistain 467 (acc.), ein Mannsname, *Kristen*.

Kramaton 1926, Tetra : krama : ton :, d. h. *ὄνομα τετραγράμματον* oder יְהוָה.

Knutr 264, 387, 761, 1052, 1457, ein Mannsname, der Zwingende, isl. *knutr* oder *hnutr*, schw. *knut*, dän. *knude*, ahd. *chnodo*, ags. *cnotta*, engl. *knot*, von isl. *knya*, zwingen, *knyta*, knüpfen, *hnyta*, zusammenknüpfen, schw. *knyta*, dän. *knude* und *knytte*, ags. *cnittan*, nhd. *knüpfen*, *nieten*, und hiermit hängen zusammen: isl. *naudgan*, Zwang, *naudr* oder *naud*, Zwang, Nothwendigkeit, Noth, *neyda*, zwingen, *neyti*, Kameradschaft, u. s. w., vergl. *Niautir*, schw. *nöd*, dän. *nød*, goth. *nauþs*, ahd. *not*, ags. *neod*, engl. *need*, nhd. *Noth*. Die Namen *Adalnot*, *Fridunot*, u. s. w., haben jedoch nichts mit *Noth* zu schaffen, sondern sind mit den Sprossformen geniessen, Genosse, zusammenzustellen, vergl. *Niautir*. — *Knut* 998, 1275 (nom. und acc.). Ueber den Ursprung dieses Namens ist folgendes aufbewahrt: "Dänische Höflinge fanden einmal in einem Walde ein ausgesetztes Kind, welchem ein goldener Ring vors Gesicht *geknüpft* war.

Dies gab dem Könige Gorm Veranlassung, das Kind *Knut* (Knoten) zu nennen, welches später als Knut der Grosse dem Namen Ruf verschafft hat." Es darf wohl nicht bemerkt werden, dass diese Erklärung, wie ähnliche z. B. von *Vinland*, gewiss viel jünger sei als die Benennung, und nicht viel Berücksichtigung verdiene.

Knauþimanr 895, ein Mannsname, der verwandte Mann, zusammengesetzt aus *Knauþr*, vergl. *Niautir*, und *Manr*, s. d. W. *Knumanti* 1560 (dat.).

Kniri 402, 891 (dat. sing.), isl. *knörr oder*, *knörr*, (dat. sing. *knerri*, pl. *knarrar*), ein Schiff, ein Kauffmannsschiff, scheint mit *hnar* oder *knar*, hurtig, in Verbindung zu stehen und eigentlich ein schnellsegelndes Schiff zu bezeichnen, schw. landschaftlich *knarr*, ein Nachen, ahd. *chnar*, Handelsschiff. Da indessen im Lappländischen *niare*, *niares*, von flachen Schiffen gebraucht wird, so ist auch möglich, dass dieses Wort aus dieser Sprache entlehnt sei. I × kniri × Asbiernaᛦ. 402, d. h. auf dem Schiffe A. s. Han × varþ tauþr : o kniri . 891, d. h. Er starb auf dem Schiffe. *Knari* 38, 944 (dat.), Turum . knari . 944, d. h. mit kostbarem Schiffe.

Knakr 27, ein Mannsname, Schläger, isl. *hnickia*, heftig stossen, altschw. *knakhalsar*, Raufbolde, schw. *knaka*, einen knackenden Laut geben, *knacka*, (Frequent. von *knaka*), anklopfen, *knäcka*, zerknicken, dän. *knage*, *knække*, ags. *cnocian* oder *cnucian*, schlagen, engl. *knook*, *knack*, *knick*, ndh. *knacken*, *knicken*. Dieses Wort bezeichnet ursprünglich nur den Schall des Schlagens oder Zerbrechens.

Kifulfᛦ 1342, ein Mannsname, der sehr Zänkische, zusammengesetzt aus *Kif*, isl. *kif*, Zank, *kifa*, zanken, schw. *kif*, *kifva*, dän. *kiv*, *kives*, nhd. *keifen*. Es ist nicht unwahrscheinlich, dass *kifa* mit isl. *kiaftr*, Kiefer, vergl. *Kufi*, und *kiafta*, die Kinnbacken bewegen, schwätzen, im Zusammenhange stehe.

Kifar 1961 (sing. praes.), von *Kifa*, geben, vergl. *Furkifi*, Han : gifær :, d. h. er giebt. *Kifi* 1746 (conj. praes.), Gud gifi, d. h. Gott gebe. *Kefet* 1966 (part. pass.), Er gefet, d. h. ist gegeben. *Keui* 1685. *Kiafit* 1751 (part. praes. act.). *Kaf* 1696 (imperf.).

Kiur 1194 (acc.), ein Mannsname, der Auserwählte (?), isl. *kiör* oder *kör*, auserwählt, *kera*, erwählen, *kiosa*, erwählen, schw. *ut-kora*, dän. *kaare*, goth. *kiusan*, erwählen, *kausjan*, prüfen, kosten, ahd. *chiosan*, erwählen, *chost*, erwählt, köstlich, *choston*, prüfen, kosten, ags. *ceosan*, *cyst*, *costian*, engl. *choose*, nhd. *küren* (ahd. *chiuri*, Kur), *kiesen*, *kosten*, scheint ursprünglich zu heissen, den Geschmack einer Sache untersuchen, und also mit käuen in Verbindung zu stehen, vergl. *Kufi*. *Kiur* 1168 (acc.).

Kiuli 244, 890, ein Mannsname, der Unansehnliche (?), schw. landschaftlich *kjular*, kleine Kinder, *gossekjöling*, ein 10- bis 15-jähriger Knabe, Vergl. *Kuli*. — *Kiulin* 242. *Kiulik* 1109. *Kiulakr* 423.

Kiþfriþ 620, ein Frauenname, die Geishüterin (?), zusammengesetzt aus *Kiþr*, s. d. f. W., und *Friþur*, s. *Friþi*.

Kiþr 871, ein Mannsname, Bock, isl. *kid*, ein Böcklein, *kida*, f., eigentlich das Gezeugte, Geborene, Junge, vergl. *Kuþi*, schw. *kid*, junge Ziege, *kidla*, junge Ziegen werfen, dän. *kid*, engl. *kidd*. Hierher gehört wahrscheinlich auch isl. *geit*, schw. *get*, dän. *ged*, goth. *gaitei* oder *gaitsa*, ahd. *keiz*, ags. *gat*, engl. *goat*, holl. *geyt*, nhd. *Geiss*.

Kiþikis 836, wahrscheinlich unrichtig gelesen. Die älteren Runenforscher glaubten hier zu finden: Gottesgeissel, Anführer und König der Wandalen, vergl. *Br.* S. 221.

Kiþa 668, ein Frauenname, die junge Geiss (?), vergl. *Kiþr.*

Kerf 1438, wahrscheinlich unrichtig gelesen vergl. *Sj.* I, 32.

Kirkia 1912, 1934, Kirche, isl. *kyrkia*, schw. *kyrka* (alt. *kirkia*), dän. *kirke*, von *κυριακόν*. *Kirk* 1945 (acc.). *Kirkuna* 1903 (acc. mit dem Art.). *Kirkiu* 1306, 1601, 1791, u. s. w., (dat. und acc.). *Kirkiur* 2012 (gen.). *Kirkina* 1911 (mit Art.). *Kirkain* 1953. *Kiria* 1693, vergl. *L. R.* S. 153.

Kirkiukarþi 642 (dat.), Kirchhof, isl. *kirkiugardr*, schw. *kyrkogård*, (alt. *kirkiugardher*), dän. *kirkegaard*, vergl. *Kirkia* und *Karþir.*

Kirialmr 608, ein Mannsname, *Kairhialmr*, Speerhelm, zusammengesetzt aus *Kair*, s. d. W., und *Hialmr*, s. d. W.

Kira 17, 87, 952, u. s. w. (infin.), machen, isl. *göra* oder *gera*, schw. *göra*, *garfva*, gärben, dän. *giøre*, *garve*, ahd. *karawan*, (fertig machen) gärben, *karo*, (gemacht, bereitet) gar, ags. *gearvian*, engl. *gare*, franz. *garnir*, ital. *guarnire*. Es ist höchst wahrscheinlich, dass dieses Wort aus dem Lappländischen entlehnt sei und ursprünglich bedeute von der äusseren Rinde, Haut, u. s. w. befreien, da sich in keiner Sprache dieser Wortstamm so vollständig findet als gerade in dieser, nämlich *karr*, Rinde, (schw. landschaftlich *korre*, Rinde, z. B. *Näfverkorre*, Birkenrinde), *kara*, die Haut ritzen, *karastattet*, die obere Haut abschaben, *kara*, (das Abgeschabte) Spähne, *kårrot*, der abgezogene Körper eines geschlachteten Thieres, Speise, karwat, nagen (kerben), *karwetet*, (von dem Aeusseren befreien) bereiten, *karwes*, (gar) bereit, *karwanet*, fertig werden, *karwetattet*, bereiten lassen, *karweteie*, Bereiter, *piäbmo karweteje*, Koch, *karwo*, (das von seinem Aeusseren Gereinigte, das Bereitete) das Kleid, *karwos*, Stoff zu Kleidern (ursprünglich Häute?). Diese Beispiele dürften einen hinlänglichen Beleg geben, besonders wenn man hiermit die weiter unten angeführten, fast gleichlautenden Formen vergleicht. Hierher gehören also auch schw. *karfva*, dän. *karve*, ahd. *cherpan*, ags. *ceorfan*, engl. *carve*, nhd. *kerben*, einritzen, daher isl. *karfi*, (das Ausgehöhlte) ein Nachen. — Saksi lit . kira . merki . þisa . 17, d. h. S. liess dieses Denkmal machen. Uk . bru . kira . 87, d. h. Und Brücke (Weg) machen. Ublubᛦ . lit . kira : kuml : likhus : auk : bru : 952, d. h. U. liess den Denkstein (Hügel?), das Leichenhaus und die Brücke (Weg) machen. *Kera* 40, 55, 310, 566, u. s. w. (infin.), ✕ kera aur a sunti . 310, d. h. Im Sunde eine Fuhrt machen. Finviþr . lit . kera . stenmerki . ok . buro . 566, d. h. F. liess das Steindenkmal und die Brücke machen. *Gira* 617, 1352, 1702 (infin.), þair . litu . gira . mik . 1702, d. h. Sie liessen mich machen. *Gera* 144, 1638, 1640, u. s. w., (infin.), Læt : gera : hvalf : þina : 1638, d. h. Liess dieses Gewölbe machen. *Kierva* 1571, 1855, (infin.), Lit : gierva : tissan : mur : ok : stufona : 1855, d. h. Liess diese Mauer und diese Wohnung machen. *Kiera* 1741, 1803, (infin.). *Kieᛦa* 1742 (infin.). *Kiaru* 853, für *kiara* (infin.), vergl. *Lit. Kiarva* 438 (infin.). *Kiara* 85, 128, 398, u. s. w. (infin.). Ikriþ lat . laþbo . kiara . 398, d. h. I. liess den Landweg machen. *Giara* 1763, 1773, 1774, u. s. w. (infin.), Lit . giara . þinna . stain . 1763, d. h. Liess diesen Stein machen. *Keara* 312, 1802 (infin.). *Keru* 3, für *kera*, vergl. *Lit. Kirva* 88, 89, 115, u. s. w. (infin.). *Kerva* 9, 49, 1276, (infin.), Kuþ . hielþi . sal . hans . betr. þan . han . kuni . til . kerva . 949, d. h. Gott helfe seiner Seele besser als er dazu beitragen konnte.

Kara 310, 370, 387, 879, u. s. w. (infin.), Lit kara siliaus 310 (undeutlich), d. h. Liess eine Herberge (hospitium) machen, vergl. *Siliaus*. *Kæra* 1562 (infin.). *Gara* 1735 (infin.). *Gæra* 1639, 1733 (infin.). *Kᛦra* 207, 1822 (infin.). *Kürþi* 1903 (imperf.). : kürþi kirkuna :, d. h. machten die Kirche. *Gorþ* 1985 (part. pass.), þa : iak : var : korþ :, d. h. Als ich gemacht war. *Korþa* 1914 (imperf. sing.), vergl. *Furþa*. *Korᚦa* 1961 (imperf. sing.), vergl. d. v. W. *Kr* 285, für *Kira*. Lit kr bru, d. h. Liess eine Brücke machen. *Krþi* 378, für *Kirþi*. Bitr × þian × on krþi × til × d. h. Besser als er dazu beitrug. *Krik* 941, für *Kirþu* (?). *Kiorþe* 1971, 1977 (imperf. sing.). *Kiorþa* 1914 (imperf. sing.), vergl. *Furþa*. *Kirþu* 517, 1100, 1317, u. s. w. (imperf. plur.). *Kerþu* 41, 434 (imperf. pl.). *Kuþru* 1025, für *Kirþu*. *Kirþi* 378, 518, 982, u. s. w. (imperf. sing.), Bitr × þan han × kirþi til . 518, d. h. Besser als er dazu beitrug. *Kerþi* 1560 (imperf. sing.). *Kerþe* 1996, 1999 (imperf. sing.). *Gerþi* 1594 (imperf. sing.). *Gerþe* 1834 (imperf. sing.). *Kiri* 243 (infin.), für *Kira*. *Kiriþi* 450 (imperf. sing.), Uk kiriþi . kas alviriþ . d. h. und machte einen sehr geachteten Hügel. *Kert* 938 (part. perf. act.). Bitr þen han til kert, d. h. Besser als er dazu beigetragen. *Gerᚦe* 1856 (imperf. sing.). *Kiᛦi* 109 (conj. praes.), Kuþ kiᛦi miskun, d. h. Gott thue Barmherzigkeit. *Kiarþu* 233, 391, 350, u. s. w. (imperf. plur.). *Kiarþi* 214, 523, 813, u. s. w. (imperf. sing.). *Kiaþi* 238, für *Kiarþi*. *Kiarþi* 624, für *Kiara*, vergl. *Lit*. *Giarþi* 1974 (imperf. sing.). *Kiarᚦu* 85 (imperf. plur.). *Kaurva* 1537 (infin.), für *Karva*. *Kaþ* 208, für *Karþi* (?), Ouk : kaþ : niþiks : verk : d. h. Und verübte eine Schandthat.

that. *Kaþu* 1541, für *Karþu* (?). *Kaþi* 1837, 1952, für *Karþi*. *Garþi* ⁝ oalf ⁝ 1837, d. h. Machte das Gewölbe. 1952 liest *L. R.* S. 168 *Faþi*, s. d. W. *Karþ* 1603, für *Karþi*. *Karþu* 654, 992, 1231, u. s. w. (imperf. plur.). Karþu × auk hauk þanasi : 554, d. h. Machten auch diesen Hügel. *Karþi* 403, 448, 608, u. s. w. (imperf. sing.). Bitr þan an karþi til . 608, d. h. Besser als er dazu beitrug. *Karþi* 35 (plur.), Vikusa aKarþir . karþi . bink . biorar, d. h. V. und K. machten die Bänke des Dorfes. *Garþi* 1953 (imperf. sing.). *Karþe* 1920. *Kariþu* 449 (imperf. plur.). *Kariþi* 1148 (imperf. sing.). — *Jarþi* 1151, 1379, für *Karþi*. Hulfi × iarþi × kuml × þusi 1151, d. h. H. machte dieses Denkmal. *Jara* 1236, für *Kara*. Hulmi : lit : iara : bru : d. h. H. liess eine Brücke machen.

Kirbo 1826, ein Ortsname, zusammengesetzt aus *Kair* (?), s. d. W., und *Bu*, s. d. W.

Kiniᛦunaᛦ 1553 (acc. pl.), Denkrunen, zusammengesetzt aus *Kina*, s. *Kuni*, und *Run*, s. d. W, isl. *kennimerki*, Zeichen, altschw. *kinnesten*, Grenzstein.

Kinlauh 299, 527, ein Frauenname, Zierde des Geschlechts, zusammengesetzt aus *Kin* (?), Geschlecht, vergl. *Kuni*, und *Lauk*, s. *þurlakr*; oder auch von *Kina*, isl. *gina*, (eine Oeffnung, lichte Stelle zwischen Wolken) Klarheit, Glanz, Strahl, *gina*, den Mund aufsperren, klaffen, *gina*, (vom Zertheilen der Wolken) klar werden, sich erheitern, *ginna*, (machen, dass Jemand den Mund sperrt, Lust zur Lockspeise bekommt), locken, mit List fangen, *ginning*, das Verlocken, *gintr*, ein Verlockter, *gin-faxi*, (die verlockende, durch den Glanz ihrer Augen bezaubernde Schlange?) das Zauberzeichen, *gan*, Zauberei, ahd. *kinan* oder *chinan*, mhd. *ginen*, ags. *ginan* (engl. *yawn*), nhd. *Gienmuschel*, (die klaffende Muschel), *gähnen*, vergl. *Kani*; wonach *Kinlauk* also auch die klaffende, die verlockende, die prangende Blume heissen könnte. — *Kinluh* 312, *Kinlauhar* 70 (gen.). *Kialuk* (?) 768. — Goth. *gain* —, fränk. *gen* —, dient in Eigennamen zur Verstärkung.

Kiali 1342, ein Mannsname, der Brünstige, isl. *ga* (verwandt mit *gia*, Oeffnung, Gaffen?), Aufmerksamkeit, Eifer, Brunst, *gali*, (zu eifriger) närrischer Mensch, *gali*, *m.*, *galinn*, *f.* rasend, *galaz*, rasen, *gall*, berauschende, Freude, *gæla*, froh machen, *gil*, Ritze, *gilia*, erweitern, eine Ritze machen, *gilia konu*, ein Weib schwächen, schw. *galen*, rasend, alt. *gillia*, zur Liebe reizen, freien, *gille*, frohes Gelage, landschaftlich, *gäl*, brünstig, dän. *gal*, rasend, brünstig, *geil*, ist aus dem Deutschen entlehnt, *gille* oder *gillie*, lieben, *gilde*, goth. *gailjan*, erfreuen, ahd. *keil*, froh, brünstig, ags. *gal*, *galcyp*, nhd. *geil*, *Gilde*, z. B. Schützen-Gilde, *Galan* (Liebhaber), franz. *galant*, span. *galan*, engl. *gallant*. Die ursprüngliche Bedeutung ist also wahrscheinlich, Aufsperren des Mundes, aufmerksam, begierig auf etwas sein, vor Begierde brennen, von Begierde berauscht sein, rasen, u. s. w.

Kialt 325 (acc.), Abgabe, isl. *giald*, Geld, Schuld, *gialda*, entgelten, *gilldi*, Werth, Ehre, *gilda*, gelten, den Werth einer Sache bestimmen, *gildr*, werthvoll, dick, *gull*, Gold, altschw. *giald*, oder *giæld*, Abgabe, Schuld, *gialda*, erlegen, schw. *gäld*, Schuld, *gälda*, bezahlen, *gälla*, gelten, *guld*, Gold, dän. *gield*, *gielde*, *guld*, goth. *gild*, *gildan*, *gulþ*, ahd. *kelt*, *keltan*, *kolt*, ags. *gyldan*, *gild*, *gold*, engl. *gield*. Es ist höchst wahrscheinlich, dass dieses Wort sich zu der Wurzel *kal*, zeugen, vergl.

Kuli, wie Werth zu werden, vergl *Virþa*, verhalte, und ursprünglich das Erzeugte, Werthvolle bedeute. — þa þir . kialt . toku a Kutland, d. h. Wo sie auf Gottland Schoss erhoben.

Kisioþi 1492, undeutlich, verschiedene Erklärungen werden angeführt *Br*. S. 197.

Kisli 1379, ein Mannsname, der Strafende, isl. *geisl* oder *geistil*, Stab, wie die Schneeschuhläufer gebrauchen, schw. *gissel*, ahd. *keisala*, nhd. *Geisel*, wird als Nebenform von *Kair*, s. d. W., betrachtet, und mit goth. *gaisian*, schlagen, zusammengestellt. — *Kisl* 49, 97, 98, 121, 296, 576, 745, 746, 748, 1016 (nom. und acc.). *Kisla* 48 (acc.). *Kislar* 1352 (gen.).

Kislauk 775, 953, ein Frauenname, die lieblich Strafende, zusammengesetzt aus *Kisli*, s. d. W., und *Lauk*, s. *þurlakr*. *Kislug* 127. *Kislauh* 481, vergl. *Fulkir*.

Kismuntr 656, ein Mannsname, der strafende Beschützer, zusammengesetzt aus *Kisli*, s. d. W., und *Muntr*, s. *Munti*. *Kismunta*ᛦ 441 (gen.).

Kitit 1277 (part. perf. act.), von *Kita*, isl. *geta*, zeugen, (mit d. Genit.) erwähnen, vergl. *Ku*ᛘ*i*, altschw. *gæta*, erwähnen, *gäata*, loben. Tü mum ko . . kitit verþa, d. h. Denn möge das Gute verkündet werden.

Kitil 11, 46, 149, 235, 240, 303, 430, 501, 544, 895, 1142, 1272, 1330, ein Mannsname, der Behelmte, isl. *ketill*, Kessel, und Mannsname, *kati*, Schüssel, Boot, altschw. *kætil*, Kessel, *kætil-höd*, (Kesselhut), Helm, eherne Sturmhaube, schw. *kittel*, dän. *kedel* oder *kiedel*, goth. *katils*, ahd. *chezzil*, ags. *cytel*, engl. *kettle*, grch. *κοτύλη*, lat. *catinus*, *catillus*, nhd. *Kessel*, *Katze*, Geldgürtel, *Katze*, Schiff (franz *chat*, *chatte*, holl *kits*). Möglicher Weise kann sich dieses Wort auch als Opfergeräth verstehen lassen, und alsdann würde *Kitil* der Räuchernde,

Opfernde heissen. — *Ketil* 535, 802, 1120, 1203, 1282, 1316. *Katil* 205, 251, 300, 427, 466, 727, 1215 (nom. und acc.). *Katila* 1832 (gen.). *Katilar* 205 (acc.). *Katils* 1467 (gen.). *Katl* 251. *Ktl* 579, vergl. *Ufir*.

Kitilfriþ 388, ein Frauenname, die schirmende Kriegerin, zusammengesetzt aus *Kitil*, s. d. W., und *Friþur*, s. *Friþi*. *Kitilfiriþᛣ* 1553.

Kitilfastr 514, 587, ein Mannsname, der starke Krieger, zusammengesetzt aus *Kitil*, s. d. W., und *Fastr*, s. *Fasti*. *Kitilfas* 861. *Kitilfast* 586 (acc.). *Kaitlvastr* 142.

Kitilvi 489, 535, 537, ein Frauenname, starkes Heiligthum, zusammengesetzt aus *Kitil*, s. d. W., und *Vi*, s. d. W. — *Ketilvi* 112. *Katilvi* 376.

Kitilvar 484, ein Mannsname, behelmter Beschützer, zusammengesetzt aus *Kitil*, s. d. W., und *Var*, s. d. W.

Kitilkir 394, 422, ein Mannsname, *Kitilkair*, behelmter Speer, zusammengesetzt aus *Kitil*, s. d. W., und *Kair*, s. d. W.

Kitilhaufþa 847 (acc.), ein Mannsname, der, dessen Kopf mit einem Helme bedeckt ist, zusammengesetzt aus *Kitil*, s. d. W., und *Haufþi*, s. d. W. — *Kitilhafþa* 876 (acc.).

Kitila 802, ein Frauenname, die Behelmte, s. *Kitil*.

Kitilau 529, 648, ein Frauenname, *Kitilauk*, die blühende Kriegerin, zusammengesetzt aus *Kitil*, s. d. W, und *Lauk*, s. *þurlakr*. *Kitiluha* 242. *Katiluk* 374.

Kitilbiurn 34, ein Mannsname, der starke Krieger, zusammengesetzt aus *Kitil*, s. d. W., und *Biurn*, s. d. W. — *Kitilbiarn* 193 (acc.). *Kitulbiarn* 196. *Katilborn* 224. *Katilbiurn* 1061. *Katilbiarn* 624, 839.

Kitilmuntr 173, ein Mannsname, der behelmte Vormund, zusammengesetzt aus *Kitil*, s. d. W., und *Muntr*, s. *Munti*. *Ketilmun* 251 (acc.). *Kitilmunt* 442 (acc.). *Ketil-*

munt 171, 597 (acc.). *Kitilmunta*ᛦ 508 (gen.). *Ketilmunta*ᛦ 525 (gen.). *Kitilmut* 928, vergl. *Furuki*. *Kitl* 1320. *Katilmutr* 100.

Kil 683, muthig, vergl. *Kiali*, und *Kils*.

Kila 511, ein Frauenname, die Muntere, Frohe, vergl. *Kiali*.

Kilan 1952 (part. perf. pass.), geschätzt, taxirt, von *Kilda*, vergl. *Kialt*. U k s a t v i s k i l a n, d. h. ein von zwei Personen geschätzter oder taxirter Ochse.

Kils 1752 (gen.), ein Mannsname, *Kil*, entweder der Muntere, Muthige, vergl. *Kil*, oder der Starke, aus einander Treibende, schw. *kil*, dän. *kile*, nhd. *Keil*, wahrscheinlich verwandt mit schw. *kägla*, dän. *kegle*, ahd. *chekil*, engl. *keal*, *kayl*, das aushöhlende Werkzeug, von isl., schw. *kula*, dän. *kugle*, nhd. *Kugel*, schw. *kula*, dän. *kule*, nhd. landschaftlich *Kaule*, holl. *kuyl*, die (runde Oeffnung) Grube. *Kail* 1961.

Kilban 830, für *Kilbiurn* (?).

Kafri 995, ein Mannsname, Versenker (?), vergl. *Kufi*, der, welcher Schiffe versenkt (?), Kaper, franz. *capre*, engl. *caper*; denn *kapari* im Isländischen ist ein aufgenommenes Wort. Schw., landschaftlich *kafve* oder *kaffe*, ein bedeutender Mann, der Hausherr, ein alter Mann. Vergl. *Kabi*.

Kauti 1098, 1131, 1356, 1773, ein Mannsname, der Weise, isl. *gautr*, ein weiser Mann, ein Erfinder, daher *gauti* Epitheton des Odin, *gaud*, Gottheit, *gádr* (*gaudr*), klug, *gát* (*gaut*), Sorgfalt, Aufmerksamkeit, *gáta* (*gauta*), Räthsel, *götva*, ergründen, schw. *gâta*, Räthsel, dän. *gaade*, goth. *gauts*, ahd. *koz* oder *kauz*, ags. *geat*, klug. Wenn man sich bei der Bildung des Wortes *Kautr*, *Kauti* auf die Sanskrita-Sprache berufen darf, so ist es höchst wahrscheinlich, dass *Kautr* einen Abkömmling von *Kut*

(*Kuþ*) bezeichne; vergl. *Id.* VI, und X, 198, u. f. Nach der Erklärung eines Braminen bedeutet Budhas Name *Gautama*, sehr weise, woraus also hervorgeht, dass die Bedeutung von *kautr* die oben angeführte, nämlich *weise*, sein müsse. — *Kautr* 203, 528, 1614. *Kaut* 958 (acc.). *Kautra* 848. *Kauta* 1413 (acc.). *Kaus* 312. *Kuþa* 1235. *Kuti* 594, 707, 708, 925, 1098. *Kuta* 133, 160, 690, 691, 1202 (acc.). *Guta* 1491 (acc.). *Koþ* 1457. *Kiti* 38, 47. *Kita* 1320 (acc.). *Kitar* 1149. *Kaiti* 312.

Kautaun 1115, Inselname, *Kautau*, zusammengesetzt aus *Kautr*, s. *Kauti*, und *Au*, s. *U*. Vergl. *Br.* S. 227.

Kaubi 965, ein Mannsname, Käufer, isl. *kaupa*, schw. *köpa*, dän. *kiøbe*, goth. *kaupon*, ahd. *chaufon*, alts. *capan*, ags. *ceapian* oder *cypan*, engl. *cheapen*, holl. *koopen*, nhd. *kaufen*, *κάπ-ηλος*, *caupo*. Da ahd. *chouf*, ags. *ceàp*, ursprünglich Vieh heisst, vergl. *Kufi*, so ist es höchst wahrscheinlich, dass *chouf* bildlich Werth, Preis bedeutet, und dass sich hieraus der Begriff von kaufen gebildet habe. Im Isländischen findet sich noch *kopr*, ein junger Seehund, *kæpa*, das Weibchen des Seehundes, *kæpa*, jungen (der Seehunde), *kæplingr*, ein ganz junger Seehund, *kaup*, Waare, *kaupgialld*, Belohnung, Besoldung, *kauplaus*, ohne Belohnung.

Kauparfa 1750 (gen.), ein Mannsname, *Kaubarfi*, Kauferbe, zusammengesetzt aus *Kauba*, s. *Kaubi*, und *Arfi*, s. d. W. *Sj.* II, 27 glaubt, dass *Kauparfa* für *Kaupfari* stehe, und einen Handel treibenden Schiffer bezeichne.

Kauptan 2012 (part. praet. pass.), von *Kauba*, s. *Kaubi*. Vergl. *Folboa*.

Kar 1970 (acc.), Taufbecken, isl. *ker*, schw., dän. *kar*, goth. *kas*, ahd. *char*, das Gemacht, das Gefäss; vergl. *Kira*. Finfiþir hiak þæta kar, d. h. F. metzte dieses Taufbecken.

Karþum 803, 1307 (dat. pl.), Benennung eines Landes, *Karþir* oder *Karþariki*, isl. *Gardar* oder *Gardariki*, Russland, d. h. die Städte oder das Reich der Städte, vergl. *Karþir*. Wie bekannt ist *Garþir*, *Garþariki* oder *Holmgarþir* ein uraltes Königreich im Osten der Skandinavischen Halbinsel, das die Gegend von Nowogorod umfasste und sich dann in sehr alten Zeiten bis zu dem Finnischen Meerbusen und dem Ladoga erstreckte. Mit der Zeit rechnete man auch einen grossen Theil des jetzigen Russlands von Jotland oder Finnland, dem Finnischen Meerbusen und der Ostsee bis nach Biarmaland hinzu. Bei der Theilung unter die Söhne des Königs Wladimir zerfiel dieses grosse Reich in folgende drei: Holmgard oder Gardareich, Palteskia und Kiänugard (Chunigard), vergl. *L. Hjs.* I, 204. Han fial i urustu austr i Karþum. 803, d. h. Er fiel im Kriege östlich in Gardir. 1307 ist undeutlich, nämlich: In + bruþiᛦ + ans + sitr a Garþum, d. h. Sein Bruder aber ist in Gardir ansässig. *Sj.* II, übersetzt *Garþum* (dat. pl.) durch Gehöfte.

Karþir 35, 461, ein Mannsname, der Umgebende, der Schützende, isl. *girda*, umgeben, *girdi*, Gerte, Weide zum Binden, *gerdi*, Zaun, *Gerdur*, die schirmende Göttin, *gardr*, Gehöft, Landgut, altschw. *gardher* (*gardhir* oder *gardhi*), Zaun, umzäunter Platz, Landgut, *gærdhe*, Acker, schw. *gård*, Hof, Gehöft, Schloss, *gärda*, umzäunen, *gärde*, Feld, dän. *gaard*, *gierde*, *v.*, *gierde*, s., goth. *gairdan*, gürten, *gards*, Haus, Familie, Geschlecht, (in Zusammensetzungen) Garten, Schloss, u. s. w., ahd. *kart* oder *karto*, Umkreis, Umzäunung, Umzäuntes, ags. *gyrdan*, *geard*, engl. *garden*, *gard*, franz. *jardin*, *χόρτος*, *hortus*, auch dass Russiche *gorod*, Burg, Stadt gehört hierher. Da im Isländischen *gera*, machen und *gerd*, Handlung heisst, so ist die Vermuthung wohl nicht so unwahrscheinlich, dass die ursprüngliche Bedeutung von *Karþir* eigentlich das Gemachte sei, vergl. *Kira*, woraus sich alle übrigen Bedeutungen herleiten lassen. Die alte Sprache hatte gewiss für viele Dinge dieselbe Benennung und nannte ein Gefäss schw. *kar*, goth. *kas*, ahd. *char*, nhd. *korb* (ein Kleid, lappl. *karwo*), ein Haus goth. *gards*, einen Zaun isl. *gerdi*, — eigentlich ein Bereitetes, ein Gemachtes, aus welcher ursprünglichen Form sich nach und nach für jeden verschiedenen Gegenstand mehr oder weniger verschiedene Formen zufällig oder absichtlich bildeten. Das Femininum von *Karþr* oder *Karþir* heisst *Kirþr* oder *Kirþur* und wird zur Bildung von Frauennamen gebraucht. *Kurþi* 67. *Kurþar* 1576 (gen.). *Kirþar* 376. *Kerþar* 213, 600, 634 (nom. und acc.). · *Kiarþa* 507, 1663 (acc.). *Kerþer* 941, 942, ein Frauenname, *Kirþiᛦ* 394. *Kiaþar* (für *Kirþar*?) 2011 (gen.). *Kar᛭ar* 141.

Karru᛭ 1748, undeutlich.

Kari 63, 404, 836, 892, 1954, ein Mannsname, isl *kari*, Wind, Gott des Windes, Mannsname, *karna*, pfeifen, heulen (vom Winde), *korra*, röcheln, ein Kind in den Schlaf singen durch das bekannte bisch! bisch! *kurr*, Geräusch, Gemurmel, Klage, *kæra*, klagen, anklagen, schw. *kåre*, ein leiser Wind, *kåra*, leise wehen, biblisch *korra*, zischen, *kära*, anklagen, dän. *kære*, klagen, sich beklagen, anklagen, goth. *kara*, Sorge, *karon*, sich kümmern, *karja*, besorgt, ahd. *cheran*, wehklagen, *chara*, Leid, *charac*, besorgt, *kara*, alts. *karon*, bejammern, ags. *caran*, sorgen, *cearian*, klagen, engl. *care*. Aus dieser Zusammenstellung geht hinlänglich hervor, dass dieses Wort den klagenden Laut des Windes ursprüng-

lich

lich bezeichnet habe, und hieraus die übrigen Bedeutungen entstanden seien. Ueber *Kare,* der bekanntlich einer der drei Söhne *Fornjoters* war, vergl. *Str.* I, 156, *L. Hj.* I, 212. *Kuriᛦ* 486. *Kar* 38, 45, 47, 729, 1192, 1571 (nom. und acc.). *Kara* 74, 262, 626 (acc.) *Kara* 211, 1053, 2021 (gen.). *Kura* 212, ein Frauenname.

Karsi 506, 515, ein Mannsname, der Barsche, Bittere (?), schw. *krasse, krisk,* herbe, dän. *karse,* ahd. *chresso,* ags. *caerse,* engl. *cresse,* nhd. *Kresse,* franz. *cresson,* wahrscheinlich das herbe, bittere Kraut.

Karl 79, 113, 115, 157, 183, 189, 357, 364, 435, 487, 515, 673, 1053, 1240, 1247, 1629, 2118, 2136, ein Mannsname, isl. *karl,* Mann, Greis, schw., dän. *karl,* ahd. *charal,* ags. *ceorl,* Mann, Bauer, Hausvater, engl. *churl,* ahd. *Kerl.* Ich glaube, dass *Karl* sich am besten mit *Kira,* s. d. W., zusammenstellen lasse, und den Machenden, Arbeitenden, also einen Mann aus der Arbeitsklasse bezeichne. Hiermit stimmt auch der Gebrauch in den alten Schwedischen Gesetzen überein, dass *Karl,* ein freier Mann aus dem Volke, und *Konung,* König, einander entgegengestellt werden. *Karli* 1557. *Kal* 582, 1278 (acc.). *Kali* 1347, 1424. *Kala* 1277, 1581.

Karlunkr 790, ein Mannsname, gebildet aus *Karl,* s. d. v. W., und der Endung — *unkr,* vergl. *R. Gr.* S. 186, *Karluk* 275 (acc.). *Kal* 582, 1278.

Karla 868 (acc. pl.), von *Karl,* s. d. W., Mann. Vergl. *Vakti.*

Kakulfr 252, ein Mannsname, *Kankulfr,* Gangwolf, zusammengesetzt aus *Kankr,* s. d. W., und *Ulfr,* s. d. W.

Kakr 752, ein Mannsname, *Kankr,* vergl. *R. Gr.* S. 159, Gang, (der Gang zur) Hülfe, isl. *gángr,* Gang, *gánga,* gehen, *géngd*, Gang, *géngi*, Gelingen, *géngi*, Hülfe, Beistand, *gagn* oder *gögn*, Nutzen, *gagna*, nützen, schw. *gång*, *gånga* und *gå*, *gagn* (für *gangn*), *gagna*, dän. *gang*, *ganger*, Fussgänger, *gaae*, alt. *gange*, *gavn*, *gavne*, goth. *gaggs*, *gaggan*, ahd. *kanc*, *kankan* und *kan*, *kankor* und *kenkio*, Gänger, ags. *gangan*, engl. *go*, der ursprüngliche Begriff ist der des weiter Bewegens. *Kak* 173 (acc.). — *Kaku* 1442 (dat. sing. ?), k a k u n i s t i ᛦ, d. h. dem Wege zu nächst.

Kakaᚦaka 1829 (gen. pl.), isl. *gagndagar*, schw. *gångdagar*, dän. *gangdage*, Processionstage, zusammengezetzt aus *Kakr*, s. d. W., und *Takr*, s. *Tak*.

Kakit 1346 (part. perf. act. ?) von *Kanka*, vergl. *Kakr*. Die ganze Inschrift ist undeutlich. *Sj.* I, 28 liest T u t i r . i A k i t, und übersetzt: starb in Acre, d. h. in der Schlacht bei dem ehemaligen Ptolomais, Acon, Acre oder S:t Jean d'Acre 1190. Vergl. *G. S. H.* 161. *Kenhin* 1705 (part. praet.), vergl. *L. R. S.* 154.

Kanviþr 1701, ein Mannsname, der erhabene Zauberer, zusammengesetzt aus *Kan*, s. *Kani*, und *Viþr*, s. *Viþur*. *Ganviþa* 1753 (gen.).

Kani 1793, ein Mannsname, der Verlockende, der Zaubrer, vergl. *Kinlauh*, isl. *gan*, (Anlocken) Zauber, *gana*, (nach der Lockspeise eilen) unvorsichtig hervorstürzen, *gandr*, das bei Zaubereien zum Reiten (*gandreid*) gebrauchte Thier (Schlange, Wolf ?). *Kana* 908 (acc.).

Kair 14, 81, 215, 1571, ein Mannsname, Speer, Krieger, isl. *geir*, Speer, Mannsname, *geira*, Frauenname, Göttin des Krieges, goth. *gais*, ahd. *ker*, ags. *gar*, steht vielleicht mit *Kira*, s. d. W., in Verbindung und heisst das ritzende Werkzeug. *Kiᛦu* 1134, 1165. *Kiᛦu* 1167. *Kiᛦa* 1398. *Keiᛦilr* 1655 (Diminutiv.). *Keiᛦa* 260. *Kairi* 571.

Kairfast 75 (acc.), ein Mannsname, *Kairfastr*, der starke Speer, zusammengesetzt aus *Kair*, s. d. W, und *Fastr*, s. *Fasti*. *Kerfist* 1002. *Kiᛣfast* 1222. *Kaiᛣfastr* 260.

Kairvi 2, ein Frauenname, die heilige Kriegerin, zusammengesetzt aus *Kair*, s. d. W., und *Vi*, s. d. W. *Kaiᛣvi* 1305.

Kairviþr 1571, ein Mannsname, Anführer im Kriege, zusammengesetzt aus *Kair*, s. d. W., und *Viþr*, s. *Viþur*.

Kairvatr 1034, ein Mannsname, der muthige Kämpfer, zusammengesetzt aus *Kair*, s. d. W., und *Vaþr*, s. d. W. *Gairvatr* 1725. *Kaiᛣvatr* 913.

Kairvaltr 1765, ein Mannsname, der mächtige Krieger, zusammengesetzt aus *Kair*, s. d. W., und *Valtr*, vergl. *Valtum*. *Keirvalr* 1738. *Gairvaltr* 1749. Isl. *geirhvalr*, eine Art Wallfisch. Ahd. *Kerwalt*, *Gerolt*.

Kaira 230 (acc. s. m.), lieb, von *Kair*, isl. *kær*, geliebt, *kæra*, Geliebte, *kærasta*, (Geliebteste) Geliebte, *kærasti*, Geliebter, *kærleikr* oder *kærleiki*, Liebe, schw. *kär*, *kärlek*, dän. *kiær*, *kiærlighed*. Man leitet dieses Wort in der Regel aus dem Lateinischen von *carus* ab, doch ist dies durchaus nicht wahrscheinlich. Ich möchte lieber annehmen, dass es eins von den vielen Ueberbleibseln aus dem Lappländischen sei. In dieser Sprache findet sich: *käres*, geliebt, *käreswuot*, Liebe, *kärot*, sich verlieben, *kärahaddet*, Liebe erregen, u. s. w., diese Wörter werden auch alle mit *e* geschrieben; *kerjotet*, sich freuen, *kerjotallet*, entzückt sein, *kerjotallem*, Entzückung, Wonne, u. s. w.; finn. *racas*, lieb, *racastan*, lieben, scheint durch Verschiebung der Consonanten entstanden zu sein, so auch lappl. *rakket*, was nur von dem Brunstleiden der Thiere gebraucht wird, wovon schw. *rackelhane* (?), *tetrao hybridus*, isl. *racki* (?), Hund, engl. *rach*. Die ursprüngliche Bedeutung ergiebt sich aus dem Lappländischen sehr leicht. — Ueberraschend ist die Zusammenstellung des schw. Wortes *kärlek* mit *Kärlekeya*, dem Namen des Gottes *Kama*, (vergl. *Die Theogonie, u. s. w. der Hindus, von dem Grafen M.* BJÖRNSTJERNA, u. s. w. Stockh. 1843. S. 94, und Anmerk. Ueber die Endung — *lek*, isl. *-leikr* oder *-leiki*, hätte übrigens *R. Gr.* S. 191 genügenden Aufschluss geben können). — Sun sin kaera, d. h. seinen lieben Sohn. *K.* 998, scheint für *kära* zu stehen. *Keran* 651 (acc. sing. m.). *Kiaᛦ* 1346, undeutlich, vergl. *Sj.* I, 28.

Kairbiurn 1309, ein Mannsname, der starke Krieger, zusammengesetzt aus *Kair*, s. d. W., und *Biurn*, s. d. W. *Kirbiorn* 665. *Kirbiarn* 402 (acc.). *Kiᛦbiarn* 421, 578 (acc.). *Kerbiarn* 399 (acc.). *Kairbiarn* 516, 839 (acc.). *Kaiᛦbiurn* 912 (acc.). *Kaiᛦbiarn* 947 (acc.).

Kairlauk 2009, ein Frauenname, die blühende Heldin, zusammengesetzt aus *Kair*, s. d. W., und *Laukr*, vergl. *þurlakr*. *Kirlik* 1166. *Kaiᛦlauk* 2009. Isl. *geirlaukr*, altschw. *geirlaukur*, ags. *garlick*, Knoblauch.

Kairlaifr 1571, ein Mannsname, Heldenabkömmling, zusammengesetzt aus *Kair*, s. d. W., und *Laifr*, s. *Fastilifs*. *Kaiᛦlifᛦ* 1025.

Kairmuntr 910, ein Mannsname, der starke Beschützer, zusammengesetzt aus *Kair*, s. d. W., und *Muntr*, s. *Munti*. *Kairmunt* 910 (acc.). *Kairmuntiᛦ* 2009. *Kairmunta* 1052 (acc.). *Kirmun* 1204 (acc.). *Kirmunr* 8. *Kirmuntr* 441. *Kirmuntar* 1934 (gen.). *Keirmunᛑs* 1846 (gen.). *Kaiᛦmunt* 66 (acc.). *Kaiᛦmunta* 264, 1052 (acc.). Ahd. *Germunt*.

Kairmar 1048, ein Mannsname, der berühmte Krieger, zusammengesetzt aus *Kair*, s. d. W., und *Mar*, s. *Vikmar*.

Kairtiarfr 637, ein Mannsname, der kühne Krieger, zusammengesetzt aus *Kair*, s. d. W., und *Tiarfr*, s. d. W.

Kas 177, ein Mannsname, der Weise, vergl. *Kauti* und *Kaus*. *Gas* 917.

Kas 450 (acc.), Hügel, isl. *kös*, Haufen, *kasa*, einen Hügel machen, schw. landschaftlich *kasa*, aufhäufen, *kas*, ein Haufen, dän. *kase*, Haufen. *Kas*, scheint eigentlich das Geronnene, Dicke zu bezeichnen, daher schw. *dyngkas*, dän. *kokase*, Kuhfladen. Hiermit stimmt auch das Lappländische überein, nämlich *kasse*, Harz, *kassa*, dick, *kassanet*, dick werden, *kasseje* oder *kassee*, Käsluppe, *kaschkos*, erstarrt, *kaschkot*, errstarren, wodurch sich ahd. *chasi* oder *chas*, engl. *cheese*, nhd. *Käse*, besser möchte erklären lassen als durch goth. *kas*, ahd. *char*, Gefäss; zumal da das isl. *ostr*, schw., dän. *ost*, Käse, ebenfalls nicht das Geformte (wie franz. *fromage* von *forme*), sondern das Geronnene bedeutet; daher isl. *ysta*, schw. *ysta*, dän. *ostes*, gerinnen.

Kaslauk 466, ein Frauenname, die blühende Weise, zusammengesetzt aus *Kaus*, s. d. W., und *Lauk*, vergl. *þurlakr*.

Katr 1272, ein Mannsname, der Frohe, isl. *katr*, froh, *katina*, ausgelassene Freude, *kæti*, Freudigkeit, altschw. *katr*, *kæti*, *kæta*, erfreuen, schw. *kåt*, geil, *kåthet* oder *kättja*, Geilheit, dän. *kaad*, froh, leichtfertig, wollüstig, *kaadhed*, vergl. *Kuþi*. Lappl. *kadwa*, *membrum genitale muliebre*, *kadwes*, unkeusch. — *Kati* 479, 2095. *Kata* 1185 (acc.).

Kati 562 (conj. praes.), von *Kata*, erfreuen, vergl. d. v. W. — M i n e t : k a t i : a t : h a n s :, d. h. Das Denkmal erfreue seinen Geist.

Kabi 729, ein Mannsname, Kämpe, isl. *kappi*, Kämpfer, Held, *kapp*, Wettstreit, *keppa*, kämpfen, schw. *kapp*, (um die) Wette, *käppas*, kämpfen, wetteifern, dän. *kap*, *kappes*. (vielleicht gehört auch *Kaper* hierher, s. *Kafri*.). Dass ahd. *champh*, ags. *camp*, nicht von lat. *campus* herzuleiten, sondern mit diesen Wörtern zusammenzustellen sei, leidet wohl weiter keinen Zweifel, zumal sich auch findet isl. *kempa*, schw. *kämpe*, dän. *kæmpe*, Kämpfer, welche Formen als Nebenformen von den obigen zu betrachten sind. — *Kaber* 1347. *Kabᛦ* 1564.

Kalfr 61, ein Mannsname, Kalb, isl. *kalfr*, Kalb, *kelfa*, kalben, schw. *kalf*, *kalfva*, dän. *kalv*, *kalve*, goth. *kalbo*, ahd. *chalp*, ags. *cealf*, *caelf*, engl. *calf*, eigentgentlich das Junge überhaupt, vergl. *Kuli*. — *Kalf* 76, 687, 188, 504, 505, 507 (acc.). *Kalfs* 499 (gen.).

Kalstaþum 667 (dat. pl.), ein Ortsname, zusammengesetzt aus (?) *Kalfr*, s. d. W., und *Staþr*, s. *Staþ*.

Kalmi 1406, ein Mannsname, der Ruhige, Gelassene, nhd. landschaftlich *Kalm*, Seestille, Windstille, *kalm*, ruhig, *kalmen*, schlummern, sich ruhig verhalten, *Kalmut*, Ruheplatz, altheidnischer Begräbnissplatz, engl. *calm*, Ruhe, Meeresstille, *calm*, ruhig, *calm*, beruhigen, u. s. w., franz. *calme*, ital. *calma*, ungewissen Ursprungs.

Kalmarnasutum 968 (dat. pl.), ein Ortsname, Hafen der Windstille, ruhiger, sicherer Hafen (?), *Kalmar-Sund*, zusammengesetzt aus *Kalm*, s. d. v. W., und *Sunt*, s. *Sunti*. Die gewöhnliche Erklärung dieses Wortes ist *Handelshafen*, von ungr. *kalmar*, Kaufmann, *kalmararu*, Handelswaare, u. s. w.; das Wort würde alsdann ursprünglich lappländisch sein. Die Inschrift dieses Runensteins hat den älteren Runenforschern viel zu schaffen gemacht, und man glaubte es werde hier von *Sodom*, u. s. w. gesprochen, vergl. *Br*. S. 191, u. f.

Kamal 166, 210, 475, 651, 781, 1305, 1444 (nom. und acc.), ein Mannsname der Alte, isl. *gamall*, schw. *gam*-

mal, dän. *gammel*, ahd. *kamal*, alt. Die Bedeutungen, welche *Schmid* und *Fulda* von *Gammel* anführen, setzen ausser allem Zweifel, dass dieses Wort mit *Kumi* zu demselben Stamme gehöre, und dass die ursprüngliche Bedeutung mit *γαμεῖν* zusammenfalle; daher auch isl. *gaman*, schw. *gamman*, dän. *gammen*, das Scherzen, Kosen, ahd. *kaman*, Freude, engl. *kame*, Spiel. — *Gamla* 1844 (gen.).

KAᛦÞSTOKUM 1251 (dat. pl.), ein Ortsname, zusammengesetz aus *Karþir*, s. d. W, und *Stuk*, s. *Stufona*.

KLUM 1465 (acc.), ein Mannsname, *Klumr*, der Brummende, isl. *glumr*, Bär, ein Mannsname, *glumr*, Geräusch, *glymia*, rauschen, *glyma*, streiten, *glym*, Streit, *glymr*, Wiederhall, *glymt*, Pochen, Trotzen, Brunst, *glamm*, Klang, *glammi*, Schwätzer, *glamra*, lärmen, *glaumr*, Lärm, ausgelassene Freude, schw. *glam*, vertrauliches Gespräch, *glama*, vertraulich sprechen, landschaftlich *glyma*, Zwist, dän. *glam*, starker Laut, *glamme*; schw. *klämta*, dän. *klemte*, stürmen, scheinen ebenfalls hierher zu gehören. Das Wort selbst ahmt den bezeichneten Laut nach.

KLOKO 1997, Glocke, isl. *klucka*, schw. *klocka*, dän. *klokke*, ags. *clugga*, engl. *clock*, u. s. w.; auch dieses Wort ahmt wie das vorige den Laut nach.

KLIFA 800 (acc.), ein Mannsname, *Klifi*, der Schwätzer, Schmeichler, schw. *klifs*, Geschwätz, Schmeicheleien, *klifsa*, schwatzen, schmeicheln, steht mit den den Schall nachahmenden Wörtern *klaffen*, *kläffen*, *kliffen* im Zusammenhange.

KLINTR 259, ein Mannsname, Bewohner des Strandes, eines Vorgebirges, schw. *klint*, Bergsspitze, dän. *klint*, Vorgebirge, Landrücken am Meeresstrande, *klit*, Sandhügel am Strande, Dünen, *klitbo*, ein Bewohner solcher Gegenden, isl. *klettr*, Felsen; vielleicht ursprünglich der gleitende Sand, Flugsand, schw. *glida*, dän. *glide*, ags. *glidan*, engl. *glide*, nhd. *gleiten*, *glitschen*, *Glitscher* oder *Glättscher*, von isl. *lida*, schw. *lida*, dän. *lide*, goth. *leiþan*, u. s. w. sich fort bewegen, gehen.

Klæþi 1692, Freude, isl. *gledi*, Freude, *glediaz*, sich freuen, *gladr*, froh, glänzend, *glædr*, glänzend, *glæda*, (glänzend machen) anzünden, schw. *glad*, munter, hell, *glädje*, Freude, dän. *glad*, *glæde*, ags. *glaed*, *gladian*, ahd. *klat*, (leicht zum Gleiten, vergl. d. v. W.) frei von Unebenheiten, glänzend, nhd. *glatt*. H a n s . s æ l . h a v i . h i m i n . g l æ þ i, d. h. Seine Seele habe Himmelsfreude.

Klackr 1207, ein Mannsname, der Felsenharte, isl. *klackr*, Felsen. *Klackr* (*Klankr*) bedeutet vielleicht der Klanggebende, wie man auch im Deutschen Klinker oder Klinkstein sagt. — *Klaki* 936. *Klaka* 1278 (gen.), 1400 (acc.).

H

H 1856, 1911, 1992, vergl. *F.* — 1856, vergl. *K.* — Ta : var : ᚼ : sunu : tahr : ok : ᛙ : prim : i : tretanᚭo : raþo. 1911, d. h. Da war *G* Sonntagsbuchstabe und XI goldene Zahl in der dreizehnten Reihe, wodurch das Jahr 1492 bezeichnet wird. In diesem Jahre waren eigentlich ᚼᚠ, d. h. *G* und *A* Sonntagsbuchstaben. *Sj.* II, 26 hat unrichtig 1397. — 1992, vergl. *K.*

Hufi 1132, 1506, ein Mannsname, der Erhabene, von der Wurzel *Haf,* sich erheben, der ich vor der Wurzel *Huf* den Vorzug gebe; isl. *haf,* Erhebung, *haf,* (das sich kugelförmig Erhebende) das Meer, *hafr,* (der sich Erhebende, Springende) der Bock, *hafnaz,* (sich erheben, anschwellen) trächtig werden, *hefia,* aufheben, *hefd,* (das Erhabene) die Würde, *hof,* (das erhabene, hohe Gebäude) Wohnung der Götter oder Tempel, Wohnung der Fürsten oder Schloss, *hofr,* (der erhabene Theil des Thierfusses) der Huf, *höfdi,* (das Erhabene) das Vorgebirge, *höfd-ingi,* (der Abkömmling eines Erhabenen) der Häuptling, *höft,* (das über Alles Erhabene) die Gottheit des Schicksals, *höfvud,* (das Erhabene) der Kopf, (die Erhebung eines Dinges) der Anfang, Ursprung, *höfdur,* (Erheber eines Dinges) Urheber, Erfinder, *hufa,* (das Erhabene) die Haube, *hæfi,* (das Erhobene, Aufgestellte) das Ziel, (und als solches) das Rechte, *hopr,* Haufen, *hoppa,* springen, schw. *haf,* Meer, *hof,* Huf, *hof,* Hof (fürstlicher), *hof,* (das Rechte) Mass, Mässigung, *huf,* Dach, *hufva,* Haube, *hufvud,* Kopf, *häfda,* schwängern, *häfva,* heben, *höfding,* Häuptling, *höft,* Hüfte, *höfva,* gehöriges Mass, *hop,* Haufen, *hoppa,* hüpfen, dän. *hav, hov, hof, hoved, hovne,* aufschwellen, *hæve, høvding, hofte, hob,* goth. *hafjan,* heben, *haubiþ,* Kopf, *heiv*, Haus, *hups*, Hüfte, ahd. *hufo*, Haufen, *hupfan* (*hufjan*), aufspringen, *hefjan*, *houpit*, *hof*, *huof* (Huf), *huf* (Hüfte), *hiwan*, sich verehlichen, ags. *hebban*, *heafod*, *hof* (Haus), *hof* (Huf), *hyp*, *hive*, Haus, Familie, *hivung*, Ehe, engl. *heave*, *head*, *hive*, u. s. w., nhd. *Hefe* (ags. *haefe*), der hebende, in Gährung bringende Stoff, gehört ebenfalls hierher. Hierher gehört auch isl. *hafrar* (plur.), schw. *hafre*, dän. *havre*, ahd. *habaro*, (ags. *ata*) engl. *haver*, nhd. *Haber* oder *Hafer*, eigentlich das in die Höhe gewachsene Kraut, wie goth. *havi*, Gras, übereinstimmend mit ahd. *haro* oder *haru*, schw. *hör*, dän. *hør*, nhd. *Haar* oder Flachs, d. h. die hohe, hehre Pflanze, vergl. *Hari*. *Hiufi* 350.

Hurfastr 798, ein Mannsname, der, welcher einen festen Wohnsitz hat, altschw. *Hirdfast*, Hausherr, zusammengesetzt aus *Hur*, Feuer, oder *Hurt*, Herd, isl. *hyr*, Feuer, *hird* oder *hyrd*, (Herd) Haus, fürstlicher Hof, *hirdmadr*, Hofmann, fürstlicher Beamter, *hirdstiori*, Hofverwalter, fürstlicher Statthalter, *hirdvist*, Aufenthalt am Hofe, u. s. w., schw. landschaftlich *hyr*, glühende Kohlen, goth. *hauri*, Kohle, *haurja*, Kohlenhaufen, isl. *hörgr* (*havrgr*), Feuerstätte, schw. *harg* oder *horg*, denn Anhöhe, Altar, ist erst eine abgeleitete Bedeutung, ahd. *her-stat*, (Feuerstätte) Herd, ags. *heord*, vergl. *Hurþir*, und *Fastr*, s. *Fasti*.

Hurvafr 784, ein Mannsname, der, welcher das Feuer anfacht oder schürt, zusammengesetzt aus *Hur*, s. d. v. W., und *Vafr*, isl. *vafi*, eigentlich das Hin- und Herschwanken, der Zweifel, *vafra*, langsam, weiter gehen. Da *vaf* Einschlag beim Weben heisst, so geht hieraus hervor, dass die ursprüngliche Bedeutung von *vafi* eigentlich das Hin- und Herrschwanken sei, und dass es also in Verbindung stehe mit isl. *vefa*, weben, schw. *väfva*, *vef*, Kurbel, *vefva*, mit einer Kurbel umdrehen, *vefta*, hin- und herbewegen, dän. *væve*, *vift*, eine leise Bewegung der Luft, *vifte*, vom Winde hin- und herbewegt werden, goth. *veiban*, weben, *vaibjan*, winden, ahd. *weipon*, schweben, *wifan*, *wepan*, hin- und herschweben, weben, ags. *vefan*, engl. *weave*, holl. *weifeln*, wanken, nhd. *weben*, *Weife* (Winde), *weifen* (winden); *Webel* (ahd. *weipel*, eigentlich wohl der Hin- und Hergehende, der Diener), *Weibel* (ahd. *wibil*, ags. *vifel* oder *vefel*, engl. *wevil*, schw. *vifvel*, eigentlich das Hin- und Herkriechende Thier), der Wurm.

Hurþir 1954 (pl.), Thürflügel, oder das, was die Thüröffnung, *þour*, s. d. W., verschliesst, isl. *hurd*, goth. *haurds*, ahd. *hurt*, ags. *hyrdel*, nhd. *Hürde*. Es ist nicht wahrscheinlich, dass die ursprüngliche Bedeutung dieses Wortes Reisholz, Holzgeflecht sei, sondern viel glaublicher, dass dasselbe eigentlich Schutz bedeute und mit *Hur*, Feuer, vergl. *Hurfastr*, im Zusammenhange stehe. Sollte man auch die Anbetung und Verehrung des Feuers bei den alten Skandinaviern in Zweifel ziehen wollen, so ist doch gewiss, dass demselben eine reinigende, schützende Kraft beigelegt wurde, und dass man durch Räuchern und Herumtragen des Feuers oder Anzünden grosser Feuer die bösen Geister verscheuchte und sich dadurch vor ihren Anfechtungen schützte. Ist dem so, dann sind auch die Bedeutungen von folgenden Wörtern deutlich, nämlich isl. *hird* oder *hyrd*, Schutz, Wache, *hirda*, beschützen, bewachen, *hiörd*, (das Beschützte) die Heerde, *Hirdingi*, Beschützer, Hirt, *hirdr*, sicher, u. s. w., schw. *herde*, Hirte, *hjord*, Heerde, dän. *hyrde*, *hiord*, goth. *hairdeis*, *hairda*, ahd. *hirti*, *herta*, ags. *heard*, *hiord*, *hird*, engl. *herd*. Hierher möchten wir auch rechnen *Hort* (goth. *huzd*, isl. *hödd*), ahd. *hort*, ags. *hort*, engl. *hoard*, Schirm,

Schutz, Schatz, welches wie *Horte* und *Horde* als Nebenform zu betrachten ist.

Hurms 1050 (gen.), ein Mannsname, für *Kurmr*, s. *Kurmᛦ*.

Huka 817, 1011 (nom. und acc.), ein Mannsname, *Huki*, der Muthige, isl. *hugr*, das Gemüth, *huga*, denken, bedenken, wofür sorgen, *hugadr*, muthig, *hugd* oder *hugda*, Brust, Herz, Liebe, *hugga*, trösten, *hugnaz*, zu Willen sein, *hugsa*, erwägen, *hugsvala*, trösten, *hyggia*, meinen, *hyggilegr*, bedächtig, klug, *hyggindi*, Weisheit, *hygla*, einen schonend behandeln, schw. *hug* oder *hog*, Sinn, Neigung, *hugad*, geneigt, *hugna*, erfreuen, *hugsa*, erdenken, *hugsvala*, trösten, *hyggas*, liebkosen, *hygglig*, angenehm, dän. *hu* oder *hug*, Sinn, Gemüth, *hygge*, Trost, Freude, *hyggelig*, angenehm, goth. *hugs*, Sinn, Verstand, *hugjan*, denken, meinen, ahd. *hugu* oder *hugi*, *Huko* oder *Hugo*, alts. *hugi*, *huggian*, ags. *hogi*, *hogian*. Es ist viel wahrscheinlicher, dass die ursprüngliche Bedeutung von *Huki*, Wehen, *Hauch* sei (den Laut des leisen Wehens nachahmend) und also zur Bezeichnung des Geistigen, Denkenden im Menschen gebraucht worden, als dass es sich auf die *hockende* Stellung beziehe. Sollten beide Wörter *Hukr*, Geist, und *huki*, Hocke, zusammengehören, so ist es viel glaublicher, dass hocken (die Stellung eines Nachdenkenden haben) die abgeleitete Bedeutung sei.

Hukbiarn 362, ein Mannsname, *Hukbiurn*, der äusserst Muthige, zusammengesetzt aus *Hukr*, s. *Huka*, und *Biurn*, s. d. W.

Huht 1644, undeutlich, vielleicht für *hukt*, in einen Hügel gelegt oder beerdigt, isl. *heygdr*, vergl. *Hauk*. Vergl. *Br*. S. 233, *L*. & *B*. XXIX.

Hununt 1028 (acc.), ein Mannsname, *Hununtr*, Riesenfreund, zusammengesetzt aus *Huni*, und *Untr*, s. *Uni*.

Ahd. *hun*, der Riese, mhd. *hiune*, nhd. *Hüne*, (ostfrs. *Hünenkleid*, westph. *Hennekleid*, Todtenhemd, sächs. *Heunbürgin*, Leichenfrau, scheinen für die Bedeutung des Wortes nichts zu beweisen und erst aus *Hünengrab* entstandene, spätere Bedeutungen zu sein), kommt in vielen Namen vor, z. B. goth. *Hunimund*, ahd. *Hunfrid*, wand. *Huneric*.

Hunviþ 1433 (acc.), ein Mannsnamne, *Hunviþr*, Riesenanführer, zusammengesetzt aus *Huni*, s. d. v. W., und *Viþr*, s. *Viþur*.

Hunifraᛦ 260, ein Mannsname, *Hunifrair* (?), der Hünenfürst, zusammengesetzt aus *Huni*, vergl. *Hununt*, und *Frair*, vergl. *Fraikaiᛦ*.

Huntraþ 1764, 1985, hundert, isl. *hundrad*, schw. *hundrade* oder *hundra*, dän. *hundrede* oder *hundred*, goth. *hund*, ahd. *hunt*, ags. *hund*, alts. *hundered*, engl. *hundred*. Das Wort *hundari*, welches gleichbedeutend ist mit *härad*, ist nach *Ihre* zusammengesetzt aus *Hund*- und *red*, Ausrüstung, vergl. *Raþa*. *Hunt* dagegen ist offenbar eine allgemeine Benennung für eine grössere Anzahl und gehört wahrscheinlich mit dem Worte *Huni*, s. *Hununt*, zu derselben Wurzel. Daher findet sich auch isl. *hundradskadi*, grosser Schaden, *hundradsbot*, vollkommener Schadenersatz, *hundvis*, vielwissend, klug, *hundingi*, Anführer einer Schaar (von hundert), alts. *hunno*. — *Hunþraþ* 1705, 1763. *Hunaraþ* 1740. *Hunᚧra* 1705. Auf den Runensteinen kommt dieses Wort nur in Jahreszahlen vor. — Vergl. *Hirauþi*.

Huikulfr 928, ein Mannsname, *Kuikulfr*, der sehr Lebhafte, zusammengesetzt aus *Kuikr*, s. *Kuik*, und *Ulfr*, s. d. W.

Huikaiᛦ 190 (acc.), ein Mannsname, *Kuikkair*, der muntere Krieger, vergl. *Ukuþ*, zusammengesetzt aus *Kuikr*, s. *Kuik*, und *Kair*, s d. W.

Huithaufþa 258 (acc.), ein Mannsname, *Huithaufþi*, der Weissgehäuptete, zusammengesetzt aus *Hvitr*, s. d. f. W., und *Haufþi*, s. d. W.

Huitavaþum 252, 452, 215, u. s. w., zusammengesetzt aus *Hvitr* und *Vaþir*, vergl. *Vaþum*; isl. *hvitr*, schw. *hvit*, dän. *hvid*, goth. *weits*, ahd. *hviz*, ags. *hvit*, engl. *white*, nhd. *weiss*, vergl. *Vet. Fita* 118, für *Hvita*. *Hoita* 326, für *Hvita*. *Fiti* 53, ein Mannnsname, für *Hviti*, der Weisse. *Oitr* 1620, für *Hvitr* (?).

Huilr 1834 (praes. sing.), isl. *hvila*, ruhen, *hvilas*, ausruhen, schw. *hvila*, dän. *hvile*, goth. *weila*, Weile, Zeit, Stunde, *weilan*, weilen, aufhören, ahd. *huila* oder *wila*, ags. *hvil*, engl. *while*, holl. *wijl*, bedeutet Dauer im Allgemeinen, dann Zeitdaur und endlich Ruhe. Die Herleitung ist ungewiss. — *Hvilir* 1652, 1654, 1775, u. s. w. *Hviler* 1842. *Hvilis* 1696, 1707, 1709, u. s. w. *Hviliᛦ* 1727. *Hvilas* 1693, 1775, 1776, u. s. w. *Vilir* 1927. *Vilis* 1716. *Vilas* 1714. *Huᛦlir* 1653. Dieses Wort kommt nur auf sogenannten Leichensteinen vor.

Huaru 396, für *Varu*, vergl. d. W., oder *Faru*, vergl. *Fara*. þiᛦ . hvaru . hut . til . Kirika ., d. h. Sie waren (fuhren) aus nach Griechenland.

Huakr 1350, ein Mannsname, *Vakr*, s. *Vakra*, der Hurtige.

Huat 953, für *Vad* (?) Geldbusse, vergl. *Vaþum*, oder (part. praet.) von isl. *votta*, bezeugen, durch Zeugen billigen. Auk . sum . hvat . vaᛦ . þat ., d. h. Und als Bussse war es, oder: Und wie es von Zeugen gebilligt war. Vergl. *L. R.* S. 129, *Sj.* I, 29 und *Santiaᛦ*.

Hualf 1411, 1638, 1639, u. s. w., isl. *hvel*, eine Halbkugel, *hvelfa*, wölben, *hvelfing*, Gewölbe, schw. *hvälfva*, *hvalf*, dän *hvælve*, *hvælving*, goth. *valvjan*, wälzen, ahd. *wal*, Wölbung, Wall, mhd. *welben*, wölben, *wel*, gerundet, ags. *hvalfjan*, *hvalf*. Dieses Wort scheint mit wellen, isl. *vella*, schw. *uppvälla*, dän. *vælde*, ahd. *wellan* oder *wallan*, ags. *veallan*, sich kugel- oder wellenförmig erheben, vergl. *Ulir*, und mit wälzen, isl. *vellta*, schw. *välta*, dän. *vælte*, goth. *valtjan*, ags. *vealtian* zu derselben Wurzel zu gehören. — Auf den Runensteinen, bedeutet *hvalf* eine gewölbte Grabbedeckung, die mit dem Deckel eines Sarges (goth. *wilflri*) Aehnlichkeit hat, oder auch einen ebenen Leichenstein. Litu . raisa . stain . þina . auk . hvalf . 1411, d. h. Liessen diesen Stein und (dieses) Gewölbe errichten. Læt : gæra : hvalf : þænna : 1639, d. h. Liess dieses Gewölbe machen. *Oalf* 1837, þvaþ ⁝ gaþi ⁝ oalf ⁝, d. h. þ. machte das Gewölbe.

Hus 1919, 2023, isl., schw., dän., goth., ahd. und ags. *hus*, engl. *house*, holl. *huys*, nhd. *Haus*. Es ist zu vermuthen, dass die ursprüngliche Bedeutung dieses Wortes sei, das Bedeckende, Schirmende, Schützende, und dass es in Verbindung stehe mit isl. *hattr*, Hut, *hud*, Haut, *hydi*, Höhle eines Thieres, schw. *hatt*, *hud*, *hide* (*ide*), *hydda*, Hütte, dän. *hat*, *hud*, *hie*, *hytte*, *hytte*, hüten, ahd. *huot*, *hut*, *hutta*, *huotan*, ags. *hod*, *hud*, *hutti*, *hyda*, engl. *hat*, *hide*, *hut*.

Husfraua 1724, Hausfrau, zusammengesetzt aus *Hus*, s. d. v. W., und *Fraua*, vergl. *Fraikai*ᛣ, isl. *hussfreya*, altschw. *husfrua* (*husfrugha* oder *husfruha*). *Husfüra* 1785, für *Husfrua*. *Husfru* 1764. *Husfroua* 1725, 1789. *Husfrou* 1771. *Husfroia* 1747.

Huskarl 497, Hausgenosse, zusammengesetzt aus *Hus*, s. d. W., und *Karl*, s. d. W, isl. *husskarl*. Hausgenosse, Arbeiter. Mit dieser Benennung wird eine Person bezeichnet, welche zu den Hausgenossen gehört, ohne Sklave zu sein. Diese Hausgenossen waren also freie Diener, die ihrem Hausherrn entweder beim Ackerbaue halfen, oder auch mit ihm in den Krieg zogen, vergl. *St.* I, 544. Asur × vaᛦ × huskarl × hans +, d. h. A. war sein Hausgenosse. *Huskarla* 802 (gen. pl. ?). *Huskarlaᛦ* 802 (nom. pl.).

Huskarl 265, 432, ein Mannsname, s. d. v. W. — *Huskarlsa* 265 (gen.).

Hustru 1748, schw. *hustru,* Ehefrau, Gattin, zusammengesetzt aus *Hus,* s. d. W., und *Tru* (?), isl. *tru,* Treue, Glauben, *trua,* glauben, schw. *tro, s., tro,* v., dän. *tro, troe,* goth. *trauan, triggva,* Bündniss, ahd. *triuwa, truan* oder *trouwan, triuwan* (ehlich verbinden), ags. *trua, truva* oder *treove, truvjan* oder *treovjan, treovða,* Bündniss (franz. *trêve,* mittell. *treuga,* Bund, Waffenstillstand), engl. *true,* u. s. w. Vergl. *Trük.* Man pflegt anzunehmen, dass der Grundbegriff dieses Wortes *fest* sei, und das hierher gehöre isl. *tre,* Holz, Baum, schw. *trä, träd,* dän. *træ,* ahd. *triu,* ags. *treov* oder *treo.* — *Hustrun* 1700, 1856 (mit dem best. Art.).

Husbonᚽe 1789, Hausherr, Gatte, isl. *husbondi,* schw., dän. *husbonde,* ags. *husbonda,* engl. *husband,* zusammengesetzt aus *Hus,* s. d. W., und *Buanti,* s. *Buanta.*

Husbiorn 325, ein Mannsname, *Husbiurn,* Hausbär, zusammengesetzt aus *Hus,* s. d. W., und *Biurn,* s. d. W.

Hut 101, 396 (adverb.), für *Ut,* aus, vergl. *Utrunkum* und *Ur.* — Sum . for . til . kirkha . hut . 101, d. h. Welcher ausfuhr nach Griechenland. þiᛦ . hvaru . hut . til . . kirika . 396, d. h. Sie waren aus nach Griechenland.

Huta 453 (acc.), ein Mannsname, für *Kauti* (?), s. d. W.

Hulfr

Hulfr 585, ein Mannsname, für *Ulfr* (?), s d. W. *Hulfi* 1151.

Huliatr 4, ein Mannsname, der Holdgesinnte (?), zusammengesetzt aus (?) *Hulr*, s. d. f. W., und *latr*, s. *Kuþiati.*

Hulan 1442 (acc. sing. m.), von *Hulr*, isl. *hollr*, hold, *hylli*, Gunst, *hylla*, günstig sein, *huldufolk*, Berggeister, *helldr*, lieber, *halla*, neigen, *hallr*, Neigung, *hallr*, geneigt, *hallar ad einum*, einem gewogen sein, *hella*, (etwas geneigt halten) ausgiessen, schw. *huld*, hold, *hylla*, huldigen, *heller*, lieber, *häll*, eine abschüssige Klippe, *hälla*, ein Gefäss neigen, ausgiessen, dän. *huld*, hold, *Hulder*, Berg- oder Waldgeister, *hyld*, Gunst, *hylde*, huldigen, *heller*, lieber, *helde*, Neigung, Abschüssigkeit, *helde*, neigen, ausgiessen, goth. *hulþs*, günstig, *unhulþo*, Unhold, Dämon, *hilþan*, sich neigen, hold sein, *haldis*, lieber, ahd. *huldi*, *hold*, *halda*, Halde, *helden*, sich neigen, ags. *heald*, abschüssig, u. s. w. Der Grundbegriff dieses Wortes ist also sich zu einem neigen, ihm gewogen sein; daher auch ahd. *Holda*, die Geneigte, die Holde, die Göttin des Hauswesens und Ackerbaues. — Saᛦ : hulan : trutin :, d. h. Der *Herr* sei ihm gnädig. *Hulan* scheint hier als Apposition von *Tuka* (acc., regiert von *iftiᛦ*) genommen zu sein; vergl. *Br.* S. 196, und *Ebbe Sam. Bring*, *Prolusiones antiquariae*, Pag. 38 u. 44.

Hulta 616 (acc.), ein Mannsname, *Hulti*, der Holde, s. d. v. W.

Hultrikr 588, ein Mannsname, der an Huld Reiche, zusammengesetzt aus *Hult*, s. *Hulan*, und *Rikr*, s. d. W.

Hulᚼangium 1751 (dat. pl.), ein Ortsname, zusammengesetzt aus *Hult*, und *Aunkr*, s. *Utrunkum*; isl. *holt*, ein Wald, ein steiniger Hügel, schw. *hult*, dän. *holt*, ahd. *holz*, Waldgebirge, ags. *holt*, engl. *holt*. Vielleicht ist die ursprüngliche Bedeutung *Anhöhe*, und dann würde dieses Wort mit *Hulr*, vergl. *Hulan*, im Zusammenhange stehen.

Hulli 1636, Decke, Gewölbe; isl. *hul* oder *hulda*, Decke, *hylia*, bedecken, verbergen, *hold*, (das Bedeckende) das Fleisch, *hyldgaz*, fett werden, schw. *hölja*, bedecken, *hölsa*, (das Bedeckende) die Hülse, *hölster*, Scheide, Holfter, *hull*, innere Haut, Fleisch, Fett, dän. *hylle*, bedecken, *hyllike* oder *høllike*, Kopfbedeckung, *hylster*, Holfter, *huld*, Fleisch, goth. *huljan*, verhüllen, *hulistr*, Schleier, ahd. *huljan*, ags. *helan*, engl. *hele*, nhd. *hüllen*, *hehlen*, u. s. w. — Lat : gæra : hulli, und auf der anderen Seite mit angelsächsischer Schrift: Let : gera : hvalf :, d. h. Liess dass Gewölbe machen.

Hulbiurn 115, ein Mannsname, der wohlbeleibte Bär, zusammengesetzt aus *Hull*, s. d. v. W., Feistigkeit, und *Biurn*, s. d. W.; oder auch für *Hulmbiurn*, zusammengesetzt aus *Hulmi*, s. d. W., und *Biurn*, s. d. W. *Hulbiorn* 109 (acc.). *Holbiarn* 242.

Hulmfriþ 19, 21, 85, 246, 370, 864 (nom.), ein Frauenname, Inselschirmerin, zusammengesetzt aus *Hulmi*, s. d. W, und *Friþr*, s. *Friþi*. *Hulmfriþi* 375. *Hulmfriþaᛦ* 689 (gen.). *Hulfriþ* 95, vergl. *Hulbiurn*. *Ulmfriþ* 524. *Ulmfris* 386. *Holmfriþ* 452.

Hulmfriᛦ 651, ein Frauenname (?), zusammengesetzt aus *Hulmi*, s. d. W., und *Frir*, vergl. *Raknfriᛦ*.

Hulmfastr 424, 585, 799, ein Mannsname, Inselfest, zusammengesetzt aus *Hulmi*, s. d. W., und *Fastr*, s. *Fasti*. *Hulmfast* 96, 676, 788 (acc.). *Hulmfastar* 628 (gen.). *Hulfastr* 1, 517, 748, 797, 890. *Hulfast* 219, 982,

1580 (acc. und nom.), vergl. *Hulbiurn*. *Ulmfastr* 524. *Hulmnfastr* 77. *Hiulmfastr* 649. *Hiulmfast* 671.

Hulmviþr 628, 980, ein Mannsname, Inselbaum, zusammengesetzt aus *Hulmi*, s. d. W., und *Viþr*, s. *Viþur*. *Almviþr* 825. *Amvit* 968 (?).

Hulmkut 474 (acc.), ein Mannsname, *Hulmkauti*, der weise Inselbewohner, zusammengesetzt aus *Hulmi*, s. d. W., und *Kauti*, s. d. W. *Hulmkoatr* 1005. *Almkaut* 881 (acc.).

Hulmkair 71, ein Mannsname, Inselspeer, zusammengesetzt aus *Hulmi*, s. d. W., und *Kair*, s. d. W. *Hulmkr* 758. *Hulmkir* 493. *Hulmkiᛦ* 96. *Hulmkirs* 80, 984 (gen.). *Hulmkaiᛦ* 80, 361, 474, 769, 914, 977. *Ulmkir* 285. *Ulmkaᛦ* 948.

Hulmkirþr 344, ein Frauenname, die Inselbeschirmerin, zusammengesetzt aus *Hulmi*, s. d. W., und *Kirþr*, s. *Karþir*.

Hulmkarþi 865 (dat. sing.), vergl. *Karþum*. Der Theil Russlands, welcher in Süden am alten Hunaland und Biarmaland lag, hiess Holmgård, vergl. Id. IV, 84. — Han fial i Hulmkarþi, d. h. Er blieb (in einer Schlacht) in Holmgård.

Hulmi 388, 554, 628, 1236, ein Mannsname, Inselbewohner oder Zweikämpfer, isl. *hólmi*, Insel, *hólmr*, Kampfplatz, *gánga á hólm*, den Kampfplatz betreten, *holmgánga*, Zweikampf, schw., dän. *holm*, altschw. *holmbr* oder *holme*, ein umzäunter Platz, alts. *holme*, Kampfplatz. Die Ableitung ist ungewiss. *Hulma* 522, 657 (acc.). *Ulmi* 502. *Ulmo* 1014 (acc.). *Ulmu* 1038 (acc.), ein Frauenname, *Ulma* für *Hulma*. *Hulmi* 780 (dat. sing.), eine Ortsbenennung.

Hulmstain 381, 850, 860, 862, 887, 938, ein Mannsname, Inselstein, zusammengesetzt aus *Hulmi*, s. d. W., und

Stain, s. d. W. — *Hulmstin* 21, 27, 380, 392, 641, 722, 723. *Hulmstein* 1194. *Hlmstain* 388. *Ulmstin* 1168. *Holmsten* 100.

Hulmtis 70, 434, ein Frauenname, die Inseljungfrau, zusammengesetzt aus *Hulmi*, s. d. W., und *Tisa*, s. d. W. *Hulmtisa* 393 (acc.). *Hulmntis* 433, 434, 439.

Hulmlauk 14, ein Frauenname, Inzelzierde, zusammengesetzt aus *Hulmi*, s. d. W., und *Lauk*, vergl. *þurlakr*. *Hulmlaukaᛦ* 992 (gen.). *Hulmnlauk* 731, 1452. *Holmlauh* 452, vergl. *Fulkir*.

Humbiurn 231, ein Mannsname für *Hulmbiurn*, zusammengesetzt aus *Hulmi*, s. d. W., und *Biurn*, s. d. W.

Hoviþ 62, ein Mannsname *Huviþ*, Haupt, vergl. *Hufi*.

Horm 1438, ein Mannsname, für *Kurmr*, vergl. *Kurmᛦ*.

Hosalukuþsumuþir 211, steht für Hos salu uk kuþs muþir, vergl *Ukuþ*.

Hruþa 531, 1233 (gen.), ein Mannsname, *Hruþi*, der Ruhmvolle, isl. *hródr*, Ruhm, *hrós*, Lob, Ruhm, *hrósa*, loben, schw. *ros*, *rosa*, dän. *roes*, *rose*, goth. *hroþ*, ahd. *hruod*, ags. *hroð*, altfr. *chroth*. Die ursprüngliche Bedeutung ist *Ruf*.

Hrurikr 547, ein Mannsname, *Hruþrikr*, der an Ruhm Reiche, zusammengesetzt aus *Hruþr*, s. d. v. W., und *Rikr*, s. d. W. *Hruᛦikr* 1096.

Hruar 1329, ein Mannsname, der Ruhmvolle, vergl. *Rui*.

Hrulf 730 (acc.), ein Mannsname, *Hruþulfr*, der sehr Berühmte, zusammengesetzt aus *Hruþr*, s. *Hruþa*, und *Ulfr*, s. d. W.; isl. *hrólfr*, mächtig, *Hrolfr*, ein Mannsname. *Ruþilfaᛦ* 756. *Ruulf* 2044. *Hriþulfs* 1062 (gen.). *Raulf* 1251. Ahd. *Hruodolf*, ags. *Hroðvulf*.

Hrulauhar 1028 (gen.), ein Frauenname, *Hruþlauk*, die berühmte Zierde des Geschlechts, zusammengesetzt aus *Hruþr*, vergl. *Hruþa*, und *Laukr*, vergl. *þurlakr*.

Hrumuntr 710, ein Mannsname, *Hruþmuntr*, s. *Munti*, ruhmvoller Beschützer.

Hriþar 1338 (acc.), ein Mannsname, der Stürmische, der Kämpfer, isl. *hrid*, Schneegestöber, Angriff, Schlacht, *orrahrid*, ein heftiger Angriff, in welchem Worte *orra* verstärkend ist, vergl. *Urustu*, da die Ableitung von dem Namen des berühmten Norwegischen Helden *Orri* höchst unwahrscheinlich ist. Der Grundbegriff dieses Wortes scheint Bewegung zu sein, vergl. *Riþu*, daher Schnee, wie Regen von regen, vergl. *Rakli*, Anlauf, Schlacht. Im Lappländischen findet sich *riddet*, sich vordrängen, *ridhak*, kühn, *riddo*, Bergsturz, Schneesturz oder Lawine, *ridne*, Schnee auf Bäumen.

Hrikariki 1596 (dat.), ein Landschaftsname, für *Hrinkariki*, vergl. *Rikr*.

Hrafn 260, ein Mannsname. Rabe, isl. *hrafn*, Rabe, räuberisch wie ein Rabe, *hraffi*, Räuber, Mannsname, schw. ist dieses Wort verloren gegangen und *korp* (von *corvus*) aufgenommen, dän. *ravn*, ahd. *hraban*, ags. *hraefn*, engl. *raven*, ist die Benennung des Vogels nach seinem Geschrei, von der Wurzel *hra*, rufen. Altschw. *ramn*, ahd. *hram*, ags. *hremn*, sind als Nebenformen zu betrachten. — *Hrafns* 1654 (gen.). *Rafn* 1418. *Rhafnuka* 1540, 1541. *Rafnuka* 1541, ein Mannsname, der, welcher listig ist wie ein Rabe, vergl. *Nuka*.

Hrafnkᛦ 1714, ein Mannsname, *Hrafnkair*, Rabenspeer, zusammengesetzt aus *Hrafn*, s. d. W., und *Kair*, s. d. W.

Hrakli 1363, ein Mannsname, der Schwankende, isl. *rafa*, herumschweifen, schw. *ragla*, wanken, dän. *rave* oder *ragle*. Verwandt hiermit sind, mhd., nhd. *regen*, sich bewegen, goth *rign*, ahd. *rekan*, ags. *hregn* oder *regn*, altfr. *rein*, engl. *rain*, so auch isl., schw., dän. *regn*, (das sich Bewegende) der Regen, und isl. *hragla,* regnen; vergl. *Hriþar.*

Hraisku 1264, undeutlich, vergl. *Raisa,* und *L.* & *B.* III.

Hrabi 1458, ein Mannsname, Rabe, vergl. *Hrafn.*

Hifni 870 (dat. sing.), alts. *heban,* ags. *heofon,* engl. *heaven,* (das Erhabene) der Himmel, vergl. *Hufi* und *Himinriki.* — Jan vas : unt hifni bistr, d. h. Er war unter dem Himmel der beste.

Hifiᛦ 171, für *Ufir,* s. d. W.

Hifan 424 (acc. sing. m.), von *hifr,* sich erhebend, muthig, kraftvoll, vergl. *Hufi,* schw. landschaftlich *häf* oder *häfver,* beschäftigt, auf sich vertrauend, kühn, hochmüthig, Trink hifan, d. h. einen muthigen Burschen.

Hifton 39, ein Mannsname, der muthige kraftvolle Mann, zusammengesetzt aus *Hifr,* s. *Hifan,* und *Tan,* s. d. W.

Hiþi 1507 (dat. sing.), vergl. *Finhiþi.*

Hiþin 966, 1274, ein Mannsname, der zum Volke Gehörende, der Heide; isl. *heid,* Volk, *heidingi,* einer aus dem Volke, ein Heide, *heidinn,* heidnisch, altschw. *hedhin,* Heide, schw. *hedning, hednisk,* dän. *hedning, heden, hedensk,* goth. *haidus,* Art und Weise, *haiþno,* Heidin, ahd. *heit,* wahrscheinlich Person, *heidan,* der Heide, *heidanisc,* heidnisch, ags. *had, haeðan,* vergl. ebenfalls das v. W. Dieses Wort scheint also zum Grundbegriffe zu haben Art und Weise, Volk, und in dieser Hinsicht ganz mit ἔθνος und ἐθνικός (goth. *þiuda*), ἐθνικῶς (goth. *þiudisko*), übereinzustimmen. — *Hiþinn* 1631. *Haþin* 1078. *Iþin* 59 (acc.). — *Iþinvi* 455, 474, ein Frauenname, Zuflucht der Heiden. — *Iþintora* 1050, ein Frauenname, die dem Thor geweihete Heidin. — Vergl. *Heiþ.*

Hiþinfast 139, 542, 753 (acc.), ein Mannsname, *Hiþinfastr,* dem Volke oder dem Heidenthume treu Ergebener, zusammengesetzt aus *Hiþin*, s. d. W., und *Fastr*, s. *Fasti*.

Hiþinkair 48, ein Mannsname, Speer des Volkes oder Heidenthumes, zusammengesetzt aus *Hiþin*, s. d. W., und *Kair*, s. d. W. *Hiþinkar* 46.

Hiþintis 724, ein Frauenname, die Maid des Volkes oder Heidenthumes, zusammengesetzt aus *Hiþin*, s. d. W., und *Tisa*, s. d. W. *Haþintisi* 788.

Hiþinbiarn 243, ein Mannsname, *Hiþinbiurn*, Volksbär, zusammengesetzt aus *Hiþin*, s. d. W., und *Biurn*, s. d. W.

Hiorvarþur 50, ein Mannsname, *Hiurvaurþr*, Schwertwärter, zusammengesetzt aus *Hiur*, isl. *hiör*, Schwert, goth. *hairus*, alts *heru*, ags. *heor*, fränk. *cheru*, scheint ursprünglich Stoss bedeutet zu haben, und im Zusammenhange zu stehen mit ags. *hyrt*, verletzt, engl. *hurt*, verletzen, *hurtle*, anprallen, altfr. *behourd*, Lanzenstoss, franz. *heurter*, *hurter* (im Salischen Gesetzte *hortare*), stossen, mlt. *behordium*, Lanzenturnier, *hurdicium*, Mauerbrecher. — *Hiorvarþ* 49.

Hion 135, 333, 1283, isl. *hiu*, *hiun* oder *hion*, Hausgenossenschaft, Ehegatten, ist eine neuere Bedeutung, altschw. *hion*, Hausgenossenschaft, Eheleute, schw. *hjon*, besonders in Zusammensetzungen, z. B. *fattighjon*, Armenhäusler, *tjenstehjon*, Dienstbote, *hjonlag*, Ehe. Wenn dieses Wort nicht aus dem Lappländischen stammt von *sjun*, Knecht, Magd, *sjunestet*, Diener sein, so ist es viel wahrscheinlicher, dass es mit goth. *heiv*, Haus, Familie, ahd. *hiuwan* oder *hiwan*, heirathen, vergl. *Hufi*, zusammenhänge, als mit isl. *hiá*, bei, neben. — F u l u - h i : u k : A c k u n : þ a u n : h i o n : l i t u : h a k v a : s t a i n . e f t i ᛦ : s i k k u i k : b a þ i . 135, d. h. Die Ehegatten F. und A. liessen sich, beide (noch) lebend, diesen Stein metzen. Auch in den beiden anderen Inschriften kommt dieses Wort mit þ*aun* vor.

Herfriþ 1306, ein Mannsname, *Hairfriþr*, Heereschutz, zusammengesetzt aus *Hair*, s. *Hairfos*, und *Friþr*, s. *Friþi*.

Hirvarþ 1121, ein Mannsname, *Hairvaurþr*, Heerwärter, zusammengesetzt aus *Hair*, s. *Hairfos*, und *Vaurþr*, s. d. W.; vergl. auch *Hiorvarþ*.

Hirulfᛦ 1539, ein Mannsname, *Hairulfr*, Heerwolf, zusammengesetzt aus *Hair*, s. *Hairfos*, und *Ulfr*, s. d. W. — *Heriulfᛦ* 992.

Hiriaᛦ 260, ein Mannsname, Verwüster, vergl. *Hairfos*.

Hirauþi 999 (dat.), isl. *herad*, schw. *härad*, dän. *herred*, vergl. *Huntraþ*. Nach der hier vorkommenden Form scheint dieses Wort am wahrscheinlichsten aus *Hair*, s. *Hairfos*, und *Auþr*, s. *Auþvatr*, zusammengesetzt zu sein, und eine Strecke Landes zu bezeichnen, welche einem Kriegsheere zum Wohnplatze angewiesen ist. Ueber die historische Bedeutung des Wortes vergl. *Cr.* S. 250, *Str.* I, 510 und 569. — × Sten hafir × riton × þon × stonta × mo × Bali i hirauþi × üftir + bruþur ., d. h. Bali hat dem Bruder den Stein geritzt; er möge im Gaue stehen. Vergl. *L. R.* S. 83.

Hirsi 870, ein Mannsname, Heerführer, isl. *hersir*, Feldherr, zusammengesetzt aus *Hair*, s. *Hairfos*, und *Siri*, s. *Sir*, verl. *Jarl. Harsᛦ* 1078.

Herbiurn 993 (acc), ein Mannsname, *Hairbiurn*, Heerbär, zusammengesetzt aus *Hair*, s. *Hairfos*, und *Biurn*, s. d. W. — *Hirbiarn* 557. *Hiᛦbiarn* 1234.

Hirluf 1597, ein Mannsname, *Hairlufr*, Heerespreis oder Heerlieb, zusammengesetzt aus *Hair*, s. *Hairfos*, und *Lufr*, s. *Lufobri*. — *Harlaif* 551.

Hikulfr 998, ein Mannsname, *Hukulfr*, der muthige Wolf, zusammengesetzt aus *Huki*, vergl. *Huka*, und *Ulfr*, s. d. W.

Hikifastr 935, ein Mannsname, *Hukfastr*, der festen Muth hat, zusammengesetzt aus *Huki*, s. *Huka*, und *Fastr*, s. *Fasti*.

Hikaiᛦ 1575, ein Mannsname, *Hukkair*, vergl. *Ukuþ*, der muthige Speer, zusammengesetzt aus *Huki*, s. d. W., und *Kair*, s. d. W.

Hikat 2233 (adverb.), isl. *hingat*, altschw. *higat*, *hingat*, *hængat*, hierher, zusammengesetzt aus *Hin*, s. d. W., wie *hinc* von *hic*, ahd. *hina*, und *at*, nach einem Orte hin, das sich nur in den beiden Wörtern *hingat*, hierhin und *þangat*, dorthin findet. Ueber *Hikat* für *Hinkat*, vergl. *Furuki*.

Hin 1421, 1499, 1590 (pronom. und artik.), isl. *hinn* (*hin*, *hit*), altschw. *hin*, dän. *hiin*, jener, dieser, der, goth. *his*, *hina* (acc.), *hita* (neut.), ahd. *hina* (adverb.), nhd. *hin*, *heute*. — Hin : Skarba : 1421 (acc. sing.), d. h. den Strengen. Hin : kuþa : 1499, d. h. den guten. Hin hilgi 1590, d. h. der heilige. *Hinom* 1966 (dat. sing. m.), Hinom . helga . Ulaf ., d. h. dem heiligen Olof. *Hinna* 1810 (acc. sing.), Lit gera : stain : hinna, d. h. liess diesen Stein machen. *Hini* 1779 (dat. sing. f.), þa niautir : baþr : hini : büna, d. h. da geniessen beide von diesem Gebete. Vergl. *L. R.* S. 151. *Heni* 1208, für *Hina*, Raisti : stein : heni, d. h. errichtete diesen Stein. *Hina* 1780 (acc. sing. f.), Lit : kiara : hina : stan, d. h. liess diesen Stein machen. *Hins* 1323, 1506, 1921 (gen. sing. m.), Hins : fulkþu : 1323, d. h. das Begleiteten oder Anführers, Hins raþsbaka . 1506, d. h. des tapferen. *Hisan* 1731 (acc. sing.),

Lit : gera : stain : hisan, d. h. liess diesen Stein machen. *Hissan* 1766 (acc. sing.), Lit . kiara . stain . hissan, d. h. liess diesen Stein machen. Diese beiden letzten Formen scheinen für *þisan* zu stehen. *Ein* 1619.

Heiþ 1579, ein Frauenname, ahd. *heit*, oder *heido*, alts. *heit*, ags. *had*, die Person, vergl. *Hiþin*. Da indessen dieses Wort auch als Name einer Zauberin vorkommt (vergl. *Tegnérs Frs.* 10.), so lässt sich vermuthen, dass dasselbe in Verbindung stehe mit isl. *heita* (vergl. *Hit*), anrufen, ein Gelübde ablegen, *heit*, Gelübde, Drohung, *heitan*, Drohungen, *heitaz*, einem mit dem grössten Unglücke drohen. Richtiger dürfte es jedoch sein anzunehmen, dass dies zwei verschiedene Wörter seien.

Heilþur 1889 (adverb.?), lieber (?), vergl. *Hulan*, und *þrelkur*.

Heimsens 878 (gen. sing. mit Art), von *Heimr* die Welt, isl. *heimr*, Welt, Haus, *heimar* (plur.), Landschaften, *heimi*, das eigene Haus, *heim*, nach Hause, *heima*, zu Hause, *heiman*, von Hause, schw. *hem*, das eigene Haus, *hem*, nach Hause, *hemma*, zu Hause, *hemman*, Grundstücke eines Bauern, dän. *hiem*, *s.*, *hiem*, *adv.*, *hiemme*, goth. *haims*, Flecken, *haim-oþli*, Feld, ahd. *heima*, Heimath, *heim*, nach Hause, alts. *hem*, ags. *ham*, engl. *home*. Die ursprüngliche Bedeutung dieses Wortes scheint das Obere, Bedeckende, Behausende zu sein, vergl. *Himinriki*. — Var farin viþu um alfur heimsens, d. h. war weit in der Welt herumgefahren.

Hiar 697, 907, 1305, u. s. w. (adv.), hier, isl. *hér*, schw. *här*, dän. *her*, goth. *her*, ahd. *hiar*, engl. *here*, nhd. *her*, *hier*. Es ist wahrscheinlicher, dass dieses Wort von dem Pronomen *Hin*, s. d. W., abstamme, wie im Lat. *hîc* von *hic*, als von einer Wurzel *hi*, die liegen bedeutet. — Hiar . maa . stanta . 697, d. h. Hier möge stehen.

Hi 485, H i + m u n + l i g i a + , d. h. Hier möge liegen. *Hir* 749, 1689, H i r : l i k r : 1689, d. h. Hier liegt. *Her* 1503, 1629, 1652, u. s. w., H e r h v i l i r 1652, d. h. Hier ruhet. *Hier* 692, 1571, 1696, H i e r . m a n . s t a n t a . 692, d. h. Hier möge stehen. *Hia* 494, undeutlich. *Ha* 1835. *Har* 1631, 1707, 1833, u. s. w. *Er* 1716, 1979. *Jear* 1714. *Iar* 607.

HIALFAST 27, ein Mannsname, für *Hialmfastr* (?), Helmfest, zusammengesetzt aus *Hialmr*, s. *Hialmᛦ*, und *Fastr*, s. *Fasti*.

HIALBI 2, 14, 16, 23, u. s. w. (conj. präs.), von *Hialba*, isl. *hialpa*, schw. *hjelpa*, dän *hielpe*, goth. *hilpan*, ahd. *helfan*, ags. *helpan*, engl. *help*, nhd. *helfen*, die Ableitung ungewiss. — K u þ h i a l b i o t 2, d. h. Gott helfe dem Geiste. K u þ h i a l b i s i l u × 14, d. h. Gott helfe der Seele. K u þ . h i a l b i . a n t . 24, d. h. Gott helfe dem Geiste. *Hialpi* 1436. *Hialbin* 351, ein Zusammenziehung für *Hialbi han*, d. h. Helfe ihm, s. *R. Spr.* S. 14. *Hialbin* 418, 1592, für *Hialbi*. G u þ h i a l b i n × s i a l u × a n s . 418, d. h. Gott helfe seiner Seele. *Hulbi* 197, 1034, 1050. *Ulbi* 439. K u þ . u l b i . a i þ a ᛦ . h a a r l i . d. h. Gott helfe euch kräftig. *Hiulbi* 1116. *Hielbi* 71, 712, 770, u. s. w. *Hiabi* 207. *Hiapi* 1609. *Hialubi* 707. *Hialb* 874, 1479. *Hialp* 1513. *Hialmbi* 861. *Helb* 208, 1916. *Hilbi* 162, 430, 713, u. s. w. *Helbi* 847, 1021. *Hab* 1480 für *Hialbi*. *Iulbi* 1058, für *Hiulbi*. *Ialibi* 708. *Ialb* 587. *Ialbi* 235, 292, 312, u. s. w. *Ialba* 1020, für *Hialbi*. *Ialbin* 371, für *Hialbin*. *Ilubi* 1045. *Eliba* 1773. *Ilbi* 415, für *Hialbi*. *Ihlbi* 61, 485, 489, u. s. w., für *Hialbi*.

HIALMKER 222, ein Mannsname, *Hialmkair*, Helmspeer, zusammengesetzt aus *Hialmr*, s. *Hialmᛦ*, und *Kair*, s. d. W.

Hialmtis 774, ein Frauenname, die Helmmaid, zusammengesetzt aus *Hialmr*, s. *Hialm*ᛦ, und *Tisa*, s. d. W.

Hialmᛦ 1342, ein Mannsname, Helm, Schirm, Schutz, isl. *hialmr* oder *helmr*, Helm, schw. *hjelm*, dän. *hielm*, goth. *hilms*, ahd. *helm*, ags., engl. *helm*. Die ursprüngliche Bedeutung dieses Wortes ist, Bedeckung, Schirmbedeckung des Kopfes, von isl. *hilma*, bedecken, *hilman* oder *hilming*, Bedeckung, *hilmir*, Beschützer, König, und steht mit *Hulia*, vergl. *Hulli*, im Zusammenhange. *Hialmbr* 851.

Hit 8, 192, 220, u. s. w. (sing. imperf.), von *Haita*, isl. *heita*, schw. *heta*, dän. *hedde*, goth. *haitan*, ahd. *heizan*, ags. *hadan*, nhd *heissen*. Die ursprüngliche Bedeutung dieses Wortes ist ohne Zweifel erregen, entflammen, antreiben, befehlen, zurufen, daher auch isl. *heita*, (heftig erregen), warm machen, *heitr*, glühend, zornig, *hiti* oder *hita*, Hitze, *heid*, (strahlend, glänzend wie Feuer) heiteres Wetter, *heidmenn*, (Glanzmänner) königliche Trabanten, *heidr*, klar, *heidr*, (das Klarsein, Glänzendsein) Ehre, *haddr*, die glänzende Blume, das (goldglänzende) Haar der Frauen, ein goldener (glänzender) Schmuck, *hatr*, (Aufregung des Gemüths) Hass, u. s. w., schw. *het*, heiss, hitzig, *heder*, Ehre, *hat*, Hass, dän. *hed*, *hæder*, *had*, goth. *hais*, Fackel, *bi-hait*, Streit, *hatis*, Zorn, *heito*, (Hitze) Fieber, *hazjan*, loben, *hazeins*, Lob, aber ahd. *heren*, gehört nicht hierher, vergl. *Hari*. ahd. *heizan*, heiss machen, *heitar*, hell, klar, *haz*, Hass, *heist*, aufgeregt, heftig, erzürnt, *hizza*, heftige Erregung, Hitze, ags. *hat*, heiss, *hate*, Hitze, Heftigkeit, *hatian*, im Hitze sein, heissen, hassen, *hatan*, heissen, befehlen, *hader*, Glanz, u. s. w. — *Het* 1971. *Ait* 624, für *Hit*. *Haitir* 1594 (sing. praes). *Hæto* 1631 (plur. imperf.).

Hilf 1182, ein Frauenname, Hülfe, vergl. *Hialbi*.

Helfitr 1307, ein Mannsname für *Hailvitr* (?), der seinen vollen Verstand hat, zusammengesetzt aus *Hailr*, s. *Hilà*, und *Vitr*, s. d. W. — *Sj.* II, 58, übersetzt dieses Wort durch Halbbruder.

Hila 1856 (acc. sing.), isl. *heill*, unverletzt, gesund, schw. *hel*, dän. *heel*, goth. *hails*, ahd. *heil*, ags. *hal*, engl. *hail*, *whole*; die Ableitung ist schwierig. Vergl. d. f. W.

Hilagr 1410, heiliger, für *Hailakr*, isl. *heilagr* oder *helgr*, heilig (*heili*, Gehirn), *heill*, Heil, *heilsa*, Gesundheit, *heilsa*, grüssen (*heilla*, Menschen durch Zauberei fortschaffen), schw. *helig*, *hell*, *helsa*, dän. *hellig*, *held*, *helsen*, *hilse*, (goth. *veihs*, heilig), ahd. *heilac*, ags. *halig*, engl. *holy*. Diesem Worte liegt ganz gewiss der Begriff *hailr*, vergl. *Hila*, unverletzt zum Grunde, und da Alles, was den Göttern geweiht oder geopfert wurde unverletzt sein musste, so entstand hieraus der Begriff *heilig*. Unwahrscheinlicher ist, dass (wie *Id.* IX, 94 behauptet wird) dieses Wort in Verbindung stehe mit isl. *hel* oder *helia*, Tod, Todesgöttin, vergl. *Hail*, *helviti*, Todesstrafe, Hölle, schw. *hel*, *helvete*, dän. *hel*, *helvede*, goth. *halja*, ahd. *hella*, alts. *hellia*, ags., engl. *hell*, nhd. *Hölle*, was wohl schwerlich gleichbedeutend ist mit Höhle, denn isl. *hall* (z. B. *Vall-hall*) oder *höll*, Saal, Schloss, *hellir*, eine Felsenhöhle, schw. *hal*, ein bedeckter Platz, Kaufhalle, dän. *hal* oder *haller*, Saal, Schloss, ahd. *halla*, Hof, ags. *heal*, engl. *hall*, franz. *halles*, nhd. *Halle*, gehören nicht hierher, sondern zu *Halr*, Fels, s. *Hal*, und bedeuten ursprünglich Felsenhöhle. Wahrscheinlich gehören aber goth. *alhs*, ahd., alts. *alsh*, ags. *alh*, Tempel, hierher. Da isl. *heilla* Menschen durch Zauberei fortrauben heisst, so lässt sich vermuthen, dass *Hel* die Menschenholende bedeute und abzuleiten sei von ahd. *halon*, nhd. *holen*, nehmen. — *Heilhi* 861. *Hialgi* 731, ein Mannsname, der Heilige, *Hilu̇ki* 351. *Helki* 890. *Hilgi* 1590. *Hilka* 1158 (acc.). *Helka* 208, 1116, 1406 (acc.). *Helga* 1966. *Helhu* 1696. *Helha* 588 (acc.). *Helgun* 1587, ein Frauenname. *Halki* 349, 937, 1223. *Halka* 386, 1835.

Hiltulfᛦ 1492, ein Mannsname, tapferer Krieger, zusammengesetzt aus *Hiltr*, isl. *hilldur*, Feldschlacht, Göttin des Krieges, *hilldingr*, Abkomme der *Hilldur*, kriegerisch, König, ahd. *hiltea* oder *hilta*, Schlacht, ags. *hilde* Schlacht; die Ableitung ist schwierig. — *Hiltulf* 1825.

Himþaki 1440. Ueber die Bedeutung dieses Wortes sind die Ansichten verschieden, man lese hierüber nach *Prolusiones antiquariae*, etc. *Ebbe Sam. Bring.* Lund 1827. Ich halte dafür, dass dieses Wort zusammengesetzt ist aus *Haimr*, s. *Heimsens*, und *þegi*, Empfänger, vergl. *Take*, und eine Person bezeichne, die mit einer anderen Haus und Hof gemeinschaftlich besitzt; eine Sitte, welche im Alterthume nicht selten war. — : Osbiurn : him : þaki : Tuka :, d. h. Osbiurn Tuki's Compagnon. *Himþiki* 1441. Ian : saᛦ : vas : him : þiki : Tuka :, d. h. Welcher Tuki's Compagnon war. *Himþigi* 1548. Himþigi × Svins ×, d. h. Svin's Compagnon.

Himinriki 1410 (dat.), Himmelreich, zusammengesetzt aus *Himin* und *Riki*, s. *Rikr*. Isl. *himin*, schw. *himmel*, dän. *himmel*, goth. *himins*, ahd *himil*, altfr. *himul* (alts. *heban*, ags. *heofon*, engl. *heaven*, vergl. *Hifni*), nhd. *Himmel*. Es ist wohl gewiss, dass, wie isl., schw., dän. und ags. *sky*, das Bedeckende, vergl. *Skuli*, der Luftkreis, die Wolken heisst, so auch die ursprüngliche Bedeutung von *Himin*, Decke sei. Dies bestätigen auch folgende Zusammenstellungen: isl. *hams*, (das Bedeckende) die Haut, die äussere Gestalt, *hamr*, die abgezogene Haut, *hamdir*, in (eine abgezogene Haut) einen Harnisch gekleidet, *hem*, abgezogene Haut, grosser Sack, *hemill*, (Bedeckung) Bewachung, Aufsicht, *hemingr*, (der Geharnischte) der Krieger, Sieger, *hempa*, Mantel, *himna*, feine Haut, schw. *hamn*, Schemen, *hemul*, Gewährleistung, *hinna*, dünne Haut, dän. *ham*, äussere Bedeckung, Haut, äussere Gestalt, *hiemmel*, Verpflichtung, *hinde*, feine Haut, goth. *ham*, Haut, Hülle, *anahamon*, anziehen, ahd. *gund-hamo*, Kriegsbedeckung, Panzer, *hemidi*, Körperbedeckung, alts. *guðhamo*, ags. *hama*, nhd. *Hemd*, fränk. *cham*, franz. *chemise*. *Himiriki* 1685. *Himis* 1978 (gen. sing.) von *Himin*. Vergl. *Heimsens*.

Himinkr 408, 557, ein Mannsname, Krieger, Sieger, Friedensstifter, isl. *heminger* (von *hem*, vergl. d. v. W.), das Leder von den Schenkeln eines Pferdes, der Name eines Mannes, Sieger, Friedensstifter, oder der Häusliche von *Haimr*, s. *Heimsens*, und der Endung — *inkr*, vergl. *R. Gr.* 185. *Hemik* 507, 554, vergl. *Furuki*. *Himikr* 656. *Hemik*ᛦ 225. *Henmihkr* 650. *Hamink* 1374. *Amikr* 37. *Nminkr* 154, ᚾᛘᛁᚾᚴᚱ ist wahrscheinlich verritzt für ᚼᛘᛁᚾᚴᚱ.

Haf 220, 987, das Meer, isl., schw. *haf*, dän. *hav*, eigentlich das Erhabene, vergl. *Hufi*. — A n . k r i k . h a f . 220, d. h. im Griechischen Meer. T r u k n a þ i : i E k l a n s : h a f : 987, d. h. Ertrank in Englands Meer.

Hafir 999 (sing. praes.), von *Hafa*, isl. *hafa*, schw. *hafva*, dän. *have*, goth. *haban*, ahd. *han* und *hapen*, ags. *habban*, holl. *hebben*, engl. *have*, lat. *habere*, nhd. *haben*. Die Wurzel *Haf*, vergl. *Hufi*, zeigt ohne Zweifel ein Aufgehäuftsein, Gesammeltsein, Besitzen an, und lässt weniger den Begriff des Umfassens zu. Man pflegt in der Regel ahd. *hapuh*, ags. *hafuc*, engl. *hawk*, isl. *haukr*, schw. *hök*, dän. *høg*, vergl. *Haukr*, mit *haben* zusammenzustellen und durch *Fasser* zu erklären, und vielleicht mit Recht. Auffallend ist es jedoch, dass dieser Vogel im Lappländischen *hapak* oder *hapke* und *hauka* heisst, welches *Würger* bedeutet; denn es findet sich im Lappländischen *hapket* und *hapketet*, erwürgen, *hapketem*, das Erwürgen, und ebenso *hauket*, *hauketet* in derselben Bedeutung. Vergleicht man hiermit, dass z. B. der Neuntödter, *Würger* genannt wird, so möchte man fast auf die Vermuthung kommen, dass die eigentliche Bedeutung von *Habicht* nicht *Fasser*, sondern *Würger* sei. — *Hafr* 1751. *Hifir* 714. *Hafi* (conj. praes.), vergl. *Sj.* II, 29. *Hafþi* 860, 962, 979 (imperf. sing.). *Hofþi* 1339, undeutlich, vergl. *Br.* S. 248. *Haver* 1724.

Haufþi 900, ein Mannsname, der Gehelmte, vergl. *Hufi.*

Haufþink 1050, *Haufþinkr* oder *Haufþinki*, isl. *höfdingi*, schw. *höfding*, dän. *høvding*, Häuptling, vergl. *Hufi.*

Haursi 303, 1550, ein Mannsname, der Hurtige, isl. *hors* oder *hross*, eigentlich Stute, dann überhaupt Pferd, *hryssa*, eine Stute, altschw. *örs*, *hors*, *hyrsa*, eine Stute, schw. landschaftlich *hors*, Stute, Pferd, dän. *hors* oder *ros*, ein Pferd, ahd. *hros*, (da rossen nach dem Hengste verlangen heisst, wahrscheinlich so viel als Stute), Pferd, ags. *hors*, engl. *horse*, nhd. *Ross*. Die gewöhnliche Ableitung ist von der Wurzel *Hru*, laufen, vergl. *Vaska*; die ursprüngliche Bedeutung, Stute, d. h. das läufische, nach dem Hengste verlangende Thier, wiederspricht eigentlich dieser Ableitung nicht. — *Haursa* 305 (acc.). *Aursa* 349 (acc.).

Haurt 206, für *Utur*, vergl. *Ur.*

Hauk 411, 654, 1468, u. s. w. (acc.), von *Haukr*, isl. *haugr*, Hügel, Grabhügel, *heygia*, beerdigen, nach alter heidnischer Art, *heygdr*, ein so Beerdigter, schw. *hög*, Hügel, *hög*, hoch, dän. *høi*, *s*, *høi*, *adj.*, goth. *hauhs*,

hoch,

hoch, *hauhei*, Höhe, ahd. *hoh*, *huk*, alts. *hauc*, u. s. w. vergl. *Hari*. — Karþi . hauk . þonsi . 1968, d. h. Machte diesen Hügel. *Hauki* 1533 (dat.). *Huk* 2044 (acc.). *Huki* 1323 (dat.).

Haukui 1346, unbestimmt, vergl. *Sj*. I, 28.

Haukr 815, ein Mannsname, Habicht, vergl. *Hafir*. Man stellt in der Regel mit diesem Worte isl. *hökunott* zusammen, vergl. *Str*. II, 429, und erklärt es durch Habichtsnacht mit Bezugnahme darauf, dass z. B. bei den Aegytern der Habicht der Sonne geheiligt war. *Biørn Haldorsens* Erklärung, dass dieses Wort die äusserste Nacht bezeichne und der erste Theil der Zusammensetzung von *haki*, das Aeusserste eines Dinges, komme, ist viel einfacher und wahrscheinlicher. — *Hauka* 1197 (acc.). *Haukar* 84 (gen.).

Harvarþr 1325, ein Mannsname, der erhabene Wärter, zusammengesetzt aus *Har*, s. *Hari*, und *Varþr*, s. *Vaurþr*. *Havarþ* 927. *Hehvat* 1696.

Harulf 1288 (acc.), ein Mannsname, *Harulfr*, der erhabene Wolf, zusammengesetzt aus *Har*, s. *Hari*, und *Ulfr*, s. d. W. — *Haulf* 824.

Harþuᛦ 1082, ein Mannsname, *Harþr*, der Harte, isl. *hardr*, schw. *hård*, dän. *haard*, goth. *hardus*, ahd. *hart*, ags. *heard*, engl. *hard*, nhd. *hart*. Dieses Wort hatte auch die Bedeutung von *kühn*, franz. *hardi*, ital. *ardito*, und kommt sehr häufig in Eigennamen als Verstärkung vor, vergl. d. f. W. Die ursprüngliche Bedeutung der Wurzel *Harr* (?) scheint fest zu sein, daher *harren*, (fest sein, dauern) warten, *harschen*, (hart werden) verharschen, *harsten*, hart machen, u. s. w. — *Harþaᛦ* 329, 1600 (gen.).

Harþa 643, 1179, 1252, 1351, 1353, u. s. w. (adv.), dient zur Verstärkung, vergl. d. v. W., isl. *hardla*, tapfer, sehr, schw. *hardt*, sehr, ganz, *hardt vid ändan*, (ganz am Ende) nahe, *hardt när*, sehr nahe, ags. *hardo*, sehr, engl. *hardly*, holl. *hardt*, vergl. *Sj.* I, 140, wo angeführt wird, dass *Verelius harþa kuþan* (den sehr guten) durch "der harte Gott oder Odin" erklärt. — Harþa × kuþan × trik, d. h. Sehr guten Burschen. *Harþan* 1491. Harþan . kuþan : þiakn : (miuk . kuþan . þikn . 1356), d. h. Sehr guten Ehrenmann. *Arþi* 902. Han : austarla : arþi : barþi :, d. h. Er kämpfte im Osten tapfer. *Arþa* 1145. Trinkr : arþa : kuþr, d. h. Ein sehr guter Bursche. *Id.* IX, 354 heisst es unter Anderem: Das Wort *arþa* kommt ganz in derselben Bedeutung im Persischen vor, Herodot führt nämlich an, dass *Xerxes* tapfer und *Arta-Xerxes sehr* tapfer bedeute.

Hari 1240, ein Mannsname, der Hehre, isl. *hár*, *há*, *hátt*, hoch, erhaben, schw. *hög*, dän. *høi*, goth. *hauhs*, ahd. *hoh*, ags. *hea* oder *heah*, engl. *high*, nhd. *hoch*, *hoher*. Der Grundbegriff dieses Wortes scheint das Hohe, das Oberste, das Bedeckende zu sein; daher isl. *há*, (das in die Höhe Gewachsene) das Gras, (schw. *hö*, dän. *hø*, nhd. *Heu*, gehören wahrscheinlich ebenfalls hierher, isl. *hey*, scheint eine wieder eingewanderte Form zu sein, die Ableitung von *hauen* ist unwahrscheinlich), goth. *havi*, Gras, ahd. *hawi* oder *houwi*, altfr. *ha*, ags. *heg*; isl. *hár*, schw. *hår*, dän. *haar*, ahd. *har*, ags. *haer*, engl. *hair*, nhd. *Haar*; schw. *hör*, dän. *hør*, ahd. *haru* oder *haro*, nhd. *Haar*, *m.* (wie isl. *há*, das in die Höhe Gewachsene, oder auch das dem Haare Aehnliche) der Flachs. Auch steht das nhd. *hehr*, ahd. *her*, alts. *her*, berühmt, *heri*, Ruhm, *heron*, *herjan*, rühmen, ags.

herian, dem isl. *hár* näher, als dem goth. *hais*, Fackel, vergl. *Hit*, und bedeutet wohl eher erhaben, als leuchtend. *Har* 2031. *Hiᛦ* 1159. *Heru* 1221, 1240 (acc.). *Herᛦa* 1116 (acc.).

Hari 220 (dat. sing.), isl. *her*, die Menge, die Kriegsschaar, *herian*, der Krieger, *heria*, mit Krieg überziehen, verheeren, *hermadr*, Krieger, *hernadr*, Krieg, *hernam*, Beute, *hertugi* oder *hertogi*, Anführer eines Heeres, *herbergi*, Herberge (hier hat *her* die Bedeutung von Menge), schw. *här*, *härja*, *härnad*, *hertig*, *herberge*, dän. *hær*, *hærje*, *hertug*, *herberg* oder *herberge*, goth. *harjis*, ahd. *heri*, *heriman*, *herzoho*, *heriperga*, ags. *here*, nhd. *Heer*, die ursprüngliche Bedeutung dieses Wortes ist also Menge, vielleicht die zusammengerufene Menge, vergl. *Haraltr*. — Sturþi : hari, d. h. Lenkte, führte an das Heer (?).

Hariulf 783, ein Mannsname, *Hariulfr*, Heerwolf (ahd. *Heriolf*, long. *Ariulf*), zusammengesetzt aus *Hari*, s. d. W., und *Ulfr*, s. d. W.

Hæristaþum 1184 (dat. pl.), ein Ortsname, zusammengesetzt aus *Hari*, s. d. W., und *Staþr*, s. *Staþ*. *Harvistam* 658. *Hirvistam* 746.

Hara 1786, Herr, isl. *hari* oder *harri*, der Erhabene, der Held, der König, jetzt der Herr, *herra* oder *herradr*, Herr, schw. *herre*, dän. *herre* (goth. *frauja*), ahd. *herro*, alts. *herro*, ags. *hera*, lat. *herus*, ist als Comparativus von *Har*, s. *Hari*, zu betrachten, und wird in der älteren Sprache von Königen, Bischöfen und Rittern gebraucht; *Sira*, s. d. W., dagegen nur von Geistlichen, vergl. *R. Gr.* S. 224. Im Indischen findet sich ebenfalls *hari* oder *heri* in der Bedeutung von Herr, vergl. *Id.* VI, 41. *Hera* 1739 (gen.), 1791 (acc.).

Haraltr 1537, ein Mannsname, Herold, zusammengesetzt aus *hara*, rufen, von welchem bei *Ottfried* noch *haren* in dieser Bedeutung vorkommt, ahd. *haram*, Wehklage, Harm, und *Altr*, s. d. W., (goth. *merjands*), mittellat. *heraldus*, ital. *oraldo*, franz. *herault* oder *heraut*, engl. *herald*. — *Haralta* 1639. *Haraltᛦ* 1229.

Harstens 1215 (gen.), ein Mannsname, *Haristain*, Heerstein, zusammengesetzt aus *Hari*, s. d. W., und *Stain*, s. d. W.

Harᛏstain 85, ein Mannsname, Hartstein, zusammengesetzt aus *Harþr*, s. *Harþuᛦ*, und *Stain*, s. d. W.

Hakun 83, 333, 601, 713, 1075, 1076, 1277, 1423 (nom. und acc.), ein Mannsname, *Hakunr*, der hehre Krieger (?), zusammengesetzt aus (?) *Har*, s. *Hari*, und *Kunr*, s. *Kuni*. *Hakunaᛦ* 312, 1241 (gen.). *Hokun* 605. *Okinisun* 1647. Der ahd. Eigenname *Hakano* wird durch der Dornige erklärt, von isl. *hagi*, schw. *hage*, dän. *have* (*hauge*), ahd. *hac*, ags. *heag*, nhd. *Hag* (von der Wurzel *Ha*, umfassen), dann Zaun, Hecke, Dorn. — *Akun* 846, 752, für *Hakum*.

Hakunu 357, ein Ortsname, jetzt *Åkerö*, zusammengesetzt aus *Hakunr*, s. *Hakun*, und *U*, s. d. W.

Haka 1240 (gen.), ein Mannsname, *Haki*, isl. *hákr*, ein heftiger Mann; vergl. d. f. W.

Haka 1477, 1701, 1721, u. s. w. (infin.), isl. *höggva*, hauen, *hiacka* oder *jacka*, hacken, schw. *hugga*, *hacka*, dän. *hugge*, *hakke*, ahd. *houwan*, *hacchen*, ags. *heavan*, *haccan*, engl. *hew*, *hack*, franz. *hacher*. Die ursprüngliche Bedeutung scheint erheben zu sein, vergl. *Hufi* und *Hari*. Hacken ist natürlich das Frequentativ von hauen. — S t a i n i n : h a k a : þ i n a . 1721, d. h. Diesen Stein metzen. *Haga* 1748 (infin.). *Hakva* 69, 112, 390, 1559, u. s. w. — L i t u × h a k v a 69, d. h. Liessen metzen,

Lit hakva stain 112, d. h. Liess den Stein metzen. Lit hakva × ili × þisa × 390, d. h. Liess dieses Felsstück metzen. Let hakva kuml 1559, d. h. Liess dieses Denkmal metzen. *Hukva* 734, 1447, 1448, u. s. w. (infin.). þaiᛦ litiu hukva merki 734, d. h. Sie liessen ein Denkmal metzen. Lit : hukva : runaᛦ : þisi 1448, d. h. Liess diese Runen metzen. *Haukva* 662, 1091 (infin.). *Hak* 869, 1945 (sing imperf.). Kirk þusvi hak 1945, d. h. Diese Kirche metzte. *Hiu* 70, 93, 215 (sing. imperf.). Osmuntr hiu 70, d. h. O. metzte. *Hiuk* 377, 460, 626, u. s. w. (sing. imperf.). *Hiok* 171, 174, 820, u. s. w. (sing. imperf.). *Hik* 996 (sing. imperf.). *Hiau* 1540 (sing. imperf.). *Hiak* 132, 159, 170, u. s. w. (sing. imperf.). *Hieku* 49 (plur. imperf.). *Hiaku* 894 (plur. imperf.). *Hauku* 1474 (plur. imperf.). *Hauka* 888, vergl. *Sj.* II, 60. *Viki* 1489. þur . viki . þisi . runaᛦ ., d. h. Thor metzte diese Runen. Man fand diesen Runenstein 1786 und übersetzte diese Stelle: Thor (der Gott) weihe diese Runen. Indessen unter allen bekannten Runensteinen hat man keinen entdecken können, der selbst von seinem heidnischen Alter zeugte. Vergl. *Sj.* I, 31, *L. R.* 211 und *F. M. S.* 43. *Juk* 40, 64, 200, u. s. w. für *Hiuk*. *Juku* 206, 366 für *Hiuku*. *Jogu* 149, für *Hiuku*. *Ik* 450. *Ig* 734, für *Hiuk*. *Jak* 107, 370, 474, u. s. w. für *Hiak*. *Juh* 1026, für *Hiuk*. *Auk* 68, 603, 806, für *Hauk*. *Akva* 143, 270, 292, u. s. w., für *Hakva*. *Akvat* 1952 (part. perf. act.) für *Hakvat*. *Aka* 12, für *Haka*. *Ahkva* 652, 658, für *Hakva*.

Hahvaltr 1791, ein Mannsname, der hohe Mächtige, zusammengesetzt aus *Har*, s. *Hari*, und *Valtr*, s. *Valtum*. *Hokvaltr* 1727.

Hahhibū 1780, ein Ortsname, *Haukabu*, altschw. *Höghabyr* (so nannte man nämlich solche Dörfer, bei denen sich Hünengräber fanden), zusammengesetzt aus *Haukr*, s. *Hauk*, und *Bu*, s. d. W.

Hahal 1780, Benennung der Rune ᚼ, dient hier zur Bezeichnung des Sonntagsbuchstabens, vergl *Untrmaþr*.

Han 31, 121, 206, u. s. w. Personalpron. der dritten Person, er; isl. *hann*, *m.*, *han*, *f.*, er, sie, *hani*, Hahn *hæna*, Huhn, *hæns*, plur. Hähne und Hühner, schw. *han*, *hon*, *hanne* (Männchen), *hane* (Hahn), *höna*, *höns* (früher plur., jetzt sing. neut.) Huhn, dän. *han*, *hun*, *hane*, *høne*, *høns* (plur. Hähne und Hühner), goth. *hana*, Hahn, *hansa*, Schaar, Menge, ahd. *hans*, *henna*, *hansa*, ags. *he*, *hana*, engl. *he*, *hen*, *hans*. Vergl. *Hin* und *Ir*. Es ist viel wahrscheinlicher, dass sich *Hani*, das männliche Thier im Allgemeinen, welche Bedeutung *hanne* auch im Schwedischen noch hat, z. B. *hjorthanne*, ein männlicher Hirsch, aus *han*, er, gebildet habe, als dass es von einer Wurzel *han*, singen, lat. *can-ere*, abstamme und Sänger bedeute. Die ursprüngliche Bedeutung von *Han* ist schwierig; es ist aber nicht unglaublich, dass sich ursprünglich neben *hann* noch ein *ann* gefunden habe. Sollte dem so sein, so würde man von *Han* annehmen können, dass es anfänglich nur zählend oder unterscheidend gebraucht sei, wie man ja auch von *þu*, du, annimmt, es bedeute ursprünglich *zwei*. Als Belege würden alsdann anzuführen sein isl. *annar*, zweiter, anderer, schw. *annan* (*annor*), *den andra*, der zweite, dän. *anden*, goth. *anþar*, ahd. *andar*, alts. *athar*, ags. *oþer*, engl. *other*. — Han × vaᛦ × faþir × 31, d. h. Er war Vater. Han . vaᛦ . trabin . 121, d. h. Er war getödtet. — *Han* 208, 1233, 1592 (acc. sing. masc.), isl. *hann*, schw. *honom*, dän. *ham*, ags. *hine*, engl. *him*.

— Sasur : trab : han : 208, d. h. S. erschlug ihn. Halgi : lagþi : han : 1233, d. h. H. legte ihn. Han : siku : Blakumen : 1592, d. h. Ihn überlisteten Aethiopier (?). — *Hanum* 1779 (dat. sing. masc.), isl. *honum*, schw. *honom*, dän. *ham*, ags. *him*. Fürir : hanum :, d. h. Für ihn. — *Hans* 16, 20, 22, u. s. w. (gen. sing. masc.), isl., schw., dän. *hans*, ags. *his*. — Kuþ . hialbi . ant . hans . 22, d. h. Gott helfe seinem Geiste. *Hansa* 645, für *Hans*. Kuþ hialbi ont × hansa . d. h. Gott helfe seinem Geiste. *Hantaᛦ* 1429, 1430, für *Hans*. × Osburn × sati × stain × þansi × aftiᛦ × Tuma × sun × kunu × hantaᛦ × d. h. O. setzte seiner Schwiegertochter T. diesen Stein. *On* 378, 415, 469, u. s. w., für *Han*. þian × on krþi . 378, d. h. Als er handelte. On biuk 415, d. h. Er wohnte. *Onum* 485, für *Hanum*, vergl. *Furkufi*. *Ons* 378, 415, 421, u. s. w., für *Hans*. Kuþ : ialbi ons . ot . 421, d. h. Gott helfe seinem Geiste. *On* 265 für *Han*, ist hier als Artikel vor einem Eigennamen gebraucht, vergl. *R. Gr.* S. 123. *Hon* 508, 525, 527, u. s. w., für *Han*. Aftiᛦ Vinoman sun sin hon varþ tauþr i Buhi . 527, d. h. Ihrem Sohne V., er starb in B. *Honis* 1069, für *Hans*. Abtiᛦ : Uta : faþur sin : kuþ hialbi salu honis, d. h. Seinem Vater U., Gott helfe seiner Seele. *Hons* 29, 76, 90, u. s. w., für *Hans*. Kuþ . hialbi . onta . hons × 29, d. h. Gott helfe seinem Geiste. *Hos* 117, 242, 490, für *Hans*. Albi ont hos 117, d. h. Helfe seinem Geiste. *Hianis* 998, für *Hans*. *Has* 208, 242, 288, für *Hans*. *An* 189, 285, 324, u. s. w., (nom.), 38, 490, 605, u. s. w., (acc.), für *Han*. *Anum* 499, für *Hanum*. *Ansau* 312, ᚼᚾᛋᚼᚢ ᚼᚢᛏ ist Verritzung für ᚼᚾᛋ ᚼᚢᛏ, d. h. Seinem Geiste. *As* 587, 867, für *Hans*. Kuþ ialb × as × silu . 587,

d. h. Gott helfe seiner Seele. — *Hun* 312, 734, 1785 (nom. sing. fem.), sie. Hun + lit . keara . 312, d. h. Sie liess machen. *Hon* 1594, für *Hun*. Auk : ati : totur : aina : hon : haitir, d. h. Und besass eine Tochter sie heisst. — *Hinar* 1533, 1785 (gen. sing. fem.), isl. *hennar*, schw. *hennes*, dän. *hendes*, ags. *hire*. Auftar : Suikur : hinar : faþur : kunu : ak : sin : þiakn : kuþan : 1533, d. h. Ihrem, der Vaterfrau (Stiefmutter), und seinem guten Diener. Biþin : firi : hinar : sial . 1785, d. h. Betet für ihre Seele. *Henar* 1783, für *Hinar*. Kuþ naþi : henar : sial :, d. h. Gott gnade ihrer Seele. *Hinaᛦ* 369, 928, für *Hinar*. Raknar : hit : bruþir : hinaᛦ . 369, d. h. Ihr Bruder hiess R. *Hennar* 1850, für *Hinar*. *Hena* 397, für *Hinar*. Kuþ hialbi ant hena, d. h. Gott helfe ihrem Geiste. *Hæþnar* 2022, für *Hinar*. *Hanar* 745, für *Hinar*. Kuþ . hialbi . sal . hanar . auk . anta . d. h. Gott helfe ihrer Seele und dem Geiste. *Hanars* 1455, für *Hinar*. Su vas man hanars, d. h. Er war ihr Mann. *Hana* 12, 1420, 1596 (acc. sing. fem.), isl. *hana*, schw. *henne*, dän. *hende*, ags. *hi*. His hana : ati . 1420. ⁑ hana ⁑ ahta ⁑ 1596, d. h. Er besass sie (zum Weibe). *Enor* 295 für *Hinar*.

Hanknastaþum 1789 (dat. plur.), ein Ortsname, der Umfriedigte (?) Platz, zusammengesetzt aus *Hakna* und *Staþr*, s. d. W.; isl. *hagi*, Zaun, Viehweide oder Koppel, *hegna*, umfriedigen, *hegning*, Umfriedigung, Schirm, *hægia*, (umfriedigen, einsperren, zähmen ?) mildern, *hægd*, Bescheidenheit, *hægr*, bescheiden, schw. *hage*, *hägna*, *hägn*, dän. *have* (*hauge*), *hegne*, *hegn*, ahd. *hac*, *hekjan*, ags. *heag*, *häg*, *hegjan*, engl. *hedge*, von der Wurzel *ha*, umfassen. Da im Schwedischen *häck*, Hecke, ur-

sprüng-

sprünglich bedeutet, ein umfriedigter Platz, dann ein Ort, wo man Vögel zur Fortpflanzung hält, so ist wohl nicht zu bezweifeln, dass *hecken* hierher gehöre, und gewiss, dass es nicht mit *ägg*, Ei, in Verbindung stehe.

Haiþabu 1548, ein Ortsname, Heidendorf, zusammengesetzt aus *Haiþi*, s. *Hiþi*, und *Bu*, s. d. W.

Hairfos 1594, ein Mannsname, *Harfus*, zum Heere, Kriege Geneigter, zusammengesetzt aus *Hari*, s. d. W., und *Fus*, vergl. *Roþfos*.

Hairmuþ 1196 (acc.), ein Mannsname, *Harmuþr*, der sehr Muthige, zusammengesetzt aus *Hari*, s. d. W., und *Muþr*, vergl. *Mak*, oder auch statt *Munþr*, Beschützer, vergl. *Furuki* und *Munti*. *Hirmuþr* 932.

Hail 924. — Tauþr i hail d. h. Er starb eines natürlichen Todes, und ist entgegengesetzt dem *tauþr i urustu*, *faru*, *vikiku*; *fial*, *vas trabin*, *svikin* u. s. w. Hieraus möchte ich den Schluss machen, dass durch *hail*, der durch innere Krankheit und nicht durch äussere Beschädigung, Wunden, u. s. w., verursachte Tod, d. h., der Tod bei äusserlich *heilem*, vergl. *Hila*, oder unverletztem Körper zu verstehen sei. Vergleicht man hiermit die Furcht der Alten vor einem solchen Tode und ihre Vorstellung von dem Zustande der so Verstorbenen in jenem Leben, so wird von selbst klar, wie sich aus dem Worte isl. *hel*, altschw. *hæl*, *heel*, Tod, der Begriff von isl. *Hel*, Göttin der Unterwelt und, *hel-viti*, eigentlich Strafe des eines natürlichen Todes Gestorbenen, Unterwelt, schw. *helvete*, dän. *helvede*, entwickeln konnte. Dagegen scheint mir das goth. *halja*, ahd. *hella*, ags. *helle*, nhd. *Hölle*, christlichen Begriffen seinen Ursprung zu verdanken zu haben und einen hohlen Ort, eine Höhle, den Hades zu bezeichnen, vergl. *Hilagr.* Schw. *ihjäl*, dän. *ihiel*, zu Tode, gehören hierher.

Hailsas 1978, von *Hailsa*, grüssen, *Hailsas*, sich begrüssen, eigentlich, Heil wünschen, isl. *heilsa*, schw. *helsa*, dän. *hilse*, vergl. *Hila.*

Haima 1594 (adv.), isl. *heima*, schw. *hemma*, dän. *hiemme*, zu Hause, vergl. *Heimsens.* Han : to : haima, d. h. Er starb daheim.

Haimarbu 1629, ein Ortsname, *Hamarbu*, zusammengesetzt aus isl. *hamar*, Fels, Klippe, Hammer (weil die ersten Werkzeuge dieser Art von Stein waren), schw. *hammare*, dän. *hammer*, ahd. *hamar*, ags. *hamer*, engl. *hammer*, und *Bu*, s. d. W.

Haarli 939 (adv.), sehr, vergl. *Harþa.*

Hasvi 381, ein Frauenname, des Hohen Heiligthum, zusammengesetzt aus *Har*, s. *Hari*, und *Vi*, s. d. W. *Haosvi* 380.

Hal 1961 (acc.), von *Halr*, isl. *hallr*, der Stein, vergl. *Hulan*; diese Inschrift ist an dieser Stelle schwierig. *Hil* 516 (acc.), þurstain × hiak × a hil, d. h. þ. metzte den Stein. *Hili* 662, Lit . haukva hili þisa, d. h. Liess diese Steine metzen. *Heli* 391, Lit hakva heli þisa, d. h. Liess diese Steine metzen. *Haili* 1091, Litu : haukva : haili : þaisi, d. h. Liessen diese Steine metzen. — *Il* 398, 837, für *Hil.* Il . skall . at . minum . mana . miþan . min . lifa . 398, d. h. Der Stein soll zur Erinnerung mahnen, solange Männer leben. þir . rista . il . þinsn . 837, d. h. Sie errichteten diesen Stein. *El* 584, für *Hil.* Ranfaster lit akva el, d. h. R. liess den Stein metzen. *Ili* 652. *Iall* 107 (acc.). *Al* 163 (acc.).

Halfriþ 1552, ist mit Wenderunen geritzt und undeutlich, *Halfriþr*, der stark Schirmende, zusammengesetzt aus *Halr*, s. *Hal*, und *Friþr*, s. *Friþi*.

Halfan 1305 (acc. sing. masc.), isl. *halfr*, schw. *half*, dän. *halv*, goth. *halbs*, ahd. *halpa*, ursprünglich Seite, ags. *healf*, engl. *half*, nhd. *halb*; die Ableitung ist ungewiss.

Halvi 1809, ein Frauenname, festes Heiligthum, zusammengesetzt aus *Halr*, s. *Hal*, und *Vi*, s. d. W. *Halvia* 1724, 1737 (gen.). *Halvis* 2012 (gen.).

Hatikr 1325, ein Mannsname, *Hatinkr*, vergl. *Furuki*, entweder der hohe Würdehabende, zusammengesetzt aus *Har*, s. *Hari*, und *þikn*, Würde, isl. *tign*, vergl. *þiakn*, isl. *hatign*, Majestät, oder Schönhaar, zusammengesetzt aus isl. *haddr*, vergl. *Hari*, und der Endung — *inkr*, s. *R. Gr.* S. 185. Zu vergleichen ist auch ahd. *hadu*, ags. *heaðo*, nhd. *Hader*, Streit, welches in vielen Namen vorkommt, z. B. *Hadufrid*, *Hadumar*.

Hals 170, 1446, ein Mannsname, der tapfre, majestätische Mann, isl. *háls*, der tapfre, hehre Mann, *halr*, ein freier und edler Mann, nhd. kommt dieses Wort nur noch in Zusammenzetzung vor z. B. Geizhals. Es ist nicht unwahrscheinlich, dass dieses Wort nicht verschieden sei von Hals, *collum*, und einen Mann bezeichne, der mit geradem Halse, also muthig, stolz einhergehet. Das Wort Hals selbst aber möchte wohl weniger mit hohl, wie man gewöhnlich annimmt, als mit hervorragend in Verbindung stehen, was auch isl. *hali*, dän. *hale*, äusserstes Ende, Schwanz der Thiere, isl. *hæll*, etwas Hervorragendes, ein Handgriff, Nagel, Haken, die Ferse, schw. *häl*, das äusserste Ende des Kiels an einem Schiffe, die Ferse, dän. *hæl*, Ferse, Absatz, der äusserste Theil eines Pfluges, u. s. w. ags. *hel*, engl. *heel*, zu bestätigen scheinen. — *Hala* 1921 (gen. sing.), von *halr*, tapfer, Hins × hala ×, d. h. des tapferen.

Halstain 820, 862, ein Mannsname, der feste Stein, zusammengesetzt aus *Halr*, s. *Hal*, und *Stain*, s. d. W. *Hallstenn* 1632.

Halᚦora 1851, ein Frauenname, *Halþura*, die äusserst Wagende, zusammengesetzt aus *Halr*, s. *Hal*, und *þura*, s. *þur*.

Halburn 938, ein Mannsname, *Halbiurn*, der starke Bär, zusammengesetzt aus *Halr*, s. *Hal*, und *Biurn*, s. d. W.

Hamuntr 750, ein Mannsname, der hohe Beschützer, zusammengesetzt aus *Har*, s. *Hari*, und *Muntr*, s. *Munti*.

N. N. 774, anstatt eines Namens ᚿᚿ hiuk, d. h. N. N. metzte.

Nu 207, 761, 1441, 1468, 1634, isl., schw., dän., goth. *nu*, ahd. *niwan*, ags. *nu*, engl. *now*, gr. *νύ*, *νῦν*, lat. *nunc*, nhd. *nun*, von *Nur*, neu, s. d. f. W. — 207 vergl. *Sakat*. Kuþ : hialbi : ot has nu . 761, d. h. Gott helfe nun seinem Geiste. Nu : skal : stanto : 1441, d. h. Nun soll stehen. 1468, vergl. *Futiᛦ*. Nu : biþær : han : 1634, d. h. Nun betet er.

Nü 1750, isl., schw., dän. *ny*, Neumond, von isl. *nyr*, schw., dän. *ny*, goth. *niujis* (gen. von *nivi*?), ahd. *niuwi*, ags. *niwe*, engl. *new*, gr. *νέος*, lat. *novus*, nhd. *neu*. Die ursprüngliche Bedeutung dieses Wortes scheint zusammengezogen, genau an einander passend, noch in seiner vollen Kraft, zu sein; vergl. d. f. W. — Han : to : siou natum : efᛏer : nü : d. h. Er starb sieben Nächte nach dem Neumonde.

Nur 1065, 1448, isl. *nordr*, schw. *norr*, dän. *nør* oder *nord*, ahd. *nordana*, von Norden, *nordar*, nach Norden, engl. *north*, nhd. *Nord*. Es ist höchst wahrscheinlich, dass *Nur* Zusammenziehung bedeute, und daher Benennung der Himmelsgegend geworden ist, in welcher die Kälte Alles zusammenzieht, vergl. *Id.* VI, 26. Für diese Annahme sprechen auch isl., schw., landsch., dän. *nor*, ein schmaler Sund, alts. *naru*, enge, engl. *narrow*, eng, zusammengezogen, ahd. *narawa*, die zusammengezongene, verharschte Wunde, schw., landsch. *nara*, (zusammenziehender) trockner und kalter Wind, mhd. *nouwen*, zusammendrücken, anpassen, ahd. *genouwe*, zusammengefügt, genau. Aus diesem Begriffe des Zusammengezogenen, des genauen Passens entwickelte sich der Begriff von neu, jung; daher noch dän. *nor*, ein neugebornes Kind, lappl. *nuor*, jung, *nuoranet*, jung werden, *nuora-wuot*, Jugend, u. s. w. *nuort*, nördlich, u. s. w. — *Nu* 1065 (gen.), ein Mannsname, *Nur*, Nord, vergl. *Sj.* III, 132.

Nurviak 1537 (acc.), Norwegen, *Nurvikr* (?), isl. *Norvegr*, schw. *Norrige*, dän. *Norge*, zusammengesetzt aus *Nur*, s. d. W., und *Vikr*, s. *Viki*. — Van . Tanmaurk ala auk Nurviak, d. h. Eroberte ganz Dänemark und Norwegen.

Nurminr 402 (plur.), von *Nurmanr*, ein Nordmann, zusammengesetzt aus *Nur*, s. d. W., und *Manr*, s. *Maþr*. An × trabu × Nurminr × i × kniri × Asbierna᛬, d. h. Nordmänner tödteten ihn auf dem Schiffe A.'s. *Nor*ᚿ*man* 2162. *Norman* 2101, 1243.

Nuki 719, ein Mannsname, der Nix, isl. *nikr* oder *nykr*, schw. *näck*, (beständig mit dem bestimmten Artikel) *näcken*, dän. *nøk*, *nøkken*, ahd. *nichus*, mhd. *niches*, ags. *nicor*, engl. *old Nick*, holl. *nikker*, der Teufel, mittellat. *neccus*, *nocca*, nhd. der *Nix*, die *Nixe*, der Wassergeist, der Flussgot der alten Germanen und Skandinavier. Wir glauben, dass die natürlichste Erklärung dieses Wortes *Necker* sei, so dass es in Verbindung stehe mit isl. *hnickia*, heftig zugreifen, *hnickr*, heftiges Zugreifen, Schelmstück, *hneckia*, verhindern, zurückhalten, *hnegia*, beugen, neigen, schw. *nyck*, Laune, Mucke, *nicka*, nicken, *niga*, neigen, dän. *nyk*, ein heftiger Schlag, ein beständiges Erinnern durch Worte oder Stösse, *nykke*, Mucke, List, Ränke, *neie*, neigen, goth. *hneivan*, ahd. *hnikan*, *hniochan*, ags. *hnigan*, nhd. *neigen*, *nicken*, *necken*, *knicksen*, lappl. *nik* oder *niik*, der Nix, *niaket*, schleichend nachstellen, *niakkahet*, neigen, *niakket* oder *nikenet*, zeufzen, u. s. w. — von der Wurzel *hni*, niedrig sein. Aus diesen Zusammenstellungen wird klar, dass man unter *Nuki* oder *Nukr* ein nachstellendes, neckendes, schadenfrohes, durch Seufzen verlockendes Wesen zu verstehen habe, das sich an und in Gewässern aufhält. Wiewohl im Isländischen *hniga* fliessen heisst, eine Bedeutung, die sich leicht aus neigen erklären lässt, so ist es doch nicht wahrscheinlich, dass die Hauptbedeulung von *Nukr* Wassergeist sei. Der Flussname *Neckar*, ahd. *nehhar*, kann freilich der *Fliessende* heissen, aber auch von einem besonders schalkhaften, dort hausenden Nix entstanden sein. — *Nuka* 774 (acc.). *Nikurs* 1801 (gen.), von *Nikur*. *Niaki* 1621. *Niaki* 1461 (acc.).

Nuibü 198, ein Ortsname, zusammengesetzt aus *Nur*, s. *Nu*, und *Bu*, s. d. W.

Nüstu 1727, lat. für *noster*. *Nostr* 1781, *nostru* 1753, *noster* 1684, 1775, 1779, u. s. w., *nostar* 1634, 2022.

Nutan 371, 640 (acc. sing. masc.), von *nutr*, isl. *nytr*, altschw. *nyter*, schw. *nyttig*, dän. *nyttig*, nhd. nützlich, vergl. *Niautir*. *Manutan* 371, für *Man nutan*, vergl. *Ukuþ*, d. h. nützlicher Mann. M i u k . n u t a n . t r i k . 640, d. h. Sehr guten Burschen. *Nütan* 917. F a þ u r s i n : n ü t a n :, d. h. Seinen nützlichen Vater.

Norþrkarþum 1731 (dat. plur.), ein Ortsname, zusammengesetzt aus *Nur*, s. d. W., und *Karþr*, s. d. W.

Norþrbü 1725, ein Ortsname, zusammengesetzt aus *Nur*, s. d. W., und *Bu*, s. d. W.

Nori 1445, ein Mannsname, *Nuri*, der Bewohner des Nordens, s. *Nur*.

Nora 1809, ein Ortsname, *Nura*, im Norden gelegen, s. *Nur*.

Nifr 1311, ein Mannsname, Mann mit grosser Nase, witziger Mann, isl. *nef*, Nase, *nefia*, Frauenzimmer mit einer grossen Nase, *nebbi*, Schnabel, schw. *näf* oder *näbb*, Schnabel, *näbba*, eine schnippische Dirne, landsch. *näpen*, naiv, franz. *naïf* (welches Wort gewiss nicht aus lat. *nativus* entstanden ist, sondern ebenfalls zu diesem Stamme gehört), nett, dän. *næb*, ags. *neb*, Haupt, *næbbe*, Schnabel, Nase, engl. *nib*, ahd., mit vorgetretenem *s.*, *snabul*. Die ursprüngliche Bedeutung von *Nifr* ist hervorragend sein, daher auch isl. *na*, (bis zu etwas ragen) erreichen, *næfr* oder *gnæfr*, hervorragend, hart, scharf, äussere Rinde der Birke, *næfrar* oder *gnæfrar*, die hervorragenden Enden eines Balkens bei Häusern, die Köpfe derselben, *gnæfa*, emporragen, *nöf* oder *nöp* auch *gnöp*, Nase, Kopf, *nafli* oder *nabli*, (das Hervorstehende) der Nabel, *nafar*, (das hervorreichende) der Bohrer, *nibba*, das Vorgebirge, schw. *nå*, *näfver*, *nafle*, *nafvare*, *naf*, Nabe, *nubb*, (das Hervorragende) die Pinne, dän. *naae*, *næver*, *navle*, *naver*, *nav*, ahd. *napalo*, *nabeger*, *napa*, ags. *nafela*, *næfgar*, *nafa* oder *naba*, wahrscheinlich gehört auch hierher isl. *hnefi* oder *knefi*, schw. *näfve*, dän. *næve*, die geballte Hand. Aus diesen Zusammenstellungen wird deutlich, dass der eigentliche Begriff der Wurzel *na* nicht zusammensein, sondern an etwas reichen bedeute, daher goth. *new*, (bis zu etwas vorragen) nahe, *newjan*, (bis zu etwas vorragend werden) sich nähern, ahd. *nahi*, *nahjan*, *nawan* auch *nahan* und *naan*, (an einander ragen machen) zusammenfügen, nähen, ags. *neah*, engl. *nigh*. — *Nif* 564 (acc.). *Nef* 1360 (acc.). *Nifs* 565 (gen.). *Ounifr* 910, einfältiger Mann. *Nafur* 1450. *Nafi* 874.

Nefkair 139, ein Mannsname, *Nifkair*, muthiger Krieger, zusammengesetzt aus *Nifr*, s. d. W., und *Kair*, s. d. W. — *Nefkair* 257. *Nefkaᛦ* 209.

Niusi

Niusi 28, ein Mannsname, der Erspähende, Erforschende, vergl. *Nasi*.

Niþr 2232 (adv.), nieder, vergl. d. f. W.

Niþiks 208 (gen.), von *Niþinkr*, isl. *nidingr*, altschw. *nidhikr*, schw. *niding*, dän. *niding* oder *nidding*, ags. *niding*, Schandbube, zusammengesetzt aus *Niþr* und der Endung — *inkr*, s. *R. Gr.* S. 185, isl. *nid*, Schmähung, Schmähgedicht, *nida*, schänden, schw. *nidvisa*, *nit*, Eifer, dän. *nid*, Neid, Eifer, *nidvise*, goth. *neiþ*, ahd. *nid*, ags. *nið*. Es ist nicht unwahrscheinlich, dass der Grundbegriff von *Niþr*, Neid, Niedrigkeit sei, und dass dieses Wort also in Verbindung stehe mit *Niþr*, isl. *nidr*, altschw. *nidher*, schw., dän. *ned*, ahd. *nidar*, ags. *nither*, engl. *neather*, von der Wurzel *ni*. — Vergl. *Uerk*.

Ner 749 (praepos.), nahe, isl. *nær*, schw. *nära*, dän. *nær*, ags., engl. *near*, vergl. *Nifr*. — Hir . mun stanta stain . ner . brautu, d. h. Hier möge der Stein nahe am Wege stehen. *Nistiᛦ* 1442 (superl.). Kaku nistiᛦ, d. h. Ganz nahe am Gange. *Nesta* 851. Bautu . nesta, d. h. Ganz nahe an der Strasse.

Nikfruþar 502, ein Mannsname, *Nikfruþr*, der in List, Ränken Erfahrene, zusammengesetzt aus *Nikr*, s. *Nuki*, und *Fruþr*, s. *Fruþa*.

Niautir 1779 (sing. praes.), von *Niauta*, isl. *niota* (*nyt*, *naut*), geniessen, *not*, *nyt*, *nytiar*, Nutzen, *nytr*, nützlich, *nyta* oder *nytia*, benutzen, *nautr*, Genuss, Speise, *nautr*, Genosse, der frühere Besitzer eines Dinges, in Zusammensetzungen: Theilnehmer, eine Sache, die ein anderer besessen hat, Geschenk, Beute von jemand, *nautna*, geniessen, *naut* oder *neyti*, (ein Thier, das zur Speise dient) ein Rind, *neyta*, benutzen, geniessen, *neyti*, Genossenschaft, schw. *njuta, nytta, nyttig, nytta* oder *nyttja, nöta,* abnutzen, *nöt,* Rindvieh, dän. *nyde, nytte, nød,* u. s. w., goth. *niutan,* ahd. *niozan, nuz* und *nuzzo, ginoz,* ags. *niotan, geneat, neat,* u. s. w. Hierher gehört wohl auch isl. *nyt* (*hnyt*), schw. *nöt,* dän. *nød,* ahd. *hnuz,* nhd. *Nuss,* Frucht im Allgemeinen, dann Nuss. Die isländische Form *hnot,* ags. *hnut,* das Gebundene, Geknüpfte, Harte, die Nuss, gehören nicht hierher, und gehören zusammen mit isl. *naud* oder *naudr* auch *neyd,* Noth, *hnutr,* Knoten, *hnyta,* knüpfen, schw. *nöd, knut. knyta,* dän. *nød, knude, knytte,* goth. *nauþs,* ahd. *not,* ags. *neod,* engl. *neet,* welchen Wörtern der Grundbegriff fest zusammengepresst sein zum Grunde liegt. — þa niautir : baþr : hini : büna : d. h. Dann hat jeder von beiden Nutzen von diesem Gebet. *Niout* 1488 für *Niauti* (conj praes.). þorbiurn niout : kubls ., d. h. þ. habe Nutzen von diesem Denksteine.

Nihlᛏu 1978 (plur. imperf.), von *Nikla,* isl. *negla,* annageln, *nagli,* Nagel, schw. *nagla, nagel,* dän. *nagle, s., nagle, v.,* ahd. *nakal,* ags. *nägel,* engl. *nail.* Der Grundbegriff ist machen, dass Dinge sich nähern, vergl. *Nifr.* Hierher gehört auch schw. *nyckel,* dän. *nøgel,* Schlüssel. — Ok nihldu : hiar : Joþaᛦ : Jesus : a krus ., d. h. Und hier nagelten die Juden Jesum ans Kreuz. — *Niklif* 1914, für *niklᛏi* (?). Tovæ : giorþæ : mig : og : niglif : mig : *L. R.* S. 164 übersetzt: T. machte mich und fügte mich zusammen.

Nisvikir 149, ein Mannsname, Krieger auf einem Vorgebirge, zusammengesetzt aus *Nis,* vergl. *Riþanes,* und *Vikr,* s. *Viki.*

Niskunukr 195, ein Mannsname, König auf einem Vorgebirge, isl. *neskonungr,* schw. *näskonung,* dän. *næsse-*

konge, zusammengesetzt aus *Nis*, s. *Riþanes*, und *Kununkr*, s. d. W.

Nesbiurn 54, ein Mannsname, *Nisbiurn*, der Bär eines Vorgebirges, zusammengesetzt aus *Nis*, s. *Riþanes*, und *Biurn*, s. d. W. *Nesbiorn* 52. *Nisbiarn* 91, 556, 557.

Netil 174, ein Mannsname, *Nitil*, der Stechende, isl. *nal*, schw. *nål*, *nåd*, Niete (ahd. *niot*), dän. *naal*, gth. *neþla*, ahd. *nadala*, ags. *nædl*, engl. *needle*, nhd. *Nadel*, das zusammenfügende Werkzeug, von der Wurzel *na*, vergl. *Nifr*; hierher gehört auch isl. *nötr* das (Bebende?), der Nessel, schw. *nessla* (dän. *nælde*, von isl. *næli*, eine Nadel ohne Oehr, *næla*, mit langen Stichen nähen), ahd. *nezzila*, ags. *netel*, engl. *nettle*, nhd. *Nessel*, und heisst wohl nicht die zu Netzen (isl. *net*, Netz, *not*, Netz mit gröberen Maschen, schw. *nät*, *not*, dän. *net*, *naad*, Nath, goth. *nati*, ahd. *nezzi*, *nat*, ags. *nett*, u. s. w. von der Wurzel *na*, vergl. *Nifr*) benutzte, sondern die mit kleinen Nadeln versehene Pflanze.

Nitilkiarþi 102, ein Frauenname, *Nitilkirþar*, die stark Schirmende, zusammengesetzt aus *Nitil*, s. d. v. W., und *Kirþar*, s. *Karþir*.

Nemᛦ 1571, undeutlich, vergl. *L. R.* S. 134.

Nafni 1439, ein Mannsname, Name, isl. *nafn* (l. nabbn, vergl. *R. Gr.* S. 17), Name, *nefna* (l. näbna, *nefndi*, l. nämndi, *l. c.*), nennen, *nafni*, Namensbruder, *nafna*, *f.*, schw. *namn*, *nämna*, *namne*, dän. *navn*, *nævne*, *navne*, goth. *namo*, *namnjan*, ahd. *namo*, *nennan*, ags. *nama*, *nemnan*, engl. *name*, gr. *ὄνομα*, lat. *nomen*, sansk. *naman*, welche letzteren Formen nicht wahrscheinlich machen, dass *Name* mit *nehmen* zusammenzustellen sei. — *Nemta* 1764 (part. pass.).

Naur 1341, ein Mannsname, *Nauri*, der Todverbreitende, isl. *nári*, todbringend, ein Mannsname, *ná*, Leiche, *nár*, ein nackter Leichnam, goth. *naus*, Todter, *navis*, todt, ags. *nea*, s. *R. Spr.* S. 18, vielleicht der erstarrte Körper, vergl. *Nur*. — Wie Aas eigentlich Essen, dann Thierleichnam bedeutet, so könnte auch *Naur* Leichnam, dann Nahrung (ahd. *nara*) bedeuten, was wahrscheinlicher ist, als dass dieses Wort mit *genesen* (goth. *ga-nisan*, ahd. *ka-nisan*) zusammengehöre.

Naþ 1792 (acc.), isl. *nad*, Gnade, *nada*, gnädig sein, schw. *nåd*, *nåda*, dän. *naade*, *s.*, *naade*, *v.*, ahd. *kinada*, eigentlich Annäherung von der Wurzel *na*, s. *Nifr*, wie Zuneigung von neigen. — *Naþe* 1685. Hans . sial . til . ro . ok . til . naþe ., d. h. Seiner Seele zur Ruhe und Gnade. *Naþa* 1684, þera sihal ⁝ til ⁝ ro ⁝ ok ⁝ til ⁝ naþa ⁝, d. h. Ihrer Seele zur Ruhe und Gnade. — *Naþi* 1693, 1694, 1696, u. s. w., (conj. praes.), von *Naþa*. — Kuþ : naþi : Butulfs : sial :, d. h. Gott sei der Seele B.'s gnädig.

Naniᛦ 1587, ein Mannsname, der Unternehmende, der Unverdrossene, isl. *nenna*, wagen, über sich vermögen, *nenning*, Fleiss, *nennin* oder *nennir*, fleissig, unverdrossen, schw. *nännas*, wagen, übers Herz bringen (altschw. *nänna*, Kühnheit, *nännog*, kühn), dän. *nænne*, goth. *nanþian*, wagen, ahd. *nendan*, alts. *nathian*, ags. *neetan*, daher *Nanna*, die Kühne.

Nasi 84, 132, 149, 233, 790, 936, ein Mannsname, Nase, der Schlaue, Kluge, isl. *nös*, plur. *nasir*, Nase, *nasa*, riechen, *nausna* und *niosna*, etwas aufspähen, schw. *näsa*, *näsja*, *nysa*, niesen, *nos*, Schnauze, *nosa*, schnoppern, dän. *næse*, *nyse*, ahd. *nasa*, ags. *næse*, *neosian*, engl. *nose*, vielleicht der hervorstehende Körpertheil, vergl. *Nifr*. Zu vergleichen ist *Id.* VI, 26, wo es unter Anderem heisst, dass nach der Ansicht der Indier der reinste Geist (*As*) seinen Sitz oberhalb der Nase zwischen den Augen habe.

Nattum 1750 (dat. plur.), isl. *natt* oder *nott*, schw. *natt*, dän. *nat*, goth. *nahts*, ahd. *naht*, ags. *neaht*, *niht*, engl. *night*, nhd. *Nacht*, eigentlich die Annäherung, von der Wurzel *na*, s. *Nifr*. — Vergl. *Nü*. — *Nottum* 1850. T v e i m n o t t u m f i r i r, d. h. Zwei Nächte vor. *Nom* 2021, für *Nottum*. þ r u : n o m : æ b t æ r :, d. h. Drei Nächte nach.

I 11, 141, 359, 892 (praepos.), isl., schw., dän. *i*, goth., ahd., nhd. *in*, von der Wurzel *i*, welche ein Beharren an einem Orte ausdrückt. — *E* 1721, für *i*. *I* 333, gehört zu *auk*, metzte ein.

Ifostvi 92, ein Frauenname, *Aifastvi*, das beständig feste Heiligthum, zusammengesetzt aus *Ai*, s. *Aifikᛅ*, *Fastr*, s. *Fasti*, und *Vi*, s. d. W.

Ifrstain 841, ein Mannsname, *Jofurstain*, Stein des Thor, zusammengesetzt aus *Jofur*, s. d. W., und *Stain*, s. d. W.

Ifriþr 756, ein Frauenname, *Aifriþur*, die ewig Schirmende, zusammengesetzt aus *Ai*, s. *Aifikᛅ*, und *Friþur*, s. *Friþi*. *Ifriþ* 174.

Ifi 165, ein Mannsname, *Aifi* (?), der Unvergängliche, vergl. *Aifikᛅ*.

Ifastr 169, 592, ein Mannsname, *Aifastr*, der allezeit Feste, zusammengesetzt aus *Ai*, s. *Aifikᛅ*, und *Fastr*, s. *Fasti*. *Ifastaᛅ* 188 (gen.).

Jufur 489 (vocat.), Rossführer, Thor (?), zusammengesetzt aus *Jur*, isl. *jor*, — im Allgemeinen Thier (?), schw. *djur*, l. *jur*, Thier — Pferd, goth. *aiws*, ags. *eoh*, Pferd, und *Fara*, s. d. W., oder entstanden aus *Jupiter*, isl. *jöfr*, König. Wäre die erstere Ableitung richtig, so liesse sich diese Benennung sehr leicht auf den Thor beziehen, wenn er donnernd einherfährt. *Jufair* 841. *Jofur* 216, 220. *Jafur* 117, 216, 220.

Jufur 115, 131, 156, 254, 281, 296 (nom. und acc.), ein Mannsname, Rosseführer, vergl. d. v. W.

Jufurfriþ 375, ein Frauenname, *Jufurfriþur*, die stark Schirmende, zusammengesetzt aus *Jufur*, s. d. W., und *Friþur*, s. *Friþi*. *Kifurfriþ* 147 (?), für *Jufurfriþ*.

Jufurfast 121, 306, 439, ein Mannsname, *Jufurfastr*, der dem Thor Getreue, zusammengesetzt aus *Jufur*, s. d. W., und *Fastr*, s. *Fasti*. *Jufirfast* 433. *Ifurfast* 92. *Jafurfost* 418.

Jurun 150, 650, 816, 1596, ein Frauenname, Liebhaberin der Pferde, zusammengesetzt aus *Jur*, s. *Jufur*, und *Unna*, s. *Unni*. *Juru* 169. *Jurunar* 1331 (gen.). *Joruna* 648. Isl. *Jorunn*, (*Edda Sæm.*), Benennung einer Göttin, dem Kriege Ergebene.

Juruntr 294, 302, 485, 720, ein Mannsname, Pferdefreund, zusammengesetzt aus *Jur*, s. *Jufur*, und *Unna*, s. *Unni*. *Jüruntr* 196. *Jorunt* 664. Isl. *Jorundr* (*Edda Sæm.*), Schlachten liebend, von *jara* oder *jora*, Schlacht. *Jaruntr* 484. *Jarunt* 539, 775, 845 (acc.). *Jarutr* 1455. *Jarut* 352.

Jursala 329 (gen. pl.), von *Jursalir*, Jerusalem, altschw. *Jursalir*. Hun . vil . austr . fara . auk . ut . til . Jursala . d. h. Sie will nach Osten und hinaus nach Jerusalem reisen.

Jurtr 773, ein Mannsname, *Hiurtr*, Hirsch, isl. *hiörtr*, schw. *hjort*, dän. *hiort*, ahd. *hiruz*, ags. *heort*, engl. *hart*, holl. *hert*, es ist am wahrscheinlichsten, dass *Hiurtr* eigentlich das stossende Thier bedeute, franz. *heurter*, stossen, mittellat. *hurtus*, Bock, vergl. *Hiorvarþur*.

Jurtstaþ 1952, ein Ortsname, zusammengesetzt aus *Hiurtr*, s. d. v. W., und *Staþr*, s. d. W.

Jukulfast 136, ein Mannsname, *Jukulfastr*, fest wie ein Glättscher, zusammengesetzt aus *Jukul* und *Fastr*, s. *Fasti*, isl. *jökul*, ein Eisberg, *jaki*, ein grosses Eisstück, *jakaferd*, Treibeis, dän. *jøkel*. Es ist wohl keinem Zweifel unterworfen, dass dieses Wort aus dem Lappländischen stamme und eigentlich Eis bedeute, denn es finden sich in dieser Sprache folgende Wörter: *tjuoke*, eine Eisrinde, mit welcher die Erde überzogen ist, *tjuokot*, sich mit Eis bedecken, *jägna*, Eis, *jägnot*, sich mit Eis bedecken, und da *tjuouk*, Glanz, Licht heisst, so scheint das Eis diese Benennung von seinem Glanze erhalten zu haben. — Ueber die Mythe von *Jokul*, dem Sohne Kares, s. *Str.* I, 156.

JUKIR 608, 756, ein Mannsname, *Jukair*, Rossespeer, zusammengesetzt aus *Jur*, s. *Jufur*, und *Kair*, s. d. W. *Jukeir* 20. *Jukiᛦ* 277.

IVAR 562, 1135, 1237, ein Mannsname, *Aivar*, beständiger Beschützer, beständig Aufmerksamer, zusammengesetzt aus *Ai*, s. *Aifikᛦ*, und *Var*, s. d. W., (isl. *yfr* gehört nicht hierher), schw. *ifver*, l. *iwer*, dän. *iver*, ahd. *eivar*, nhd. *Eifer*, also eigentlich beständige Aufmerksamkeit. Diese Erklärung dürfte wahrscheinlicher sein, als die, dass *Eifer* ursprünglich *Feuer* bedeute. — *Ivur* 1463.

JUALFIR 1617, ein Mannsname, Pferdeschutz, zusammengesetzt aus *Jur*, s. *Jufur*, und *Alfr*, s. d. W.

JUTR 514, 837, ein Mannsname, isl. *jötun*, schw. *jätte*, dän. *jette*, die Hünen des skandinavischen Nordens. Die Ableitung dieses Wortes ist ungewiss. *Juþa* 1247 (acc.) von *Juþi*, für *Juti*. *Juta* 334, 1183.

JUTLATI 608 (dat.), von *Jutlant*, vergl. *Furuki*, zusammengesetzt aus *Jutr*, s. d. W., und *Kauti*. Ueber diesen Namen vergl. *Str.* I, 92. — Saᛦ varþ tuþr a Julati, d. h. Er starb auf Jutland.

JUBIURN 380, ein Mannsname, Rossbär, zusammengesetzt aus *Jur*, s. *Jufur*, und *Biurn*, s. d. W. — *Jubrn* 603. *Jubn* 388. *Jubirn* 367, 696. *Jubiarn* 482.

JULFASTR 193, ein Mannsname, Freudenfest, zusammengesetzt aus *Julr*, s. d. f. W., und *Fastr*, s. *Fasti*. *Jolfast* 165, ein Frauenname.

Julr 837, 791, ein Mannsname, der Frohe, Jauchzende, isl. *jol*, das Fest der wiederkehrenden Sonne bei den heidnischen und der Geburt Jesu bei den christlichen Skandinaviern, *jola*, sich mit dem Fette der Speisen und mit dem Getränk beschmutzen, wie es bei den Gelagen zu geschehen pflegte, die an diesem Feste gehalten wurden, schw. *jul*, Weihnachtsfest, *jula*, sich den Weihnachtsfreuden hingeben, dän. *juul*, goth. *jiuleis*, Weinachtsmonat, ags. *geol*, franz. *noel*. Man erklärt dieses Wort in der Regel durch isl. *hiol*, Rad, *hvel*, Kugel, Rad (*hvelfa*, krümmen, lappl. *jolloret*, wälzen, u. s. w., vergl. *Hvalf*), schw. *hjul*, dän. *hiul*, ags. *hweol*, welches als Sinnbild der Sonnenscheibe diente, oder durch isl. *jula*, lallen, *hiala* oder *hiula*, schwatzen, schw. *joller*, Gelall, Gekose, *jollra*, lallen, kosen, landsch. *jäla*, schwatzen, scherzen, *jolla*, spielen (franz. *jouer*, *jouailler*, u. s. w.), u. s. w., weil dies das Fest des Jauchzens und der Freude war. Das Wort würde in diesem Falle in Gemeinschaft stehen mit dem sich in allen Sprachen wiederfindenden Freuderuf, gr. *ἰώ*, lat. *io*, goth. *jiuka*, (wohl eigentlich lautes Geschrei) Streit, ahd. *juhhizan*, nhd. *jauchzen*. *juch! juchhei!* landsch. *juchen*. Ueber dieses Fest vergl. *Str.* I, 87. — Wir wollen indessen hier noch eine andere Erklärung wenigstens versuchen. Im Lappländischen finden sich folgende Ausdrücke: *jälakes*, die Klarheit des Himmels, z. B. *jälakes li udnats ijan*, der Himmel war in dieser Nacht klar (besonders von Winternächten), *jälo*, ein heller Streifen an einem trüben Himmel, daher *jälob rappagåta allet*, es fängt an im Westen klar zu werden, u. s. w. Da nun Procopius erzählt, dass die Bewohner Thules, nachdem sie fünf und dreissig Tage in Finsterniss zugebracht hatten, nach einer alten Sitte Kundschafter auf die Gipfel der Berge zu schicken pflegten, welche von hier ihren am Fusse der Berge sich noch im Finsteren befindenden Landsleuten das erste Röthen des Himmels durch die wiederkehrende Sonne zu erkennen gaben, so ist es sehr wahrscheinlich, dass von diesem ersten hellen Streifen, *jälo*, das Fest seinen Namen erhielt, und also ein Fest des sich wieder erleuchtenden Himmels war. Das Weihnachtsfest selbst heisst im Lappländischen *joula-passe*. — *Juli*ᛦ 1362. *Jula* 1401 (acc.). *Jular* 1595 (gen.).

Julibiarn 787, ein Mannsname, *Julbiurn*, der frohe Bär, zusammengesetzt aus *Julr*, s. d. W., und *Biurn*, s. d. W.

Iþun 608, 988, für *i stun* oder *stain* (?), vergl. *Sj*. III, 121.

Iþorn 87, ein Mannsname, der immer Stechende, zusammengesetzt aus *Ai*, s. *Aifik*ᛦ und *þaurnr*, isl. *þorn*, Spitze, Zunge einer Schnalle, *þyrnir*, Dorn, Distel, schw. *torn*, *törne*, dän. *torn*, *tiørn*, goth. *þaurnus*, ahd. *dorn*, ags. *þorn*, engl. *thorn*, nicht eigentliche das Stechende, wie man wohl annimmt, sondern das Dürre, Harte und dan erst das Stechende, isl. *þurr*, dürre, *þerra* oder *þurka*, dürre werden, schw. *torr*, *torka*, dän. *tør*, *tørre*, goth. *þaursus*, *þairsian*, ahd. *durri*, *darrjan*, ags. *þyrre*, u. s. w., nhd. *dürr*, *dorr*, *darren*, u. s. w. Hierher gehört auch isl. *þorsti*, schw. *törst*, dän. *tørst*, goth. *þaurstei*, ahd. *durst*, ags. *þyrst*, engl. *thirst*, nhd. *Durst*, das Gefühl des Dürreseins.

Iþikalnþi 50, wahrscheinlich eine Verritzung, und bedeutet: in England, vergl. *Inklati*. *Br*. S. 172 erklärt dieses Wort durch *Africa Tingitana*.

Iþa 1468, 1489, 1944, unbestimmt; vielleicht isl. *eda*, gth. *aiþþau*, ags. *oþþe*, ahd. *edo*, nhd. *oder*.

Jofastu 216 (acc.), ein Frauenname, *Jufasta*, die Rossfeste, zusammengesetzt aus *Jur*, s. *Jufur*, und *Fastr*, s. *Fasti*.

JoþKILþ 78, ein Frauenname, vielleicht für *Juthilþur*, Riesenkampf, zusammengesetzt aus *Jutr*, s. d. W., und *Hilþur*, s. *Hiltulf*.

JoþBIARN 252, ein Mannsname, *Jutbiurn*, Riesenbär, zusammengesetzt aus *Jutr*, s. d. W., und *Biurn*, s. d. W.

JORVITR 1308, 1677, ein Mannsname, undeutlich, vielleicht für *Juruntr*, s. d. W.

JORþAᛦ 1978 (gen. sing.), von *Jorþ*, isl. *jörd*, schw., dän. *jord*, goth. *airþa*, ahd. *erda*, auch *ero*, ags. *eorðe*, engl. *earth*, nhd. *Erde*, von der Wurzel *ar*, s. d. W., die Feld und auch die sich auf dasselbe beziehende Thätigkeit bedeutet, wie man in der Regel annimmt. Sonderbar genug finden sich im Lappländischen folgende Ausdrücke: *jårret*, sich im Kriese bewegen, *jårretet* und *jårrådattet*, herumgehen machen, *jårba*, rund, *jårbot*, rund werden, *jårbedack* oder *jårraltak*, Rad, *jård*, Grundbesitz, *jårdet*, beerdigen, u. s. w. (Erde heisst *ädnan*). Sollte hier der Ursprung des Wortes *Jorþ* zu suchen sein, so würde die erste Bedeutung heissen, der runde, sich im Kreise herumbewegende Körper, und es würden also zu einem schönen Felde von Untersuchungen über die Ansichten von der Gestalt und Bewegung der Erde Aussichten geöffnet sein. — Skabera : himis : ok : jorþaᛦ :, d. h. Schöpfer Himmels und der Erden.

JON 82, 253, 306, 428, eine Abkürzung für *Johannes* 1926, *Johan* 507, 1943. *Jun* 231. *Juan* 1728, 1753, 1809. *Juans* 1699 (gen.). u. s. w.

JOTALONT 1085, ungewiss, welche Gegend hiermit gemeint sei. Hon lit kristno Jotalont, d. h. Er liess Jotaland taufen, vergl. *L. R. S.* 100.

JOLITR 225, ein Mannsname, *Julitr*, der Pferdefarbene, zusammengesetzt aus *Jur*, s. *Jufur*, und *Litr*, isl. *litr*,

Farbe, isl. *lit*, Aussehen, *lita*, sehen, (Ansehen geben?) färben, *litr*, (äusseres Aussehen?) Farbe, — *leytr*, Endung der Adjectiva, welche zu erkennen giebt das Aussehen von etwas haben, z. B. *följeytr*, bleich aussehend, *leyta*, (nach etwas sehen) suchen, schw. — *lete*, Aussehen, in Zusammensetzungen, z. B. *an-lete*, Antlitz, — *lett*, aussehend, ebenfalls in Zusammensetzungen, z. B. *rödlett*, rothaussehend, *leta*, suchen, dän. *lede*, suchen, goth. *vleitan*, blicken, *vlaiton*, nachsehen, spähen, *vlits*, Aussehen, ahd. *ant-luszi*, nhd. *Ant-litz*.

Ir 882, 904, 1194, isl. *er*, welcher, vergl. *R. Gr.* S. 125, altschw. *ir* oder *is*, kann nicht verändert werden und giebt auch bei den Adverbien einen relativen Begriff zu erkennen, goth. *is*, ahd. *ir*, nhd. *er*, lat. *is*. Ir : ata : Krimulfu : 882, d. h. Welcher besass (zur Frau) Kr. Ir : Buki : 1194, d. h. Welcher wohnte. — *Er* 1764, 1850, 1915, u. s. w. þa . er . 1764, d. h. Damals als. Er : kirkiu : þina : kirþi : 1915, d. h. Welche diese Kirche machten. *Iar* 1406. *Iaᛦ* 1115, 1180, 1184, 1346, 1406. Iaᛦ : buk : 1184, d. h. Welcher wohnte. *Is* 2, 38, 740, u. s. w. Is vas 2, d. h. Welcher war. *Iᛦ* 333, 799, 1254, u. s. w. Iᛦ × vaᛦu × 799, d. h. Welche waren. *Aᛦ* 9, 357, 1352, u. s. w. Aᛦ : vaᛦ : d. h. Welcher war. *As* 895, 1342, 1448, die frühere Form für *Ar*.

Er 1411, 1829 (präs. sing.), isl. sing. *em*, *ert*, *er*, plur. *erum*, *erud*, *eru*, schw. sing. *är*, pl. *äro*, *ären*, *äro*, dän. sing. *er*, pl. *ere*, goth. sing. *im*, *is*, *ist*, ahd., nhd. *ist*, ags. sing. *eom*, *eart*, *is*, engl. sing. *am*, *art*, *is*, pl. *are*, von der Wurzel *i*, s. *Aifikᛦ*, ewig, dauernd. — Er . krafin . 1411, d. h. Ist begraben. *Iᛦ* 662, 1978. Iᛦ þisi biᛦ . 662, d. h. Dieses Dorf ist. þita : iᛦ : 1978, d. h. Dieses ist. *Iru* 219, 2011 (plur.). Iru . arfar .

219, d. h. Sind Erben. þisun . merki . iru . kar . 2011, d. h. Diese Denkmale sind gemacht (?). *Iᛦu* 10, 1725, 1978. þaiᛦ : iᛦu : suniᛦ : 10, d. h. Sie sind Söhne. *Ar* 1352, für *Ir,* vergl. *L. R.* S. 129. *Ær* 1827, 1939, für *Ir,* geritzt ᚽᚱ, in der späteren Runenschrift entspricht nämlich ᚽ dem *æ* und ᛅ dem *a*. *Ier* 2012. *Is* 896. Han is krafin, d. h. Er ist begraben.

Iroþ 333, ungewiss, *Br.* S. 215 übersetzt Bruti iroþ durch: Reinigte die Fuhrt, vergl. *Aur. Sj.* III, 25, deutet To iᛦ : bruti : iroþ : kunuki : durch: An den abwesenden König. *A. S. H.* I, 132 übersetzt: Als sie den Irod überwanden. *Br.* scheint dem wahren Sinne am nächsten gekommen zu sein.

Ernfriþ 196, ein Frauenname, *Arnfriþur,* die stark Schirmende, zusammengesetzt aus *Arn,* s. d. W., und *Friþur,* s. *Friþi. Irfriþ* 213. *Irfriþaᛦ* 345 (gen.).

Ernkautr 586, ein Mannsname, *Arnkautr,* der sehr Verschlagene, zusammengesetzt aus *Arn,* s. d. W., und *Kautr,* s. d. W. — *Arnktᛦ* 687, für *Arnkautᛦ*.

Irni 1742, undeutlich, vergl. *Sj.* III, 118. Wahrscheinlich steht Irni miskunaᛦ für Kiri m., d. h. Thue Barmherzigkeit, vergl. *L. R.* S. 151.

Irni 853, ein Frauenname, *Arnni,* die dem Aar Gleiche, zusammengesetzt aus *Arn,* s. d. W., und der Endung — *ni,* welche nicht nur Substantiva *f.* g. bildet, vergl. *R. Gr.* S. 190, sondern auch weibliche Namen.

Irnbiurn 771, ein Mannsname, *Arnbiurn,* starker Bär, zusammengesetzt aus *Arn,* s. d. W., und *Biurn,* s. d. W. *Ernbiorn* 332.

Irnmunt 548, ein Mannsname, *Arnmuntr,* der starke Beschützer, zusammengesetzt aus *Arn,* s. d. W., und *Muntr,* s. *Munti. Irnmut* 548, vergl. *Furuki. Irmunt* 230. *Irmutr* 244.

Erlaifr 666, ein Mannsname, *Arnlaifr*, Aarabkömmling, zusammengesetzt aus *Arn*, s. d. W., und *Laifr*, s. *Fastilifs*.

Erᛦri 1899, findet sich auf einem Jaspis. Die ganze Inschrift heisst: Erᛦri . uf : mol . ᛦri . uri . wol wles . te . pote . pol . für *Aeræra of moldan ara ure woldan, hwiles de pytte nold*, und ist übersetzt durch: *Eleva nos e pulvere, remitte nostrum pestem puteo nolente*.

Ikulfriþ 623, ein Frauenname, *Inkulfriþur*, die Jünglingschirmende, zusammengesetzt aus *Inkul*, s. *Inkiul*, und *Friþur*, s. *Friþi*. Vergl. *Ikil*.

Ikulfastr 55, 109, 317, ein Mannsname, *Inkulfastr*, der starke Jüngling, zusammengesetzt aus *Inkul*, s. *Inkiul*, und *Fastr*, s. *Fasti*. Vergl. *Ikil*. *Ikulfastr* 193, 428, 530. *Ikulfast* 225.

Ikulif 251, ein Mannsname (?), *Inkilaifr*, der junge Abkömmling, zusammengesetzt aus *Inki*, und *Laifr*, s. *Fastilifs*. Vergl. *Ikil*. — *Ikilaf* 146. *Inkilaif* 709. *Ikulif* 936.

Ikulbiurn 54, ein Mannsname, *Inkulbiurn*, der junge Bär, zusammengesetzt aus *Inkul*, s. *Inkiul*, und *Biurn*, s. d. W. — *Ikulburn* 195. *Ikulbiarn* 101 (acc.). Vergl. *Ikil*. *Ikulbiurn* 117. *Ikulbiarn* 625, 627, 916.

Egrogten 1979, vergl. *Sj*. III, 114, welcher dieses Wort durch bekehrt übersetzt. Die Inschrift findet sich auf einem Taufbecken von einer grünen Steinart in Bridkirk in Cumberland, und heisst nach *Sj*. *l. c.* Er Ekard han men egrocten and to dis men red wer Taner men brogten, d. h. Hier wurde Ekard bekehrt und nach seinem Beispiele richteten sich die Dänen. Dise Deutung hat jedoch nicht viel Wahrscheinlichkeit für sich.

Ikker 664, ein Mannsname, *Inkkair*, der junge Speer, zusammengesetzt aus *Inki* und *Kair*, s. d. W. *Ikir* 1288. *Ikikier* 1831. *Ikiki*ᛦ 852. *Ikar* 398.

Iki 1695 (dat. dual.), isl. heisst der Dualis von *þu*, *du*, nom. *þið*, gen. *yckar*, dat. und acc. *yckr*, vergl. *R. Gr.* S. 118. — Vergl. *Firilati*.

Ikifriþar 582 (gen.), ein Frauenname, *Inkifriþur*, vergl. *Furuki*, die junge Schirmende, zusammengesetzt aus *Inki*, und *Friþur*, s. *Friþi*.

Ikirunaᛦ 805 (gen.), ein Frauenname, *Inkirun*, die junge Vertraute, zusammengesetzt aus *Inki*, und *Run* oder *Runa*, s. d. W.

Ikirmut 1383 (acc.), ein Mannsname, *Inkirmuntr*, der starke Beschützer, zusammengesetzt aus *Inkair*, s. *Ikker*, und *Muntr*, s. *Munti*.

Ikikunr 937, ein Mannsname, *Inkikunr*, der junge Krieger, zusammengesetzt aus *Inki*, und *Kunr*, s. d. W.

Ikibari 1264, unbestimmt, vergl. *Virikr*. *Peringsköld* übersetzt dieses Wort durch mannhaftiger Kämpfer, und *L.* & *B.* III heisst es, man könne nicht leicht begreifen, wie *Peringsköld* zu dieser Uebersetzung gekommen sei, doch dürfte dieses nicht so schwer sein, da ahd. *egibari* schrecklich heisst.

Ikil 476, ein Mannsname, Igel, isl. *igul*, schw. *igelkott*, ahd. *ikil*, das Stachelschwein, nicht zu verwechseln mit Egel, ahd. *ekala*, Blutegel. Man kommt leicht auf die Vermuthung, dass dieses Wort in *I* — oder *Ai* — und *Kil* —, s. d. Wörter, zu zerlegen sei, und die Bedeutung würde alsdann sein, ein überall mit Stacheln versehenes Thier. Die Namen, welche mit *Ikul* anfangen können ebenfalls von diesem Worte abgeleitet werden, z. B. *Ikulfastr*, *Ikulbiurn*. — *Ekil* 1282. *Ikli* 1596. *Ihul* 309, 530, 782, 1082. *Inkivaltr* 83, 481. *Inkival* 1291 (acc.). *Inkihvaltr* 435. *Inkihvalt* 477. *Ikavaltir* 52, vergl. *Fulkir.*

Ikiluk 399, ein Frauenname, *Inkullauk*, die blühende Jungfrau, zusammengesetzt aus *Inkul*, s. *Inkiul*, und *Laukr*, s. *þurlakʎ*. Vergl. *Ikil.*

Ihuþniutr 1068, undeutlich, vergl. *Sj.* III, 132.

Ihviþ 375 (acc.), ein Mannsname, für *Ikviþ*, *Inkviþ*, vergl. *Fulkir*, und *Furuki*, *Inkviþr*, der junge Anführer, zusammengesetzt aus *Inkr*, s. *Inki*, und *Viþr*, s. d. W.

Ihktir 1596, unbestimmt, vergl. *Sj.* III, 152.

In 70, 101, 193, u. s. w., eine die Rede fortführende Conjunction, aber, doch, u. s. w., isl. *ean*, schw. *men*, ist mit *Hin* zusammenzustellen, s. d. W. — *I* 226, 460. *E* 1780, 2011. *En* 208, 405, 871. *Ian* 605, 870, 1484, 1492, 1548, 1700. An einzelnen Stellen dürfte vielleicht auch *Han* zu lesen sein; vergl. *Prolusiones antiquariæ etc. E. S. Bring*. Pag. 33.

Inu 776, vielleicht für *Uni* (conj. praes.), s. d. W. — Kuþ. inu silu., d. h. Gott sei der Seele günstig.

Enþe 2018, isl. *endi*, schw. *ände*, dän. *ende*, goth. *andeis*, *ands*, Gränze,. ahd. *enti*, ags. *ende*, engl. *end*, nhd. *Ende*, der Ausgang einer Sache, von der Wurzel *an*, fortgehen, isl. *ana*, der Nase nachgehen, *anna*, einen Weg zurücklegen, eilen, vollenden, daher *enni*, Stirn, *entr* oder *endtr*, zu Ende gebracht, schw. *änne*, Stirn. — Her er enþemarki, d. h. Hier ist die Gränze.

Inriþr 313, ein Mannsname, *Ainriþr*, Alleinbereit, zusammengesetzt aus *Ain*, s. d. W., und *Riþr*, s. *Kuriþ*, oder für *Inkriþr*, s. *Inkriþ*. *Enriþi* 1859.

Inkfruþaʎ 502 (gen.), ein Mannsname, *Inkfruþr*, der jugendlich Weise, zusammengensetzt aus *Inki*, und *Fruþr*, s. *Fruþa*.

Inkvar 436, 184, 517, 601, 605, 650 (nom. und acc.), ein Mannsname, der junge Beschützer, zusammengesetzt aus *Inki*, und *Var*, s. d. W. *Inkvari* 417, 551, 817, 860 (dat.). *Inkvars* 927, 957 (gen.). *Inkvaᛦ* 423. *Ikvar* 220, 437, 562, 1106 (nom. und acc.), vergl. *Furuki*. *Ikvari* 2, 38, 47, 913, 969, 973, 980 (dat.). *Ikvars* 731, 1098 (gen.). *Ikhvar* 232. *Ikinvor* 504. *Inkivar* 203. *Inkiver* 653.

Inkvalr 903, ein Mannsname, *Inkvaltr*, der junge Mächtige, zusammengesetzt aus *Inki*, und *Valtr*, s. *Valtum*. *Ihvaltr* 1002, vergl. *Fulkir* und *Furuki*. *Inkivaltr* 83, 481. *Inkival* 1291 (acc.). *Inkihvaltr* 435. *Inkihvalt* 477. *Ikavaltir* 52.

Inkulfr 252, 577, ein Mannsname, der junge Wolf, zusammengesetzt aus *Inki*, und *Ulfr*, s. d. W. *Inkulf* 875. *Ikulf* 567. *Ikulfr* 130, 238. *Ikulfᛦ* 812, 978.

Inkriþ 435, ein Frauenname, die junge Bereitwillige, zusammengesetzt aus *Inki* und *Riþr*, s. *Kuriþ*. *Ikriþ* 398. *Ikriþr* 300. *Ikrþi* 1461, für *Inkriþi* (?). *Inkiriþr* 1852.

Inki 359, ein Mannsname, isl. *Yngve*, der Jugendliche, isl. *ungr*, jung, *unga*, jungen *ungi*, das Junge, *unglingr*, Jüngling, *yngi*, ein junger Mann, auch Mannsname, *ynga*, eine junge Magd, auch Frauenname, *yngi*, Jugend, *ynglingar*, Nachkommen (des Königs Yngve), schw. *ung*, *yngla*, *unge*, *yngling*, *yngel*, Brut, dän. *ung*, *yngle*, *unge*, *yngling*, *yngel*, goth. *juggs*, jung, *junda*, Jugend, *jugga-lauþs*, (Jung-Mann) Jüngling, ahd. *junc*, ags. *geong*, engl. *young*, holl. *jong*. Man leitet in der Regel dieses Wort ab von der Wurzel *ju* oder *juh*, verbunden sein, anpassen, vergl. *Uksa*, so dass z. B. Jünger wörtlich der Verbundene, der Anhänger heissen sollte; diese Ableitung ist jedoch wenig einleuchtend. Ich möchte dieses Wort *ungr* oder *uggr* lieber zusammenstellen mit lappl. *juko*, Wartung und Erziehung der Kinder, *jukot*, Kinder warten, erziehen, *jukoje*, Wärterin, Erzieherin der Kinder, *juks-akka* (*akka*, Frau), Göttin der schwangeren Frauen, der unmündigen Kinder, u. s. w., *tjuk*, das Junge, *tjukek*, jungen. Gehörten ferner diese Wörter zusammen mit *jukket*, trinken, *jukkatet*, zu trinken geben, so wäre es nicht unwahrscheinlich, dass die ursprüngliche Bedeutung von *ungr* oder *uggr* Säugling, Pflegling sei. — *Ik* 139 (acc.), für *Ink*, vergl. *Furuki*. *Iki* 837, für *Inki*. *Iks* 826 (gen.)

Inkifastr 18, 553, 580, 648, 760, 865, ein Mannsname, der junge Feste, zusammengesetzt aus *Inki*, s. d. W., und *Fastr*, s. *Fasti*. *Inkifast* 89, 90, 114, 188, 423, 577, 584, 650, 850 (acc.). *Ikfastr* 654. *Ikifastr* 102, 150, 232, 562, 761, 1010, 1554. *Ikifast* 155, 799 (acc.). *Ikifatar* 583 (gen.).

Inkiul 634, ein Mannsname, der Abkömmling, s. *Inki*. *Ikul* 317, 472, 504, 549, 647, 797, 842 (nom. und acc.), vergl. *Furuki* und *Ikil*. *Igul* 812. *Ikül* 688.

Inkiþuru 396 (acc.), ein Frauenname, *Inkiþura*, die dem Thor geheiligte Maid, zusammengesetzt aus *Inki*, s. d. W., und *þura*, s. d. W. *Ikiþuriu* 310 (acc.). *Ikiþura* 369, 416, 647. *Ikiþoru* 367 (gen.). *Ikiþora* 391.

Inkiorþ 768, ein Mannsname, *Inkiurþ*, das junge Wort, zusammengesetzt aus *Inki*, s. d. W., und *Urþ*, s. *Venurþ*.

Inkirunt 481 (acc.), ein Mannsname, *Inkiruntr*, der junge Liebende, zusammengesetzt aus *Inki*, s. d. W., und *Untr*, s. *Uni*.

Inkikir 310, 313, ein Mannsname, *Inkikair*, der jugendliche Speer, zusammengesetzt aus *Inki*, s. d. W., und *Kair*, s. d. W.

Inkikirþr 816, ein Frauenname, die jugendliche Beschirmerin, zusammengesetzt aus *Inki*, s. d. W., und *Kirþur*, s. *Karþir*. *Inkirþ* 86. *Inkikiari* 435 (?). *Inkikar* 128. *Ikkiarþ* 125. *Ikikirþ* 76. *Ikikerþi* 507. *Ikikirt* 689.

Inkia 1721, Wittwe, isl. *eckia*, Wittwe, *eckill*, Wittwer, *ecki*, Trauer, schw. *enka*, *enkling*, altschw. *engia*, ängsten, dän. *enke*. Dieses Wort heisst also eigentlich die Beängstigte, die Trauernde und hängt also mit *Angst* zusammen, vergl. *Utrunkum*, Wittwe heisst ausserdem goth. *viduvo*, ahd. *witawa*, ags. *wuduwe*, engl. *widow*, sansk. *vidhava*, d. h. die Gattenlose. Im Angelsächsischen findet sich auch *lafe*, d. h. die Hinterlassene. — Her : ligger : hans : inkia :, d. h. Hier liegt seine Wittwe.

Inkialtr 408, 478, 1311, ein Mannsname, der jugendliche Abkömmling, zusammengesetzt aus *Inki*, s. d. W., und *Altr*, vergl. *Al*. — *Inkialt* 196, 202, 420, 1312 (acc.). *Inkialti* 154, 514. *Ikialtr* 600. *Igialtr* 848. *Ikialt* 707 (acc.), vergl. *Furuki*. *Ingal* 1498. *Ikalt* 232. *Inialt* 708.

Inkiburk 957, ein Frauenname, die jugendliche Burg, zusammengesetzt aus *Inki*, s. d. W., und *Burk*, s. d. W. — *Ikibarhar* 2021 (gen.). *Inikibur* 328. *Ikkeborg* 1678.

Inkibiarn 270 (acc.), ein Mannsname, *Inkibiurn*, der junge Bär, zusammengesetzt aus *Inki*, s. d. W., und *Biurn*, s. d. W. — *Ikibun* 1020. *Ikibirn* 713, vergl. *Sj*. III, 117, welcher Birgikþir bruþr lieset und Brigittas Bruder übersetzt. *Ikibiarn* 592, 760. vergl. *Furuki*.

Inkimuntr 580, 745, 759, 923, ein Mannsname, der jugendliche Beschützer, zusammengesetzt aus *Inki*, s. d. W., und *Muntr*, s. *Munti*. *Inkimoþ* 346. *Ikimuntr* 101. *Ikimunt* 121 (acc.). *Ihmuntr* 146.

Inkimar 923, ein Mannsname, der berühmte junge Mann, zusammengesetzt aus *Inki*, s. d. W., und *Mar*, vergl.

Vihmar. — *Inkemar* 1993. *Ikimar* 484, 853. *Ikma*ᛦ 261. *Inkmar* 435, 1117.

Inka 496, 497, 498, 902, 329, 2009, 2010, ein Frauenname, die Jungfrau, vergl. *Inki.* — *Inku* 2009 (gen.). *Inko* 2009 (gen.). *Ikur* 71, 2011 (gen.). *Ika* 69, 195, 348, 391, 526, 712, 1031, vergl. *Furuki.* *Iki* 565 (?).

Inklati 892 (dat.), *Inklant* d. h. das Land der Angeln. Han : varþ : tauþr : onklati (für o Inklati), d. h. Er starb in England. *Iklot* 1457. Knutr × soti × Iklot ᛭, d. h. Knut suchte England heim, vergl. *L. R.* S. 109. *Ekloti* 764. Saᛦ . varþ × tauþr × o Eg × loti ×, d. h. Welcher in England starb. *Iklanþi* 50 (dat.). Iþikalnþi für aþ Iklanþi (?). *Iklanþs* 608 (gen.). On skusti fara til Iklanþs, d. h. Er wollte nach England fahren. *Eklans* 987, 1002 (gen.). An : truknaþi : i Eklans : haf : 987, d. h. Er ertrank in Englands Meer. Vas . farin til Eklans 1002, d. h. War gefahren nach England. *Iklanti* 1262 (dat.). Saᛦ etaþis : o . Iklanti ., d. h. Welcher in England seinen Geist aufgab. *Eklanti* 895 (dat.). *Iklas* 1021 (gen.). *Iklats* 184 (gen.). Iklats + fari +, d. h. Englandsfahrer. *Iklanti* 1016 (dat.). Eklnti für Iklanti. *Aklonti* 1255. *Aklati* 1239. *Anklans* 1049 (gen.). *Haklati* 1233 (dat.). — Die Angels. Formen *egland, igland, ygland,* d. h. Eiland, *R. Spr.* S. 2, machen es wahrscheinlich, dass die eigentliche Bedeutung *Insel* sei. Vergl. *Ilati.*

Enhanᚆ**o** 1701; unbestimmt. Aus dem übrigen Inhalte lässt sich vermuthen, dass hier wahrscheinlich zu lesen sei i ᚠ raᚆo, d. h. in der 14:ten Reihe, da dieses mit der Jahreszahl 1514 übereinstimmt. Vergl. *Tir.*

Inibrantr 694, ein Mannsname, Wachholderbrand, zusammengesetzt aus *Ainir* (?), und *Brantr,* s. d. W., isl. *ei-*

nir, Wachholder, *einiber*, Wachholderbeeren, schw. *en*, *enbär*, dän *ene* oder *ener*, *enebær*, entweder der Strauch, welche einzelne Beeren trägt, oder welcher immer, s. *Aifikᛅ*, grün ist.

Enarr 1631, ein Mannsname *Ainar* (?), Wachholder, Immergrün, s. d. v. W.

Jetan 476 (acc. sing. masc.), isl. *itr*, vorzüglich *itar*, vorzügliche oder thätige Männer, *ita*, antreiben, ermuntern, *itaz*, wetteifern; über *jetan* für *itan*, s. *R. Spr.* S. 13. — At . man . jetan . d. h. Hurtigem Manne, vergl. *L. R.* S. 80.

Jemkil 283, ein Mannsname, der ebene Keil, zusammengesetzt aus *Jemn*, s. *Jafna*, und *Kil*, s. d. W. *Imkils* 283 (gen.).

Jafurbiarn 578, ein Mannsname, *Jufurbiurn*, Bär des Thor, zusammengesetzt aus *Jufur*, s. d. W., und *Biurn*.

Jafna 802 (acc.), ein Mannsname, *Jafni*, der Ebene, Gleiche, isl. *jafn*, schw. *jemn*, dän. *jævn*, goth. *ibns*, ahd. *epan*, ags., engl *even*, nhd. *eben*. Die Ableitung dieses Wortes ist schwierig.

Javarts 1833 (gen.), ein Mannsname, ags. *Edvard* oder *Jedvard*, vergl. *R. Spr.* S. 13, Wärter des Gutes, zusammengesetzt aus ags. *ead*, *ed*, s. *Aurþr*, und *Vartr*, s. *Vaurþr*.

Jarþiksaþ 449 (acc. sing. mit dem best. Art.), von *Jarþikn* (?), isl. *jarteikn* (*jartegn*, *jarteini*), Zeichen, Wunder, *jarteikna*, anzeigen, bedeuten, schw. *järteckn* (*jernteckn*), dän. *jertegn*. Die richtige Schreibart dieses Wortes ist ohne Zweifel *Jarntikn*, und es ist also zusammengesetzt aus isl. *jarn*, schw. *jern*, dän. *jern*, ags. *iren*, engl. *iron* (die Ableitung ist schwierig), Eisen, und *Tikn*, s *Tiknum*. Neben diesem Worte findet sich noch isl. *jarnburdr*, schw., dän. *jernbyrd*, Eisentragen, eines der

Ordalien, welches durch Tragen des glühenden Eisens oder durch Gehen über dasselbe die Unschuld oder Schuld zu erkennen gab. Wie also *jarnburdr* die Handlung, so bezeichnete *jarntikn* das Ergebniss derselben, und hieraus entstand der Begriff von Mirakel. Keineswegs ist aber dieses Wort zusammenzustellen mit alts. *wordtekan*, nhd. *Wahrzeichen* (entstellt aus *Wortzeichen*), noch vielweniger mit isl. *ordtak*, Wahlspruch, Sprichwort, viel eher liesse sich hierher führen lappl. *erades* oder *järates*, Grenzzeichen, *eretet* oder *järetet*, durch Schnitte in die Ohren Thiere von einander unterscheiden, bezeichnen, *äres* oder *ärenis*, verschieden. — Diese ganze Inschrift ist übrigens sehr schwierig und daher auf das verschiedenste gedeutet worden. Vergl. *Br.* S. 222. — *Jartiknum* 450 (dat.) scheint hier bloss Denkmal zu bezeichnen; vergl. *Sj.* I, 32. *Jarþih* 1346. Auch diese Inschrift ist schwierig. *Sj.* I, 28 *Barþik*; vergl. auch *G. S. H.* S. 161.

Jarþan 489, 1489, steht wahrscheinlich für *Harþan*, s. *Harþa*.

Jarkiᛦ 596, ein Mannsname, *Jurkair* (?), Pferdespeer, zusammengesetzt aus *Jur*, s. *Jufur*, und *Kair*, s. d. W.

Jarna 1104 (acc.), ein Mannsname, *Jarni*, der Eiserne, vergl. *Jarþiksaþ*.

Jarnaþi 1947 (imperf. sing.), von *Jarna*, mit Eisen beschlagen, isl. *jarna*, Pferde beschlagen, vergl. *Jarþiksaþ*. — Faᛦ . valtr . iarnaþi . tur ., d. h. F. beschlug die Thür mit Eisen.

Jarbulf 1530 (acc.), ein Mannsname, *Jarbulfr*, Pferdewolf (?), zusammengesetzt aus isl. *jarp*, (?), s. d. f. W., und *Ulfr*, s. d. W.

Jarbi 521, ein Mannsname, der Braune (?), isl. *jarpr*, von brauner Farbe, ein braunes Pferd, *jörp* oder *irpa*, eine dunkelbraune Stute, *irpa*, ein schwarzbraunes Riesenweib, *erpr*, Wolf, die Ableitung ist ungewiss. Mit schw. *hjerpe*, dän. *hierpe*, Haselhuhn, könnte dieses Wort vielleicht zusammengehören und dieses einen Vogel von graubrauner Farbe bezeichnen.

Jarl 75, 101, 111, 115, 117, 484, 1126, ein Mannsname, isl., schw., dän. *jarl* (Benennung der Personen, welche die höchsten Diener der Könige waren, und denen die Verwaltung der Landschaften, wie den *Hersar* die Anführung der Heere, anvertraut wurde; man vergleiche hierüber die äusserst belehrende Abhandlung in *Hall.* II, 142, u. f., wie auch *E. G. Geijer*, *Moores heroicæ ætatis apud veteres Græcos et Scandinavos comparati*, *etc.*), alts. *erl*, ags., engl. *earl*. Die Zusammenstellung dieses Wortes mit isl. *ár*, s. d. W., und *erill*, anhaltende Arbeit, ist von allen versuchten die einfachste und wahrscheinlichste, besonders da diese *Jarlar* nicht einmal zu den freien Männern gezählt wurden, s. *Hall. l. c.* weswegen auch eine Uebersetzung durch Graf ganz unstatthaft ist. — *Rígs-Mál* hat in dieser Beziehung vielleicht mehr poetischen als historischen Werth. *Jarl* 99, 121, 233, 720, 982 (acc.). *Jarli* 1113 (dat.). *Jarls* 121, 312, 1241 (gen.). *Joril* 1661. *Jorl* 85, 213, 765. *Joris* 101.

Jarlabanki 403, 445, 644, 645, 646, 648, 660, ein Mannsname, der die *Jarlar* anfällt (?), zusammengesetzt aus *Jarl*, s. d. W., und isl. *banga*, schw. *banka*, dän. *banke*, ein Schallwort, schlagen, vergl. *Binkil*, isl. *bangi*, der Bär. — *Jarlabaki* 403, 445, 644, 645, 646, 648, 660.

Jarmunkruntar 1323, zusammengesetzt aus *Jarmun* und *Kruntr*, s. *Kruntar*, isl. *jörmungrund* oder *jormöngrund*, ags. *eormengrund*, die ganze fruchtbare Erde. Man hat dieses *jörmun* zusammengestellt mit goth. *airman*, ahd.

irman, irmin, irmun und *orman, armin, herman, hermin,* alts. *irmin,* ags. *eormon, eormen,* und mit den mit demselben zusammengesetzten Namen, hat es für einfach erklärt und ihm die Bedeutung von *erz,* griech. *ἀρχι* — beigelegt. Sollte *jörmun* vielleicht nicht zusammengesetzt sein können aus isl. *jörd,* vergl. *Jorpaᛣ* und *munr,* vergl. *Munulfs,* so dass dieses Wort eigentlich *jördmunr,* Erdwonne, Erdanmuth, grünende Erde, Natur, Schöpfung, Erdkreis bedeute. Diese Vermuthung wird bestätigt durch schw. *jordmon,* die fruchtbare Oberfläche der Erde, das Erdreich, dän. *jordsmon.* Hieraus liessen sich auch ganz gut erklären, z. B. goth. *Airmanareiks,* Beherrscher des Erdkreises, ahd. *irmincot,* Gott des Erdreichs, Gott der Schöpfung, *irmansul,* Säule des Erdkreises, alts. *irminman,* Man des Erdkreises, Mensch, *irminþiot,* Volk des Erdkreises Menschheit, ags. *eormencyn,* Geschlecht des Erdkreises, isl. *jormöngandr,* Schlange des Erdkreises, denn Pferdmähnige Schlange (von *jor,* Pferd, *mön,* Mähne) ist nicht zu billigen. — M u n a t h : r a i þ : v i þ u r : r a þ a : r u k s t a r k r : i : T a u m a r k u : V a n t i l s : i a r m u n k r u n t a r :, d. h. Sollte nicht der kräftigstarke Anführer Vendels fruchtbares Erdreich beherrschen?

Jak 1780, 1985, isl. *ek,* schw. *jag,* dän. *jeg,* goth. *ik,* ahd. *ih,* ags. *ic,* engl. *i,* nhd. *ich,* die Ableitung ist ungewiss. *Jah* 1860, für *Jak. Ik* 1971. Vergl. *Mik.*

Isi 603. Es ist wahrscheinlicher, dass dieses Wort hier *Jesus* bedeute, wie auf vielen Runensteinen, z. B. 1926, 1965, 1978, und 1686 *Ges* für *Gesus* oder *Gisus* 1724, 1736, 1693, 1737, als dass durch I s i K u þ, wie *Werelius* meint, *Odin* bezeichnet sein sollte.

Itklega 1971 (adverb.), eifrig, unaufhörlich, isl. *idia*, Arbeit, *idia*, arbeiten, *idinn*, fleissig, *idka*, betreiben, *idni*, Fleiss, *idull*, ununterbrochen, schw. *id*, Fleiss, *idas*, sich bemühen, *idka*, betreiben, *idog*, fleissig, *idoghet*, Emsigkeit, *idelig*, beständig, dän. *id*, *idelig*, *idelighet*, die Grundbedeutung ist *wiederum*, *wiederholt*, goth. *id*, ahd. *it* oder *ita*, ags. *ed*, wiederum, daher auch schw. *idisla*, wiederkäuen.

Etliks 1741 (gen.), ein Mannsname, *Atlinkr*, vergl. *Furuki*, Nachkomme, vergl. *Atlikebo*.

Ibit 1955, lat. *ibit*.

Elfa 1740, isl. *ellifu*, schw. *ellofva*, dän. *elleve*, goth. *ainlif*, ahd. *einlif*, ags. *endlufon*, nhd. *elf*, d. h. eins bleibt über (zehn), zusammengesetzt aus *Ainr*, s. *Ain*, und *Laifa*, s. *Fastilifs*.

Ilukᛦ 1553, ein Mannsname, *Ilhukr*, Uebelgesinnter, zusammengesetzt aus *Ilr*, und *Hukr*, s. d. W., isl. *illr*, böse, altschw. *ill*, schw. *illa* (adverb.), dän. *ild*, engl. *ill*. Es ist nicht unwahrscheinlich, dass die ursprüngliche Bedeutung von *Ilr* eifrig sei und dass es in Verbindung stehe mit isl. *elian*, Streit, *eliari*, Nebenbuhler, *elia*, Nebenbuhlerin, eingewurzelter Hass, altschw. *älas*, necken, reizen, engl. *aile*, goth. *aljan*, Eifer, ags. *ellean*, ahd. *ellan*, welchen Ausdrücken der Begriff *anders* zum Grunde liegt, isl. *ella*, schw. *eljest*, dän. *ellers*, im anderen Falle, sonst, goth. *alis*, anderer, fremder, *alja*, ausser, ausser dass, engl. *else*, anderer, *else*, anders, gr. *ἄλλος*, lat. *alius*. Hierher gehört auch ahd. *elilenti*, (Anderland) Ausland, Verbannung, hilfloser Zustand, Elend. — *Iluki* 411, 419, (der Uebelgesinnte). *Iluka* 920 (gen.). *Ilüki* 1045. *Iluhi* 29, 478, 1102, vergl.

Fulkir. *Ilgr* 2013. *Ilan* 1618 (acc. sing. m.) von *Ilr* (?). *Illikr* 1859, isl. *illingr*, Schurke.

Ilhiastaþum 662 (dat. plur.), ein Ortsname, zusammengesetzt aus *Ilkia*, vergl. *Fulkir*, und *Staþr*, s. d. W., isl. *elgr*, das männliche Elenthier, *ilgia*, das weibliche Elenthier, schw. *elg*, dän. *elodyr*, ahd. *ele*, *elaho*, *eliho*, ags. *elch*, engl. *elk*, isl. *ylgr* und *ylgia* bedeuten viel wahrscheinlicher Wolf und Wölfin, als Elenthier. Man nimmt in der Regel an, dass die Grundbedeutung sei das *starke* Thier, wie man auch eine junge Kuh die *Stärke* nennt (engl. *sturk*, junger Ochs) und stellt alsdann dieses Wort zusammen mit *Ala*, nähren, vergl. *Al*. Es wäre indessen nicht unmöglich, dass *Ilr* oder *Ilkr* das eifrige, muthige, böse Thier bedeute, vergl. d. v. W. Das altfries. *ulke*, ndsächs. *ilk*, Iltiss (ahd. *illitiso*, dän. *ilder*, schw. *hiller*, u. s. w.), liesse sich so auch besser erklären, als durch ahd. *elo*, gelb, da die Formen in den übrigen verwandten Sprachen dieser Ableitung zu widersprechen scheinen.

Ilati 1145 (dat. sing.), für *Ilanti*, d. h. Eiland, vergl. *Inklanti*. Die ältereren Runenforscher trennten dieses Wort und übersetzen *Ila* durch *Ilium*, Burg Trojas, wodurch sie diesem Runensteine ein sehr hohes Alter gaben, vergl. *Id*. IX, 350.

Imlauk 438, ein Frauenname, die blühende Heldin (?), zusammengesetzt aus *Ima* (?) und *Lauk*, s. *þurlakr*, isl. *ima*, zweifelhaftes Treffen, *ima* oder *efa* (*ifa*), zweifeln, *ef*, ob, schw. *jäf*, (Zweifel an der Behörigkeit) Verwerfung, u. s. w., *om*, ob, dän. *om*, goth. *ibai* oder *iba*, ahd. *iba*, Zweifel, *ibu*, *ibo*, und *ubi*, *upi*, ob, ags. *gif*, engl. *if*. — Da *ima* oder *yma*, Riesenweib, *ymir* oder *ymi*, (ein Schallwort, der *Gimende*, landschaftlich für Keichende, dann auch heftig Sprechende) Riese heisst, so könnte auch *Imlauk* aus *Ima*, Riesenweib, und *Lauk* zusammengesetzt sein, und die blühende Riesin heissen.

A 325, 397, 508, u. s. w. (praepos.), isl. *á*, schw. *å*, dän. *aa* (untrennbar), auf, in, scheint aus *pá* entstanden zu sein, so wie dieses aus *uppa*, vergl. *Uf.* — A Kutland 325, d. h. Auf Gottland. A Kriklanti 397, d. h. In Griechenland. A Virlati 508, d. h. In Wirland. — *O* 303, 325, 320, u. s. w. O : Funum : 303, d. h. In Funbo.

A 145, 149, 516, u. s. w., eine Partikel, welche zum Verbum gehört, vergl. d. v. W. — Ubiᛦ risti a 145, d. h. Ubir ritzte ein. þir . jogu runir a þisa . 149, d. h. Sie metzten diese Runen ein.

A 35. A Karþir ist zu lesen Ak Karþir, vergl. *Ukuþ*, und *Ak* steht für *Auk*, s. d. W.

Af 315, 1689, 1702, u. s. w. (praepos.), isl., schw., dän., goth., holl *af*, ahd. *af* und *apa*, ags., engl. *of*, nhd. *ab*, griech. *ἀπό*, lat. *a*, *ab*. Die Grundbedeutung ist von einem Orte ausgehend. — Af þauþi bi 315, d. h. Von diesem Dorfe (?). Mattiosa : sun : af : Fottoi : 1689, d. h. M's Sohn von F. Jakaupr . af . Flintvik . 1702, d. h. Jacob von Flintvik.

Afriþ 617, ein Frauenname, *Afriþur*, die Flussschirmerin, zusammengesetzt aus *A*, und *Friþur*, s. *Friþi*, isl. *á*, schw. *å*, dän. *aa*, Fluss, goth. *awa*, ahd. *aha*, *awa*, ags. *ea*, nhd. *Aue* (ahd. *ouwa*, Fluss, Flussinsel, Wiese). Die Wurzel *a* oder *ah* bezieht zich besonders auf die Bewegung der Luft und des Wassers, wie auch bildlich auf die Bewegung des geistigen Lebens; daher goth. *aha*, Sinn, Verstand, *ahjan*, meinen, *ahma*, der Geist, *akrs*, (das bewegte Land) der Acker, ahd. *atum*, Geist, Athem, *ahta*, die Hinrichtung des Geistes auf eine Sache, die eifrige Aufmerksamkeit auf dieselbe, a) im guten Sinne, Sorgfalt, b) im bösen Sinne, Verfolgung, daher auch Vertreibung, Verbannung, Acht, *ahton*, seinen Sinn auf etwas richten, es beachten, schützen, *ahtjan*, seinen Sinn eifrig auf etwas richten, verfolgen, verbannen, ächten, *ahsa*, ein Ding, um welches sich etwas bewegt, die Achse, *ahhar*, s. o., der Acker, ags. *ædm*, *ædmian*, u. s. w. isl. *aga* (ægir), sich bewegen, zusammenfliessen, *ægir*, das sich Bewegende, das Meer, *ag* oder *agi*, die Richtung des Geistes auf etwas, Uebung, Zucht, (ebenfalls von *ziehen*, bewegen), *aga*, den Geist auf etwas richten, üben, züchtigen, *agn*, (was den Geist auf etwas richtet, lockt) Lockspeise, *akt*, Schätzung, *akta*, schätzen, *aka*, bewegen (lappl. *åkot*, laufen), *akka*, antreiben, fahren (lappl. *åkotet*, laufen machen, antreiben), *akr*, der Acker, schw. *aga*, Zucht, Züchtignng, *aga*, züchtigen, *akt*, Acht, *akta*, achten, *åka*, fahren (die Pferde antreiben, lenken), *åker*, Acker, dän. *ave*, *s.*, *ave*, *v.*, *agt*, *agte*, *age*, *ager*. Aus dem Griechischen und Lateinischen lässt sich diese Grundbedeutung noch mehr belegen, wie beim ersten Hinblick deutlich wird. Hierher gehört auch isl. *eymr*, aufsteigender Dunst, schw. *imme*, dän. *eim*, s. o. ags. *ædm*. — *Afiriþ* 292. *Afiriþi* 1586.

Afi 1779, *Afe* 1991, lat. für *ave*.

Afari 389, ein Mannsname, Flussbefahrer, zusammengesetzt aus *A*, s. *Afriþ*, und *Fari*, s. *Fara*.

Afskakirit 1952, wahrscheinlich unrichtig gelesen. *L. R.* S. 167, vermuthet, dass die Zeit des Schlachtens oder der Erndte gemeint sei.

Aftan 1827, isl. *aftan* oder *aptan*, schw. *afton*, dän. *aften*, ahd. *abant*, ags. *æfen*, engl. *evening*, *eve* (Vorabend), holl. *avond*, nhd. *Abend*. Die Grundbedeutung ist die spätere Tageszeit, vergl. *Aftaᛣ*. *Afton* 1856.

Aftaᛦ 313, isl. *eftir*, nach, *aftan*, im Rücken, *aftar*, zurück, schw., dän. *efter*, goth. *afar*, nach, *afta*, nach, hinten, *þo afta*, das Vergangene, ahd. *afar*, ags. *æft*, engl. *after*, holl. *achter*, nhd. *after*. Die Grundbedeutung ist wie bei *Af*, s. d. W., von einem Orte ausgehend, dem Ziele näher kommend, abnehmend, am Ende seiend. — Auf den Runensteinen, wie überhaupt mit dem Accusativus, bedeutet *aftar* nach dem Tode jemandes, oder auch zur Erinnerung an jemand, vergl. *Prolusiones antiq. etc. E. S. Bring. Aftir* 2, 28, 38, u. s. w., Kairvi × auk × Kula × ristu × stain þina aftir. Onunt × foþur sin . is vas austr × tauþr × miþ × Ikvari × Kuþ hialbi ot × Onutar . 2, d. h. K. und K. errichteten diesen Stein zur Erinnerung an ihren Vater O. Er starb östlich mit I. Gott helfe dem Geiste O's. — *Aftr* 324, 680, 1040, für *Aftir*, vergl. *Ufir*. Kuikbiarn + raisti + stain + þina + aftr . þorstin . bruþur + sin . 680, d. h. K. errichtete diesen Stein zur Erinnerung an seinen Bruder. — *Afti*ᛦ 10, 21, 29, u. s. w. — *Aft*ᛦ 22, 83, 288, u. s. w. — *Aft* 109, 327, 334, u. s. w. — Tutir : baþ karva kubl þita aft . Juta 334, d. h. T. bat dieses Denkmal zur Erinnerung an J. zu machen. — *Afti* 522, 1007, 1288, u. s. w. *Afr* 1602, für *Aftir* (?). *Afi* 793, für *Aftir* (?). *Afa* 1614, für *Aftir*. — *Auft* 1489, 1502. *Auftr* 735. *Aufti* 1499. *Aufti*ᛦ 1424, 1511, 1535. *Aüfti*ᛦ 1184. *Auftar* 1533, für *Aftar*. — *Ati*ᛦ 1450. *At*ᛦ 1398, für *Aftar*. — *Abt*, 1532. *Abtir* 262. *Abti*ᛦ 90, 115, 116, u. s. w., für *Aftar*. — *Aiftir* 720, 1323, 1326. *Aifti*ᛦ 1091, 1324, 1367, u. s. w. *Aefti*ᛦ 1102. *Atur* 1629. *Atif*ᛦ 225. *Ftir* 1334, für *Iftir*, vergl. *Ufir*. — *Uft* 1425, 1447. *Uftr* 1. *Ufti* 718. *Uftir* 752, 1438, 1445, u. s. w. — *Uftir* 681, 999,

1164. *Uftiᛦ* 165, 170, 390, u. s. w. — *Uftaᛦ* 1168. *Uftᛦ* 245, für *Aftar*. — *Uiftir* 739, für *Aftar*. — *Uti* 149, 943. *Utiᛦ* 1003, 1010, für *Aftar*. — *Uptir* 1570, für *Aftar*. — *Oft* 1527. *Oftiᛦ* 174, 264, 300, u. s. w. *Ofta* 1534, für *Aftar*. — *Ifþi* 1582. *Ift* 302, 323, u. s. w. *Eft* 485, 736, 1543, u. s. w. *Iftr* 380, 1268, 1675. *Eftr* 903. *Ifti* 162, 395, 467, u. s. w. *Iftir* 34, 36, 40. — Iftir . sik . sialfan . 40, d. h. zur Erinnerung an sich selbst. — *Eftir* 20, 46, 1380, u. s. w. *Iftiᛦ* 14, 17, 23, u. s. w. *Ifteᛦ* 531, 582, 640. *Eftiᛦ* 16, 18, 20, u. s. w. *Efᛏer* 1750. *Eftaᛦ* 1663, 1665. *Iftᛦ* 108, 162, 238, u. s. w. *Eftᛦ* 49, 95, 206, u. s. w., für *Aftar*. — *Itiᛦ* 253, 537, 685. *Iptir* 1735. *Ibtiᛦ* 211, 344, 490, u. s. w., für *Aftar*. — *Autiᛦ* 1245, 1429. *Abtar* 2021, für *Aftar*. — *Btir* 1912, für *Aftar*. — *ᛅfti* 728, 787. *ᛅftir* 726, 1487. *ᛅftiᛦ* 1370. *ᛅftᛦ* 988. *ᛅifti* 682.

Aflaþi 729 (sing. imperf.), von *Afla*, isl. *afla*, erwerben, schw. *afla*, schwängern, schwanger werden, dän. *avle*. Der Grundbegriff dieses Wortes ist wie bei *Af*, s. d. W., die Sache von der etwas ausgeht, die Kraft, Vermögen zu etwas hat, etwas kann, hervorbringt, oder das, was von einer Sache ausgeht, die Kraft, das Vermögen, das Erworbene, das Erzeugte; daher isl. *abl* oder *abli* und *afl* oder *afli*, Kraft, Vermögen, das Erzeugte, *afi*, der Erzeuger, Grossvater, *afla*, kräftig sein, vermögen, können, schw. *afvel*, das Ausgegangene, Hervorgebrachte, die Brut, Zucht, *afvelsam*, von dem viel ausgeht, fruchtbar, *aflinge*, erworbenes Gut, dän. *avl*, was von Thieren und der Erde ausgeht, Brut, Früchte, *avlsom*, *avling*, *avlelem*, Zeugungsglied, goth. *aba*, der Zeugende, der Mann in geschlechtlicher Hinsicht, *avo*, die Grossmutter, *abrs*, kräftig, ags. *abal*, u. s. w. Vergl. *Far*.

Aflas 1922 (gen.), isl. *aflát*, schw. *aflat*, dän. *aflad*, Ablass.

Auþveli 1698, ein Mannsname, *Auþvili*, der leicht Wollende, zusammengesetzt aus *Auþr*, s. d. W., und *Vili*, s. d. W., vergl. *R. Gr.* S. 180.

Auþvatr 1777, ein Mannsname, der sehr Schnelle, zusammengesetzt aus *Auþr*, s. d. W., und *Vatr*, s. *Vaþr*. *Aþvatr* 1391.

Auþvaltr 1773, ein Mannsname, Gutbeherrscher, oder der leicht Beherrschende, mit dem sich gut fertig werden lässt, isl. *audveldr*, zusammengesetzt aus *Auþr*, s. d. W., und *Valtr*, s. *Valtum*. *Auþvalt* 1801 (acc.). *Auþvalts* 1741.

Auþr 18, ein Mannsname, der Reiche, isl. *audr*, Vermögen, Reichthum, schw. *od*, Eigenthum, goth. *aud*, Schatz, Gut, ahd. *ot*, altfr., alts. *od*, long. *aud*, ags. *ead* und *od*. Die Grundbedeutung des Wortes *Auþr* scheint zu sein eine unangebaute, in ihrem natürlichen Zustande sich befindende Strecke Landes, welche bei der Besitznahme einer Gegend an die Einzelnen vertheilt wurde, wobei zuerst nicht an eine Besitznahme durch Krieg, sondern an Herumwanderungen in noch unbewohnten Ländern zu denken wäre. Ist diese Annahme wahr, so lassen sich die verschiedenen Bedeutungen sehr gut erklären, nämlich isl. *audr*, a) ein unbewohntes und unbebautes Land, Oede, b) ein solches zur Bewohnung und Bebauung in Besitz genommenes Land, s. u. *uþal*, Besitz, Reichthum, *audlinger* oder *ödlinger*, Besitzer eines solchen Landes, reicher, edler Mann, König, *audn*, Oede, *audna*, (Reichthum) Glück, *audgaz*, reich werden, *audnaz*, glücken, *ödlaz*, (Besitz) erhalten, zunehmen, wachsen, *eyda* (von *audr*), Oede, *eyda*, veröden, und aus dieser Bedeutung der unangebauten Beschaffen-

heit

heit bildet sich der Begriff des Natürlichen, Ursprünglichen, weswegen ich auch hierher rechne *odal* oder *adal* auch *edli*, natürlicher Zustand, Ursprung, natürliche' (gute, edle) Anlage, (was ja ebenfalls von anlegen oder anbauen stammt), *adal* oder *adalbol*, s. u. *Uþal*, ein solches ursprüngliches Eigenthum, *adalbonde*, der Bebauer, Bewohner, Besitzer eines Odels, *edla*, von einem Odel abstammend, edel, die Wurzel ist also *aud*, *od*, *ad* und die Urwurzel *a*, hervorgehen, erster Zustand des Seins, schw. *adel*, Adel, *odal*, (in Zusammensetzungen) Odel, *odla*, anbauen, *öde*, (was jemand zu Theil geworden ist, Antheil, Loos) Schicksal, *öde*, unangebaut und unbewohnt, öde, dän. *adel*, *odel*, *øde*, *s.*, *øde*, *adj*. goth. *audags*, (reich an Besitzungen) selig, *auþs*, öde, ahd. *adal*, Ursprung, Adel, *adallih*, adelig, *edili*, edel, *odil*, *uodal*, Odel, *odi*, öde, ags. *æðel*, *eðel*, u. s. w. nhd. *Klein-od*, (zierlicher Besitz) Kostbarkeit, und in Namen, z. B. *Elbinger-ode*, *Oster-ode*. — Auch die Formen *Uþ*- oder *Ouþ*- und *Oþ*- finden sich in *Uþulf* 1941, ein Mannsname, *Uþulfr*, der reiche, edle Wolf, zusammengesetzt aus *Uþr* oder *Auþr*, und *Ulfr*, s. d. W. — *Au⸗ulfr* 70, goth. *Aþaulfs*, ahd. *Adolf*. *Uþkumi* 752, der edle Mann, s. *Kumi*. *Uþkitil* 1369, (acc.), der edle Helm, s. *Kitil*. *Uþakrimr* 1563, der edle Anführer, s. *Krimᛦ*. *Ouþmunt* 215 (acc.), der edle Beschützer, s. *Munti*. *Oþsmuntᛦ* 567. *Oþmontr* 274, ags. *Edmund*. *Oþviþr* 274, der edle Anführer; s. *Viþur*. *Ouniotr* 1046, für *Uþniautr* (?), der Besitzgeniessende, edle Genosse, s. *Niautir*. — *Uþal* 662, Odalgut, s. o., zusammengesetzt aus *Uþr* oder *Auþr*, und *Ala*, s. *Al*, d. h. was Reichthum hervorbringt, erzeugt; Odal nannten nämlich die alten Skandinavier das unbewohnte und unbebaute Land, welches sie in Besitz genommen, und mit ihren Genossen zu Aeckern und Wiesen umgeschaffen hatten, vergl. *Helsingelag. Vidherb. B.* XV, u. s. w., wie auch *Str.* I, 544, u. f. — Iᛦ þisi biᛦ þaiᛦa uþal, d. h. dieses Dorf ist ihr Odel. *Uþali* 882. Ati : hafan : Uþali :, d. h. Besass das halbe Odel. *Oþali* 1921. A oþali × sinu ., d. h. Auf seinem Odel. — *Utalfriþr* 162, ein Frauenname, *Uþalfriþr*, die Besitzschirmende, zusammengesetzt aus *Uþal*, und *Friþur*, s. *Friþi*.

Auþkil 1370, ein Mannsname, der muthige Besitzer, zusammengesetzt aus *Auþr*, s. d. W., und *Kil*, s. d. W. *Uþkil* 1607. *Aukil* 1483.

Auþkair 669, ein Mannsname, der reiche, edle Speer, zusammengesetzt aus *Auþr*, s. d. W., und *Kair*, s. d. W. — *Auþkiᛦ* 358. *Auþkar* 766.

Auþkarþi 753, ein Frauenname, die Beschirmerin des Eigenthums, zusammengesetzt aus *Auþr*, s. d. W., und *Kirþir*, s. *Karþr*.

Auþin 1355, ein Mannsname, der Reiche, der Göttliche, s. *Auþr*, ich ziehe diese Bedeutung der von Veröder vor, wie man isl. *audun* zu deuten pflegt. *Auþan* 588.

Auþiᛦ 1423, ein Mannsname, der Reiche, der Göttliche, s. *Auþin*. *Autr* 1436. *Autiᛦ* 1428, ahd. *Uodo*, *Udo*, ndd. *Otto*. *Aüi* 1300, für *Auþi* (?). *Auar* 1097, *Aüar* 875, für *Auþar* (?). *Auars* 1097 (gen.).

Auþa 753, ein Frauenname, die Reiche, Göttliche, s. *Auþr*, *Uþu* 1672 (acc.).

Auþbiorn 576, ein Mannsname, *Auþbiurn*, der reiche Bär, zusammengesetzt aus *Auþr*, s. d. W., und *Biurn*, s. d. W. *Auþbiarn* 1303. *Uþbirn* 710. *Aubirn* 892. *Aubiarn* 737, 950, für *Auþbiurn* (?) oder *Abiurn* (?), s. d. W.

Aur 310 (acc.), isl. *aur*, Kiessand, Schlamm, *eyri*, sandige Ufer, *áreyri*, eine trockene, steinige Stelle in Flüssen, was die unter *U* angeführte Vermuthung vollkommen bestätigt, schw. *ör*, Kies, steinige Gegend, verwandt mit isl. *eyr*, Erz, goth. *aiz* (für *ais*?), ahd. *er*, *arizi*, *aruzz*, ags. *ar*, engl. *ore*. Die Ableitung ist schwierig; weder Erde, s. *Jorþaᚼ*, noch Eisen, s. *Jarna*, scheinen hierher zu gehören. Wollte man isl. *jörd*, schw., dän. *jord*, der runde, sich im Kreise bewegende Körper, s. *Jorþaᚼ*, von goth. *airþa*, altfr. *irthe*, alts. *ertha*, ags. *eorðe*, gr. *ἔρα* trennen, so könnten wohl *aur*, Stein, Erz, und *airþa* zusammengehören. Erde würde alsdann heissen der feste (eherne, irdene) Körper (fränk. *hertha*). — Auf den Runensteinen bedeutet *aur* entweder einen Steinhaufen oder eine Fuhrt. Kera aur a sunti, d. h. Eine Fuhrt im Sunde machen, vergl. *Sj.* III, 122, und *Br.* S. 215.

Aurir 576, ein Mannsname, der Hurtige (?), isl. *ör*, (der Kieselstein, das Stück Erz?) der Pfeil, *ör*, (pfeilgeschwind) hurtig, s. d. v. W. — *Auriᚼ* 1673.

Aurikia 206, ein Mannsname, *Vrikia* (?), der Vertriebene, der Held. Die Formen dieses Namens sind sehr verschieden, nämlich *Urikia* 1116, *Orekiu* 561 (acc.), *Arikia* 472, und wahrscheinlich ist *Urikia* oder *Vrikia* die richtige Form. Dann würde dieser Name zusammengehören mit isl *reka*, vertreiben, *recki*, Tapferkeit, *reckr*, Held, *ræki*, Rache, schw. *vräka*, vertreiben, biblisch rächen, *vrak*, eine Sache die hin und her getrieben wird, dän. *vrage* (alt. *vræke*), *vrag*, goth. *vrikan* und *vrakjan*, verfolgen, *vraks*, Verfolger, *vraka* und *vrakja*, Verfolgung, *vrohjan*, anklagen, ahd. *rehhan*, verfolgen, *rahha*, Rache, *hrechio*, der Verfolgte, Vertribene, vielgewanderte Held, *ruogan*, anklagen, alts. *wrokan*, verfolgen, *wrekkjo*, der Verbannte, ags. *vrecan*, rächen, *vracu*, Rache, *vrecca*, Verbannter, *vregan*, anklagen, engl. *wreak*, holl. *wroegen*, rügen. Vergl. *Rikr* und *Raknfriᛦ*.

Aura 1050, ein Ortsname, zusammengesetzt aus *Aur*, s. d. W., und *A*, s. *Afriþ*.

Aura 1952 (acc. pl.?), isl. *eyrir*, pl. *aurar*, Gewicht, Münze, schw. *öre*, Gewicht, Münze, (im Pluralis) Geld und Gut, ein Acker von einem gewissen Umfange, dän. *øre*, höchst wahrscheinlich ursprünglich ein Stück Erz, vergl. *Aur*. — Es ist ungewiss, was auf dem Runensteine mit A u r a t v o s t a f gemeint sei, vergl. *Staf*. — *Ouris* 1696 (gen. s.). H a n : g a f : e t : o u r i s : l a i h i : i a r ., d. h. Er gab eine *Öreslage* Land, wieviel aber *Öreslage* sei, lässt sich nicht bestimmen, vergl. *L. R. S.* 152.

Auk 2, 3, 4, u. s. w. und, isl. *oc* oder *og*, schw. *och*, dän. *og*, goth. *auk*, ahd. *ouh*, ags. *eac*, engl. *eak*, nhd. *auch*, d. h. hinzukommend, noch dazu, von *Auka*, vermehren, s. d. W. — *Aukui* 226. *Aouk* 205. *Aok* 52, 142, 1609, u. s. w. *Ak* 34, 69, 85, u. s. w. *Ah* 1068, 1722, vergl. *Fuluki*. *Uk* 19, 38, 41, u. s. w. *Uku* 1250. *Uik* 502. *Ok* 130, 138, 139, u. s. w. *Og* 149, 225, 1685, u. s. w. *ᛦk* 273.

Aukuta 1498 (acc.), ein Mannsname, für *Auþkauti* (?), der reiche Weise, zusammengesetzt aus *Auþr*, s. d. W., und *Kautr*, s. d. W. — *Okuti* 719.

Auka 1344, ein Frauenname, die Vermehrerin, isl. *auka*, schw. *öka*, dän. *øge*, goth. *aukan*, ahd. *auhon*, alts. *okian*, ags. *eacan*, engl. *eke*, gr. *αὔξειν*, lat. *augere*, von der Wurzel *auk* oder *uh* hinzukommen. Isl. *auknefni*, schw. *öknamn*, dän. *øgenavn*, ein hinzugekommener Name, ein Spitzname, liegen vielleicht dem landsch. Worte *Ekelname* zum Grunde, welches also als eine verderbte Form zu betrachten wäre. — *Ohki* 1422, ein Mannsname, für *Auki* (?).

Aukair 690, ein Mannsname, *Aukkair*, der vermehrende Speer, zusammengesetzt aus *Auka*, s. d. W., und *Kair*, s. d. W. — *Aukaiᛦ* 691. *Aukᛦ* 1245. *Aukars* 1780 (gen.).

Aukmunta 1596, ein Mannsname (?) für *Aukmuntr*, der vermehrende Beschützer, zusammengesetzt aus *Auka*, s. d. W., und *Muntr*, s. *Munti*. *Br.* S. 130 lieset Auk munta und übersetzt und verfertigte. — *Okmunt* 1476.

Auno 1189, ein Mannsname, für *Uni* (?), s. d. W.

Aue 1961, lat. *ave*.

Auiþur 204, ein Mannsname, für *Viþur*, s. d. W.

Auintr 600, ein Mannsname, für *Vintr* (?), s. d. W. *Auint* 1173 (acc.). *Auit* 821 (acc.).

Austr 2, 38, 47, 121, 864, u. s. w. (adv.), isl. *austr* und *eystra*, gegen Osten, in Osten, *austur*, Osten, schw. *öster*, dän. *øst*, *øster*, (goth. *urruns*, s. *Run*) ahd. *ostana*, von Osten her, *ostar*, in Osten, ags., engl. *east*, ndd. *oost*. Die Ableitung dieses Wortes ist schwierig, man erklärt es für gleichbedeutend mit *ortus*, jedoch ohne diese Bedeutung nachweisen zu können. Man stellt ebenfalls mit diesem Worte ahd. *ostoron*, ags. *eastran*, engl. *easter*, (isl. *paskir*, schw. *påsk*, dän. *paaske*, goth. *paska*, franz. *pasques*), nhd. *Ostern* und ahd. *ostara*, altfr. *austara*, ags. *eastre*, Göttin des Aufgangs, des Frühlings, wie auch ahd. *ostarmanod* zusammen. Ich will hier einen Versuch wagen. Es findet sich isl. *ausa*, machen, dass etwas in die Höhe steigt, besonders flüssige Körper, daher anfeuchten, *austr*, Wasser, das in ein Schiff gestiegen ist, schw. *ösa*, Wasser in die Höhe ziehen, dän. *øse*, trockne und nasse Körper in die Höhe ziehen, ndd. *ösen*, *Oese*, was dazu dient etwas in die

Höhe zu ziehen, lappl. *austet*, Wasser in die Höhe heben, *auster*, ein Gefäss dazu, woraus sich also sehr gut der Begriff vom Aufgehen der Sonne, Osten, und dem Steigen der Säfte in Pflanzen und Bäume, Frühling, Ostern, wie auch der Göttin des Auflebens, Wachsens, Gedeihens, der Liebe, Fruchtbarkeit erklären lässt. Diese Vermuthung wird zur höchsten Wahrscheinlichkeit, wenn man sich darann erinnert, dass das Befeuchten mit Wasser bei den alten heidnischen Skandinaviern, also gewiss auch bei den Germanen, eine heilige Handlung war, durch welche die neugeborenen Kinder geweiht oder getauft wurden, denn *at ausa vatni*, heisst im heidnischen, *at skira* (reinigen) aber im christlichen Sinne taufen (Ueber die Wasserbegiessung vergl. "Geschichte der Schwed. Kirche von *D:r H. Reuterdahl* u. s. w., übersetzt von *E. Th. Mayerhoff*", wobei wir doch bemerken müssen, dass hier ein sehr störender Uebersetzungsfehler vorkommt, indem *knäsättning*, s. *Fustra*, durch *Kniebeugung* wiedergegeben ist); dass in der alten christlichen Kirche die Osterzeit ganz besonders zum Taufen bestimmt war; dass nach einem Volksglauben, das sogenannte Osterwasser eine verjüngende, neubelebende Kraft besitzt, und dass sogar noch jetzt dieses Osterwasser geschöpft und als Verschönerungsmittel betrachtet wird. — *Ustur* 237, *Ustr* 587. *Ustr* 1401. *Hustr* 799. *Austarlar* 927. *Austᛅ* 988.

Austriki 851, Benennung eines Landes, zusammengesetzt aus *Austr*, s. d. W., und *Riki*, s. d. W., so hiess nämlich die ganze Seeküste von der Weichsel an nach Osten und Norden hinauf bis zum Finnischen Meerbusen. Vergl. *L. H. S.* I, 207, 235, *Id.* IV, 86, IX, 341, *Str.* I, 15, u. s. w.

Austerbü 1736, ein Ortsname (der vielleicht eher Bezug auf einen alten heidnischen Gebrauch hat, als auf die Lage) zusammengesetzt aus *Austr*, s. d. W., und *Bu*, s. d. W.

Austmoþr 1085, ein Mannsname, *Austmaþr*, Ostmann, zusammengesetzt aus *Austr*, s. d. W., und *Maþr*, s. d. W. Dieser Runenstein wird für einen der ältesten gehalten, s. *Sj.* I, 27.

Aula 1590 (gen.?), ein Mannsname, *Auli*, der Trunkne, Einfältige, isl. *aulr* oder *ölr*, trunken, *auli*, ein Gauch, von *öl*, berauschendes Getränk, vergl. *Oeil.*

Aulaif 1731 (acc.), ein Mannsname, *Auþlaifr* (?), der reiche Abkömmling, zusammengesetzt aus *Auþr*, s. d. W., und *Laifr*, s. *Fastilifs*. *Aulfr* 614, 928.

Auᛦkair 1391, ein Mannsname, eherner Speer (?), zusammengesetzt aus *Aur*, s. d. W., und *Kair*, s. d. W.

Aþru 1952 (dat. sing. neut.), isl. *annar*, schw. *annan*, dän. *anden*, goth. *anþar*, ags. *oðer*, engl. *other*, eigentlich einer von zweien, anderer. — At aþru laki, d. h. Zum zweiten Male. *Anar* 8. *Anari* 1135. *Anan* 852.

Aþil 370, ein Mannsname, der Edle, der Beschützer, isl. *adill*, s. *Auþr*. *Aþilᛦ* 698. *Atil* 903 (acc.).

Aþilstan 677, ein Mannsname, *Aþilstain*, Edelstein, zusammengesetzt aus *Aþil*, s. d. v. W., und *Stain*, s. d. W.

Aþan 864, *L. R.* S. 83, übersetzt dieses Wort durch ehe, bevor, isl., schw. *innan*, dän. *inden*; wahrscheinlicher bedeutet wohl dieses Wort neulich, isl. *adan*, vergl. *Fala.*

Ar 1696, 1705, 1763, isl. *ár*, schw. *år*, dän. *aar*, goth. *jer*, ahd. *jar*, alts. *iar*, ags. *gear*, engl. *year*, nhd. *Jahr* (gr. *ἔαρ*, lal. *ver*). Man nimmt entweder an, dass dieses Wort aus dem Slavischen stamme und eigentlich die helle Zeit, Sommer bedeute, oder mit *ar*, Jahreswuchs,

Ernte, s. d. v. W., gleiche Bedeutung habe und die Zeit von einer Ernte zur anderen bezeichne. Diese letzte Annahme scheint die wahrscheinlichste zu sein, wiewohl alsdann das Wort eben nicht eine ursprüngliche Benennung ist, indem diese natürlich erst zu einer Zeit entstanden sein kann, wo man Ackerbau trieb. So dürfte es sich auch verhalten, da die Alten Skandinavier eigentlich ihre Jahre nach Wintern zählten, vergl. *Uintr.* — Hvert : ar : 1696, d. h. Jedes Jahr. Etusent : ar : ok : þru : hunþraþ : ar : ok : fimtihi : ar : var : af : Kus : bürþ :, d. h. Eintausend dreihundert und funfzig Jahre seit der Geburt Gottes. *Arum* 1912 (dat. pl.). Arum btir, d. h. In den Jahren nach. *Ari* 1763, 1764 (dat. sing.). I . þa . ari . 1763, d. h. In dem Jahre. Ainu . ari . 1764, d. h. Um ein Jahr. *Or* 1740. Elfa hunaraþ or, d. h. Elfhundert Jahre.

Arfuntr 263, ein Mannsname, der erfahrene Diener, zusammengesetzt aus *Ari*, s. d. W., und *Funtr*, s. *Funtin.* Vergl. auch *Arfastr.*

Arfi 404, 621, 1728, u. s. w., isl. *arfi* und *erfingi*, schw. *arfvinge*, dän. *arving*, goth. *arbja*, ahd. *arpjo* auch *aripo* und *erpo*, ags. *eafora*, nhd. *Erbe*, ursprünglich der Landbesitzer, dann der, welchem das Erbe, s. d. f. W., zufällt, auch wohl Sohn. — Kari + Munulfs + arfi + 404, d. h. Kari, der Erbe Munulfs. Viþabiarn + arfi . Kuþabiarnar : 621, d. h. V., der Erbe K.'s. *Arfa* 729 (dat. sing.). Arfa sinum, d. h. Seinem Erben, s. *Far. Arfa* 581, 633, 89, u. s. w. (acc. sing.). Oftir + Viþbiarn + arfa + Karumbrus + kuþan × 633, d. h. Zum Andenken V's, des guten Erben K. s. At : kouþan : Ubis : arfa : 864, d. h. Dem guten Erben U.'s. *Arfa* 1753. *Arfar* 219 (nom. plur.). Uk iru arfar Aslaks, d. h. Und sind A's Erben. *Arfaᛦ* 51, 81. ᚦaisi varu Vikulfs arfaᛦ 51, d. h. Diese waren V's Erben. Arfaᛦ Fastilifs 81, d. h. F.'s Erben. *Arfair* 273. Kuᚦlifiᛦ ᛦk. Sihviᚦr : Altulf . arfs . arfair . litu hakva sten, d. h. K. und S., die Erben des Erbes A.'s liessen den Stein metzen. *Arifar* 470. *Arva* 1759, 1778, für *Arfi*. *Irfi* 817, für *Arfi*.

Arfi 2009, 2010, 2011, u. s. w. (dat. sing.) isl. *arfr* und *erfd*, schw. *arf*, dän. *arv*, goth. *arbi*, ahd. *arpi* und *erpi*, fries. *arve*, ags. *yrfe*, nhd. *Erbe*, ursprünglich das Gefilde (lat. *arvum*), das Landgut, die Nachlassenschaft, von der Wurzel *ar*, das Land bebauen, s. *Ari*. Inko ᚦiᛦ kuam . at sunar arfi 2009, d. h. I. kam da zu dem Erbe des Sohnes. ᚦir kuam Kairlauk . at arfi Inku ᚦutur sinar 2009, d. h. Da kam K. zu dem Erbe ihrer Tochter I. Han kam at arfi barn . sins 2010, d. h. Er kam zum Erbe des Kindes. *Arfs* 273 (gen.).

Arfastr 86, ein Mannsname, der im Dienste Treue, zusammengesetzt aus *Ari*, s. d. W., und *Fastr*, s. *Fasti*, oder für *Arffastr*, der zuverlässige Erbe, zusammengesetzt aus *Arfi*, s. d. W., und *Fastr*. Der erste Theil dieses Namens lässt sich auch zusammenstellen mit isl. *æra*, schw. *ära*, dän. *ære*, ahd. *era*, ags. *are*, nhd. *Ehre*, welches Wort man durch *Glanz* zu erklären pflegt. Wahrscheinlicher ist indessen, dass *aria*, arbeiten, s. *Ari*, wie das lat. *colere* auch die Bedeutung von verehren gehabt habe, und *æra* also mit der Wurzel *ar*, ackern, zusammenhange. Nach dieser Ableitung würde *Arfastr* Ehrenvest bedeuten. Auch wird *ari*,

30

gr. *ἀρι* in *ἀρείων*, *ἄριστος*, für eine blosse Verstärkung erklärt, z. B. in dem Namen *Ariowist. Arfstr* 33.

Arva 1065, ein Frauenname, die Erbin (?), vergl. *Arfi*.

Arvatr 684, ein Mannsname, für *Arnhvatr* (?), der muthige Aar, zusammengesetzt aus *Arn*, s. d. W., und *Hvatr*, s. *Vaþr*. Vergl. *Arfastr* nnd *Arni*.

Arus 1837, ein Ortsname, zusammengesetzt aus *A*, s. d. W., Fluss, und *Us*, Mündung, isl. *os*, altschw. *os*, wohl eigentlich das Ergiessen des Wassers, vergl. *Austr*, daher noch schw. *os*, dän. *oes*, ags. *wos*, ndd. *Wasen*, aufsteigender Wasserdampf. Hierher gehört wohl auch ohne Zweifel ahd. *ferwesanon* oder *verwazan*, verwesen, also nicht aufhören ein Wesen zu sein, sondern in Dünste verwandelt werden, zerfliessen, verfaulen. Isl. *visna*, schw. *visna*, dän. *visne*, ags. *veosnan*, heisst daher auch wohl ursprünglich verfaulen, und dann erst in besonderer Beziehung auf Pflanzen verwelken, trocken werden, sonst liesse sich nicht erklären wie ags. *vos*, Saft und *veosnan*, trocken werden heissen könnte. Mit dem Worte Wasser scheinen diese Wörter nicht im Zusammenhange zu stehen.

Arþ 485, für *Varþ*, s. *Varu*. Bru + arþ + slagin + vergl. *Riþ*.

Arþkair 100, ein Mannsname, *Harþkáir*, der kühne Speer, zusammengesetzt aus *Harþr*, s. *Harþuᛦ*, und *Kair*, s. d. W.

Arþstan 146, ein Mannsname, *Harþstain*, der kühne Stein, zusammengesetzt aus *Harþr*, s. *Harþuᛦ*, und *Stain*, s. d. W.

Arkum 391 (dat. sing. masc.), von *Arkr*, isl. *arg*, unaufhörliche Beschwerde, *arga*, antreiben, besonders von den Hunden, auf etwas hetzen, können, vermögen, schw., dän., agls. *arg*, ahd. *arac*, nhd. *arg*. Die ursprüngliche Bedeutung dieses Wortes ist höchst wahrscheinlich zur Arbeit antreibend, s. *Ari*, woraus die Bedeutungen böse, nichts nütze, der selbst nichts thuen will, träge (isl. *argr*) entstanden sind. Hierher gehören auch die Wörter isl. *orka*, Arbeit, Kraft (zur Arbeit), *orka*, (arbeiten) können, schw. *orka*, dän. *orke*. — Mu-kiþ mirki furiᛦ arkum mani, d. h. ein grosses Denkmal für einen strengen Mann.

Arkerþ 675, ein Frauenname, *Arkirþur*, die Arbeitschirmende, zusammengesetzt aus *Ari*, s. d. W., und *Kirþur*, s. *Karþir*. Vergl. auch *Arfastr*.

Arkil 449, 2197, ein Mannsname, Arbeitskeil, zusammengesetzt aus *Ari*, s. d. W., und *Kil*, s. d. W. Vergl. auch *Arfastr*.

Arkstin 1457, ein Mannsname, *Arkstain*, der strenge Stein, zusammengesetzt aus *Arkr*, s. *Arkum*, und *Stain*, s. d. W.

Arn 1079, ein Mannsname, Aar, Adler, isl. *ari*, *arin*, *ern* und *örn*, schw. *örn*, dän. *ørn*, goth. *ara*, ahd. *aro*, und *arn*, ags *earn*, holl. *arend*. Ich möchte das Wort *ara* zerlegen in *a-ra*, der sich in der Luft mit seinen Schwingen fortbewegende Vogel, zusammengesetzt aus *A*, s. *Afriþ*, und *Ra*, sich bewegen, s. *Raisa*, es würde alsdann wörtlich übereinstimmen mit gr. *ἀετός*, lat. *aquila*, d. h. der (in der Luft) schwebende Vogel. In dieser Vermuthung bestärken mich noch mehr folgende Wörter isl. *roa*, schw. *ro*, dän. *roe*, ahd. *ruohan*, ags. *rovan*, engl. *row*, (wie der Vogel sich mit Schwingen, so) mit Rudern sich fortbewegen, nhd. *rudern* (gebildet aus ahd. *ruo-dar*, Werkzeug zum Bewegen, Ruder). Man könnte gegen diese Erklärung Einwenden, dass man alsdann im Schwedischen *årn* und nicht *örn* finden würde; indessen das isländische *örn* oder *aurn* deutet hin auf eine ursprüngliche Form *árn* oder schw. *årn*, und da man bald den wahren Begriff des Wortes verloren haben kann, so lässt sich recht gut denken, dass man auch nicht die ursprüngliche Aussprache und Schreibweise beibehielt. Auch selbst auf den Runensteinen findet sich *Aurn* 364. *Urn* 1331. Ja selbst die Form *Orn*, findet sich, s. *Arnfastr*. *Orniutr* 269, für *Arnniautr* (?), Aargenoss, zusammengesetzt aus *Arn* und *Niautr*, s. *Niutir*.

Arnfinþr 1833, ein Mannsname, der kluge Aar, zusammengesetzt aus *Arn*, s. d. W., und *Finþr*, vergl. *Finr*. Vergl. auch *Arfastr* und *Arni*.

Arnfastr 33, ein Mannsname, der treue Aar, zusammengesetzt aus *Arn*, s. d. W., und *Fastr*, s. *Fasti*. *Arnfasta* 1050. *Ornfastr* 1282. *Irnfastr* 352. *Ernfastr* 366. *Ernfast* 586. *Irefast* 513. *Irefatr* 224, für *Irefastr* (?). *Erinfastr* 382. *Erinfast* 351. *Erfast* 296. Vergl. auch *Arfastr* und *Arni*.

Arnvi 685, ein Frauenname, das Heiligthum des Adlers, zusammengesetzt aus *Arn*, s. d. W., und *Vi*, s. d. W. *Irinvi* 647. Vergl. auch *Arfastr* und *Arni*.

Arnviþr 1452, ein Mannsname, Anführer des Adler, zusammengesetzt aus *Arn*, s. d. W., und *Viþr*, s. *Viþur*. *Arviþ* 1735 (acc.), für *Arnviþ* (?). *Frnvitr* 776, vielleicht auch der weise Adler, zusammengesetzt aus *Arn* und *Vitr*, s. d. W. Vergl. ebenfalls *Arnfastr* und *Arni*.

Arnkisl 29 (acc.), ein Mannsname, Adler-Strahl, zusammengesetzt aus *Arn*, s. d. W., und *Kisl*, s. d. W. Vergl. auch *Arfastr* und *Arni*.

Arnkair 1677, ein Mannsname, der tapfre Adler, zusammengesetzt aus *Arn*, s. d. W., und *Kair*, s. d. W. *Erinkar* 790. Vergl. auch *Arfastr* und *Arni*. *Arngeir*, eine Art Streitaxt, vergl. *L. Hjs.* I, 235.

Arnktᛦ 687, ein Mannsname, *Arnkautr* (?), der weise Adler, zusammengesetzt aus *Arn*, s. d. W., und *Kautr*, s. d. W. *Ernkautr* 586. Vergl. auch *Arfastr* und *Arni*.

Arni 33, ein Mannsname, der Häusliche, isl. *ar*, *arin* und *arn*, schw. *arn*, dän. *arne*, Feuerherd, Haus, Heim. Da isl. *arinn*, angebaut, bearbeitet heisst und *arinhella*, s. *Ari* und *Halr*, einen ebenen Stein bezeichnet, welcher als Stufe vor der Thür liegt, oder zum Feuerherde dient, so lässt sich vermuthen, dass *arin* ursprünglich bloss bearbeitet, von Allen betreten bedeutet habe; dass dann *arin* von diesen beiden bei einem jeden Hause sich findenden Dingen die Bedeutung Heimath erhalten habe. Ebenso hiess *bærhella*, Thürstufe, Herd, und *Bær* Gehöfte. — *Arna* 206 (acc.). *Arna* 1850 (gen.). *Arin* 1619 (acc.). *Urni* 1239.

Arnivi 548, ein Frauenname, Heiligthum des Hauses, zusammengesetzt aus *Arni*, s. d. W., und *Vi*, s. d. W. Vergl. auch *Arn* und *Arfastr*.

Arnibiarnaᛦ 1578 (gen.), ein Mannsname, *Arnibiurn*, der Bär des Hauses, zusammengesetzt aus *Arni*, s. d. W., und *Biurn*, s. d. W. *Arinbiarnaᛦ* 1063 (gen.). *Arbiurn* 40, 64, 68. *Arbion* 684. *Erinbiun* 790. *Iᛦnbrn* 603. *Iᛦnbiur* 197. Vergl. auch *Arn* und *Arfastr*.

Arnstain 1677, ein Mannsname, Stein der Ehre, zusammengesetzt aus *Ara*, Ehre, vergl. *Arfastr*, und *Stain*, s. d. W. Vergl. auch *Arn* und *Arni*. *Arstin* 936. *Arstan* 165.

Arntis 724, ein Frauenname, Ehrenmaid, zusammengesetzt aus *Ara*, Ehre, vergl. *Arfastr*, und *Tis*, s. d. W. Vergl. auch *Arn* und *Arni*.

Arnburk 761, ein Frauenname, Ehrenburg, zusammengesetzt aus *Ara*, Ehre, vergl. *Arfastr* und *Burk*, s. d. W. Vergl. auch *Arn* und *Arni*.

Ari 779, ein Mannsname, *Ari*, der Arbeitsame, der Diener, der Gesandte, isl. *ár* und *ari*, Diener, Gesandter, *ar*, Arbeit, besonders Pflügen, *ardr*, Pflug, *arvida* oder *ervida*, den Acker bebauen, *arvidi*, *ervidi*, Ackerbau, Arbeit, *eria*, die Erde bearbeiten, pflügen, eggen, u. s. w. *erjan*, Arbeit, Pflügen, *erill*, anhaltende Arbeit, *ar*, (Gewinn der Arbeit, Ernte), Jahreswuchs, *ar*, (Werkzeug zum Arbeiten) Ruder, schw. *ärja*, pflügen, *årder*, Pflug, *äring*, Jahreswuchs, *ärende*, Geschäft, *arbeta*, arbeiten, *åra*, Ruder, dän. *ærende*, *arbeide*, *aar*, goth. *arjan*, ackern (*asans*, Einsammlung der Aehren? Sommer, Ernte), *arbaidjan*, arbeiten, *airus*, der Bote, Gesandte, ahd. *aran* und *arnôn*, ackern, *arnidi*, *arnod* und *arn*, Ernte, *arunti*, Geschäft, *arapeit*, Arbeit, ags. *erian*, *ærend*, *earfoð*, *ar*, Bote, engl. *ear*, *errand*, gr. *ἀρόω*, lat. *aro*. Vergl. *Jorþaᛦ* und *Aur*. Der Wurzel *ar* scheint der allgemeine Begriff in Bewegung, in Thätigkeit sein zu Grunde zu liegen. Das Wort *Aehre*, ags., engl. *ear*, gehört nicht hierher und heisst das Spitzige, Stechende, isl., schw., dän. *ax*, goth. *ahs*, ahd. *ahir*. — *Ara* 1374 (acc.). *Ar* 1500 (acc.). *Airu* 1441.

Arinvorþr 1240, ein Mannsname, *Arinvaurþr*, Wärter des Hauses, zusammengesetzt aus *Arin*, s. *Arni*, und *Vaurþr*, s. d. W., vergl. auch *Arfastr* und *Arn*.

Arinmunt 1221, ein Mannsname, *Arinmuntr*, Beschirmer des Hauses, zusammengesetzt aus *Arin*, s. *Arni*, und *Muntr*, s. *Munti*, vergl. auch *Arfastr* und *Arn*. — *Erinmunt* 516 (acc.). *Erinmontr* 591.

Arilr 38, ein Mannsname, der Arbeitsame, gebildet aus *Ar*, s. *Ari*, und der Endung — *ilr*, vergl. *R. Gr. S.* 186, isl. *erill*, anhaltende Arbeit — In der Gegend selbst nennt man diesen Stein einen Riesenspaten und glaubt, dass ein Riese ihn angewandt habe, um einen Kanal zu graben und ihn bei zu langsam fortschreitender Arbeit nach einem anderen Riesen geworfen habe, der eine Kirche zu erbauen übernommen hatte. Sowohl jene, als diese Arbeit geschahen zufolge einer Wette. Vergl. *Br.* S. 92.

Artiᛐ 1829, 1855, zusammengesetzt aus *Ar*, s. d. W., und *Tiᛐ*, s. d. W., isl. *artid*, Sterbetag, die jährliche Feier zur Erinnerung an einen Verstorbenen. *Artiþ* 1827, 2021. Artiþ hænnar ær Klemonþ meso aftan 1827, d. h. Ihr Sterbetag ist am Abende vor dem Clemenstage (am 22:sten November).

Arta 139, ein Frauenname, *Harþa* (?), die Kühne, vergl. *Harþur*.

Arbü 951, ein Ortsname, altschw. *Arbughi*, zusammengesetzt aus *A*, s. *Afriþ*, und *Bu*, s. d. W.

Arluk 789, ein Frauenname, *Arlaukr*, die Ehrenvolle Zierde der Familie, zusammengesetzt aus *Ara*, s. *Arfastr*, und *Laukr*, s. *þurlakᛦ*. *Irlukn* 792.

Arlukᛦ 491, ein Mannsname, der ehrenvolle Spross der Familie, s. d. v. W.

Arluntr 1465, ein Mannsname, *Aurlantr*, der Ausländr, isl. *erlender* oder *örlendr*, der Fremde, zusammengesetzt aus *Aur* oder *Ur*, s. d. W., und *Lantr*, s. d. W. — Vergl. ahd. *elilenti*, Ausland, Verbannung, Elend.

Armuntr 66, ein Mannsname, Ehrenmund, zusammengesetzt aus *Ara*, s. *Arfastr*, und *Muntr*, s. *Munti*. Vergl. *Arinmunt*.

Akurstam 692 (dat. pl.), ein Ortsname, für *Akurstaþum*, zusammengesetzt aus *Akr*, s. *Afriþ*, und *Staþr*, s. *Staþ*.

Akru 642, ein Ortsname, zusammengesetzt aus *Akr*, s. *Afriþ*, und *U*, s. d. W.

Aknus 1936, lat. *agnus*. *Agna* 1926.

Aki 220, 613, 635, 786, 1277, 1903, ein Mannsname, der Fahrende, Ackernde, s. *Afriþ*. *Akiʀ* 766. *Aka* 205, 815, 827, 1411 (acc.).

Akios 1926, griech. ἅγιος.

Akaut 667, ein Mannsname, *Akautr*, der am Fluss wohnende Weise, zusammengesetzt aus *A*, s. *Afriþ*, und *Kautr*, s. d. W.

Akarþir 25, für *Ak Karþir*, d. h. und Kardir, vergl. *Ukuþ*.

Akmunr 885, ein Mannsname, der eifrige Beschützer, zusammengesetzt aus *Aki*, der Fahrende, Antreibende, Eifrige, s. d. W., und *Muntr*, s. *Munti*. Wahrscheinlich ist ahd. *Agilmund* derselbe Name. — *Akmunt* 64, 1458. *Akmunta* 388.

Ahviþr 275, 276, ein Mannsname, *Akviþr*, s. *Fulkir*, der eifrige Anführer, zusammengesetzt aus *Aki*, s. d. W., und *Viþr*, s. *Viþur*.

Ahlaþr 238, ein Mannsname, *Aklaþr*, vergl. *Fulkir*, der eifrige Krieger, zusammengesetzt aus *Aki*, s. d. W., und *Baþr*, s. *Butviu*.

An 1290, für lat. *in*.

An 220, für *On*, s. d. W.

An 1979, zweifelhaft, vergl. *Sj*. III, 114.

Anuntr 125, 262, 302, 374, 534, 582, 590, 601, 602, 802, 878, 1024, 1054, 1114, ein Mannsname, isl. *Önundr*, der Riese, auch Name eines Mannes. Die Erklärung, *Anuntr* sei gleichbedeutend mit *Hamuntr*, ist höchst unwahrscheinlich. Vielleicht ist dieser Name zusammengesetzt entweder aus *An*, isl. *án*, ohne (*aungr*, *öngr*, Niemand), goth., ahd., ags., nhd. *un*, griech. ἀν, lat. *in*, welche Partikel bei der Zusammensetzung nicht bloss eine Verneinung, sondern ein Gegentheil, einen

Tadel,

Tadel, vielleicht auch eine Verstärkung des Stammwortes ausdrückt, *Undr*, isl. *undur*, schw., dän. *under*, ahd. *wuntar*, freudiges Erstaunen, von isl. *unna*, goth. *vunnan*, vergl. *Vonniar*. *Anuntr* würde also dem zufolge heissen der unangenehmes Erstaunen Erregende, oder der grosses Erstaunen Erregende, mit welchen Bedeutungen sich der Begriff von Riese sehr gut verträgt; oder aus isl. *ann* oder *önn*, Beschwerde, Arbeit, altschw. *aan*, z. B. *aan-trött*, oder auch *ande-trött*, abgemattet, *ann* oder *and*, Ernte, und *Untr*, liebend, s. *Uni*, die Bedeutung wäre also Beschwerden, Anstrengungen liebend. — *Anun* 1153. *Anunt* 378, 750, 1061 (acc.). *Anuntra* 262. *Anuntaᛦ* 741 (gen.). *Anunᛦ* 1140, 1952. *Anut* 563, 768 (acc.). *Anutr* 28, 610, 877, 913, 1122. *Anütr* 624. *Anutar* 191 (gen.). *Anutaᛦ* 996 (gen.), vergl. *Furuki*. *Auntr* 1079, für *Anuntr* (?). *Aonutr* 84. *Anaunr* 1016. *Onuntr* 1332. *Onunt* 2 (acc.). *Onut* 16, 826, 1193 (acc.). *Onutr* 829. *Onutar* 2 (gen.). *Onon* 97, 1489.

Annus 1990, lat. *annus*.

Anima 1824, lat. *anima*.

Ansvar 181, ein Mannsname, *Antsvari*, der Verantwortliche, zusammengesetzt aus, isl. *and*, schw., dän. *an* (*and*), goth., ags. *and*, ahd., nhd. *ant*, *ent*, und isl. *svara*, antworten, Verantwortung übernehmen, erstatten, *sveria*, schwören, schw. *svara*, *svärja*, dän. *svare*, *sværge*, goth. *svaran*, schwören, ahd. *suerjan*, ags. *andsvarian*, antworten, *sverian*, schwören, engl. *answer*, *swear*, Wie z. B. bejahen aus *ja* entstanden ist, so möchte ich auch vermuthen, dass *svara*, aus isl., gth., ags *sva*, schw. *så*, dän. *saa*, ahd., nhd., engl. *so* entstanden, also ursprünglich bloss eine feierliche Betheurung gewesen sei. Die Erklärung dieses Wortes durch *vara*, wahren, mit vorgetretenem *s* hat wenig Wahrscheinliches für sich.

Ant 22, 23, 90, u. s. w., von *Anti*, isl. *andi* und *önd*, Hauch, Geist, *anda*, hauchen, athmen, schw. *ande*, *anda*, dän. *aand*, *aande*, goth. *anan*, hauchen, ahd. *anto*, *anado*, Eifer, Zorn, *anton*, eifern, rächen, ags. *anda*, nhd. *ahnen*, dunkel geistig empfinden, von der Wurzel *an*, wehen, s. *Afriþ*. Vergl. griech. ἄνεμος, lat. *animus*, *anima*. — K u þ . h i a l b i . a n t . h a n s . 22, d. h. Gott helfe seinem Geiste. *Antu* 1901. K u þ . h i a l b i . a n t u a l r a k r i s t i n a, d. h. Gott helfe dem Geiste aller Christen. *Anti* 228, 714. *Antin* 49 (mit dem Artik.). *Anta* 558, 707, 741, u. s. w. K u þ i a l b i a n t a A n u n t a ᛦ 741, d. h. Gott helfe dem Geiste A. s. *An* 38, 490, 605, u. s. w. für *Ant*. K u þ h i a l b i h o n s a n, 605, d. h. Gott helfe seinem Geiste. *Aunt* 1313. *Aut* 208, 312, 1126. K u þ × h i a l b i × a u t × h a s × 1126, d. h. Gott helfe seinem Geiste. *At* 16, 20, 285, u. s. w., für *Ant*, s. *Furuki*. *Ont* 44, 117, 118, u. s. w. *Onth* 315. *Onta* 29, 713, 1045. *Ot* 2, 305, 350, u. s. w. *Otu* 28. *Otn* 1478. *Oti* 93. *Hanta* 620. *Hut* 208, 1125.

Antvitr 47, 133, 253, 376, 1550, ein Mannsname, der weise Geist, zusammengesetzt aus *Anti*, s. *Ant*, und *Vitr*, s. d. W. *Antvit* 32, 45, 235, 638, 746. *Antvita* 235 (gen.). *Antvitᛦ* 817. — Isl. *andvidri*, entgegengesetzter Wind, zusammengesetzt aus *And*, s. *Ansvar*, und *Vitr*, s. *Viþralti*.

Antisi 732, ein Frauenname, die Wiederspenstige, zusammengesetzt aus *And*, s. *Ansvar*, und *Tis*, s. d. W. *Antisu* 745 (acc.).

Antaþis 902 (sing. imperf. depon.), von *Antas*, den Geist aufgeben, isl. *andaz*, eines sanften Todes sterben, vergl. *Ant*, wie *salaz*, vergl. *Sial*, goth. *usanan*, aushauchen, sterben. Auk : o Lankbarþalanti antaþis, d. h. Und starb im Lankbarthalande. *Eotaþis* 1180. Iaᛦ . eotaþis austr i Krikum, d. h. Er starb östlich in Griechenland. *Entaþus* 851 (plur.). þaiᛦ . entaþus . i . Austrriki . d. h. Sie starben im Ostreiche. *Etaþis* 1262. Saᛦ etaþis : o . Iklanti, d. h. Welcher in England starb. *Itaþisk* 1254, über die Endung — *sk*, vergl. *R. Gr.* S. 287 und 288. Iᛦ : itaþisk : o ustr i Krikum, d. h. Er starb im Osten in Griechenland. *Sj.* III, 119 lieset: I mita disk ov tri kirkum und deutet: Er verfertigte für drei Kirchen Patenen, und fügt hinzu, *mita*, eigentlich *mota*, nach einem Modelle bilden, und *disk*, Teller, Patene zu den Oblaten (!!!). *Ataþis* 1098, vergl. *Furuki*.

Ai 1147, ein Mannsname, der Urgrossvater, isl. *ai*, lappl. *aija*, Grossvater, weil ferner die Lappen glaubten, der Donner sei ein die bösen Handlungen der Menschen sogleich bestrafender Gott, so nannten sie denselben *Aija*, um durch diesen Schmeichelnamen seine Liebe zu gewinnen, *aimo*, der Zustand nach dem Tode, das künftige Leben (schon nach einer alten heidnischen Ansicht, daher *jabmeki aimo*, das Reich der Todten), eine lange Zeit. Ebenso heisst lappl. *attje*, Vater, *attja*, Donner. Vielleicht bedeutet dieses Wort der Ewige, der Schöpfer aller Wesen, vergl. *Aifikᛦ*.

Ai 1953, isl. *ei*, schw. *ej*, dän. *ei*, vergl. *Aiki*. Da sich die Namen unholder Wesen (heidnischer Götter) oft als Verneinungen finden, z. B. der Teufel auch, d. h. durchaus nicht, ich schere mich den Teufel darum, d. h. ich bekümmere mich gar nicht darum, so könnte vielleicht dieses Wort mit dem vorhergehenden im Zusammenhange stehen. — A i : m a : þ u : f a : m i k : d. h. Du mögest mich nicht bekommen.

Ai 1027, 1978, 2008, lässt sich nicht bestimmen, was mit *ai* gemeint sei.

Aifikᛅ 489, ewiger, isl. *æ*, immer, *æa* oder *á* (*ai*, *adi*, *ad*), weilen, *æfi*, Zeit, Lebenszeit, schw., dän. *evig*, ewig, goth. *aivs*, Zeit, lange Zeit, *aiveins*, ewig, ahd. *io*, immer, *ewa*, lange Zeit, Vertrag, Gesetz, Ehe, ags. *á*, *ava*, *euwin*, *euwinik*, *euwik*, *ewic*, ewig, engl. *ay*, griech. ἀεί, lappl. *eke*, der ältere Oheim, *ekewes*, ewig, *ikää*, ewig, *iko*, des Nachts, *ija*, die Nacht, *ekked*, Abend. Sollten vielleicht Ewigkeit und Nacht und *ragnaröckr* im Zusammenhange stehen? — A i f i k ᛅ J u f u r, d. h. Ewiger Gott! Lappl. *Ekewes Jubmel.*

Aivin 1596 (acc.), ein Mannsname, *Aivinr*, der beständig Siegende, zusammengesetzt aus *Ai*, s. d. v. W., und *Vinna*, s. *Van*, oder auch der beständige Freund, vergl. *Vinni*, oder nur der Beständige, s. d. v. W.

Aiþi 397 (dat.), ein Ortsname, isl. *eydi*, schw. *ed*, *ede*, dän. *eid*, *eide*, Landzunge, s. *U. Eþi* 797. *Eiþi* 1267. Vielleicht ist die ursprüngliche Bedeutung bloss ein öder Strich Landes, vergl. *Auþr.*

Airikr 458, 601, 605, 1774, ein Mannsname, der immer Herrschende, zusammengesetzt aus *Ai*, s. *Aifikᛅ*, und *Rikr*, s. d. W. *Airik* 2009. *Airiki* 1334. *Erik* 1548, 1764. In der letzten Inschrift ist König Erik von Pommern gemeint, vergl. *L. R.* S. 154, *Sj.* II, 23. *Aᛅrukr* 208.

Aikvi 1952, Eigenthum, Besitz, isl. *eiga*, schw. *ega*, *egor*, dän. *eie*, gth. *aigen*, vergl. *Aihu.* A u k a l t a i k v i v a r r, d. h. Und all unser Eigenthum. *Sj.* III, 133 übersetzt: Und alle in Kivar. Ueber die Endung *vi*, s. *R. Gr.* S. 75.

Aiki 1442, 1683, isl. *ei, eigi, ecki,* nicht, *eingi, einginn, aungr, öngr,* keiner, schw. *ej, icke, ingen,* dän. *ei, ikke, ingen,* ganz verschieden von goth. *ni-aiv,* ahd. *nio,* für *ni-io, nihein,* für *ni-ein,* verkürzt, *chein,* nhd. *nie, nein, kein.* Vergl. *Flu.* — *Aki* 1431, vergl. *Flu. Iki* 378, 449, 957, 1006 (sing. neutr.), kein. *Igi* 485 (sing. neutr.).

Aihu 2012 (plur. praes.), von *Aika,* besitzen, isl. *eiga,* schw. *ega,* dän. *eie,* goth. *aigan,* besitzen, ahd. *eikan,* angehörig, ags. *agen,* engl. *own,* griech. *ἔχειν.* Es ist höchst wahrscheinlich, dass dieses Wort mit *Ai,* s. *Aifikᛦ,* im Zusammenhange stehe, und eigentlich sich verbunden haben heisst, daher auch isl. *ekta,* sich verbinden, heirathen, denn die Ableitung von *ok, jugum,* wie *conjugium,* ist weniger wahrscheinlich, *ekta-maki,* Ehemann, *ekta-kona,* Eheweib, u. s. w., schw. *äkta,* u. s. w., dän. *ægte,* u. s. w., lappl. *akka,* Ehefrau. — Halvis boar aihu, vergl. *Folboa.* — *A* 559, 1711, 1713, u. s. w. (sing. praes.). Hun a stin sa 559, d. h. Er besitzt diesen Stein. Han : a : mik : 1711, d. h. Er besitzt mich. *Ahta* 1596 (sing. imperf.), vergl. *Fura.* Is ⁝ hana ⁝ ahta ⁝, d. h. Er besass sie (zur Gattin). *Aikþi* 1710 (sing. imperf.). Sum : aikþi : Botviþa : d. h. Welcher B. besass (zur Gattin). *Ati* 403, 445, 496, u. s. w. (sing. imperf.). Auk . ain . ati . alan . Tabu . 403, d. h. Und besass ganz Tabu allein. *Ata* 882, für *Ati,* vergl. *Furu.*

Ain 403, 445, 496, 660 (nom. sing. masc.), ein, einzig, isl. *einn,* schw. *en,* dän. *een,* goth. *ains,* ahd. *einer,* ags. *an,* engl. *one,* vielleicht verwandt mit *Ai,* s. *Aifikᛦ,* immer dasselbe. Han × ati × ain × bu × þina × 496, d. h. Er besass allein dieses Dorf. *Ain* 2009 (sing. fem.). Aᛦ ain lifþi hun hit, d. h. Von denen eine lebte, sie hiess. *Ainu* 1763, 1764 (dat. sing.

neut.), vergl. *R. Aina* 1594 (acc. sing. fem.). Auk : ati : totur : aina :, d. h. Und besass eine Tochter. *Ainika* 378 (acc. sing. masc.), ahd. *ainaha*, einzig.

Ainuntr 612, ein Mannsname, der sehr Geliebte, zusammengesetzt aus *Ain*, s. d. W., und *Untr*, s. *Uni*. Im Isländischen bedeutet nämlich *ein* — in Zusammensetzungen ausgezeichnet, vorzüglich, vergl. *R. Gr.* S. 181.

Ainvitr 1050, ein Mannsname, der sehr Weise, zusammengesetzt aus *Ain* und *Vitr*, s. d. v. W.

Aini 1452, ein Ortsname (?), isl. *einir*, schw. *en*, dän. *ene* oder *ener* (lat. *juniperus*, engl. *juniper*, ital. *ginebro*, franz. *genevre*, span. *enebro*), ahd. *wehhaltra*, d. h. der immer frische, grüne Strauch, der Wachholder, landtsch. *Queckholder*, d. h. der immer lebende Strauch, lappl. *kaskes*, der Stecher. Diese Bedeutungen lassen vermuthen, dass *ainir* ebenfalls eine Eigenschaft dieses Strauches bezeichne, und entweder von *Ai*, s. *Aifikᛅ*, der ewige, d. h. immer grüne, oder von *Ain*, s. d. W., der einzelne Beeren tragende Strauch bedeute. — *En* 316, ein Frauenname, die immer Grüne. *Inibrantr* 694, ein Mannsname, Wachholderbrand, vergl. *Brantr*.

Aist 14, 15, 17, 56, 86, 377, ein Mannsname, *Aistr* oder *Haistr*, der Heftige, ahd. *heist*, ags. *haest*, long. *äist*, erzürnt, vergl. *Hit. Aista* 353 (acc.).

Aistulf 199 (acc.), ein Mannsname, *Aistulfr*, der heftige Wolf, zusammengesetzt aus *Aistr*, s. d. W., und *Ulfr*, s. d. W., ahd. *Heistolf*, longob. *Aistulf*.

Aibiurn 1034, ein Mannsname, der beständige Bär, zusammengesetzt aus *Ai*, s. *Aifikᛅ*, und *Biurn*, s. d. W. *Aibiern* 1571 (acc.). *Aibiarn* 637.

Ailifr 187, 2013, ein Mannsname, *Ailaifr*, der lange lebende Nachkomme, isl. *eylifr*, ewig, zusammengesetzt aus *Ai*, s. *Aifikᛅ*, und *Laifr*, s. *Fastilifs*. *Ailif* 187.

Ailifᛦ 704. *Ulifr* 130. *Ulifᛦ* 456. *Ulafr* 1134, 1405, 1577, 1966. *Ulafᛦ* 66, 1338. *Ulauirfr* 652. *Ulaif* 662, 703, 849, 898, 902. *Ulaifr* 658, 694, 700, für *Ailaifr* (?). *Olofs* 1921 (gen.). *Olaf* 18, 617, 1756. *Olef* 1789 (acc.). *Olifr* 569. *Olifᛦ* 686. *Olaf* 78, 457, 597, 911, 1599, 1746, 1763, 1993. *Olafuir* 142. *Olafr* 427, 455, 1305, 1711, 1732, 1858, 2020. *Olafer* 1759. *Olafs* 1653. *Olauf* 91, 856. *Olaif* 69, 442, 955. *Olaafs* 1746 (gen.). *Ilifr* 226, 457. *Ilefr* 791. — Mit *Olafr* ist zu vergleichen ahd. *Ortleip*, ags. *Ordlaf*, d. h. dem Schwerte vertrauend, vergl. *Lifa*, von isl. *oddr*, schw. *udd*, dän. *od*, Spitze, ahd. *ort*, ags. *ord*, nhd. *ort*, ein spitziges, stechendes Werkzeug.

Ailti 1468, 1489 (sing. imperf.?), von *Ailta* (?), isl. *elta*, altschw. *älta*, dän. *ælte*, treiben, vertreiben, umwenden, kneten, lappl. *altet*, sämisches Leder bereiten. Beide Inschriften sind schwer zu deuten.

Aimunt 959, 1053 (acc.), ein Mannsname, *Aimuntr*, der beständige Vertheidiger, zusammengesetzt aus *Ai*, s. *Aifikᛦ*, und *Muntr*, s. *Munti*. *Eimunr* 1317.

Asfriþ 132, ein Frauenname, *Asfriþur*, die schirmende Göttin, zusammengesetzt aus *As*, s. *Asi*, und *Friþur*, s. *Friþi*. *Osfriþr* 1395, 1549.

Asfara 837 (acc.), ein Mannsname, *Afari*, der Asienfahrer, s. *Fara*.

Asfast 198 (acc.), ein Mannsname, *Asfastr*, der der Gottheit Treue, zusammengesetzt aus *As*, s. *Asi*, und *Fastr*, s. *Fasti*. *Isfast* 196, ein Frauenname.

Asu 888 (gen. sing.?), das Wort ist nicht leicht zu deuten *Sj*. II, 60 übersetzt tuþ : austᛦ : i : tuna : asu : durch: Todt in den Ostlanden in Asiens Stadt.

Asur 6, 8, 55, 812, 359, 419, 422, 497, 639, 935, 1180, 1192, 1206, 1264, 1267, 1355, 1413, 1484, 1903 (nom.

und acc.), ein Mannsname, der Göttliche, s. *Asi*. *Asr* 686. *Aser* 2162. *Atsor* 2092, 2093, 2162. *Atsoi* 2130. *Atsir* 2091. *Usur* 316 (acc.). *Usuri* 509. *Usur*ᛦ 848. *Osur* 51, 719, 1444, 1448, 1502. *Osura*ᛦ 207. *Oisur* 495. — Isl. *össur* (*ötzur*) oder *assa* (*atsa*), Adler, gehört nicht hierher.

ASVI 1413, ein Frauenname, Heiligthum der Gottheit, zusammengesetzt aus *As*, s. *Asi*, und *Vi*, s. d. W.

ASULF 355 (acc.), ein Mannsname, *Asulfr*, der Göttliche Wolf, zusammengesetzt aus *As*, s. *Asi*, und *Ulfr*, s. d. W. *Aosulf*ᛦ 81. *Osuhlfr* 1057.

ASKUN 135, ein Mannsname, *Askunr*, der göttliche Krieger, zusammengesetzt aus *As*, s. *Asi*, und *Kunr*, s. *Kuni*.

ASKARÞ 794, ein Frauenname, *Askirþur*, die göttliche Schirmende, zusammengesetzt aus *As*, s. *Asi*, und *Kirþur*, s. *Karþr*. *Oskirþi* 1600.

ASKIL 210, 331, 638, 731, 1442, 1472, 1563, ein Mannsname, der göttliche Keil, zusammengesetzt aus *As*, s. *Asi*, und *Kil*, s. d. W. *Oskil* 1246, 1484 (acc.) *Oskihl* 1251. *Iskil* 1095 (acc.). *Eskil* 864, 895, 1151, 1360, 1473, 1609, 1666 (nom. und acc.). ᛦ*skil* 1172.

ASKAUT 994 (acc.), ein Mannsname, *Askautr*, der göttliche Weise, zusammengesetzt aus *As*, s. *Asi*, und *Kautr*, s. d. W. *Askut* 323, 587, 1098, 1179 (acc.). *Askutr* 592, 1201, 1318, 1427. *Askutar* 1940. *Askat* 1390. *Oskut* 1348, 1349 (acc.). *Oskutr* 1309, 1369. *Osgutr* 1527. *Oskautr* 1441. *Iskutr* 963. *Isikat* 651.

ASKAIR 289, ein Mannsname, Speer der Gottheit, zusammengesetzt aus *As*, s. *Asi*, und *Kair*, s. d. W. *Askir* 702 (acc.). *Askis* 1513 (gen.). *Aski*ᛦ 98, 714, 794. *Askai*ᛦ 736. *Oskis* 564 (gen.). *Oski*ᛦ 1395. *Oskai*ᛦ 97. *Iskir* 1040. *Iskis* 1577. Der Name *Asgeir*, ags. *Osgar*,

im

im Ossian *Oscar*, ist auf Island noch gebräuchlich und kommt in der alten Skandinavischen Geschichte in der Form *Asker* und *Esker* vor. Da *Asar* auch die Benennung des mit Odin in Skandinavien eingewanderten Göttergeschlechtes ist und *Kair* ebenfalls Krieger, Anführer bedeutet, so lässt sich dieser Name auch als gleichbedeutend mit *Asa-Tyr*, *ἄναξ ἀνδρῶντε θεῶντε* erklären. Vergl. *R. Gr.* S. 55.

Asi 358, 1029, 1031, ein Mannsname, der Göttliche. Die Herleitung dieses Wortes ist schwierig. Stellt man isl. *as*, göttliches Wesen, goth. *ans* (*Anses* hiess dass Göttergeschlecht, von welchem die Könige der Gothen stammten), vandal. *as* (*as-diggans*, *ἀσ-τίγγοι*, hiess das vornehmste Geschlecht der Vandalen), gall. *es* (*Esus* hiess ihr Kriegsgott), u. s. w. mit griech. *οὖσα*, lat. *ens*, das Seiende, das Wesen zusammen, so möchte man vielleicht auf die Vermuthung kommen, dass die Grundbedeutung dieses Wortes *Ursprung* sei. Ueber die historischen Spuren dieses Wortes findet man eine äusserst ausführliche Zusammenstellung *Str.* I, 124, u. f., auch *Id.* VI, 27 ist zu vergleichen. Hierher scheinen noch zugehören, isl. *as*, Stift, Stange, Balken, *askr*, Esche, hölzernes Gefäss, der erste Mensch, *espi*, Espe, schw. *ås*, der oberste Rand, Rücken einer Höhe, *ask*, Esche, *ask*, Schachtel, *asp*, Espe, dän. *aas*, *ask*, (früher auch Schiff, daher *Ascomanni*, Schiffmänner, Seeräuber), *æske*, *æsp*, goth. *ans*, Balken (*azd*, Geschlecht, lässt sich wohl nicht nachweisen, da *azdiggans* zu zerlegen ist in *az*- oder *as-diggans*, und *digg*- wahrscheinlich übereinstimmt mit *þiakn*, s. d. W., so dass *azdiggans* eigentlich nicht die von edler Abkunft, sondern die göttlichen Herrscher heisst; jener Annahme, dass *azd* Geschlecht bedeute, widersprechen auch die Formen isl. *att* oder *ætt*, s. *Atmar*), ahd. *asc*, Esche, Speer (ital. *ascona*), *aspa*, Espe, ags. *æsc*, Esche, Mann, *æspe*, engl. *ash*, *asp*. Man vergleiche die Mythe der Edda von Erschaffung des ersten Menschen. — *Ase* 1509, 1689. *Aisi* 1610. *Osi* 114. — *Usrik* 203, ein Mannsname, *Asrikr*, göttlicher Herrscher, s. *Rikr*. *Osbirtᛦ* 1597, ein Mannsname, *Asbirtr*, der göttliche Glänzende, s. *Birtil*. *Osmr* 1268, für *Osmar* (?), s. *Vihmar*.

Aselfi 530, ein Frauenname, *Ashilfr*, vergl. *Raknilfᛦ*, Götterhülfe, zusammengesetzt aus *As*, s. *Asi*, und *Hialba*, s. *Hialbi*.

Asa 165, 642, 1105, 1121, 1411, 1490, ein Frauenname, die Göttliche, isl. *æsa*, vergl. *Asi*. *Aosa* 1097. *Asu* 102, 1288 (acc.). *Asu* 1886 (gen.). *Osa* 468, 1349, 1435, 1507. *Is* 928.

Astulfr 728, ein Mannsname, Liebewolf, zusammengesetzt aus isl. *ast*, Liebe, in Zusammensetzungen verstärkend, z. B. *astkiær*, sehr lieb, *astvinr*, äusserst geliebter Freund, goth. *anst*, Gunst, ags. *est*. Die gewöhnliche Annahme ist, dass dieses Wort mit *unna*, lieben, zusammenhänge, s. *Uni*. — *Osti* 1335, ein Mannsname. *Asta* 1771 (gen.?), von *ast*, Liebe (?).

Astriþ 459, ein Frauenname, die zur Liebe Geneigte, zusammengesetzt aus *Ast*, s. d. v. W., und *Riþr*, s. *Kuriþ*. *Estriþ* 562, 650, 1568. *Istriþaᛦ* 498 (gen.). *Ostriþi* 1455.

Astraþ 1265, ein Mannsname, Liebesrath, der beste Rath, isl. *astrad*, die zuverlässigsten und treusten Rathschlüsse vertrauter Freunde, zusammengesetzt aus *Ast*, s. *Astulfr*, und *Raþa*, s. d. W. — *Ostraþi* 1491.

Astiarf 198, ein Mannsname, der göttliche Kühne, zusammengesetzt aus *As*, s. *Asi*, und *Tiarfr*, s. d. W. — *Asterfr* 268.

Astalatu 551 (dat. plur. für *Austalantum*), ein Landesname, zusammengesetzt aus *Austr*, s. d. W., und *Lant*, s. d. W., ags. *eastland*. Auf den Runensteinen ist dies wahrscheinlich eine gemeinschaftliche Benennung für alle östlich von Schweden gelegene Länder. — Is sturþi + austr + skibi + maþ Inkvari i Astalatu, d. h. Der östlich das Schiff mit I. in den Ostländern steuerte. — *Estlatum* 1405 (dat. plur.). Han : varþ : trabin : i : Estlatum : d. h. Er ward in den Ostlanden erschlagen.

Asboþ 1235, ein Frauenname, Götterkampf (?), zusammengesetzt aus *As*, s. *Asi*, und *Boþ*, s. *Butviu*; Götterbusse, Götterhülfe, vergl. *But*.

Asbiurn 10, 28, 228, 1068 (nom. und acc.), ein Mannsname, der göttliche Bär, zusammengesetzt aus *As*, s. *Asi*, und *Biurn*, s. d. W. — *Asburn* 1397. *Asbiur* 1497. *Asbion* 576. *Asbirn* 285, 1839. *Asbiarnaᛦ* 402 (gen.). *Asbiarn* 150, 160, 355. *Asbiarnaᛦ* 1067. *Asbaun* 1098. *Asurbu* 2129. *Asurba* 2125, 2127, für *Asurbiurn* (?). — *Osburn* 1429, 1430. *Osbiurn* 1085, 1344, 1431, 1440, 1449. *Osbiarn* 595. — *Esburn* 1401. *Isburn* 1397. *Isbiurn* 1403. *Isbiun* 207. *Isbiorn* 1054 (acc.). *Esbeornar* 1636 (gen.). *Esbiarn* 1291. *Sbarn* 947.

Aslak 2118, ein Mannsname, *Aslakr*, die Zierde der Götter, zusammengesetzt aus *As*, s. *Asi*, und *Lakr*, s. *þurlakᛦ*, isl. *aslakr*, Hahn, scheint seinen Namen zu haben von *as*, Firste, und *hlacka*, tönen. *Aslik* 219. *Aslaks* 219 (gen.). *Uslakᛦ* 1117. *Oslak* 1202 (acc.). *Oslakᛦ* 1202. *Oslaik* 219, 737 (acc.).

Asmuntᛦ 993, 1071, ein Mannsname, der göttliche Beschirmer, zusammengesetzt aus *As*, s. *Asi*, und *Muntr*, s. *Muntr*. *Asmuþ* 2089, 2090. *Asmurt* 187, für *Asmuntr*. *Asmunt* 2124. *Asmunᛏ* 2118. *Asmunᛏi* 2118. *Asmut* 1101 (acc.), vergl. *Furuki*. *Asmutr* 2148. *Asmutar* 1942. — *Osmu* 1327. *Osmunr* 508. *Osmunrt* 89, 188, 1049, 1052. *Osmünrt* 200. *Osmunt* 264, 308, 311, 896. *Osmuntr* 70, 193, 107, 211, 258, 260, 457, 525, 756, 1053, 1057. *Osmut* 1370 (acc.).

At 209, 2010, 2011, u. s. w. (conjunct.), isl. *at*, schw. *att*, dän. *at*, lappl. *attje*, dass, zu. *Uti* 1971.

At 3, 6, 21, u. s. w. (praepos.), isl. *at*, schw. *åt*, dän. *ad*, zu, u. s. w. vergl. *R. Gr.* S. 246, mit dem Accusativus bedeutet es nach (dem Tode jemands). þair . litu . raisa . merki . þisa . at . Uf. faþur . sin . 6, d. h. Sie liessen dieses Denkmal ihrem Vater U. (nach seinem Tode) errichten. *Ati* 329. Ati . sik . sialfa . d. h. Sich selbst (hier scheint es noch vor dem Tode geschehen zu sein). *Ata* 44. — *A* 221, 341, 904, u. s. w., wie *At*. Runfast lit kira stin bru a suhk 221, d. h. R. liess sich (nach seinem Tode) eine steinerne Brücke errichten. Kuri : raista stan : þansi : a Rakna : sun san . 904, d. h. K. errichtete diesen Stein seinem Sohne R. *O* 1919. O trotne . varom . d. h. Unserem Herrn. *Ut* 1591. Ut : faþur : sin ., d. h. Ihrem Vater (nach seinem Tode).

Atrfi 662. *L. R.* S. 98 übersetzt dieses Wort durch Ersatz; allein es ist wahrscheinlicher, dass es eine Verritzung für *Arfi*, sei, s. d. W.

Atirf 87 (acc.), ein Mannsname, *Atiarfr*, der kühne Flussanwohner, zusammengesetzt aus *A*, s. *Afriþ*, und *Tiarfr*, s. d. W.

Aᛐis 151, ein Frauenname, Flussanwohnerin, zusammengesetzt aus *A*, s. *Afriþ*, und *Tis*, s. d. W.

Atin 716 (acc.), ein Mannsname, *Ati*, Besitzer, s. *Aihu*, lat. *Otto*, ahd. *Uodo*, *Udo*, *m.*, *Uda*, *f.* Diese Formen werden auch als Abkürzungen von ahd. *Uodalrih*, Ulrich, erklärt. Vergl. *Auþr.*

Ata 1302 (conj. praes.?), von *Ataka*, annehmen, zusammengesetzt aus *A*, s. d. W., und *Taka*, s. *Take*. Kuþ ata sial, d. h. Gott nehme die Seele an.

Atar 1346, undeutlich, vergl. *Sj.* I, 28.

Atala 513, scheint hier ein Epitheton zu sein, der Thätige, Unverdrossene, isl. *ötull* oder *atall*, arbeitsam, rasch, tapfer, vergl. *Auþr*. *Atla* 2035, 1922 (gen. und acc.), ein Mannsname, der Unverdrossene.

Atta 1985, isl. *atta*, schw. *åtta*, dän. *otte*, goth. *ahtau*, ahd. *ahto*, ags. *eahta*, engl. *eight*, griech. *ὀκτώ*, lat. *octo*, nhd. *acht*, die Ableitung ist ungewiss.

Atmar 1823, ein Mannsname, der, welcher von berühmtem Geschlecht ist, zusammengesetzt aus isl. *att* oder *ætt*, schw. *ätt*, dän. *œt*, Geschlecht (verwandt mit gth. *atta*, ahd. *atto*, altfr. *atha* und *ettha*, griech. *ἄττα*, lat. *atavus*, lappl. *attje*, Vater, Vorfahr), und *Mar*, s. *Vihmar*.

Abi 1837, ein Mannsname, der Alte, isl. *afi*, Urgrossvater, *ebbi*, der Alte, gth. *aba*, Mann, arab. *aba*, hebr. *abba*, Vater, vergl. *Aflaþi*. — *Aba* 1425, 1447, 1497 (acc.). *Abbis* 1840 (gen.).

Abiurn 958, 1314, ein Mannsname, der am Flusse wohnende Bär, zusammengesetzt aus *A*, s. *Afriþ*, und *Biurn*, s. d. W. — *Aborn* 673 (acc.). *Abiun* 316. *Abiarn* 154, 213, 624. *Aubirn* 892, u. s. w., vergl. *Auþbiorn*, da diese Formen auch für *Auþ* — stehen könnten. *Ibiurn* 1050. *Ibiorn* 664.

Alfur 878 (acc. pl.), *alfa* oder *halfa*, Weltgegend, z. B. *Sudur-alfa*, Afrika, *halfr*, halb, *halfa*, Hälfte, schw. *half*, *hälft*, dän. *halv*, *hælvte*, goth. *halbs*, *halba*, ahd. *halb*, *halpa*, ags. *healf*, engl. *half*. *Alfa* oder *halfa* heisst ursprünglich die Seite, dann die andere Hälfte. — Var farin viþu um alfur heimsens, d. h. War weit in den Theilen der Welt herumgefahren.

Alfvarꝗ 2162, ein Mannsname, *Alfvaurþr*, *Elfvart*, zusammengesetzt aus *Alfr*, und *Vaurþr*, s. d. W., isl. *alfr* oder *alfi*, ein Elfe (Luft- und Wassergeist), *elf* oder *elfa*, Fluss, *alft*, (der Wasservogel) Schwan, *elfting*, (das Wasserkraut), *equisetum*, schw. *elfvar*, *m.*, *elfvor*, *f.*, Elfen, *elf*, Fluss, *al*, (der am Wasser wachsende Baum) Erle, *aler* oder *alfogel*, (Wasservogel) Eisente, dän. *alf*, Elf, *ellefolk*, Elfen, *ellekonge*, Erlenkönig, *elv*, Fluss, *al*, Erle, ahd. *alp*, Fluss, Flussgeist, *elira*, Eller, Erle (ahd. *erila*), *albisz* oder *elbisz*, Schwan, ags. *älf*, Elf, *elor* oder *alor*, Erle, nhd. *Elfen*, *Erlenkönig*, *Alse* oder *Else* auch *Elfe* und *Elritze*, ein Fisch, *Elbe*, *Aller*, Flussname, von der Wurzel *al*, (nicht bewegen, sondern) glänzen, lat. *al-bus*, glänzend, weswegen auch die mit Eis bedeckten oder glänzenden Berge *Alpen*, und im Isländischen die beständig mit Eis bedeckten Busen des Eismeeres *elivogar* heissen. Ueber die historische und mythische Bedeutung dieses Wortes s. *Str.* I, 149, *L. Hjs.* I, 245.

Alfrik 2120, 2121, ein Mannsname, *Alfrikr*, Elfenfürst, zusammengesetzt aus *Alfr*, s. d. v. W., und *Rikr*, s. d. W.

Alfkr 2119, ein Mannsname, *Alfkair*, Elfenspeer, zusammengesetzt aus *Alfr*, s. *Alfvarꝗ*, und *Kair*, s. d. W.

Alfkil 831, ein Mannsname, Elfenkeil, zusammengesetzt aus *Alfr*, s. *Alfvarꝗ*, und *Kil*, s. d. W.

Alfntan 19, ein Mannsname, *Alftan*, der Elfenjüngling, zusammengesetzt aus *Alfr*, s. *Alfvarᚼ*, und *Tan*, s. d. W. — *Alfton* 1014. *Halftan* 20, 157, 347, 455, 656, 669, 745, 761, 785, 1160. *Halftanar* 669 (gen.). *Halftain* 483. *Haltan* 1337, 1566.

Alviriþ 450, sehr geschätzt, zusammengesetzt aus *Alr*, s. *Alum*, und *Viriþ*, partic. von *Virþa*, s. d. W. — Uk kiriþi kas alviriþ, d. h. Und machte einen sehr geschätzten Hügel.

Alviᛦ 1069, 1375, ein Mannsname, *Alvir* oder *Alvar*, der Allbeschützende, zusammengesetzt aus *Alr*, s. *Alum*, und *Var*, s. d. W. *Alvas* 1751 (gen.) von *Alvar*. *Halvars* 1714 (gen.).

Alvarþ 1480 (acc.), ein Mannsname, *Alvaurþr*, Allwart, zusammengesetzt aus *Alr*, s. *Alum*, und *Vaurþr*, s. d. W.

Alvaltr 1742, ein Mannsname, der Allwaltende, zusammengesetzt aus *Alr*, s. *Alum*, und *Valtr*, s. *Valtum*, isl. *allvaldr*, allmächtig, Monarch.

Alum 16, 1693, 1777 (dat. pl.), isl. *allr*, schw. *all*, dän. *al*, goth. *alls*, ahd. *al*, ags. *eal*, engl. *all*, nhd. *all*, wahrscheinlich ursprünglich ernährt, erwachsen, vollständig, ganz, von der Wurzel *Al*, s. *Ali*. — Kuþ : hialbi : at : hans : auk : alum : kristnum : 16, d. h. Gott helfe seinem Geiste und allen Christen. Gisus : kristus : naþi : alum : þaira : sial : sum : hiar hvilas : 1693, d. h. Jesus Christus sei allen Seelen derer gnädig, die hier ruhen. Kistr : Maiu : sun : naþi : alum : hiear : hvilas : unir : alum : Krisnum : sialum : 1777, d. h. Kistr (Christus) Majas (Marias) Sohn sei Allen gnädig, die hierunter ruhen, allen christlichen Seelen. — *Alüra* 347 (gen. plur.), für *Alra*. Kuþ hialbi alüra ant, d. h. Gott helfe dem Geiste

Aller. — *Alra* 259, 1901 (gen. plur.). Kuþ × trutin hialbi ont alra Kristina, d. h. Gott, der Herr, helfe dem Geiste aller Christen. *Aliᛦ* und *Alir* 322, 567, 608, u. s. w. (nom. plur.). þair bruþr aliᛦ 322, d. h. Die Brüder alle. *Ala* 509, 996 (acc. plur. ?), 1050, 1537 (acc. sing.). On furs × uti × miþ × ala × skibin × 509, d. h. Er ging draussen unter mit allen Schiffen. Vant Selalant ala × 1050, d. h. Eroberte ganz Seeland. Van . Tanmaurk ala auk Nurviak, 1537, d. h. Eroberte ganz Dänemark und Norwegen. *Alan* 403, 445, 644, u. s. w. (acc. sing.). Auk . ain ati alan Tabu 403, d. h. Und besass allein ganz Tabu. *Alaᛦ* 773, 979 (nom. plur. ?). *Alt* 1686, 1952 (acc. sing. neut.). þan alt ma : 1686, d. h. Der Alles vermag. Auk alt aikvi varr 1952, d. h. Und all unser Eigenthum. *Altra* 1775, 1776, 1786 (gen. plur.). þaira : sial : altra : d. h. Aller deren Seele. *Allum* 1346, 1684, 1736 (dat. plur.). Gesus : Kristus : × naþe : hans : sial : ok : allum : Krisnum : sialum : 1736, d. h. Jesus Christus sei seiner Seele gnädig und allen christlichen Seelen. — *Uli* 874 (dat. sing.), s. *Skifti*. *Olu* 1922 (dat. sing.), die Inschrift ist undeutlich, *L. R.* S. 161 vermuthet: Siolfum : ser : ouk : olu : kristnu : fulki : d. h. Ihm selbst und allem christlichen Volke. — In Zusammensetzung dient *Al* zur Verstärkung, vergl. *R. Gr.* S. 177.

Alrikr 588, ein Mannsname, der Allherrschende, zusammengesetzt aus *Alr*, s. *Alum*, und *Rikr*, s. d. W., gth. *Alareiks*, ahd. *Alarih*, der Allmächtige. *Alriks* 984 (gen.). *Alrikᛦ* 979.

Alkuþir 476 (nom. plur.), von *alkuþr*, allguter, zusammengesetzt aus *Alr*, s. *Alum*, und *Kuþr*, s. d. W. —

Ri-

Ristu . merki . at . man . ietan . sunir . alku-þir at sin . faþur Sterkar ., d. h. Allgute Söhne errichteten ihrem Vater, einem hurtigen Manne, das Denkmal. *Alkuþan* 1420 (acc. sing.). þiakn : al : ku-þan :, d. h. allguten Ehrenmann. *Alkoþan* 650 (acc. sing.). Alkoþan × trenk . d. h. allguten Burschen.

Alkisl 1363, ein Mannsname, Allgeissel, zusammengesetzt aus *Alr*, s. *Alum*, und *Kisl*, s. d. W.

Ali 69, 121, 188, 1356, 1672, ein Mannsname, der Ernährer, isl. *ala*, ernähren, gebären, *elia*, (die Gebärerin) die Beischläferin, *aldin*, eine jede nährende Baumfrucht, *eldi*, das Ernährte, Erzeugte, *aldr*, Alter, Zeitalter, *ölld*, Urgrossvater, Volk, Jahrhundert, schw. *ålder*, Alter, (*gammal*) *äldre*, *äldst*, älter, am ältesten, *föräldrar*, Eltern, *ollon*, Eichel, dän. *alder*, *old*, *ældre*, *ældst*, *for-ældre*, *olden*, goth. *alan*, aufwachsen, *aljan*, mästen, *alþs*, Alter, Zeit, *alþeis*, alt, ahd. *alt*, *alti*, *ellan*, die Kraft, ags. *eald*, engl. *old*, lat. *alere*. Die Wurzel ist *al* und heisst ursprünglich stark, gross sein, werden, daher nähren, wachsen. — *Ala* 688, 590, 1279, 1489 (acc.).

Alauk 734, ein Frauenname, die Flussblume, zusammengesetzt aus *A*, s. *Afriþ*, und *Laukr*, s. *þurlakᛦ*. — *Oloh* 529.

Alah 243 (acc.), ein Mannsname, Palastbewohner (?), goth. *alhs*, ahd., alts. *alah*, ags. *ealh*, Palast, Tempel. Vergl. auch *þurlakᛦ*.

Altulf 273, ein Mannsname, *Altulfr*, Altwolf, zusammengesetzt aus *Altr*, s. *Ali*, und *Ulfr*, s. d. W.

Altr 485, Zeitalter, Menschen, vergl. *Ali*. Meþ + altr + lifiᛦ + d. h. So lange Menschen leben.

Almükin 545 (acc. sing.), von *Alr*, s. *Alum*, und *Mukil*, s. *Muk*, sehr gross. Stin : almükin :, d. h. Sehr grossen Stein. *Almikin* 675. Stan almikin . vergl. *L. R.* S. 81.

Amuþi 1930 (acc.), ein Mannsname, *Amuntr*, der am Flusse wohnende Beschützer, zusammengesetzt aus *A*, s. *Afriþ*, und *Muntr*, s. *Munti*. *Amuþa* 983. *Amun*ᛏ*i* 2018. *Amuti* 820, 825, 835, 843. Da sich (nach *Fulda*) auch *amunt*, (ohne Vormund, volljährig) für mündig findet, so könnte vielleicht auch hier diese Bedeutung zu Grunde liegen.

S 1911, vergl. *F.* ᛋ : prim : i : tretan4o : raþo : d. h. XI goldene Zahl in der dreizehnten Reihe, vergl. *H.*

Sufur 1107, ein Mannsname, der Saubere, schw. *sofra*, läutern, ahd. *supar*, sauber, *seuwveron*, säubern, ags. *syfer*, die ursprüngliche Bedeutung ist durch Wasser gereinigt, von isl. *safi*, Bast der Tanne, schw. *safva*, (alt. Saft) Splint, *safva*, von den Bäumen, Saft bekommen, dän. *save*, Saft, Splint, ahd. *souwa*, Flüssigkeit, mhd. *saf*, Saft, ags. *seaw*, franz. *seve*, vergl. *Siu.*

Sufari 702, ein Mannsname, Seefahrer, zusammengesetzt aus *Siur*, s. *Siu*, und *Fari*, s. *Fara*. *Saufara*ᛦ 1061, undeutlich, vergl. *Sj.* III, 120.

Suþrunr 1065, undeutlich, vergl. *Sj.* III, 132.

Suþrbü 1727, ein Ortsname, zusammengesetzt aus *Suþr*, und *Bu*, s. d. W., isl. *sudr*, Süden, schw. *söder*, dän. *syd*, ags. *suþ*, engl. *south*, franz. *sud*, scheint der Abstammung nach verschieden zu sein von isl. *sunnan* von Mittag her, schw. *sunnan*, dän. *sønden*, ahd. *sundana*. Aus folgenden Zusammenstellungen dürfte deutlich hervorgehen, dass wie *aestas* von *aestus*, so auch *Süden* von *Sieden* abzuleiten sei: isl. *sudr*, Hitze, *suda*, Wallen der Flamme, Sieden des Wassers, ganz wie *aestus*, *sudda*, ausdunsten, *suddahvolf*, Dunstkreis, *sioda* (*syd*, *saud*, *sodid*), sieden, glühen, schw. *sjuda*, dän. *syde* (goth. *sauþs*, Opfer, heisst wohl nicht ursprünglich das Gesottene, sondern der Bock, isl. *saudr*, Bock, Schaaf, altsch. *sör* und *söde*, Schaafe, engl. *sore*, Hirsch, lappl. *sautsa* oder *sauds*, Schaaf), ahd. *siodan*, ags. *seoðan*, engl. *seeth*, holl. *zieden*, eigentlich machen, dass eine Flüssigkeit verdampft, vergl. *Siu.* *Sunnr* (*Sunþr*) steht dagegen mit *Sunna*, Sonne, in Verbindung, vergl. *Sunutahr*.

Sürkil 340, ein Mannsname, *Surkil* oder *Svirkil*, der schwärmende Keil, zusammengesetzt aus *Surra*, s. *Sviri*, und *Kil*, s. d. W.

Suhik 191, ein Mannsname, *Suhikr*, der, welcher der See, dem Meere geneigt ist (?), zusammengesetzt aus *Siur*, s. *Siu*, und *Hukr*, s. *Huka*, so lassen sich vielleicht auch ahd. *Subald*, Seekühn, *Suomar*, Seeberühmt, erklären.

Sunutahr 1701, 1703, 1763, 1911, Sonntag, isl. *sunnudagr*, schw. *söndag*, dän. *søndag*, ahd. *sunnuntac*, zusammengesetzt aus *Suna*, und *Takr*, s. *Tak*, isl. *sunna* (schw., dän. *sol*), goth., ahd. *sunna*, ags. *sunne*, engl. *sun*, am wahrscheinlichsten die Scheinende, von isl. *syn* und *sion*, Gesicht, *synaz*, scheinen, *syna*, zeigen, *synn*, der, welcher sehen kann, augenscheinlich, *sindra*, Funken sprühen, *sindri*, (Funkensprüher) Feuerstein, *sindur*, (Funken) Sinter (ahd. *sintar*), schw. *syn*, *synas*, *syna*, besichtigen, dän. *syn*, *synes*, *syne*, in die Augen fallen, aussehen, goth. *siuns*, alts. *siun*, ags. *siene*, Gesicht, ahd. *siunan*, scheinen, leuchten. Vergl. *Sunia*. — Die Ableitung von goth. *siuþan*, gehen, ist weniger wahrscheinlich. — Auf den Runensteinen bedeutet *Sunutahr* Sonntagsbuchstabe, *L. R.* S. 261, u. s. w. 1701, vergl. *Fir*. 1703, vergl. *Ur*. 1763, vergl. *R*. 1911, vergl. *H*. — *Sunuᛏahr* 1780, 1855, 1856, 2826. — 1780, vergl. *Untrmaþr*. 1855, vergl. *F*. 1856, vergl. *K*. 2826, vergl. *U*. — *Suntahr* 1992, vergl. *K*.

Sunr 1467, 1600, 1617, u. s. w., Sohn, isl. *sonr*, schw. *son*, dän. *søn*, goth. *sunus*, ahd., ags. *sunu*, engl. *son*. Die Urbedeutung dieses Wortes scheint wie bei *Kuikr*, s. *Kuik*, sich regen zu bedeuten, und wie dieses von der körperlichen und auch von der geistigen Regsamkeit gebraucht zu sein, daher isl. *sinn*, Gang, Mal, *sin*, (das sich regende, hervorragende Glied) die Sehne, *membrum genitale maris cujuscunque animantis*, *sinna* oder *sinni*, (das geistige Regen) Sinn, Gemüth, *sinnaz*, (geistig erregt werden) aufbrausen, zürnen, *senna*, Streit, *senna*, streiten, dän. *sind*, Gang, Mal, goth. *sinþan*, gehen, *sinþ*, Gang, Mal, *gasinþa*, Gefährte, ahd. *sinnan*, wohin gehen, trachten, nachdenken, *sinn*, der Sinn, *sind*, der Gang, Weg, *kasindo*, der Weggefährte, *kasindi*, das Gefolge, Gesinde, ags. *sið*, der Weg, *gesiða*, der Weggefährte, u. s. w., das Wort würde also zur Wurzel *si* gehören, vergl. *Siu*. — þurir : Harþar : sunr : raisti : stain : þina : 1600, d. h. þurir, der Sohn H.'s, errichtete diesen Stein. Jualfir : sunr : þurulfs : 1617, d. h. J. der Sohn þ.'s — *Sun* 11, 16, 17 (acc. sing.) — Saksi lit . kira . merki . þisa iftiᛦ . Aist . faþur . sin . auk þorgun . sun . sin . 17, d. h. S. liess dieses Denkmal (nach dem Tode) seines Vaters A. und seines Sohnes þ. machen. — *Sunu* 452, 1067, 1096, u. s. w. (acc. plur.). Eftiᛦ . Fasta . uk . Sikfast . sunu sina . þiᛦ to i hvita vaþum : 452, d. h. zur Erinnerung an seine Söhne, F. und S., sie starben in den weissen Taufkleidern. *Sunur* 1600 (acc. sing.). Iftur : Oskarþi : kunu : sina : sunur : Unar :, d. h. Nach dem Tode U.'s, des Sohnes seiner Gattin O., oder Nach dem Tode seines Stiefsohnes, u. s. w. — *Suni* 85, 141, 160, u. s. w. (acc. plur.). Iftiᛦ Karþar . auk . Kutirik . suni . sino . 141, d. h. Zur Erinnerung an ihre Söhne, K. und K. — *Suni* 642. Iftiᛦ . Aknaᛦ . suni . sin, d. h. Zur Erinnerung an ihren Sohn A. *Süni* 1791 (nom. plur.). — *Sunir* 322, 582 (nom. plur.). *Sünir* 1791 (nom. plur.). *Suniᛦ* 10, 116, 449, u. s. w. (nom. plur.). þaiᛦ : iᛦu : suniᛦ : Turvis : 10, d. h. Sie sind

T.'s Söhne. *Süniᛦ* 1592. Efliᛦ : süniᛦ : þria : d. h. Zur Erinnerung an drei Söhne. — *Suna* 662, 968, die Endung ist undeutlich. *Sunar* 1577, 2009 (gen. sing.). þurkisl : sun : Iskis : Biarnaᛦ : sunar : 1577, d. h. þ. der Sohn I.'s, des Sohnes B.'s. *Sunar* 1467, undeutlich. *Sunaᛦ* 1474, 1609, unbestimmt. *Sunaᛦ* 1490 (gen. sing.). *Suns* 540 (gen. sing.). — *Sunᛦ* 1183, 1427 (nom. sing.). — *Sunᛦ* 564, 586 (nom. plur.). þit (þiᛦ?) iᛦu × sunᛦ × Oskis × 564, d. h. Sie sind Söhne O.'s. *Sunᛦ* 900, unbestimmt. *Son* 165, 1180, 1618, u. s. w. (acc.). *Sonar* 1654 (gen.). Kvinna Biarnar bonᛑᛑa Sæmunds sonar, d. h. Die Gattin des Bauern Biurn, des Sohnes Sämunds. *Sᛦnir* 1595 (plur.).

Sunukunu 1429 (acc. sing.), von *Sunukuna*, die Frau des Sohnes oder Schwiegertochter, zusammengesetzt aus *Sunr*, s. d. W., und *Kuna*, s. d. W.

Suni 523, ein Mannsname, der Versöhnende (?), der Richter, isl. *son*, Sühne, schw. *sona*, sühnen, *försona*, versöhnen, dän. *sone*, *forsone*, goth. *saun*, Lösung, *ussaunjan*, aussöhnen, *sunjons*, Rechtfertigung, *sunjon*, rechtfertigen, ahd. *suona*, Büssung und Vernichtung der Schuld, Gericht, *suonjan*, sühnen, und (nach Fulda), *sun*, Gericht, *suner*, Richter, *sunen*, richten, *Suntag*, Gerichtstag. Man pflegt dieses Wort in der Regel mit *Sanr*, wahr, zusammenzustellen, s. *Saþr*; diese Ableitung ist jedoch nicht wahrscheinlich, da schw. landschaftl. *son* oder *sön*, Schaaf, engl. *sound* oder *soundr*, Herde (von *sound*, *sonus*?), und goth. *saun* wahrscheinlich Sühnopfer heisst, so lässt sich eine ganz andere Urbedeutung vermuthen, nämlich dass *saun* ein Schallwort sei und durch das Schreiende, das Thier, das Opferthier, das Sühnopfer erklärt werden müsse, vergl. goth. *sauþs* unter *Suþrbü*. Im altschw. heisst *saudr* (*saunr*, *saun*?) im Allgemeinen Viehherde kleinerer Hausthiere, was diese Vermuthung noch mehr zu bestätigen scheint. Sollte sich indessen diese Vermuthung nicht begründet finden, so gehört *Suni* zu der allgemeinen Wurzel *su*, welche die Bedeutung des Unterscheidens hat, welche aus hell, klar sein hervorgegangen ist.

Sunia 1591 (plur. praes.), verstehen, isl. *skyn*, Verstand, *skynia*, verstehen, schw. *skön*, Entscheidung (alt. *skyn*, Verstand), *skönja*, unterscheiden (alt. *skynia*, verstehen), dän. *skiøn*, Meinung, Urtheil, *skiønne*, verstehen, franz. *sonde*, *sonder*, engl. *sound*, gehört wohl ebenfalls hierher und nicht zu *sound*, *fretum*. Dieses Wort scheint zusammenzugehören mit isl. *skin*, Glanz, *skina*, glänzen, schw. *sken*, Schein, *skina*, scheinen, dän. *skin*, *skinne*, goth. *skeinan*, ahd., ags. *scinan*, engl. *shine*, die ursprüngliche Bedeutung von *Sunia*, ist also, deutlich sehen, einsehen, verstehen. Kuþ : hialbi : selu : hans : auk : Kuþs : muþiᛦ : beþr : þan : vir : biþia : sunia : d. h. Gott und die Mutter Gottes helfe seiner Seele besser als wir zu bitten verstehen. Vergl. *L. R.* S. 134, *L.* & *Br.* XXXI.

Sunarla 927, 959 (adverb.), südlich, vergl. *Suþrbü.* Tuu : sunar : la : i : Sark : lanti : 927, d. h. Starben südlich in Sarkland. *Sunarst* 1571 (superl.). *Sunanla* 1067, undeutlich.

Sunti 310 (dat. sing.), vergl. *Aur*, isl. *sund*, das Schwimmen, die Meerenge, *synda*, schwimmen, scheint zusammenzugehören mit *svima* oder *sveima*, herumschweifen, schwimmen, indem *sund* für *sumd* steht, schw. *sund*, *simma* (*sam*, *summit*), dän. *sund*, *svømme*, ahd. *sunt*, *suimman*, ags. *sund*, *svimman*, engl. *sound*, *svim*, von der Wurzel *sum*, welche die Bewegung des Wassers und im Wasser bezeichnet. — *Sutum* 968, für *Suntum*, vergl. *Furuki* und *Kalmarna sutum*.

Suiþiuþu 1418 (dat. sing.?), von *Suiþiuþ*, Schweden, isl. *Sviþiod*. Man nimmt in der Regel eine doppelte Bedeutung dieses Wortes an, nämlich Volk der Schweden und Land der Schweden. Im ersten Falle ist es zusammengesetzt aus *Suiþr*, stark, tapfer, klug, und *þiuþ*, Volk, s. d. W.; im zweiten aus *Suiþr* und *Auþr*, Land, Eigenthum, s. d. W. *Suiþr*, isl. *svidr* oder *svinnr*, klug, vorsichtig, *svinna*, Klugheit, *svid*, Zauberkreis, *svidrir*, Zauberer, goth. *svinþs*, stark, kräftig, *svinþei*, Stärke, *svinþnan*, stark werden, ahd. *suind*, stark, alts. *suith*, ags. *svið*, nhd. *ge-schwind*, hurtig, wahrscheinlich gehört auch hierher *ge-sund*, schw., dän., ags. *sund*, engl. *sound*. Am wahrscheinlichsten ist, dass *Sviþioþ* das Land der Starken heisse, wofür die Anwendung dieses Wortes durchaus spricht. Eine dritte wenig Wahrscheinlichkeit habende Erklärung ist, dass *Sviþioþ* gleichbedeutend sei mit isl. *svidiulönd*, Schwendland, d. h. durch Niederbrennen der Waldungen, u. s. w. urbar gemachtes Land, und alsdann gehörte der erste Theil des Wortes zusammen mit isl. *svida*, verbrennen, *svidiulönd*, Schwendland, *svidi*, der brennende Schmerz, *svida*, brennenden Schmerz empfinden, schw. *svedja*, *svedja* oder *svedjeland*, *sveda*, *svida*, dän. *svide*, *svie*, verwandt mit isl. *sveiti* oder *sviti*, Schweiss, *sveita*, in Schweiss bringen, *sveitas*, schwitzen, schw. *svett*, *svettas*, *svetsa*, schweissen, dän. *sved*, *svede*, *sveise*, ahd. *sueiz*, *suizzan*, *sueizan*, ags. *svat*, engl. *sweat*. Es ist höchst wahrscheinlich, dass dieses Wort mit *sieden* in Verbindung stehet, vergl. *Suþrbü*. Auch scheint hierher zu gehören ahd. *zuilizon* oder *zuelan*, nhd. *schwelen*, qualmen, sieden, bren-

brennen. — Svia × raisi × 402, für Svia riki (?). — Zu vergleichen sind besonders *Str.* I, 38 und 113, *Id.* VI, 25. — *Suoþiauþu* 1492 (dat. sing.). Han varþ tauþr o Svoþiauþu, d. h. Er starb in *Sviþiod.*

Süiþbalka 934 (acc.), ein Mannsname, *Suiþbialki* (?), der tapfere Balken, zusammengesetzt aus *Suiþr*, s. d. v. W., und *Bialki*, isl. *bialki*, schw. *bjelke*, dän. *biælke*, ahd. *palcho*, nhd. *Balken*, von unbestimmter Ableitung.

Suer 179 (acc.), Schwiegervater, isl. *svara* oder *sværa*, Schwiegermutter, schw. *svär*, Schwiegervater, *svära*, Schwiegermutter, goth. *svaihra*, *m.*, *svaihro*, *f.*, ahd. *suehar*, *suigar*, ags. *sveor*, die ursprüngliche Bedeutung ist eigentlich jede durch Heirath verwandte Person, daher auch nhd. die Zusammensetzungen von Schwieger, mit Vater, Mutter, Sohn, Tochter; Schwager und Schwägerin haben ihre alte Bedeutung verändert. Die Ableitung ist ungewiss. — Iftiᛦ × Kuþrikr × sver sen, d. h. Zur Erinnerung an seinen Schwiegervater Kuthrikr. *Siuhr* 737, vergl. *Sj.* II, 60, und III, 117.

Suiru 122, 128 (acc.), von *Svira*, Schwiegermutter, s. d. v. W. — Iftiᛦ . Rahnilfi . sveru . sina . 122, d. h. Zur Erinnerung an ihre Schwiegermutter R. At . Inki . kuni . sviru . sin . d. h. Zur Erinnerung an seine Schwiegermutter I.

Suira 895 (acc.), ein Mannsname, *Sviri*, der Herumschweifende, Schwärmende, schw. landschaftl. *surra*, in Saus und Braus leben, dän. *sviir*, unordentliches Leben, Trinken, u. s. w., *svire*, zechen, unordentlich leben, daher *svirebroder*, *viregilde*, nhd. *schwirren*, schwärmen, ist eigentlich ein Schallwort. Von Anderen wird dieser Name für gleichbedeutend erklärt mit *Asi*, s. d. W., und zusammengestellt mit sansk. *svar*, glänzen, *svar*,

Himmel, *suras*, Gott, vergl. *Id.* VI, 25. — *Suerri* 1893, bezeichnet wahrscheinlich auf diesem Methhorn den Namen des Besitzers. *Svair* 11.

Suirtikr 909, ein Mannsname, *Svirtinkr*, Krieger, zusammengesetzt aus *Svirt*, und der Endung — *inkr*, vergl. *R. G. S.* 185, isl. *sverd*, schw. *svärd*, dän. *sværd*, ahd. *suert*, ags. *sveord*, engl. *sword*, nhd. *Schwert*, das Verwundende, von isl. *sar*, Wunde, *særa*, verwunden, *sarna*, schwären, schmerzen, *serkr*, (Rüstung, Harnisch), Mantel, *sorg*, (Schmerz) Sorge, schw. *sår*, *såra*, *sårna*, *särk*, Hemde, *svår*, schwer, alt. *såra* oder *svåra*, sehr, *sarga*, zerfleischen, *sorg*, Sorge, dän. *saar*, *saare*, *særk*, *svær*, *saare*, *sorg*, goth. *sair*, Schmerz, *sarva*, Waffen, *saurga*, Sorge, ahd *ser*, Schmerz, *saro*, Waffe, Rüstung, Krieg, *sero*, (schmerzlich) sehr, *sueran*, schwären, schmerzen, *swari*, (schmerzend) schwer, *soraka*, Sorge, ags. *sar*, Schmerz, *sare*, Räude, *saro*, Waffe, Rüstung, *saeri*, traurig, engl. *sore*, Wunde, *sore*, sehr, *sorrow*, sorgen, lappl. *sare*, das Gespaltene, die Gabel, *saret*, spalten, *sarget*, zerschneiden, *sarjes*, Wunde, Schmerz, *sarjetet*, verwunden, *sark*, Tuchrock, Messgewand, *särr* oder *särra*, abgesondert, *särretet*, absondern, und vergleicht man hiermit isl. *ser*, schw. *sär*, dän. *sær*, abgesondert, allein, so geht hieraus hervor, dass die Urbedeutung *getrennt* war. — *Svertiker* 836. Vergl. auch *Svartunk*.

Suiku 228 (plur. imperf.), isl. *svikia*, betrügen, *svik*, Betrug, schw. *svika*, *svek*, dän. *svige* und *svigte*, *svig*, ags. *svikan*. Die Urbedeutung dieses Wortes scheint eigentlich krümmen, wenden, hin und her bewegen und dann betrügen zu sein, wie im Deutschen *Schwank*, Wendung, Streich; es gehört daher wahrscheinlich zusammen mit isl. *svig*, Krümmung, *sveigia*, krümmen, *svigna*, krümmen, *svinka*, betrügen, schw. *sviga*, weichen, nachgeben, *svigta*, sich biegen, *svinka*, wanken, biblisch *svenker*, Ränke, *svaja*, hin und her schwanken, flattern, dän. *svaie*, früher *sveie*, *svinge*, *svinke*, u. s. w. — Kuþ sviki þaiᛦ Ka sviku, ist unrichtig gelesen und soll heissen: Kuþ sviki þa aᛦ. han sviku, vergl. *Suiki*, d. h. Gott hintergehe die, welche ihn hintergingen. *Suikuin* 662 (part. passiv.). Hon varþ svikuin, d. h. Er ward hintergangen. *Sviki* 228, 1592 (sing. conj. praes.). Guþ : sviki : þa : aᛦ : han : suku : 1592, vergl. *Suiku*. *Suikin* 263 (part. pass.). Han vas . svikin, d. h. Er wurde hintergangen. *Suku* 1592 (pl. imperf.), vergl. *Sviki*. *Siku* 1592 für *Sviku*. Han : siku : Blakumen :, d. h. Ihn hintergingen Blakumänner. *Seik* 208 (sing. imperf.). Seik : felka : sin :, d. h. Hinterging seinen Gefährten.

Suit 925, 1174, unbestimmt, vielleicht von *Svitr*, Gefolge, isl. *sveit*, Menge, Schaar, Partei, *hersveit*, Heerschaar, schw. alt. *sveit* oder *svet*, Schaar, Gefolge, ags. *sveot*, Schaar, franz. *suite*, *suivre*, engl. *sute*. Die Ableitung ungewiss.

Sua 207, 1342, 2021, isl. *sva*, *svo*, *so*, schw. *så*, dän. *saa*, goth. *swa*, ahd. *so*, ags. *sva*, engl. *so*, nhd. *so*, von *Sa*, s. d. W. — *Svo* 1860. *So* 2028. *Su* 1695, 1921.

Suauastlnt 1952, unbestimmt. *L. R. S.* 168, vermuthet, dass Schwabenland gemeint sei.

Suaþliuþi 1952, undeutlich, vergl. *Sj.* III, 133.

Suart 177 (acc.), ein Mannsname, *Suartr*, Schwarzer, isl. *svartr*, schwarz, (*sorti*, Schwärze, *sorta*, schwarz färben), schw. *svart*, dän. *sort* (für *svart*, weswegen auch *swærte*, schwärzen), goth. *svarts*, ahd. *suarz*, ags. *sveart*, engl. *swarth*. Es ist höchst wahrscheinlich, dass die Urbedeutung von *Svartr*, vergl. *Suirtikr*, sorgend, traurig, und dann trübe, finster sei, und dass sich schwarz zu traurig wie heiter (hell) zu froh verhalte, woraus sich auch erklären liesse, dass schwarz die Farbe der Trauer ist. Dass schwarz soviel als verbrannt heisse lässt sich nicht gut nachweisen. — *Svarti* 1619. Ulf : ein : svarti :, d. h. Wolf der Schwarze.

Suartunk 294 (acc.), ein Mannsname, *Svartunkr*, Schwarzling, zusammengesetzt aus *Svartr*, s. d. v. W, und der Endung — *unkr*, vergl. *R. Gr. S.* 186. Vergl. auch *Svirtikr*.

Suarthaufþi 53, 829, ein Mannsname, der Schwarzköpfige, Schwarzhelmige, zusammengesetzt aus *Svartr*, s. *Svart*, und *Haufþi*, s. d. W. — *Svarthufþa* 91, 218 (acc.). *Svarthofþi* 16. *Svarthiþi* 107. *Svarthaufþa* 15, 308 (acc.). *Sarthuþihi* 222 (?).

Suain 120, 127, 245, 264, 283, 317, 341, 347, 348, 376, 382, 384, 459, 466, 522, 599, 530, 588, 592, 646, 654, 736, 823, 835, 848, 849, 856, 859, 870, 918, 949, 955, 1049, 1050, 1052, 1082, 1100, 1123, 1205, 1301, 1302, 1308, 1479 (nom. und acc.), ein Mannsname, der Starke, Ungeschwächte, reine Junggesell, isl. *sveinn*, der reine Junggesell, der Diener, *svanni*, die weise und schöne Jungfrau, schw. *svenn*, dän. *svend*, ahd. *suein*, ags. *svan*, engl. *swain*, holl. *swent*, lat. *juven-is*, lappl. *swaines* oder *swaidnes*, Diener. Vielleicht hängt dieses Wort zusammen mit goth. *svinþs*, stark, s. *Suiþiuþu* *Svin* 8, 62, 83, 87, 395, 196, 458, 473, 493, 608, 613, 635, 925, 951, 1075, 1100, 1126, 1187, 1202, 1246, 1245, 1276, 1299, 1311, 1318, 1343, 1350, 1370, 1665, (nom. und acc.). *Sven* 863, 944, 1028, 1353, 1639, 1835, 1934, 2163, 2196 (nom. und acc.). *Suini* 965, 1421. *Sveni* 1195. *Svins* 1202, 1527, 1538, 1629 (gen.). *Svein* 461, 1586, 1587, 2107, 2112 (nom.

und acc.). *Svan* 1835, 1976. — *Svin* 1396, Jüngling. H a r þ a : k u þ a n : s v i n :, d. h. ein sehr guter Bursche. *Svinaʌ* 449, 485 (plur.). þ i ʌ . s v i n a ʌ . a t . s i n . f a þ u r . 449, d. h. Die Jünglinge ihrem Vater. K u - þ i r + s v i n a ʌ + k a r þ u + a t × s i n × f a þ u r × 485, d. h. Gute Burschen errichteten ihrem Vater. *Sin* 245, 754, 971, 1112, 1146, 1214 (nom. und acc.). *Sen* 1250, für *Svin*, eine landschafliche Aussprache, vergl. *L. R.* S. 87. *San* 814. *Sain* 367.

Suainunkr 917, ein Mannsname, zusammengesetzt aus *Svain*, s. d. W., und der Endung — *unkr*, s. *R. Gr.* S. 186. *Svinuk* 1366.

Suainaltr 1123, ein Mannsname, der äusserst Starke, Jugendliche, zusammengesetzt aus *Svain*, s. d. W, und *Altr* oder *Alti*, vergl. *Viþralti*. *Svainalti* 917. *Suinaltr* 469.

Suasa 30 (acc.), ein Mannsname, *Svasi*, der Süsse, isl. *svas* (Edda), süss, *svasadr*, Süssling (*delicatulus*), *sætr*, süss, schw. *söt*, dän. *sød*, goth. *sutis*, ahd. *suozi*, alts. *suoti*, ags. *svete*, engl. *sweet*, nhd. *süss*, lat. *svavis*. Dieses Wort lässt sich nur ans dem Sansk. erklären, wo *svad* (*shvad*), *svade*, süss sein heisst.

Sustkun 816, isl. *systkyn*, schw. *syskon*, alt. *syzskini*, dän. *søskende*, *sødskende*, *sydskende*, Bruder und Schwester, zusammengesetzt aus *Sustir*, s. d. W., und *Kun*, Geschlecht, s. *Kuni*. þ a u s u s t k u n . l i t u . r i s a ., d. h. die Geschwister liessen errichten.

Sustir 1724, 1747, isl. *systir*, schw. *syster*, dän. *søster*, goth. *svistar*, ahd. *suestar*, ags. *sveostor*, engl. *sister*, holl. *suster*, nhd. *Schwester*. *Bopp* erklärt dieses Wort aus dem Sansk., wo es *svasar* heisst, durch *sva-star*, d. h. angehörige Frau, von *sva*, *suus*, und *stri*, Frau, s. *Vocalismus* u. s. w. von *Franz Bopp*, S. 182. *Sustur*

102, 387, 393, u. s. w. (acc.). *Süstur* 914 (acc.). *Sustr* 998 (acc.). *Susriᛦ* 1593 (plur.), verritzt für *Sustriᛦ*. *Sustiᛦ* 312 (nom. sing.). *Sustursun* 189, Schwestersohn. *Sestr* 9 (acc. plur.), s. *Sinar* unter *Sin*. *Sᛦstur* 1634, 1888.

Süsla 151 (infin.), isl. *sysla*, beschäftigt sein, thun, schw. *sysla*, dän. *sysle*. Da sich neben schw. *sköta*, dän. *skiøtte*, warten, besorgen, auch die alte Form *syta* findet, und es auch eine Form *oskötslig*, nachlässig giebt, so bin ich der Meinung, dass *sysla* aus *sytla* entstanden und also ein Frequentativum von *syta* ist (über die Endung — *la*, s. *R. Gr.* S. 207). *Sköta* aber gehört zusammen mit isl. *skiotr*, hurtig, schnell, *skioti*, (das hurtige Thier) das Pferd, *skiota* (*skyt*, *skaut*, *skotid*), werfen, schnell fort bewegen, *skot*, (das sich schnell Bewegende) der Pfeil, Spiess, Schuss, *skotti*, Läufer, *skuta*, (das schnell sich Bewegende) das Fahrzeug, *skutla*, werfen, *skutill*, Wurfspiess, schw. *skutta*, landsch. *sutta*, schnell sich fort bewegen, springen, *skuta*, ein Fahrzeug, *skjuta*, fort bewegen, schiessen, landsch. *skjut*, Stute, *skjuts*, das Halten der Pferde zur Fortschaffung Reisender, dän. *skyde*, schieben, schiessen, u. s. w., ahd. *sciozan*, ags. *sceotan*, *scytan*, engl. *shoot*. In dem Begriffe des geschwinden Fortbewegens liegt aber auch der Begriff des Aufschiessens, Hervorsprossens, daher isl. *skott*, (das Hervorragende) der Schwanz, *skuti*, der Rand, Saum, *skuta*, hervorragen, u. s. w. — daher auch schw. landsch. *syte* (der Spross) das kleine Kind, vielleicht gehört auch *sysling*, Geschwisterkind, hierher. — Skalti lit . süsla . merki ., d. h. S. liess das Denkmal besorgen.

Suti 1485, 1489, ein Mannsname, der Russige, isl. *Soti*, der Russige und auch Mannsname, *sot*, Russ, schw. *sot*, dän. *sod*, ags. *sood*. Da im Isländischen *sioda*, vergl.

Suþrbü, sowohl glühen als sieden heisst, so bezieht sich *sot* auf das Verdunsten fester Körper, wie *sveiti*, Schweiss, auf das Verdunsten flüssiger Körper. — *Süþi* 232. *Suta* 311, 567, 1122, 1471 (acc.). *Sutari* 545. *Soti* 363. *Sota* 568 (acc.).

Suti 220 (adv.), südlich, vergl. *Suþrbü*. Sim suti furs, d. h. Der südlich umkam.

Sutiᛦ 485 (plur.), für *Suntiᛦ*, vergl. *Furuki*, isl., schw., dän. *synd*, ahd. *sunta*, alts. *sundea*, ags. *synne*, engl. *sin*, holl. *zonde*, heisst eigentlich das Abgesonderte und hängt zusammen mit isl. *sundr*, entzwei, *sundra*, zerstückeln, schw. *sönder*, *söndra*, dän. *sønder*, *søndre*, goth. *sundro*, besonders, ahd. *suntar*, ags. *syndrian*, engl. *zunder*, holl. *zonder*, und gehört zur Wurzel *su*, die ursprünglich scheiden bedeutet. Vergl. *Furkifi*. *Sintir* 1695. + Guþ : firi : lati iki : orar : sintir : d. h. Gott vergebe euch eure Sünden.

Subiarn 482 (acc.), ein Mannsname, *Siubiurn*, Seebär, zusammengesetzt aus *Siu*, s. d. W., und *Biurn*, s. d. W.

Sum 50, 101, 235, u. s. w. (pron. relat.), welcher, isl. *sem*, schw., dän. *som*, entstanden aus *sa*, s. d. W., vergl. *Sua*. — *Sim* 220, 1374. *Sem* 1779.

Sumur 888, ein Mannsname, Sommer, isl. *sumar*, schw. *sommar*, dän. *sommer*, ahd. *sumar*, ags. *sumor*, engl. *summer*, wird in der Regel hergeleitet von der Wurzel *su*, leuchten, heiss sein, daher die heisse Jahreszeit. Es ist auch möglich, dass *Sumur* für *Siumar*, der zur See Berühmte, steht und zusammengesetzt ist aus *Siu*, s. d. W., und *Mar*, s. *Vihmar*, ahd. *Suomar* ist wahrscheinlich derselbe Name. — *Sumir* ebenfalls 888.

Sumarhus 1856, Sommerhaus, zusammengesetzt aus *Sumar*, s. d. v. W., und *Hus*, s. d. W.

Sofnuᚦ 1653 (part. praet. act.), entschlafen, isl. *sofa* (*sef, svaf, sofid*), *svefn*, Schlaf, *svæfa, svefia* und *sefa*, einschläfern, besänftigen, *sofa*, Schlafzimmer, *sofna*, einschlafen, schw. *sofva*, schlafen, *söfvä*, einschläfern, *sömn*, Schlaf, *somna*, einschlafen, dän. *sove, søvn, søvne*, ags. *svefan, svefn*, womit wahrscheinlich im Zusammenhange stehen, goth. *svibls*, ahd. *sueval* und *suepal*, ags. *svefel*, schw. *svafvel*, dän. *svovel*, eigentlich das Einschläfernde, Betäubende, der Schwefel. — Hver guᚦi sofnuᚦ er, d. h. Der Gott entschlafen ist.

Sokna 2012 (gen. plur.), von *Sokn*, Kirchspiel, Gemeinde, isl. *sokn*, Kirchspiel, Gemeinde; Angriff, gerichtliche Klage, schw. *socken*, dän. *sogn*, ags. *socn*, Zufluchtsort, Unverletzlichkeit. Da im Isländischen *sokn* auch Klagesache heisst, so ist es wohl wahrscheinlich, dass dieses Wort zusammenhänge mit isl. *saka*, anklagen, vergl. *Sakaᛦ*.

Soti 1457 (sing. imperf.), isl. *sækia* (*sokti, sokt*), suchen, schw. *söka*, dän. *søge*, goth. *sokjan*, ahd. *suohhan*, ags. *secan*, engl. *seek*, vergl. *Sakaᛦ*. — Knutr × soti × Iklot ᛡ, d. h. K. suchte England (heim). Vergl. *L. R.* S. 109.

Somu 928 (acc. sing. f.), isl. *samr*, derselbe, schw. *samma*, dän. *sam'me*, goth. *sama*, alts. *sama*, engl. *same*, d. h. eigentlich der eins ist mit dem vorhin bezeichneten, kein anderer als dieser, von der Wurzel *sa* oder *Sam*, welche bedeutet mit, zusammen, isl. *saman*, schw. *samman*, dän. *sammen*, gth. *samaþ, samana*, ahd. *saman, samant, samit*, altfr. *samin*, nhd. *sammt*, griech. ἅμα, lat. *simul, similis*. — Iftir × somu × moþur. Nach (dem Tode) derselben Mutter.

Skutin 1764 (part. praet. pass.), isl. *skiota*, schw. *skjuta*, dän. *skyde*, ahd. *sciozan*, ags. *sceotan*, engl. *shoot*, holl. *schieten*, nhd. *schiessen*, vergl. *Süsla*. — S u m . . s k u t i n . v a r þ . i h e l ., d. h. Der todt geschossen ward.

Skutlakr 174, ein Mannsname, der ausgezeichnete Läufer (?), zusammengesetzt aus *Skuti* (isl. *skotti*, s. *Süsla*), Läufer, und *Lakr*, s. *þurlak*ᛦ.

Skulobri 414 (dat. sing), ein Ortsname, für *Skulhamri*, zusammengesetzt aus *Skiul*, s. d. f. W., und *Hamr*, s. *Haimarbu*.

Skuli 325, 1930, ein Mannsname, der Bedeckende, Beschützende, isl. *skuli* oder *skyli*, Beschützer, auch ein Mannsname, *skyla*, bedecken, beschützen, *skyla*, (das Bedeckende) der Schleier, *skiol*, (das Bedeckende) Zufluchtsort, Schutz, schw. *skyla*, bedecken, *skulle*, Heuboden, *skjul*, Schauer, dän. *skiule*, *skiul*. Hierher gehört wohl auch isl. *skiölldr*, schw. *sköld*, dän. *skiold*, goth. *skildus*, ahd. *scilt*, alts. *scild*, ags. *scyld*, engl. *shield*, der Schild, eigentlich das Bedeckende, da die Ableitung von isl. *skilia*, ahd. *scillan*, unterscheiden, nicht wahrscheinlich ist, denn der Schild war gewiss zuerst eine Schutzwaffe und später erst ein Unterscheidungszeichen. Auch möchten goth. *skalja*, Ziegel, ahd. *scal*, ags. *scaler*, *scyl*, engl. *shale*, *shell*, Schale, isl. *skal*, Schale zum Trinken, Wägen (weil die harten Bedeckungen der Früchte und Thiere, zuerst hierzu angewandt wurden), *skali*, Dach, Haus, Schlafkammer, *skel*, (Bedeckung der Conchylien), Schale, schw. *skal*, äussere Bedeckung, Schale, *skål*, eine Schale zum Trinken, dän. *skal*, (Bedeckung der Früchte), Schale, *skæl*, (Bedeckung der Conchylien) Muschel, *skaal*, Schale zum Trinken, leichter so zu erklären sein als durch eine Wurzel *Scal*, zerspalten, in Scheiben trennen, da *zerschellen* wohl erst aus dem leichteren Zerspringen der Schale, als der Frucht oder des Thieres in derselben, entstanden sein dürfte.

Skulti 1978 (sing. imperf.), isl. *eg skal*, ich soll, will, *skulld*, Schuld, schw. *skola*, sollen, werden, *skuld*, Schuld, dän. *skulle*, *skyld*, goth. *skulan*, schulden, sollen, werden, *skuldo*, das Schuldige, *skula*, der Schuldener, ahd. *scolan*, sollen, *sculd*, Schuld, ags. *scyldan*, anschuldigen, *scylde*, Schuld, engl. *shall*, u. s. w. Auch das Wort *skulan* lässt sich viel natürlicher durch Bedeckung, Schutz, s. d. v. W., erklären, als durch Trennung (von der Wurzel *Scal*). Aus dem freiwilligen Schutz wurde hernach eine Verpflichtung, diese war also eine Schuld und das Fordern derselben ein Anschuldigen. Auf diese Weise lässt sich auch ganz gut einsehen, wie isl. *skuli* Beschützer und goth. *skula* Schuldener bedeuten konnte. — *Skusti* 608, für *Skulti*. On skusti fara till Iklanþs, d. h. Er wollte nach England fahren. *Skal* 93, 398, 846, u. s. w. (sing. praes.).

Skokr 1458, ein Mannsname, *Skukr*, Wald, isl. *skógr*, schw. *skog*, dän. *skov*, ags. *scuva*, engl. *shaw*, eigentlich das Schattengebende, der Hain, gehörend zu isl. *skuggi*, Schatten, *skuggsia* (das Schattensehen) der Spiegel, *skygna*, verfinstern, *skygni*, Laube, *sky*, (das Schattengebende) die Wolke, schw. *skugga*, Schatten, *skygga*, beschatten, (dadurch) scheu werden, *skygg*, scheu, *sky*, Wolke, *sky*, scheuen, dän. *skygge*, *s.*, *skygge*, *v.*, *skye*, *sky*, scheu, *sky*, Wolke, goth. *skuggva*, (der Schattenwiedergebende) der Spiegel, Schade dass dies schöne Wort von dem Blendling *Spiegel* verdrängt ist, *skohsl*, (Schatten, Gespenst), Dämon, *skura*, (die Verfinsterung durch Wolken und dann der gewöhnlich dadurch verursachte) Windstoss, *skavjan*, (die Hand über die Augen haltend, die Augen beschattend, um zu) schauen, ahd. *scouon* oder *scouwon*, schauen, *scur*, Regenwolken, (das durch den Regen erregte unangenehme Gefühl) der Schauer, *scura*, Scheune, *sciuhan*, scheuen, ags. *scua*, Schatten, *sceavian*, schauen, u. s. w., engl. *sky*, Dunstkreis, u. s. w. Die Wurzel ist *Sku*, bedecken, beschatten, welche noch in den mannigfachsten Formen fortlebt, deren Zusammenstellung hier zu weit führen würde.

Skref 1977 (sing. imperf.), isl. *skrifa*, schw. *skrifva*, dän. *skrive*, lat. *scribere*, schreiben. — *Skrifaþ* 1780 (part. pass.).

Skifa 31, ein Frauenname, die Anordnende (?), s. d. f. W.

Skifti 874. Die Inschrift ist undeutlich, *Br.* S. 158 deutet dieses Wort durch Wechsel, alsdann hinge es zusammen mit isl. *skipti* oder *skifti*, Wechsel, Veränderung, Theilung, *skipta*, verändern, theilen, *skepia*, ordnen, theilen, *skipa*, ordnen, verbessern, schw. (alt. *skipti*, Theilung, Beute, *skipta*, theilen, tauschen, bestimmen, handhaben) *skifte*, Abwechslung, Theilung, Tausch, *skifta*, abwechseln, verändern, theilen, *skipa*, ordnen, verordnen, handhaben, dän. *skifte*, *s.*, *skifte*, *v.*, ags. *scyfte*, *scyftan*, engl. *shift*, ahd. *scefo* und *scefil*, nhd. *Schöppe* oder *Schöffe*, Richter. Diese Wörter scheinen weder mit schaffen, noch mit schöpfen verwandt zu sein, wie man anzunehmen pflegt, sondern zu gehören zu goth. *skiuban*, ahd. *sciopan*, ags. *scufan*, nhd. *schieben*, dessen ältere Bedeutung eigentlich ist fort- oder wegstossen und dann befördern. Aus wegstossen würde alsdann tauschen, theilen, verändern, und aus befördern wiederum ordnen, handhaben, richten entstanden sein. *Sifti* 883, für *Skifti* (?).

Skira 1817, die Einfassung, Schnur, Zarge, isl. *skör*, Einfassung, Rand, Stufe, vergl. *Skokr*. — Lit : giara : stain : ok : skira, d. h. Liess den Stein und die Zarge machen.

Skirlauh 881, ein Frauenname, *Skirlauk*, s. *Fulkir*, die reine Blühende, die reine Zierde des Geschlechts, zusammengesetzt aus *Skir*, und *Laukr*, s. *þurlakᛦ*, isl. *skir* und *skær*, rein, *skira*, reinigen, abwaschen, taufen, vergl. *Kristno*, schw. *skir* und *skär*, rein, durchsichtig, *skira* und *skära*, reinigen, klären, dän. *skær*, *skære* (veraltet), goth. *skeirs*, klar, ags. *scir*, engl. *sheer*, nhd. *scheuern*. Hierher dürfte auch gehören ahd. *scerlinc*, (die reinigende, die heilende Pflanze) der Schierling, welches Wort man gewöhnlich so erklärt: die Pflanze mit eingeschnittenen Blättern.

Skibi 551, 731, 884, (dat. sing.), isl. *skip*, schw. *skepp*, dän. *skib*, goth. *skip*, ahd. *scif*, ags. *scip*, engl. *ship*, nhd. *Schiff*. Man erklärt dieses Wort in der Regel durch das Hohle; sollte es nicht vielleicht das Geschobene heissen? — Is sturþi + austr + skibi +, d. h. Er steuerte östlich ein Schiff. — *Skibin* 509 (plur.). On furs × uti × miþ × ala × skibin ×, d. h. Er ging verloren mit allen Schiffen.

Skarf 973 (acc.), ein Mannsname, *Skarfr*, der Scharfe, isl. *skarpr*, scharfsinnig, *skera*, schneiden, schw. *skarp*, *skära*, dän. *skarp*, *skære*, ahd. *scarf*, *sceran*, ags. *scearp*, *sciran*, engl. *sharp*, von der Wurzel *Skar*, theilen, trennen; daher auch isl. *skari*, schw. *skara*, dän. *skare*, ahd. *scara*, ags. *scaru*, nhd. *Schaar*, nicht die Sammlung, sondern die Abtheilung. — *Skurba* 1421, ein Beiname, der Scharfsinnige. *Skurba* 1330.

Skauiᛦ 1192, ein Mannsname, *Skafir* (?), Schaber, isl. *skafa*, schw. *skafva*, dän. *skave*, goth. *skaban*, ags. *sca-*

fan, engl. *shave*, nhd. *schaben*, gehört mit dem vorigen Worte zu derselben Wurzel.

Skarþi 721, ein Mannsname, der Verringerte (?), isl. *skerdr*, verringert, vergl. *Skarf*.

Skari 836, ein Mannsname, der Reine, vergl. *Skirlauk*.

Skanu 968, ein Landschaftsname, zusammengesetzt aus (?) isl. *skaun*, Wiese, und *U*, s. d. W. — *Skonu* 1251. Is : varþ : tuþr : o : Skonu :, d. h. Er starb in Skonu.

Skaiþaᛦ 865 (gen. sing.), isl. *skeid*, Lauf, ein längeres schnell segelndes Schiff der alten Skandinavier, von *skeida*, laufen, schnell laufen, vergl. *Susla*. Hierher scheint auch zu gehören isl. *skeid*, schw. *sked*, dän. *skee*, Löffel, seiner Gestalt wegen wahrscheinlich so benannt. — Skaiþaᛦ . visi, d. h. Steuermann des Schiffes, oder wie *A. S. H.* I, 96 hat: Schiffshauptmann.

Skabera 1978 (acc. sing.), isl. *skapari*, schw. *skapare*, dän. *skaber*, der Schöpfer, von isl. *skapa*, schw. *skapa*, dän. *skabe* (schw. *skaffa*, dän. *skaffe*, verschaffen, sind aus dem Deutschen aufgenommen), goth. *skapjan*, ahd. *scafan*, ags. *scapan*, engl. *shape*. Dieses Wort fällt gewiss ursprünglich zusammen mit isl. *skafa*, schw. *skafva*, dän. *skave*, gth. *skaban*, ahd. *scapan*, ags. *scafan*, engl. *shave*, nhd. *schaben*, von der Wurzel *Ska*, absondern, so dass es wie *Kira*, s. d. W., zuerst hiess von den äusseren Theilen befreien, zu etwas verarbeiten, bilden, hervorbringen, und *abschaben* der Grundbegriff ist. Daher isl. *skapt*, schw., dän. *skaft*, ahd. *scaft*, ags. *sceaft*, engl. *shaft*, (der abgeschabte, der Rinde beraubte Baum) der Schaft, ahd. *scaf*, ags. *sceap*, engl. *sheep*, (das abgeschabte, der Wolle beraubte Thier) das Schaf, weswegen man wohl nicht nöthig hat dieses Wort aus dem Böhmischen abzuleiten (schw. *får*, dän. *faar*, Schaf, welche Formen sich in keiner anderer Sprache finden, stehen in Verbindung mit *Fi*, s. *Far*), isl. *skepna*, schw. *skapnad* und *skepnad*, dän. *skiebne*, Bildung, Gestalt, Natur, u. s. w. — Skabera : himis : ok : jorþaʎ :, d. h. Schöpfer des Himmels und der Erde.

Skali 119, ein Mannsname, der Kahlköpfige, isl. *skalli*, Kahlkopf, schw. *skalle*, Schädel, Kahlkopf, landsch. *skulle*, dän. *skåldet*, kahlköpfig, engl. *scull*. Dieses Wort heisst ursprünglich Bedeckung des Gehirns, Gehirnschale und gehört zusammen mit *Skuli*, s. d. W. Aus Schädel bildete sich erst später der Begriff Kahlkopf, so dass die Bedeutung *entblösst* (von Haaren) keinesweges ursprünglich ist und isl. *skallda*, schw. (*skålla*) *skolla*, dän. *skolde*, engl. *scald*, durch Brühen von Haaren befreien erst aus dieser Nebenbedeutung entstanden sind.

Skalti 151, 263, ein Mannsname, Dichter, Barde, isl. *skálld*, schw. *skald*, dän. *skiald*, ahd. *scalto*, Musiker, Sänger, *scaltispil*, Dichtkunst und Musik. Die ursprüngliche Bedeutung dieses Wortes scheint nicht Dichter (Erfinder), sondern Sänger zu sein, da die alten Skandinavischen Skalden alle ihre Gedichte absangen, vergl. *L. Hjs.* I, 270. Wie Barde (wäl. *beyrdd*, ir. *baird*, Barde, cambrobr. *prydu*, singen, fries. *baria*, schreien, nhd. landsch. *beiern*, läuten, indem mit dem Klöppel an den Rand der Glocke geschlagen wird) nicht eigentlich Dichter, sondern der Tönende, Rufende, Singende heisst, so dürfte also auch *Skalti*, der Schallende, der Singende bedeuten, und alsdann zusammengehören mit isl. *skell*, Schlag, Schall, *skella*, gegen etwas schlagen, *skella*, durch Schlagen einen Laut geben, schallen, schellen, schw. *skall*, Schlag, Schall, Klapperjagd, *skaller*, Klapper, *skalla*, schallen, eine Klapperjagd halten, ags. *scellan*, ursprünglich ohne Zweifel einen Laut von sich geben, wie eine geschlagene harte Bedeckung eines

Thieres oder einer Frucht, d. h. eine Schale giebt, vergl. *Skuli*. — *Skalt* 129, 1463, der Dichter. Ivur Oiubs : skalt : raisti : 1463, d. h. Ivar, der Dichter Oiubs errichtete.

Snuf 461, ᚠᛅᚦᚢᚱ ᛋᚾᚢᚠ scheint zusammengezogen zu sein für ᚠᛅᚦᚢᚱ ᛋᛁᚾ ᚢᚠ, d. h. Seinen Vater Uf, indem ᛋᚾ für ᛋᛁᚾ steht, vergl. *Ufir*.

Snutastaþum 2009 (dat. pl.), ein Ortsname, zusammengesetzt aus *Snutr*, und *Staþr*, s. *Staþ*, isl. *snotr*, listig, weise, schön, *snot* oder *snotra*, ein witziges und weises Weib, *snutra* oder *snotra*, schmücken, Sitten beibringen, von *snudr*, Schnauze, Stärke, Raschheit, *snita*, schneuzen, schw. (landsch. *snufver*, verschlagen, *snut*, Schnauze, *snutfager*, schön, *snutt*, Liebling, Herzchen, *snaut* oder *snyte*, Nase, *snautas*, sich küssen, lieben), *snyte*, Schnauze, *snyta*, schneuzen, dän. *snu*, listig, *snude*, Schnauze, *snyde*, schneuzen, goth. *snutrs*, klug, weise, *snutrei*, Klugheit, Weisheit, ags. *snoter*, weise, ahd. *snuta*, Schnauze, *snutan*, schneuzen, u. s. w. vielleicht ursprünglich ein Schallwort. *Snutr* heisst also eigentlich *geschneuzt* und ist daher ganz übereinstimmend mit dem Lat. *emunctae naris*. — *Snota* 1826 (gen.), ein Mannsname, *Snoti*, der Verschlagene, Schöne.

Snorir 783, ein Mannsname, der Rotzige, Dumme, das Gegentheil von dem vorigen Worte, (isl. *snita*) schw. *snor* (dän. *snot*), ndd. *schnodder*, Rotz, scheint ebenfalls ein Schallwort zu sein.

Sni 245, ein Mannsname, Schnee, isl. *sniár*, *snjór*, *snær*, Schnee, schw. *snö*, dän. *snee*, goth. *snaivs*, ahd. *sneo* (gen. *snewes*), ags. *snav*, engl. *snow*, die Ableitung ist ungewiss, griech. *νιφάς*, lat. *nix*, *nivis*.

Sniolauk 1064, ein Frauenname, Schneelauch, zusammengesetzt aus *Sni*, s. d. W., und *Lauk*, s. *Þurlakᛦ*.

Sneribiarn 142, ein Mannsname, der sehr Schnelle, zusammengesetzt aus *Snar*, s. *Snari*, und *Biurn*, s. d. W. — *Sniborn* 671.

Snikur 1533 (acc.), ein Mannsname, *Snikir*, der Schmarotzer, vergl. *Usnikin.*

Sniaval 1720, ein Mannsname, *Sniovaltr*, Schneewald, zusammengesetzt aus *Sni*, s. d. W., und *Valtr*, s. *Valtum.*

Snialiᛦ 878 (nom. plur.), isl. *sniallr*, schnell, tauglich, tapfer, verständig, berühmt, *snilli* und *snilld*, Talent, schw. *snäll*, schnell, geschickt, artig, *snille*, Fähigkeit, Witz, Talent, dän. *snild*, *snilde*, ahd., ags. *snel.* Dieses Wort scheint ein Schallwort zu sein, seine ursprüngliche Bedeutung ist sich geschwind bewegen; daher nhd. fortschnellen, schw. *försnilla*, dän. *forsnilde* oder *besnilde*, prellen, betrügen, u. s. w. — Snialiᛦ : trikiᛦ . d. h. Hurtige Bursche. — *Snialan* 192, 881, 882, u. s. w. (acc. sing. masc.), Sun ⁝ snialan ⁝ 192, d. h. Raschen Sohn. At : fatur : san : snialan : 881, d. h. Seinem verständigen Vater. — *Snaliᛦ* 992 (nom. plur.). Snaliᛦ suniᛦ, d. h. Verständige (gute) Söhne. *Snalan* 790 (acc. sing. masc.). Faþur × sin × snalan.

Snari 34, ein Mannsname, der Hurtige, isl. *snar*, schnell, tapfer, schw., dän. *snar*, hurtig, scheint als ursprüngliches Schallwort von dem Laute eines sich schnell bewegenden (schnurrenden) Körpers genommen zu sein. Wie sich Schnalle zu schnell verhält, so dürfte sich auch isl. *snara*, schw. *snara*, dän. *snare*, ahd. *snarahha* und *snara*, engl. *snare*, Schlinge, zu *Snar* verhalten, so dass *snara* nicht eigentlich das Gedrehte (isl. *snura*, Schnur, von *snua*, drehen, schw. *sno*, Schnur, *sno*, drehen, dän. *snor*, *snoe*, gth. *snorjo*, Strick, Korb,

also

also im Allgemeinen Geflochtenes, ahd. *snuor*), sondern das sich schnell Zusammenziehende bedeutet.

Snab 65, ein Mannsname, *Snabi*, der Hurtige, schw. *snabb*, hurtig, dän. *i en snub*, sehr schnell. Auch dieses Wort ist ein Schallwort und hängt mit schnappen, d. h. schnell ergreifen, zusammen.

Sifa 925, ein Frauenname, die Sanfte, isl. *sefa*, mildern, *sefi*, Gemüth, Sinn, (geneigter Sinn) Gunst, *sefi* oder *sifi*, (der einen geneigten Sinn zu Jemand hat) Freund, Verwandter, *sifiúngr*, ein Verwandter, *sif*, (die Milde) die Erde, Benennung einer der Asynien, schw. *säflig*, milde, bedächtig, langsam, goth. *sifan*, sich freuen, *sibis*, friedlich, *sibja*, Verwandtschaft, *gasibjon*, sich versöhnen, ahd. *sippea*, (Zustand der Milde) Friede, *gesippo*, der Verwandte, *samfti*, mild, linde, ags. *sifian*, *sib*, *gesibba*, *soft*, engl. *safe*, ausser Gefahr, sicher, *soft*, nhd. *Sipp*-schahft, *sanft*. Dies Wort scheint viel natürlicher zusammenzugehören mit *Sofa*, vergl. *Sofnu*ᚦ, so dass der Begriff besänftigt, gemildert, freundlich, befreundet zum Grunde liegt, als mit sansk. *sapani*, ich verbinde, mit dem dagegen isl. *safna*, (verbinden) sammeln, *safn*, (Verbindung) Sammlung, *safnadr*, (verbundene) Menge, Gemeinde, Kirche verwandt zu sein scheint. — *Siafr* 542, ein Mannsname, isl. *siafni*, Liebhaber, Freier. *Sam* 1214 (acc.) von *Samr*, Nebenform für *Safr*.

Sifᛦi 1571, vielleicht ein Epitheton, der Dauernde, immer Fruchtbare, isl. *sifriór*, immer Samentragend, perennirend, zusammengesetzt aus *Si*, und *Frir*, vergl. *Rakn-fri*ᛦ, isl. *sí*, immer, goth. *sinteino*, immer, ahd. *sin* oder *sint*, ags. *sin*, nhd. *Sin-Grün*, d. h. Immergrün.

Siu 1065, ein Ortsname, See (?), vergl. *Sj*. III, 132, isl. *siór*, *siar*, *sær*, schw. *sjö*, dän. *sø*, goth. *saivs*, ahd.

seo, ags. *sae*, engl. *sea*, wahrscheinlich das sich Bewegende oder das Scheinende, Klare, Lautre. *Sio* 2013. — *Su* 1455, ein Mannsname (?).

Siulfir 1065, ein Mannsname, Silber, isl. *silfr*, schw. *silfver*, dän. *sølv*, goth. *silubr*, ahd. *silupar*, ags. *seolfer*, *sulver*, engl. *silver*; die Ableitung ungewiss. — *Sulfu* 1092 (acc.). *Sulfa* 1237, 1470, 1609 (gen.). *Sialfi* 507, 511, über die Endung — *i* vergl. *R. Gr.* S. 182. *Siælfa* 616 (acc.). — Wenig wahrscheinlich ist die Erklärung dieses Namens durch *Sulvi* (es findet sich doch wirklich *Salvi* 897 für *Sulfi*), Sonnenanbeter, zusammengesetzt aus *Sul* und *Vi*, s. d. W., isl., schw., dän. *sol*, lat. *sol*, Sonne. Vergl. ebenfalls *Saiulfr*, welches Wort vielleicht den besten Aufschluss giebt.

Siþ 1985, lat. *sit*.

Siþan 1978, 2009, seitdem, isl. *sidan*, schw. *sedan*, dän. *siden*, zusammengesetzt aus *Siþr*, und der Endung — *an*, welche adverbia bildet, vergl. *R. Gr.* S. 202, isl. *sid*, spät, schw. *sidst*, zuletzt, *omsider* (isl. *um sidir*), endlich, dän. *silde* (isl. *sidarla*, *sidla*), *adv.* *sildig*, *adj.* *sidst*, *superl.*, goth. *seiþu*, spät, ahd. *sid*, ags. *sið*, engl. *sith*, von der Wurzel *Si*, dauern, vergl. *Sifki*. Isl. *seinn*, schw. *sen*, dän. *seen*, langsam, sind Zusammenziehungen von *siþan*, vielleicht auch goth. *sins*, alt. Dass aber ahd. *sene-skalk*, altfr. *sene-scalch* mit goth. *sins*, alt, zusammenhängen sollte, ist höchst unwahrscheinlich, und viel glaublicher, dass *sen* oder *sin* bloss verstärkend sei. — *Siþu* 1153.

Siþburin 493, spätgeboren, isl. *sidborinn*, zusammengesetzt aus *Siþr*, s. d. v. Wort, und *Burin*, s. *Burþ*. Sun × sin × siþburin, d. h. ihren spätgeborenen Sohn.

Sioli 155, ein Mannsname, der sehr Mächtige, isl. *sióli*, ein starker und grosser Mensch, sehr mächtig, König.

Man erklärt dieses Wort entweder durch *sæll*, glücklich, vergl. *Roþvisl*, oder durch *sia*, sehen, s. d. W., in die Augen fallend.

Sir 731, 1826, die Inschriften sind undeutlich, *Siri*, Herr, isl. *sira*, Anredungsformel an Geistliche und scheint die Bedeutung des engl. *sire*, Vater, zu haben, ahd. *Sihora*, ags. *sigora*, franz. *sire*, engl. *sir*, ein sehr verbreitetes Wort, sansk. *shira*, ind. *syr*, arab. *sary*, u. s. w. — Es liesse sich vielleicht vermuthen, dass dieses Wort mit dem isl. *sér* (dat. s. *Sa*), sich, für sich selbst, einzig, zusammenhänge, und die Bedeutung des Ausgezeichneten, Vorzüglichen enthielte, isl. *hann var sér um módur*, er war das einzige Kind der Mutter, *hann var sér á skipi*, er besass ein Schiff für sich selbst, *sérgódr*, hochmüthig, *sérlegr*, besonders, schw. *i sär*, besonders, *särdeles*, besonders, u. s. w., dän. *sær*, von anderen ausgezeichnet, besonders, sehr ausgezeichnet, u. s. w. — *Sirin* 487 (nom. sing. mit Artikel), der Herr. — *Sira* 104, 1556, 1834 (acc.), ein Mannsname, *Siri*, der Mächtige.

Sirkir 1188, ein Mannsname, der Geharnischte, Gepanzerte, von *Sirkr*, isl. *serkr*, vergl. *Suirtikr*.

Sirhun 368, undeutlich, vielleicht für *Sirkunr*, der ausgezeichnete Krieger, zusammengesetzt aus *Sir*, s. d. W., und *Kunr*, s. *Kuni*.

Seref 692 (acc.), ein Mannsname, *Sirifr*, der immer Freigebige, zusammengesetzt aus *Si*, s. *Sifᛦi*, und *Rifr*, s. *Rifas*. Vergleiche auch *Sikrifr*.

Siriþ 381, 703, 944, 1556, ein Frauenname, die immer Bereite, Geneigte, zusammengesetzt aus *Si*, s. *Sifᛦi*, und *Riþr*, s. *Kuriþ*, Vergleiche auch *Sikriþ*. — *Siriþr* 984. *Siriþiᛦ* 905. *Siriþar* 754, 979 (gen.). *Siriþaᛦ* 322 (gen.).

Sik 1, ein Mannsname, *Sikr*, der Sieger, isl. *sigarr* oder *sigurvinnari*, Siegr, *sigr* oder *sigurvinning*, Sieg, *at vega* oder *vinna sigr*, siegen, schw. *segervinnere*, *seger* oder *segervinning*, *segra*, dän. *seierherre* oder *seiervinder*, *seier* oder *seiervinding*, *seire*, goth. *sigis*, Sieg, ahd. *sikinomo*, *siku*, *sikan*, ags. *sigedrihten*, *sige*, *sigan*. Es ist am wahrscheinlichsten, dass *sikr* das Niedersenken, Niederstürzen (der Feinde) heisst und zusammenhängt mit isl. *siga*, niedersenken, *sig*, das Hinunterlassen eines Vogelfängers von einem Berge, *sigari*, ein Vogelfänger, der sich an einem Taue von einem Berge hinunterlässt, schw. *siga* oder *signa*, sinken, dän. *sig*, (Senkung) Pfuhl, gth. *siggqan*, sinken, ah.d, ags. *sigan*, u. s. w.

Sikfus 331, 1200, ein Mannsname, Siegbereit, zusammengesetzt aus *Sikr*, s. *Sik*, und *Fus*, s. *Roþfos*.

Sikfriþ 1810 (acc.), ein Mannsname, *Sikfriþr*, der durch Sieg Schirmende, zusammengesetzt aus *Sikr*, s. *Sik*, und *Friþr*, s. *Friþi*. — *Sikfiʌuþr* 126. Ahd. *Sikifrid*. *Sihfriþ* 1731, s. *Fulkir*.

Sikfast 318, 344, 941 (nom. und acc.), ein Mannsname, *Sikfastr*, der im Sieg Feste, zusammengesetzt aus *Sikr*, s. *Sik*, und *Fastr*, s. *Fasti*. *Sihfast* 452 (acc.), vergl. *Fulkir*. *Sihfatr* 1632. *Sihvastr* 235, 640, 1072.

Sikviþr 186, 318, 327, 436, 454, ein Mannsname, Anführer im Siege, zusammengesetzt aus *Sikr*, s. *Sik*, und *Viþr*, s. *Viþur*. — *Sigviþ* 577 (acc.). *Sihviþ* 510, 577, 862, 865 (nom. und acc.). *Sihviþr* 62, 122, 184, 214, 229, 273, 375, 955, vergl. *Fulkir*. *Sihvitr* 461. *Sihiviþr* 302.

Sikuarþ 2105, 2106 (acc.), ein Mannsname, *Sikvarþr*, Siegward, zusammengesetzt aus *Sikr*, s. *Sik*, und *Vaurþr*, s. d. W. — *Sikvarta* 611 (gen.). — *Sikurþr* 1243. *Sigurþr* 1931, 2233; diese Form könnte auch übereinstimmend sein mit mhd. *Sighart* oder *Sigard*. *Sihurþ* 1078. *Sihurþr* 1923, vergl. *Fulkir*. *Sehkurþ* 85.

Sikuatr 285, ein Mannsname, der im Siege Hurtige, zusammengesetzt aus *Sikr*, s. *Sik*, und *Hvatr*, s. *Vaþr*. *Sikvaþs* 1859 (gen.). *Sikevatr* 911. *Sahvatr* 1300.

Sikualti 714, 858, ein Mannsname, *Sikvaltr*, der im Siege Waltende, zusammengesetzt aus *Sikr*, s. *Sik*, und *Valtr*, s. *Valtum*. *Sihvalti* 188.

Sikrifr 1450, ein Mannsname, der Siegraubende, zusammengesetzt aus *Sikr*, s. *Sik*, und *Rifr*, s. *Rifnikᛦ*. — *Sikraif* 1571 (acc.). *Sihraif* 670, vergl. *Fulkir*.

Sikriþ 241, ein Frauenname, die zum Siege Bereite, zusammengesetzt aus *Sikr*, s. *Sik*, und *Riþr*, s. *Kuriþ*. — *Sigriᚭ* 1654. *Sigritr* 80. *Sikruþ* 626. *Sikruþr* 493. *Sigruþr* 162. — *Sukruþar* 984 (gen.). — *Sihriþ* 236, vergl. *Fulkir*.

Sekrim 2144, ein Mannsname, *Sikrimr*, der immer Gehelmte, zusammengesetzt aus *Si*, vergl. *Sifᛦi*, und *Krimr*, s. d. W.; vielleicht auch für *Sikkrimr*, Siegesheld.

Sikhialmr 32, 36, ein Mannsname, Sieghelm (ahd. *sikihelm*, die Krone), zusammengesetzt aus *Sikr*, s. *Sik*, und *Hialmr*, s. d. W.

Sikniutr 204, 360, 669, ein Mannsname, *Sikniautr*, Siegesgenoss, zusammengesetzt aus *Sikr*, s. *Sik*, und *Niautr*, s. *Niautir*. — *Sihniuta* 214 (acc.). *Saihniutr* 269.

Sikir 448, ein Mannsname, der tapfre Mann, isl. *seggr*, der tapfre Mann, alts. *segg*, ags. *secg*, der Mann, wohl eigentlich der Siegende, vergl. *Sik*. — *Sikis* 149 (gen.).

Sikikr 39, ein Mannsname, *Sikinkr*, der Sieger, vergl. *Sik*, über die Endung — *ikr* oder — *inkr*, s. *R*. S. 185.

Sikat 465 (acc.), ein Mannsname, für *Sikkautr* (?), der kluge Sieger, zusammengesetzt aus *Sikr*, s. *Sik*, und *Kautr*, s. d. W.

Sikstain 559, 591, 1134, ein Mannsname, Siegstein, zusammengesetzt aus *Sikr*, s. *Sik*, und *Stain*, s. d. W. — *Sikstin* 127, 978, 1103. *Siksten* 1106. *Sikston* 1138. *Sihstin* 1313. *Sihstain* 79, 417, 1102, vergl. *Fulkir*.

Siktrukr 1565, ein Mannsname, der, welcher des Sieges gewiss ist, zusammengesetzt aus *Sikr*, s. *Sik*, und *Trukr*, s. *Truk*. — *Siktruk* 675 (acc.). *Suktrukr* 369. *Sutriki* 1549. *Shktirikr* 289. *Sihtrihks* 1872 (gen.).

Siktirf 248, 395 (acc.), ein Mannsname, *Siktiarfr*, der kühne Sieger, zusammengesetzt aus *Sikr*, s. *Sik*, und *Tiarfr*, s. d. W. *Sihtarf* 116. *Sihtiarf* 231. *Sihtiarfr* 199, vergl. *Fulkir*.

Sikbiurn 1061, 1133, ein Mannsname, der tapfre Sieger, zusammengesetzt aus *Sikr*, s. *Sik*, und *Biurn*, s. d. W. — *Sikbiárn* 294, 482, 545. *Sigbiarn* 1571. *Sihbiarn* 523, 780, vergl· *Fulkir*.

Siklauk 1306, ein Frauenname, die blühende Siegerin, zusammengesetzt aus *Sikr*, s. *Sik*, und *Laukr*, s. *þurlak*ᛦ. *Sihlauh* 510, vergl. *Fulkir*.

Siklaif 1091, ein Mannsname, *Siklaifr*, Siegesspross, zusammengesetzt aus *Sikr*, s. *Sik*, und *Laifr*, s. *Fastilifs* und *Laifa*. *Sihlaif* 1702, vergl. *Fulkir*.

Siklt 944 (part. perf. act.), von *Sikla*, isl. *sigla*, segeln, *sigla*, Mastbaum, *segl*, Segel, *segla*, *segel*, dän. *seile*, *seil*, ahd. *sekal*, Segel, ags. *seglian*, *segl*, engl. *sail*. Die Ableitung dieses Wortes ist schwierig. — Han . uft . siklt . d. h. Er (ist) oft gesegelt.

Sikmunþr 1082, ein Mannsname, der durch Sieg Beschützende, zusammengesetzt aus *Sikr*, s. *Sik*, und *Munþr*, s. *Munti*. — *Sikmunr* 894. *Sikmunt* 733, 1025, 1111 (acc.). *Sigmuntr* 1571. *Sikmut* 1111 (acc.). Vergl. *Finr*. Ahd. *Sikimund*.

Sikmar 352, 454, ein Mannsname, Siegberühmt, zusammengesetzt aus *Sikr*, s. *Sik*, und *Mar*, s. *Vihmar*. Ahd. *Sikimar*.

Sihunar 586 (gen.), ein Frauenname, *Sikun*, vergl. *Fulkir*, die Siegliebende, isl. *Sigyn*, zusammengesetzt aus *Sikr*, s. *Sik*, und *Unna*, s. *Uni*.

Sihþor 1556, ein Mannsname, *Sikþur*, vergl. *Fulkir*, der kühne Sieger, zusammengesetzt aus *Sikr*, s. *Sik*, und *þur*, s. d. W. — *Sihþorn* 1010. *Sihiþurn* 87.

Sihraþur 266, ein Mannsname, *Sikraþr*, vergl. *Fulkir*, der im Siege Herrschende, zusammengesetzt aus *Sikr*, s. *Sik*, und *Raþr*, s. *Raþa*.

Sihnum 1994, lat. *signum*.

Sihni 1690, ein Frauenname, *Sikni*, vergl. *Fulkir*, die Siegerin, s. *Sik*.

Sihni 1930 (conj. praes.), von *Sikna*, segnen, isl. *signa*, schw. *signa*, zaubern, segnen (*välsigna*), dän. *signe*, segnen, ahd. *sekinon*, ags. *segnian*, entstanden aus lat. *signum*, eigentlich das Zeichen des Kreuzes machen, das heidnische Wort ist goth. *veihan*, ahd. *wihan*, ags. *wihan*, isl. *vigia*, schw. *viga*, dän. *vie*, weihen, von *Vi*, s. d. W., eigentlich durch Feuer gegen böse Geister schützen. Vergl. die lesenswerthe Abhandlung in *Annaler for Nord. Oldk.* 1838—1839, S. 177, u. f. Doch ist hier Manches aus einer vorgefassten Meinung gedeutet; denn dass z. B. eine Insel des Abends oder Nachts besser zu sehen ist oder gleichsam aus dem Wasser hervorsteigt, beruht bekanntlich auf einer ganz gewöhnlichen optischen Täuschung, und eine solche Nachricht von einer Insel kann also keinesweges so gedeutet werden, dass damit gemeint sei, "die Insel werde des Nachts von bösen Wesen bewohnt, die das Tageslicht nicht ertragen könnten." S. *l. c.* S. 203. — *Sihna* 2029. *Sikne* 1961. *Sinne* 1950. *Sinar* 1826 (sing. praes.).

Sihatr 157, 591, ein Mannsname, *Sikhatr*, vergl. *Fulkir*, der mächtige Sieger, zusammengesetzt aus *Sikr*, s. *Sik*, und *Hatr*, s. *Hatikr*. *Sihit* 79 (acc.).

Sihtunum 12 (dat. pl.), nom. pl. *Siktunir*, gen. *Siktuna*, Siegerstadt, zusammengesetzt aus *Sikr*, s. *Sik*, und *Tun*, s. *Tuni*.

Sihborh 273, ein Frauenname, *Sikburk*, vergl. *Fulkir*, Siegesburg, zusammengesetzt aus *Sikr*, s. *Sik*, und *Burk*, s. d. W.

Sihlaik 1697, ein Mannsname, *Siklaikr*, vergl. *Fulkir*, Siegeslust, zusammengesetzt aus *Sikr*, s. *Sik*, und *Laikr*, s. *Leiknir*. *Sihlaiks* 1785 (gen.).

Sin 2, 5, 6, u. s. w. (acc. sing.), isl. *sinn*, schw., dän. *sin*, goth. *seins*, ahd. *siner*, ags. *sin*, sein. — Faþur . sin . d. h. Seinen Vater. Totur sin . 102, d. h. Seine Tochter. *Sen* 174, 179, 332, u. s. w. für *Sin*. *Sinu* 1921 (dat. sing. neut.). A oþali × sinu, d. h. Auf seinem Gute. *Sinum* 729, 1560 (dat. sing. masc.), vergl. *Far*. *Sino* 1005, 1326, 1346, u. s. w. (acc. sing. fem.), für *Sina*. Tutur : sino : 1326, d. h. Seine Tochter. *Sino* 44, 141, 1577 (acc. plur. masc.), für *Sina*. Bruþr ᛭᛭ sino : baþa : 1577, d. h. Seine beiden Brüder. *Sini* 435 (dat. sing. fem.). Sus + tur sini, d. h. Seiner Schwester. *Sini* 621, 799 (acc. plur. masc.?). *Sina* 69, 158, 238, u. s. w. (acc. sing. fem.). Kunu sina, 158, d. h. Seine Gattin. *Sena* 566 (acc. sing. fem.). *Sina* 85 (acc. pl. masc.). Suni sina, d. h. Seine Söhne. *Sinar* 9 (acc. pl. fem.). Sestr × sin × ar × tvar, d. h. Seine zwei Schwestern. *Sinar* 2009 (gen. sing. fem.). Þutur sinar, d. h. Seiner Tochter. *Sinaᛦ* 1401 (gen.

sing.

sing. fem.). Kunu : sinaᛦ :, d. h. Seiner Gattin. *Sins* 207, 1352, 1531 (gen. sing. masc.). Faþur sins 1352, d. h. Seines Vaters. *Sens* 1243, für *Sins*. *Sint* 1530 (acc. sing. masc.), verritzt für *Sin*. *Siin* 1570, für *Sin*. *Sein* 108, für *Sin*. *Sian* 1210, für *Sin*. *Sis* 984 (gen.), für *Sins*. *Sit* 952 (acc. sing. neut.). *San* 276, 288, 625, u. s. w. für *Sin*. *Sain* 620, für *Sin*.

Senᛏr 1855 (adv.), zu gleicher Zeit, isl. *i þad sinn*, dieses Mal, *senn* oder *i senn*, auf ein Mal, zu gleicher Zeit, schw. *sänder* oder *i sänder*, auf einmal, von *Sinn*, vergl. *Sunr*. Baþe : senᛏr : lüktaþ : d. h. Beide wurden zu gleicher Zeit vollendet. *Sj*. II, 27 meint, dass dieses Wort soviel als Kuhstall bedeute, weil es mit dem engl. *seen*, Viehherde (?), Aehnlichkeit habe (!!).

Sia 1953 (infin. praes.), isl. *sia*, schw. *se*, dän. *see*, goth. *saiwan*, ahd. *sehan*, ags. *sean*, engl. *see*, nhd. *sehen*. Es ist höchst wahrscheinlich, dass die ursprüngliche Bedeutung dieses Wortes von einander absondern sei, so dass dasselben mit lat. *cernere* übereinkäme, von der Wurzel *Sa* oder *Sak*, vergl. *Saksi*. Es würde alsdann in Verbindung stehen mit isl. *sia*, Seihtuch, Sieb, *sia*, seihen, sichten, schw. *sikt*, *sikta*, dän. *si*, *sie*, u. s. w., von der Wurzel *Sa*, scheiden, absondern. — Sia : ma : þu : a : mikh :, d. h. Du mögest mich ansehen.

Siaunᛏu 2826 (dat. sing.), isl. *siaunda*, oder *siöunda*, der siebente, *siau* oder *siö*, sieben, schw. *sjunde*, *sju*, dän. *syvende*, *syv*, goth., ahd. *sibun*, ags. *seofon*, engl. *seven*; die Ableitung ungewiss. — Vergl. *U*.

Sial 74, 235, 283, u. s. w., die Seele, isl. *sál* oder *sála*, schw. *själ*, dän. *siæl*, goth. *saivala*, ahd. *seola*, ags. *saol*, engl. *soul*, scheint mit See, s. *Siu*, zusammenzuhängen, wie Athem, mit *A*, s. *Afriþ*, und also das sich Bewegende oder auch das Lautere zu bedeuten. — Kuþ . hialbi . hans . sial . 74, d. h. Gott helfe seiner Seele. Kristr . ialbi . sial . Anvita . 235, d. h. Christus helfe der Seele Anvits. *Seal* 1778. *Sialu* 292, 418, 816, u. s. w. (dat. sing.), von *Siala.* Kuþ ialbi sialu, d. h. Gott helfe der Seele. *Sealu* 1803. *Sialum* 1736, 1757, 1763, u. s. w. (dat. pl.). Biþir : füri : þaira : sialum : 1757, d. h. Betet für deren Seelen. *Siallum* 1684 (dat. pl.). *Siulu* 1556 (acc.). *Siuli* 1781 (dat.). *Siula* 487 (gen. pl.). *Sol* 967, 1675. *Solu* 1480, (dat. sing.). *Shal* 1428, 1684. þis × shal ialbi × kuþ . 967, d. h. Dessen Seele Gott helfe. þera s : hal : til : ro :, d. h. Deren Seele zur Ruhe. *Siul* 1297, für *Sial.* *Siol* 1609. *Siolu* 1476, 1482 (dat. sing.). *Sihol* 1160. *Sil* 332, 421, 1828. *Silu* 14, 61, 485, u. s. w. *Saul* 1102, 1190, 1410. *Sahlu* 242. *Sail* 1718, 1746. *Saili* 1746. *Sal* 69, 71, 76, u. s. w. *Salu* 50, 261, 264, u. s. w. *Salo* 752, 770, 1832, u. s. w. *Sala* 812. *SᛅLl* 1837. *Salin* 47 (mit Artik.). — Wie *Antas,* vergl. *Antaþis,* den Geist aufgeben, sterben hiess, so bedeutet auch *Salas,* isl. *sálaz,* entseelt werden, sterben, schw. *själas,* daher *sáladr* oder *salugr,* entseelt, todt, (so dass *selig* mit entseelt oder todt ursprünglich gleichbedeutend ist, vergl. *Roþvisl*), *salga,* tödten.

Sialfr 1856, selbst, isl. *sialfr,* schw. *sjelf,* dän. *selv,* goth. *silba,* ahd. *selper,* ags., engl. *self.* Es ist am wahrscheinlichsten, dass dieses Wort mit *Sial,* s. d. W., zusammenhänge, da auch im Sansk. *atman,* Seele, auf dieselbe Weise angewandt wird. Nimmt man an, dass es zusammengesetzt sei aus *si,* sein, sansk. *sva,* und *lip, lif,* Leib, so würde es mit sansk. *svajasbhu* oder *svabhu,* selbst seiend, übereinstimmen und in gewisser Hinsicht mit engl. *any body, some body,* zu vergleichen sein. —

Ok sialfr gerde, d. h. und machte selbst. — *Sialfa* 329 (acc. sing. fem.). Iskiᛦun . Harþaᛦ . totiᛦ . lit . risti . runaᛦ . ati . sik . sialfa ., d. h. I., die Tochter H.'s liess sich selbst Runen ritzen. *Sialfan* 1609 (acc. sing. masc.). Eskil : Sulfa : sun : lit : res : stin : þina : eft : sialfan : sik :, d. h. E. der Sohn S.'s liess sich diesen Stein errichten. *Sealfan* 683 (acc. sing. masc.). At . sik . sealfan ., d. h. Sich selbst. *Sialfᛦ* 1301 (nom. sing. masc.). *Siolfum* 1922 (dat. sing. masc.). Siolfum ser, d. h. Sich selbst. *Silfon* 717 (acc. sing. masc.). *Selfon* 292. *Silfan* 194. *Saulfr* 739. *Salfan* 681 (acc. sing. masc.).

Sialm 779 (acc.), ein Mannsname, *Sialmr*, der Schreckliche, isl. *skelmir* oder *skelfir*, Schreckbild, ein Mann, welcher Anderen Schrecken einflösst, *skelfa*, erschrecken, *skialfa*, zittern, beben, schw. *skälm*, *skälfva*, zittern, *skälfva*, Fieberfrost, dän. *skielm*, *skielve*, beben, ags. *scylfan*, schwanken, ahd *scelmo*, (das Beben, Schaudern) die Pest, *sciluf*, (das schwankende Kraut) das Schilf, von der Wurzel *Skalf*, zitternd sich bewegen (ertönen ?).

Sitia 1553, 1556 (infin. praes. act.), setzen, isl. *setia*, setzen, *sitia*, sitzen, schw. *sätta*, *sitta*, dän. *sætte*, *sidde*, goth. *satjan*, *sitan*, ahd. *sezzan*, *sizzan*, ags. *settan*, *sittan*, engl. *set*, *sit*, lat. *sedere*, u. s. w. scheint eher die ursprüngliche Bedeutung zu Ruhe bringen, als wohin bewegen zu haben. — Lit . sitia . stin . d. h. Liess den Stein setzen. *Sutum* 1065 (plur. imperf.). Viᛦ sutum stin þina, d. h. Wir setzten diesen Stein. *Suti* 1272 (sing. imperf.). Katr : suti : sten : þana :, d. h. K. setzte diesen Stein. *Sotu* 2020. Olafr kunukr sotu milistaino þisa, d. h. König O. setzte diesen Meilenstein. *Siþon* 1342 (pl. imperf.), Anglosachsismus für *Siþum.* Vir : siþon :, d. h. Wir setzten. *Siati* 1686, undeutlich. *Sito* 458 (plur. imperf.). *Siti* 1353, 1468 (sing. imperf.). + þurþiᛦ × siti × stin × þonsi ×, d. h. Th. setzte diesen Stein. *Seti* 1695, undeutlich. — *Sitr* 1307 (sing. praes.), von *Sita,* sitzen. *Sautu* 1428, 1429, u. s. w. (plur. imperf.). *Sahta* 1482 (conj. praes. ?). Sahta mik a þiþ ius : auk : baratis :, d. h. Setze mich in dein Licht und Paradies. *Saitu* 1598 (plur. imperf.). *Satu* 1201, 1237, 1269, u. s. w. (plur. imperf.). þaiᛦ . satu . kuml . 1201, d. h. Sie setzten das Denkmal. *Satr* 1323 (part. perf. pass.). Stan . var . satr ., d. h. Der Stein war gesetzt. *Sati* 545, 1115, 1142, u. s. w. (sing. imperf.) *Sati* 567, für *Satu. Sata* 1534, für *Sati,* vergl. *Furþa.*

Sitiarf 116 (acc.), ein Mannsname, *Sitiarfr,* der Immerkühne, zusammengesetzt aus *Si,* s. *Sifᛦi,* und *Tiarfr,* s. d. W., oder auch für *Siktiarfr,* vergl. *Siktirf.*

Sætar 2333 (gen. sing.), isl. *sætt,* Beilegung, Vergleich, Aussöhnung, *sætta,* aussöhnen, altschw. *sæt, sæta* oder *sætta,* von *Sitia,* s. d. W. — Ok : vilti : æigi : gaka : til : sætar :, d. h. Und wollte keinen Verglelich eingehen.

Sibi 65, 283, 441, 461, 561, 638, 816, 933, 989, 1323, ein Mannsname, der Milde, Freundliche, Befreundete, vergl. *Sifa.* — *Siba* 64, 432, 655, 1238 (acc.). *Saba* 1281 (acc.).

Sibiurn 1309, ein Mannsname, Immerbär, zusammengesetzt aus *Si,* vergl. *Sifᛦi,* und *Biurn,* s. d. W., oder für *Sikbiurn,* s. d. W. — *Sibiun* 316. Vergl. auch *Sabiarn.*

Selþur 1889, vielleicht, selten, vergl. *þrelkur,* isl. *sialdan,* schw. *sällan,* dän. *sielden,* goth. *sild,* ahd. *seltana,* ags. *seldon,* engl. *seldom,* ist ohne Zweifel abzuleiten von

Säll, glücklich, vergl. *Ubsalum* und *Roþvisl*, bezeichnet also ursprünglich das Herrliche und dann das Seltene.

Siliaus 310, für *Silihaus*, isl. *sæluhus*, eine Herberge in einsamen und öden Gegenden für Reisende. Ueber diese Herbergen vergl. *L. R.* S. 127 und 131. — Ich glaube nicht, dass der erste Theil dieses Wortes mit *Sial*, Seele, s. d. W., zusammenhängt, sondern durch isl. *sel*, Sennerhütte, goth. *saliþvos*, Herberge, ags. *sele*, Herberge, vergl. *Ubsalum*, zu erklären ist. — þuri lit kara sili aus, d. h. Th. liess eine Herberge machen.

Selalant 1050 (acc.), Seeland (?), isl. *Sæland*, *Siölund*, dän. *Siælland*, *Siølund* oder *Søland*, ags. *Sillend*, d. h. Seeland oder Seehain, vergl. *Siu*, *Land* und *Lunþ*. Es könnte vielleicht aber auch möglich sein, dass der erste Theil dieses Wortes zusammengehörte mit isl. *sölur*, Handel, vergl. *Ubsalum*; alsdann würde dasselbe gewissermassen gleichbedeutend sein mit Kopenhagen.

Sæmundr 1844, ein Mannsname, *Siumundr*, der Beschützer zur See, zusammengesetzt aus *Siu*, s. d. W., und *Muntr*, s. *Munti*. *Sæmundrs* 1654 (gen.).

Simkala 944 (gen. plnr.), von *Simkalir*, vergl. *L. R.* S. 81.

Simiuᛘi 1856, d. h. 27 October, vergl. *Sj.* II, 22.

Sa 220, 448, 1173, u. s. w. (pron. pers.), isl. *sa*, *su*, er, sie, vergl. *R. Gr.* S. 118, u. f., altschw. *sa* (*sar*, *sær*), goth. *sa*, *so*, ags. *se*, *seo*, nhd. ist noch geblieben *sie*, engl. *she*, holl. *zy*. Sa hit : Aki : 220, d. h. Er hiess A. Sa fial 1173, d. h. Er fiel (blieb im Kriege). — *Ser* 1922 (dat.), isl. *sér*. Siolfum ser, d. h. Sich selbst. *Sik* 40, 194, 292, u. s. w. (acc.). Sik sialfan 40, d. h. Sich selbst. Kvikvan sik, sich lebend. *Sig* 135. Sig gvik : baþi. Sich lebende beide. — *Sa* ist aber auch pronom. demonstr., vergl. *R. Gr.* S. 122. Sikir . in . aᛦ . sa ., d. h. Aber A. ist der, welcher. *Sar*

607, 608. Sar varþ tuþr. 608, d. h. Dieser starb. *Saᛦ* 192, 312, 587. Saᛦ hit 192, d. h. Er hiess. *Sas* 624. Sas ait Anütr, d. h. Welcher A. hiess. — *þu* 394, 541 (nom. pl.) s. unter *þau*. Burkulfᛦ. uk. Kuþluk. þu. ristu. 541, d. h. Burkulfr und Kuthlauk, diese errichteten. *þu* 1146 (nom. pl.), s. unter *þau*. Sin : uk : þu : kuna. d. h. Sven, er und seine Frau. *þon* 999 (nom. sing. masc.), schw., dän. *den*. þon × stonta × mo ×, d. h. Der möge stehen. *þon* 142 (nom. pl.), wahrscheinlich unrichtig gelesen. þon. litu. rasa, d. h. Diese liessen errichten. *þon* 1468, für *þeim*, wie im lateinischen wird die Conjunction ausgelassen und der Nominativus, welcher nach dem Comparativus steht, in den Dativus gesetzt, vergl. *R. Gr.* S. 227; so heisst es im Isländischen *Hverri konu fegri*, d. h. Schöner als jedes Weib; und in einem alten Schwedischen Sprichworte: *Siællan ær qvisther bwli bætra*, d. h. Selten ist der Zweig besser als der Stamm, oder Der Apfel fällt nicht weit vom Stamm. — þon. betri., d. h. Besser als dieser. *þir* 691, 713, 765, 837, 1335, u. s. w. (nom. pl. masc.). þir. litu. resa. 691, d. h. Diese liessen errichten. Ikibirn. ok. þir. brüþr. litu. risa. 713, d. h. I., er und seine Brüder liessen errichten. þir × Osti × bruþr × raistu × 1335, d. h. Osti und seine Brüder errichteten; wenn man nämlich ein persönliches Pronomen mit einem Eigennamen durch *auk*, und, verbinden sollte, so wurde diese Conjunction ausgelassen und das Pronomen in den Dualis oder Pluralis gesetzt, und ist von keiner bestimmten Person gesprochen, auf welche sich das Pronomen beziehen könnte, dann entspricht das Pronomen im Pluralis mit einem darauf folgenden Eigennamen dem Griechischen οἱ περί, vergl. *R. Gr.* S. 228, z. B. þair

Onuner, s. unten. — ᚦ*er* 1631 (nom. plur. masc.) ᚦ*ira* 93, 162 (gen. plur.). Kuᚦ hilbi ant ᚦira 162, d. h. Gott helfe dem Geiste dieser. ᚦ*era* 8, 941, 1020, u. s w. (gen. plur.). Kuᚦ . hialbi . salu . ᚦera . 941, d. h. Gott helfe der Seele dieser. ᚦ*eir* 461, 2011 (nom. plur.). ᚦeir bereᚦr oder brᚦr, d. h. Diese Brüder. ᚦ*eira* 1757 (gen. plur.). Füri : ᚦeira : sialum :, d. h. Für die Seelen dieser. ᚦ*eim* 1198, 2022 (dat. pl.). Kuᚦ : hialbi : ᚦeim : 1198, d. h. Gott helfe diesen. ᚦ*eimi* 1629 (dat. s. masc.). Unti + steni + ᚦeimi +, d. h. unter diesem Steine. ᚦ*ei*ᛦ 49, 507, 890 (nom. pl.). ᚦ*is* 1428 (gen. sing. masc.). ᚦis × shal ialbi × Kuᚦ, d. h. Der Seele dieses helfe Gott. ᚦ*et* 1764 (acc. sing. neut.). Biᚦium ᚦet, d. h. Bittet dieses. ᚦ*im* 1533 (dat. sing. masc.). Unt : ᚦim : hauki :, d. h. Unter diesem Hügel. ᚦ*im* 93, 692, 1457 (dat. plur.). I . runum . ᚦim sum 692, d. h. In diesen Runen, welche. ᚦ*em* 554, 1915 (dat. pl.). Hialbi : ᚦem :, d. h. Helfe diesen. ᚦ*i*ᛦ 29, 163, 231, 608 (nom. plur. masc.). ᚦiᛦ litu, d. h. Diese liessen. ᚦiᛦ bruᚦr alir 608, d. h. Diese Brüder alle, oder Diese alle, welche Brüder waren. ᚦ*e*ᛦ 1126 (nom. plur. masc.). Svin × auk × ᚦeᛦ × brüᚦr × d. h. S. und seine Brüder. ᚦ*i*ᛦ*a* 504, 978 (gen. plur.). Kuᚦ . hialbi : salu : ᚦiᛦa :, d. h. Gott helfe der Seele dieser. ᚦ*i*ᛦ*au* 1246 (gen. plur.). ᚦ*i*ᛦ*si* 814 (nom. plur.) vergl. ᚦ*onsi*. ᚦ*a* 1592 (acc. plur. masc.). Kuᚦ : sviki : ᚦa : aᛦ : han : suku :, d. h. Gott hintergehe diese, welche ihn hintergingen. ᚦ*a* 340, 950, 1038, undeutlich. ᚦ*au* 14, 337, 489, u. s. w. (nom. plur. neut.). Kair auk Hulmlauk ᚦau litu 14, d. h. Kair und Hulmlauk, diese liessen; wenn sich nämlich dieses Pronomen auf ein Masculinum und Femininum bezieht, so wird das Neutrum gesetzt, wie dies auch im Isländischen mit den Adjectiven der Fall ist, vergl. *R. Gr.* S. 226. *þaun* 76, 299, 850, für *þau*. *þaun* 135, 333, 1283, u. s. w. vor *Hion*, scheint eine Dualform zu sein. þaun : hion :, d. h. Diese (beiden) Gatten. *þauh* 527, 1079, für *þau*. *þaon* 251, für *þaun*. *þan* 1131, 1420, 1479, vergl. *þon*. þan : aᛦ oder is :, d. h. Dieser, welcher. *þan* 1576, 1579, 1971 (acc. sing. masc.). *þair* 86, 233, 780, 1332 (nom. pl. masc.). Arfastr . auk . þair . bruþr . d. h. Arfastr, er und seine Brüder. þair : Onuner : 1332, d. h. Onunr und seine Genossen, vergl. *þir*. *þaira* 38, 348, 398, u. s. w. (gen. pl.). Kristr . hialbi . salu . þaira ., 398, d. h. Christus helfe der Seele dieser. *þaim* 511, 929, 1676 (dat. plur.). *þaimᛦ* 1533. þaim : lika : biþi :, d. h. Diese liegen beide. *þaiᛦ* 10, 41, 79, u. s. w. (nom. plur. masc.). þaiᛦ : iᛦu : suniᛦ : 10, d. h. Diese sind Söhne. þaiᛦ × bruþr × 589, d. h. Diese Brüder. *þaiᛦa* 312, 496, 508, u. s. w. (gen. plur.). *þama* 1680 (dat. sing. masc.). *þamma* 1632 (dat. sing. masc.). *þaᛦ* 253, 495, 690, u. s. w. (nom. plur.). *þaᛦa* 1513 (gen. plur.). þᛦ 802 (nom. plur.). *þᛦu* 208, für *þau*.

Saþr 1174, ein Mannsname, denn wie im Isländischen alt. *sadr* für *sannr*, *satt* für *sant*, so steht auch hier *Saþr* für *Sanþr* oder *Sannr*, der Wahrhaftige, Billige, isl. *sannr* (*sönn*, *satt*), wahr, billig, schw. *sann*, dän. *sand*, goth. *sunis*, wahr, ahd. *sand* (*sunnis* ?), nur noch in Eigennamen, z. B. *Sanderat*, Wahrrath, alts. *soth*, ags. *soð*, engl. *sooth*, nhd. *sühnen*, das gewöhnlich hierher gerechnet wird, s. unter *Suni*. Wahrscheinlich ist die ursprüngliche Bedeutung dieses Wortes befriedigend, von isl. *saddr*, gth. *saþs*, alts. *sad*, ahd. *sat*, nhd. *satt*, lat. *satur*; daher auch isl. *sannr*, das, was genug ist, Mei-

nung,

nung, Grund, Billigkeit. — *Saþur* 1152. *Saþuri* 1065. *Sautr* 1410. *Satar* 1100, 1112.

Sarklanti 927 (dat. sing.), d. h. Land der Saracenen, vergl. *Str.* I, 40. Der Name ist wahrscheinlich entstanden aus *Serica*; doch ist zu bemerken, dass isl. *Serkir* bedeutet *gens togata* und *Saracenen*, *Serkland*, *Afrika*, von *serkr*, *toga*, vergl. *Svirtikr*. — Tuu : sunar : la : i : Sark : lanti ., d. h. Starben südlich im Saracenenlande.

Sakat 953 (part. perf. act.), von *Saka*, isl. *segia*, sagen, *saga*, Erzählung, schw. *säga*, dän. *sige*, ahd. *saken*, ags. *sægan*, engl. *say*, ursprünglich ausstreuen, vergl. d. f. W. — þet sum sakat var, d. h. Das, was gesagt war, s. auch *Santiaᛦ*. *Sagat* 207, vergl. *L. R. S.* 129.

Sakaᛦ 485 (acc. plur.), isl. *sök*, Klagesache, Vergehen, altschw. *sak*, Klagesache, Strafe, schw. *sak*, Sache, Rechtssache, dän. *sag*, goth. *sakjo*, Streit, ahd. *sahha*, ags. *sac*. Da isl. *segia* auch heisst ein Urtheil fällen, so ist wohl höchst wahrscheinlich, dass dieses Wort mit dem vorhergehenden zusammenhängt; daher isl. *saka*, (einen Richterspruch suchen) anklagen, schaden, *sakadr*, (der, über welchen ein Richterspruch gefällt ist) schuldig, *saknadr* oder *söknudr*, (wohl ursprünglich das ängstliche Gefühl eines Schuldigen, Angeklagten, dann), Trauer, Sehnsucht (nach einer veränderten Lage), *sakna*, vermissen, *sækia*, suchen, *sækiandi*, der, welcher eine Klage ausführt, *sokn*, Ausführung einer Klage, Angriff, Sprengel, *soknari*, der, welcher eine Klage ausführt, schw. *saker*, schuldig, *sakfälla*, verurtheilen, *dom-*, *lag-saga*, Gerichtssprengel, *saknad*, Verlust, Trauer, *sakna*, Verlust schmerzhaft empfinden, *söka*, suchen, *sökande*, Kläger, *sokn*, Eintreibung der Steuern, Kirchsprengel, dän. *søge*, suchen, anklagen, *savn*, Verlust, Trauer, *savne*, Verlust schmerzhaft empfinden, goth. *sakan*, streiten, *sakjis*, Streiter, *sokns*, Untersuchnng, *sokjan*, suchen, disputiren, *sokeins*, Untersuchung, Streit, ahd. *sahhan*, anklagen, *easako*, der Rechtsprecher, *suohhan*, suchen, ags. *sacan*, *secan*, engl. *sak*, *seek*. — Fur + kifi + onum × saka⅄ × auk × suti⅄ ×, vergl. *Furkifi*.

Saksi 17, 837, 1305, 1431, ein Mannsname, der Messerträger, der Krieger, ahd. *Sahso*, ags. *Seaxa*, isl. *sax*, ein kurzes Schwert, Messer, *saxa*, zerschneiden, verwunden, schw. *sax*, Schere, dän. *sax*, ahd. *sahs*, Messer, ags. *sœx*, kurzes Schwert, von der Wurzel *Sak*, schneiden, *sec-are*. Hierher gehören also auch isl. *sög*, Säge, *saga*, sägen, schw. *såg*, *såga*, dän. *sav*, *save*, ahd. *sega*, *segon*, *sihhila*, die Sichel (isl. *sigd*, schw. *sikel*, dän. *segl*, ags. *sicol*, engl. *sickle*), nhd. *Segge*, (das schneidende Gras) das Riedgras. — *Saksa* 832, 1198, 1232 (acc.). *Sahsi* 354, 2040, vergl. *Fulkir*.

Saktus 1742, lat. *sanctus*.

Santi 1978, lat. *sancti*. *Sante* 1571, 1609. *Santa* 1856.

Santia⅄ 953. *Sj*. I, 29 sagt, "diesem Worte muss man entweder die Bedeutung von *sannerligen* oder von *vitnes-öret* anzwingen, oder es ist französich und bedeutet Fusssteig." *L. R. S.* 129 erklärt dieses Wort durch Ausfüllung mit Sand, — zusammengehörend mit isl. *sandr*, schw., dän. *sand*, ahd. *sant*, ags., engl. *sand*. Man nimmt an, dass *sandr* ursprünglich entweder das Ausgestreute oder auch das Gesammelte bedeute; es könnte vielleicht aber auch mit goth. *sinþan*, sich bewegen, vergl. *Sunr*, zusammenhängen und das Bewegliche, das Ausweichende bezeichnen, was sich sehr gut durch den Flugsand, Treibsand, u. s. w. erklären liesse. — Uebrigens ist dieser ganze Theil der Inschrift dunkel;

er heisst: Sloþi . lit . kiarva . sant i aᛦ . þit . sum . sak . at vaᛦ . auk sum . hvat . vaᛦ . þat. Wäre *santiaᛦ* gleichbedeutend mit isl. *sandeyri*, Sandbank, vergl. *Aur*, stände *sak at* für *saknat*, vergl. *Sakaᛦ*, und *hvat* für *vat* (isl. *vad*, eine Stelle, wo sich ein Gewässer durchwaten lässt, schw. *vad*, dän. *vadested*, von isl., schw. *vada*, dän. *vade*, ahd. *watan*, ags. *vadan*, engl. *wade*, von der Wurzel *Va*, sich bewegen), Furth, so liesse sich vielleicht folgender Sinn annehmen: S. liess die Sandbank machen, welche vermisst wurde und als Furth war sie, d. h. S. liess eine Sandbank (die sich vielleicht nur über einen Theil der Flussbreite erstreckte) zu einer erforderlichen Furth einrichten. Vergl. *Hvat*.

Saiulfr 887, ein Mannsname, *Siuulfr*, Seewolf, der tapfre Krieger zur See, zusammengesetzt aus *Siu-*, s. d. W. (isl. *sæ-* in Zusammensetzungen), und *Ulfr*, s. d. W.

Saikair 172, ein Mannsname, Seespeer, zusammengesetzt aus *Siu-*, vergl. d. v. W., und *Kair*, s. d. W. *Saikir* 901.

Sasur 208, 402, 1480, ein Mannsname, Sasse, isl. *sessanautr*, Sitzgenosse, Kamerad, altschw. *sæssar*, solche, welche zusammensitzen, z. B. Ruderer, ags. *sæta*, nhd. *Sasse*, der, welcher irgendwo sitzt, ahd. *saze*, Sitzen, Wohnen, Sitz, Aufenthalt, von *Sitia*, s. d. W. — *Sasi* 596. *Susur* 1470.

Sasi 950, für *þasi*. þaiᛦ : raistu × stain sasi :, d. h. Sie errichteten diesen Stein.

Sata 1479, lat. *sancta*.

Sabiarn 1324 (acc.), ein Mannsname, *Siubiurn*, Seebär, zusammengesetzt aus *Siu-*, s. d. W., und *Biurn*, s. d. W.

Saluk 1953 (voc. sing.), Selige, vergl. *Sial*.

Salla᛭biarka 1579 (gen. plur.), ein Ortsname, zusammengesetzt aus isl. *selia*, die Weide, schw. *sälg*, dän. *selje*, ahd. *salo* und *salaha*, ags. *salh*, engl. *sallow*, franz. *saule*, ital. *salice*, lat. *salix*, nhd. *Salweide*, und *Biark*, s. d. W., also eine mit Salweiden bewachsene Anhöhe. Ich glaube nicht, dass die Urbedeutung des ersten Theiles dieses Namens das Band oder das zum Binden gebrauchte Gewächs sei, sondern vermuthe vielmehr, dass in demselben die Bedeutung enthalten, das am Ufer wachsende Kraut. In dieser Vermuthung werde ich bestärkt durch: isl. *sel*, die Weide oder Trifft der Viehherden im Sommer, *selleri*, (ein am Meeresufer wachsendes Kraut) Sellerie (so dass franz. célerie hierher gehörte), *selninger*, (ein am Meeresufer sich aufhaltender Vogel) *tringa litoralis*, *selr*, (ein am Strande sich sonnendes Thier) Robbe, *sild*, (ein den Strand suchender Fisch), Häring, *sili*, ein grösserer Häring, *silungr*, Forelle, schw. *selleri*, *själ*, *sill*, dän. *selleri* oder *silleri*, *sæl*, *sild*, lappl. *sialjo*, die Ebene, *sälket*, an das Ufer steigen, landen, *salj*, die Salweide, *sal*, die Binse, *sillda*, der Häring. So möchte ich auch ahd. *salaha*, nicht durch *sal-aha*, Salzfluss, was keinen Sinn giebt, sondern durch Uferfluss (d. h. der mit schönen Ufern, Triften umgebene Fluss) erklären. Vielleicht gehören auch *Salat* und *Salbei* hierher. Salweide (dän. *seljepiil*) hiesse alsdann nicht Weideweide, sondern Uferweide, was ebenfalls für diese Annahme spricht. Auch Salz liesse sich leicht auf diese Weise zuerst vom Ufer- oder Seesalz verstehen.

Salmut 950 (acc.), ein Mannsname, *Salmuntr*, Vertheidiger des Saales, des Besitzes, zusammengesetzt aus *Salr*, s. *Ubsalum*, und *Muntr*, s. *Munti*.

Samunᛏr 1844, ein Mannsname, *Siumuntr*, der Vertheidiger zur See, zusammengesetzt aus *Siu-*, s. d. W., und *Muntr*, s. *Munti*. *Samunᛏrs* 1654 (gen.).

Stufona 1855 (acc. sing. mit Artik.), von *Stufa*, isl. *stofa* und *stuka*, schw. *stufva* und *stuga*, dän. *stue*, mittelh. *stobe*, ags. *stova*, engl. *stove*, *stew*, nhd. *Stube*, vielleicht das erwärmte Zimmer (Ofen, Wärmzimmer, Badezimmer, Treibhaus, u. s. w.), dann Zimmer im Allgemeinen, Wohnung, Haus. Dieses Wort würde alsdann zusammengehören mit schw. *stufva*, dämpfen, dän. *stuve*, etwas bei langsamen Feuer aufkochen lassen, engl. *stive*, warm machen, u. s. w. *stew*, dämpfen, holl. *stooven*. Die Nebenformen isl. *stuka*, schw. *stuga*, ahd. *stucha*, (Stube für den Arm, d. h. zur Erwärmung des Armes), Muff, deuten nicht auf eine Verwandtschaft mit stehen (wovon ahd. *studa*, Staude), sondern mit isl. *steikia*, braten, *steik*, das Gebratene, der Braten, schw. *steka*, *stek*, dän. *stege*, *steg*, und mit nhd. *stauchen* oder *stauen* (ahd. *stouwon*), in der Bedeutung von dämpfen und das Wasser zum (Steigen, Aufbrausen) Stehen bringen, so dass die Urbedeutung die des Aufbrausens, Verdunstens, Dampfens durch Hitze sein, und eine Verwandtschaft mit goth. *steigan*, ahd. *stikan*, isl., schw. *stiga*, dän. *stige*, d. h. aufwärts gehen, stattfinden dürfte. Die Wurzel ist *Sta* mit den beiden gunirenden Seitenwurzeln *Sti* und *Stu*, in die Höhe steigen. — *Stuk* 1977. Die Inschrift ist auf einem Taufbecken, und endet: Ok her skal um stuk stanta, d. h. Und hier werde (ich) im Zimmer stehen. *Stokum* 1251 (dat. pl.).

Stufrs 1503 (gen.), ein Mannsname, *Stufr*, der Hartnäckige, isl. *styfr*, steif, hartnäckig, schw. *styf*, dän. *stiv*, ahd. *steif*, ags. *stif*, engl. *stiff*, steif, eigentlich in die Höhe steigend, von der Seitenwurzel *Stu*, vergl. d. v. W.

Stüfialt 920 (acc.), ein Mannsname, *Stufialtr*, der Hartnäckige, zusammengesetzt aus *Stufr*, s. *Stufrs*, und *Altr*, s. *Viþralti*.

Stüfbaltir 734, ein Mannsname, der sehr Kühne, zusammengesetzt aus *Stufr*, s. *Stufrs*, und *Baldr*, s. *Balþur*.

Stuþkihl 633, ein Mannsname, *Stuþkil*, der starke Stützer, Führer, zusammengesetzt aus *Stuþr*, s. *Stuþiþ* (isl. *studdr*, Brautführer, der die Braut stützt und begleitet. *Kjalmar, kappi freaji vi Sjura mojggja studdu* — Hjalmar und Sigurd, ruhmvolle Kämpen, waren die Führer der Braut — heisst es in *Ujsmal, Freaji Kjempa*, vergl. *Id.* IX, 89 und 97), und *Kil*, s. d. W. — *Stuoþkil* 143. *Stodkil* 210.

Stuþiþ 84 (acc. sing. mit dem Art.), die Säule, isl., schw. *stod*, Säule, dän. *støtte*, ahd. *studa*, ags. *studu*, engl. *stud*, von isl. *stydia*, stützen, schw. *stödja*, dän. (*stive*) *støtte*, ahd. *studan*, u. s. w. von der Nebenwurzel *Stu*, eigentlich machen, dass etwas steht.

Stüþikr 1113, ein Mannsname, *Stuþinkr*, der Stützer, Helfer, s. d. v. W., vergl. *Furuki*, und *R. Gr.* S. 185. — *Stüþik* 128 (acc.). *Stᛆþinkr* 206.

Stur 162, ein Mannsname, *Sturi*, der Krieger, isl. *styr* oder *styrr* auch *stord*, Krieg, *styrjölld*, Kriegszeit, *styrjalldar madr*, ein kriegerischer, unruhiger Mann. Wie Streit, s. *Striþ*, von der reissenden Bewegung des Wassers, so ist dieses Wort von der heftigen Bewegung der Luft entlehnt, nämlich isl. *stur*, (Gemüthsbewegung) Sorge, Trauer, *stura*, trauern, *styrma*, stürmen, wüthen, *stormr*, Sturm, Angriff der Feinde, *storma*, erstürmen, schw. *störa*, beunruhigen, *storm*, Sturm, Bestürmung, *storma*, stürmen, bestürmen, dän. *sturen*, niedergeschlagen, *for-styrre*, zerstören, *storm*, *storme*, ahd. *storran*, stören, eigentlich heftig bewegen, aufregen, *sturm*, ags. *styran* oder *astyran*, *stearm* oder *storm*, engl. *stir*, u. s. w. von der Wurzel *Stur*, heftig bewegen. — *Stora* 140 (acc.) *Star* 1635, 1990.

Sturfast 748, ein Mannsname, *Sturfastr*, der im Steuern, Lenken, Leiten, Herrschen Feste, zusammengesetzt aus *Stura*, s. *Sturþi*, uud *Fastr*, s. d. W. In den alten Schwedischen Gesetzen heisst der von den neun Zeugen (*fastar*) bei einem Verkaufe, welcher das Wort führte, *styrifaster*.

Sturþi 220, 551, 731 (sing. imperf.), von *Stura*, steuern, isl., schw. *styra*, dän. *styre*, goth. *stiurjan*, (die bestimmte Richtung geben) feststellen, ahd. *stiuron*, ags. *steoran*, engl. *steer*, keinesweges hemmen, stehen machen, sondern die Bewegung geben, bestimmen, von der Wurzel *Stur*, s. d. W. — Daher auch (isl. *stiorn*, nicht das Hemmende, Stationäre, sondern den Lauf Lenkende, Fortschreitende) die Regierung, *stiorna*, (den Lauf, das Fortschreiten der Untergebenen lenken) regieren, *stiarna* (schw. *stjerna*, dän. *stierne*, goth. *stairno*, ahd. *sterro*, ags. *steorra*, engl. *star*, nicht der feststehende, sondern unseren Lauf, unser Schicksal lenkende Himmelskörper) der Stern, nhd. *starr* oder *stier*, nicht eigentlich unbeweglich, sondern in der grössten Gemüthserregung, *starren* oder *stieren*, nicht unbeweglich, sondern aufgeregt, zornig ansehen, *storren*, aufrührisch sein, sich widersetzen, *störrig* oder *störrisch* (schw. *stursk*), wiedersetzlich, u. s. w. — Is sturþi + austr + skibi + 551, d. h. Er steuerte östlich ein Schiff.

Stürkar 1315 (acc.), ein Mannsname, *Sturkair*, Steuerspeer, zusammengesetzt aus *Stura*, s. *Sturþi*, und *Kair*, s. d. W. — *Starkar* 49.

Sturilaki 1341, ein Mannsname, Steuergenosse (?), zusammengesetzt aus *Stura*, s. *Sturþi*, und *Lak*, vergl. *Filaki*.

Sturimaþr 220, Steuermann, isl. *styrimadr*, schw. *styrman*, dän. *styrmand*, ahd. *stiuro*, ags. *steorman*, u. s. w., zusammengesetzt aus *Stura*, s. *Sturþi*, und *Maþr*, s. d. W. — *Sturimaþr* 1548. *Sturamons* 292 (gen.). Kuþ . ialbi sialu Vihmuntar . stura mons . d. h. Gott helfe der Seele des Steuermannes V. *Sturamaþr* 101. *Sturman* 893.

Stürbiurn 203, 801, ein Mannsname, der muthige Steurer, zusammengesetzt aus *Stura*, s. *Sturþi*, und *Biurn*, s. d. W. *Sturbiarn* 559, 851. *Stirbirn* 711. *Stirbiarn* 939.

Stülaugᛦ 851, ein Mannsname, *Sturlaukr*, der kräftige Steuermann, zusammengesetzt aus *Stura*, s. *Sturþa*, und *Laukr*, vergl. *þurlakᛦ*.

Stoþi 199, ein Mannsname, *Stuþi*, Stütze, Hülfe, vergl. *Stuþiþ*.

Stoþbiarn 131, 210, ein Mannsname, *Stuþbiurn*, der kühne Helfer, zusammengesetzt aus *Stuþi*, s. *Stuþiþ*, und *Biurn*, s. d. W.

Striþ 437, ein Frauenname, für *Astriþ*, s. d. W., oder *Striþa*, Feindseligkeit, isl. *strid*, Krieg, Traurigkeit, *strida*, Feindseligkeit, *streda*, bezwingen, *streita*, gegen etwas streben, *stridr*, reissend, schw. *strid*, Kampf, *streta*, widerstreben, *strid*, schnell laufend, strömend, reissend, dän. *strid*, Kampf, *strid*, schnell strömend, *stritte*, etwas weit und mit Gewalt fortwerfen, ahd. *stritan*, eigentlich vorwärts gehen, kämpfend streben, kämpfen, ags. *strædan*, gehen, *strudan*, herumschweifen nach Raub, rauben, *strid*, der Kampf, engl. *stride*, sich weiter bewegen, *stray*, irregehen, u. s. w. nhd. *Strudel*, die heftige Bewegund des Wassers. Der Urbegriff ist also das Bestreben vorwärts zukommen, sich mit Heftigkeit, Gewalt bewegen.

Stranti 1115 (sing. imperf.), Strandete, isl. *stranda*, stranden, *strönd*, Strand, schw. *stranda*, *strand*, dän. *strande*, *strand*, ahd. *strant*, ags. *strand*, u. s. w. Die Ableitung ist ungewiss; vielleicht ist Strand und Rand dasselbe Wort.

Stiubu 439 (acc.), von *Stiuba*, die (Stiefmutter?) Stieftochter, vergl. *L. R.* S. 95, isl. *stiupi*, Stiefvater, *stiupa*, Stiefmutter, *stiupr*, Stiefsohn, schw. *styf-*, dän. *stiv-*, ahd. *stiof-*, ags. *steop-*, engl. *step-*, u. s. w. Die Erklärungen dieses Wortes sind mannigfaltig. Für die Bedeutung von unächt lässt sich keine Ableitung angeben; für die Bedeutung von Mann einer Wittwe, Vater von Waisen u. s. w. sprechen ahd. *stiufan*, berauben, ags. *steopcild*, Weise, isl. *styfa*, abhauen, schw. *styfva*, abschneiden, stutzen. Sollte indessen dieses Wort nicht vielleicht mit steif zusammenhängen, s. *Stufrs*, und hart, streng, bedeuten? — Kunar . sun . Farulfs . lit . kiara . mirki . fir . sial . Jufurfast . stiubu . sin . totur . Hulmtis . d. h. Kunar, der Sohn Farulfs, liess für die Seele seiner Stieftochter Jufurfast, der Tochter Hulmtis, das Denkmal machen. Hier ist also zugleich Hulmtis als rechte Mutter angegeben.

Stiubson 1223 (acc.), von *Stiubsunr*, Stiefsohn, zusammengesetzt aus *Stiub-*, s. d. W., und *Sunr*, s. d. W.

Stiubmoþur 1609 (acc.), von *Stiubmuþir*, Stiefmutter, zusammengesetzt aus *Stiub-*, s. *Stiubu*, und *Muþir*, s. d. W.

Stinfriþr 540, ein Frauenname, *Stainfriþur*, die sicher Schirmende, zusammengesetzt aus *Stain*, s. d. W., und *Friþr*, s. *Friþi*. — *Stinfriþ* 324. *Stünfriþ* 246.

Stinþuri 1463, ein Mannsname, *Stainþur*, der dem Gotte Thor geheiligte Stein, zusammengesetzt aus *Stain*, s. d. W., und *þur*, s. d. W.

Stenþru 1233, zusammengesetzt aus *Stain*, s. d. W., und *þru*, s. d. W. — Halgi : lagþi : han : i : sten : þru :, d. h. H. legte ihn in einen Sarg von Stein. Ueber solche Särge vergl. *L. R. S.* 123.

Steniltr 181, ein Frauenname, *Stainhiltur*, die harte Kriegsgöttin, zusammengesetzt aus *Stain*, s. d. W., und *Hiltur*, s. *Hiltulfᛦ*. *Staiiltr* 211, für *Stainhiltur* (?).

Stinburg 889, ein Frauenname, *Stainburk*, Steinburg, zusammengesetzt aus *Stain-*, s. d. W., und *Burk*, s. d. W.

Stinbiarn 169, ein Mannsname, *Stainbiurn*, der feste Bär, zusammengesetzt aus *Stain*, s. d. W., und *Biurn*, s. d. W.

Stenmerki 566 (acc.), von *Stainmirki*, das Denkmal von Stein, zusammengesetzt aus *Stain*, s. d. W., und *Mirki*, s. d. W. — Finviþr . lit . kera . stenmirki, d. h. F. liess das Denkmal von Stein machen.

Stinmæstari 1639, Steinmeister, Steinmetz, zusammengesetzt aus *Stain*, s. d. W., und *Maistari*, s. d. W. — *Steinmestaræ* 1920.

Steinlauk 1656, ein Frauenname, *Stainlauk*, die feste Zierde des Geschlechts, zusammengesetzt aus *Stain*, s. d. W., und *Lauk*, s. *þurlakᛦ*.

Stibkarl 280, ein Mannsname, *Stafkarl*, der Alte, isl. *stafkall*, ein Greis, der des Stabes zu seiner Unterstützung bedarf, ein Bettler, zusammengesetzt aus *Stafr*, s. d. W., und *Karl*, s. d. W.

Stafr 1701, 1703, isl. *stafr*, Stab, Buchstabe, schw. *staf*, dän. *stav*, goth. *stabs*, ahd. *stap*, ags. *stæf*, engl. *staff*. Es ist nicht wahrscheinlich, dass die Grundbedeutung dieses Wortes stehend, oder zum Gehen (*stapan*) erforderlich, oder fest, hart sei, sondern vielmehr das Abgesonderte, das Einzelne heisse, verwandt mit isl. *styfa*, oder *stofna*, abhauen, schw. *styfva*, abschneiden, dän. *stævne*, kappen, nhd. *Stift* (das Behauene, Gestutzte, Zugespitzte). — Vergl. *Brimstafr*. — *Staf* 1952, 2010. Diese beiden Inschriften beziehen zich wahrscheinlich auf eine alte im Norden herrschende Sitte, dass man an dem Grabe eines in nicht geweihte Erde und ohne Ceremonie begrabenen Christen einen Stab errichtete, zum Zeichen, dass man noch für die Einweihung und eine feierliche Bestattung sorgen wolle. Vergl. *L. R. S.* 124 und 167. — *Stafiᛦ* 1277 (plur.), Buchstaben. Eigentlich hiess nur der senkrechte Strich der Runen *Stafr*. — Stafiᛦ. runa, d. h. die Stäbe der Runen oder die Runenstaben. — *Stafa* 1573 (infin.), scheint mit Runen beschreiben zu heissen.

Stafskibi 884 (dat.), zusammengesetzt aus isl. *stafn*, schw. *stäf* oder *stam*, dän. *stavn*, engl. *stem*, der Steven, vergl. *Stafr*, und *Skib*, s. d. W.

Staþ 2023 (acc.), von *Staþr* (*Stanþr*?), Stelle, isl. *stadr*, das Stehenbleiben, die Stelle, die Stadt, schw. (*ställe*, Stelle) *städ*, kommt nur in Zusammensetzungen vor, z. B. *smedjestäd*, Amboss, *stad*, Stadt, dän. *sted*, Stelle, *stad*, Stadt, goth. *staþs*, Stelle, Herberge, Ufer (schw. *stad*, der äussere Rand eines Gewebes), ahd. *steti*, *stat*, ags. *stede*, engl. *stead*, u. s. w., von *Stanta*, s. d. W. — ᚣer varþvæita staþ þœna, d. h. Welche diese Stätte bewachen. — *Staþum* 667 (dat. pl.). *Staþi* 675 (dat. sing.). — Dieses Wort dient ganz besonders dazu, um Ortsnamen zu bilden.

Starki 1250, ein Mannsname, der Starke, isl. *styrkr*, Stärke, *sterkr* oder *styrkr*, stark, schw. *styrka*, *stark*, dän. *styrke*, *stærk*, ahd. *starah*, stark, ags. *stearc*, engl. *stark*. u. s. w., von der Wurzel *Star*, s. *Stur*, eigentlich unruhig, unbändig und dann stark, so dass der Begriff von feststehend nicht der ursprüngliche, sondern ein abgeleiteter ist.

Stanta 692, 697, 846, u. s. w. (infin.), stehen, isl. *standa*, schw. *stånda* und *stå*, dän. *stande* und *staae*, gth. *standan*, ahd. *stantan* und *stan*, ags. *standan*, engl. *stand*, *stay*, nhd. *stehen*, *stand*, u. s. w. griech. *στῆναι*, lat. *stare*, von der Wurzel *Sta*. — Hiar . maa stanta . stan . 697, d. h. Hier möge der Stein stehen. — *Stanto* 1441 (infin.). — Nu : skal : stanto : stin :, d. h. Nun soll der Stein stehen. *Stanr* 868 (sing. praes.). Stain : siᛦ : si : stanr : d. h. Dieser Stein steht. *Stonta* 2028 (infin.). *Stonr* 805 (sing. praes.). : Stin : saᛦ : si stonr :, d. h. Dieser Stein steht. *Stuþ* 884 (sing. imperf.). Diese Inschrift ist undeutlich, vergl. *Br.* S. 167. *Stai* 1480 (conj. praes. ?). Sten þese stai, d. h. Dieser Stein möge stehen (?).

Stain 2, 10, 12, u. s. w. (acc. sing.), von *Stainr*, isl. *steinn*, schw. *sten*, dän. *steen*, gth. *stains*, ahd. *stein*, ags. *stan*, engl. *stone*, Stein. Es ist höchst wahrscheinlich, dass dieses Wort zusammenhängt mit *Stanta*, s. d. W. — Ristu × stain þina 2, d. h. Errichteten diesen Stein. *Stun* 1482. *Ston* 300. *Stono* 117. *Stoin* 31. *Stnan* 829, verritzt für *Stan*. *Stin* 1, 9, 23, u. s. w. *Sten* 102, 114, 151, u. s. w. *S*ᚋ*in* 1282. *Stino* 158, 258, 717, u. s. w. Litu rita . stino þisan 112, d. h. Liessen diesen Stein ritzen. *Stenn* 1686. *Stinna* 1463. *Steni* 1629 (dat.). Unti + steni + þeimi, d. h. Unter diesem Steine. *Stene* 1632 (dat.). Unᚋir þæmmæ stene, d. h. Unter diesem Steine. *Stina* 309, 411, 412, u. s. w. (acc. plur. ?). *Stena* 30. *Stena*ᛦ 2033 (acc. plur.). *Stein* 10, 20, 461, u. s. w. (acc. sing.). *Steina* 430, 1328, 1576. *Steina*ᛦ 1277 (acc. plur.). *Sta* 1563, für *Stan*. *Stan* 106, 132, 142, u. s. w. (acc. sing.). *Staen*

71, 739, 1299. *Staini* 313, 1611 (acc. plur. ?). *Stainin* 5, 966, 721 (mit dem Artik.). *Staina* 77, 162, 291, u. s. w. (acc. plur. ?). *Stana* 1822. *Staniᛦ* 513 (acc. plur.). *Sþan* 1818. *Sina* 968, für *Stina*.

Stain 348, 513, 526, 652, 734, 870, 871, ein Mannsname, Stein, vergl. d. v. W. — *Stin* 103, 494, 882, 992. *Stein* 1247. *Stens* 1215 (gen.).

Stainu 1199 (acc.), ein Frauenname, *Steina*, s. d. v. W.

Stainulfr 344, ein Mannsname, Steinwolf, zusammengesetzt aus *Stainr*, s. *Stain*, und *Ulfr*, s. d. W. — *Stainulf* 938 (acc.). *Stinulfᛦ* 950.

Stainkil 853, ein Mannsname, Steinkeil, zusammengesetzt aus *Stainr*, s. *Stain*, und *Kil*, s. d. W. — *Stenkil* 175.

Stainal 675 (acc.), von *Stainhalr*, zusammengesetzt von *Stainr*, s. *Stain*, und *Halr*, s. d. W. . Statt Stan almikin, d. h. Sehr grossen Stein, liesst nämlich *L. R.* S. 81. : Stainal mikin, d. h. Grossen Felsblock. — *Stainil* 542. Latu : risa : stainil :, d. h. Liessen einen Felsblock errichten.

Stainbru 1334 (acc.), Steinbrücke, zusammengesetzt aus *Stainr*, s. *Stain*, und *Bru*, s. d. W. — Auk : stain : bru : karþi :, d. h. Und machte eine steinerne Brücke. *Stainbro* 879 (acc.). Kara auk : stainbro, d. h. Auch eine steinerne Brücke machen. *Stinbro* 221 (acc.). Mit diesen steinernen Brücken werden sowohl Wege durch Sümpfe als Brücken über Flüsse gemeint, vergl. *L. R.* S. 127.

Stallara 1241 (acc.), von *Stallari*, isl. *stallari*, Hofmarschall, schw. *stallare*, dän. *staller*, von *stallr*, etwas Hervorragendes, das Fussgestell, der Stall, schw. *stall*, Stall, dän. *stald*, ahd. *stal*, ags. *stal* und *stalle*, u. s. w., von der Wurzel *Stal*, feststehen, woraus sich alle Bedeutungen erklären lassen, z. B. isl. *stelli*, (das Feststehende), der Altar der Götter, schw. *stel,* (feststehend) steif, dän. *stal,* (das Hervorstehende) die Geschlechtstheile, das Euter der Stute, woher wahrscheinlich, schw. *stalla,* dän. *stalle,* engl. *stale,* nhd. *stallen,* uriniren, besonders von Pferden, goth. *stols,* (das Feststehende) der Stuhl, Thron, ahd. *stelza,* (das zum Feststehen Dienende) die Stelze, u. s. w. — Tufa : risti : stin : þina : eftiᛦ : Ura : faþur : sin : stalara : Hakunaᛦ Jarls :, d. h. Tufa errichtete diesen Stein über ihren Vater Uri, den Hofmarsehall des Jarls Hakun.

Sbrake 299, ein Mannsname, *Sbraki,* der Gesprächige, von schw. *språka,* sprechen, dän. *sprog,* die Sprache, ahd. *sprehhan,* ags. *sprecan* und *specan,* engl. *speak,* wahrscheinlich gehört auch hierher isl. *spekia,* philosophiren, vergl. *Sbakr.* Denkt man an den Unterschied zwischen reden und sprechen, so ist es nicht unwahrscheinlich, dass dieses ein blosses Schallwort sei, und zusammenhänge mit schw. *spraka,* dän. *sprage,* knastern, knistern, sprühen, ahd. *spriozan,* (mit einem Geräusch) hervorkommen, eigentlich vom Wasser, dann überhaupt von dem Wachsenden, *spria,* (der besprühete, gefleckte Vogel) der Staar, so dass sprechen also eigentlich das Hervorbrechen der Worte in Bezug auf den Laut, reden aber in Bezug auf das Geordnete derselben bedeute, wie es auch der Fall ist.

Sbiut 979 (acc.), ein Mannsname, isl. *spiot,* schw. *spjut,* dän. *spyd,* ahd. *spiz,* ags. *spitu,* engl. *spit,* die spitzige Waffe, der Spiess. Die Wurzel ist *Spi* (eine Nebenwurzel von *Spa,* spalten), gespitzt sein.

Sbialbuþi 385, 585, ein Mannsname, der befehlende (?) Krieger, zusammengesetzt aus *Sbiali,* und *Buþi,* s. d. W., isl. *spialli,* der, welcher sich mit einem anderen unterredet, *spiall,* Unterredung, *spialla,* sich unterreden, goth. *spill*, Sage, *spillon*, verkündigen, ahd. *spel*, die Rede, *spillon*, erzählen, *pi-spel*, (Beirede), Gleichnissrede, Beispiel, ags. *spella*, Gleichniss, engl. *spell*, Zauberwort, u. s. w. — Vielleicht ist *Sbiala* ebenfalls wie *Sbraka*, s. *Sbrake*, ein Schallwort, und mit spielen (musiciren) verwandt; es würde alsdann ursprünglich wohl zu verstehen sein in der Bedeutung von: eine Erzählung, u. s. w. absingen. — *Sbialtbuþi* 517. *Sbelbuþa* 1021.

Sbakr 1276, ein Mannsname, der Weise, isl. *spakr*, weise, sanftmüthig, *spakmæli*, oder *spá*, Weissagung, *spá*, weissagen, *spekia*, Weisheit, *spekia*, philosophiren, *spekia*, mildern, bändigen, *spekingr*, Weltweiser, schw. *spak*, ruhig, zahm, *späka*, zähmen, bändigen, besonders von dem Bändigen der fleischlichen Lüste, *spå*, wahrsagen, dän. *spag*, *spæge*, *spaae*, ahd. *spahi*, weise, *spahida*, Weisheit, scheint wie *Sia*, absondern, s. d. W., ebenfalls von einander scheiden zu bedeuten und zur Wurzel *Sba* oder *Spa*, vergl. *Sbiut*, zu gehören. Hieraus liesse sich auch die Bedeutung von spähen (ersehen, erforschen) erklären.

Sbankaᛦ 906 (plur.), von *Sbank*, isl. *spaung*, ein ebenes Eisstück, eine Metallplatte, *spengia*, durch Spangen verbinden, altschw. *spang*, eine kleine Brücke, jetzt *spång*, dän. *spang*, Spange, eine kleine Brücke, ahd. *spangà*, eigentlich das Spannende, verwandt mit isl. *spenna*, fassen, *spenna at ser*, die Kleider zu knöpfen, *spenna*, Schnalle, schw. *spänna*, *spänne*, dän. *spænde*, *v.*, *spænde*, *s.*, ahd. *spannan*, u. s. w. Auf den Runensteinen versteht man mit diesem Worte über sumpfige Gegenden gelegte Balken oder Stege, vergl. *L. R. S.* 127.

Sluþi 93, ein Mannsname, der Nachlässige (?), schw. landsch. *slåta* oder *slotta*, zaudern, dän. *slude*, eine Arbeit nachlässig verrichten, engl. *sloth*, Trägheit, Faulheit, *slut*, unreinliches Weib, u. s. w., ein malendes Wort. — *Sluþ* 280, für *Sluþi*. *Sloþi* 916, 953. *Slutu* 1403.

Sluru 710, 933 (acc. sing.), *Slura* (?), der Zauderer, isl. *slor*, Faulheit, *slora*, ohne Ursache wo verweilen, schw. landsch. *slör*, unreinlich, *slöra*, ein unkeusches Weib, engl. *slur*, u. s. w., ebenfalls ein malendes Wort, wie das vorige.

Slot 1764, isl. *slot*, schw. *slott*, dän. *slot*, ahd. *sloz*, u. s. w., von schw. *sluta*, dän. *slutte*, ahd. *sliozan*, schliessen. Da z. B. Schleuse, altfr. *sclusa* (fr. *écluse*) heisst, so ist nicht unwahrscheinlich, dass dieses Wort aus dem lat. *claudo*, alt *cludo*, entstanden ist.

Slikum 448 (dat. sing.), von *Slikr*, solcher, zusammengesetzt aus *Sa*, s. d. W., und *Likr*, vergl. *Likviþr*.

Slakvi 814, ein Mannsname, der Schlaffe (?); isl. *slakr*, schlaff, *slækinn*, träge, *slækia*, *longurio*, *slæki*, ein träges Weib, schw. *slak*, schlaff, dän. *slap*, ahd. *slaf*, ags. *sleac* oder *slaec*, engl. *slack*. Dieses Wort scheint zusammenzuhängen mit goth. *slepan*, ahd. *slafan*, ags. *slæpan*, engl. *sleep*, holl. *slaepen*, schlafen, eigentlich abgespannt sein. Hierher gehört auch isl. *sleppa*, (abspannen) loslassen, schw. *släppa*, loslassen, *slippa*, (abgespannt sein) umhinkommen, dän. *slippe*, loslassen, loskommen.

Slagin 485 (part. praet. pass.), von *Slaka*, isl. *slá* (*slo*, *slegid*), schw. *slå* (*slog*, *slagit*), dän. *slaae* (*slog*, *slaaet*, plur. *slagne*), gth. *slahan*, ahd. *slakan*, ags. *slean*, engl. *slay*, schlagen, ein Schallwort wie z. B. krachen, lachen. — B r u + a r þ + s l a g i n +, d. h. Eine Brücke wurde gemacht.

Smiþr 1724, ein Mannsname, Schmied, isl. *smidr*, schw., dän. *smed*, goth. *smiþa*, ahd. *smid*, ags. *smið*, engl.

smith,

smith, von isl. *smida*, eigentlich weich machen. Daher noch goth. *smeitan*, schmieren, schw. *smet*, eine weiche, klebrige Masse, *smidig*, geschmeidig, u. s. w. — *Smiþ* 1307 (acc.). *Simiþr* 897.

Smig 740 (acc.), ein Mannsname, *Smikr*, Schmeichler, isl. *smeikr*, schlüpfrig, scheu, schw. *smeker* oder *smickrare*, Schmeichler, dän. *smigrer*, ahd. *schmeicha*, Schmeicheln, die ursprüngliche Bedeutung ist Geschmeidigkeit, Schlüpfrigkeit; dieses Wort ist also verwandt mit dem vorigen.

T 1763. Man findet nicht, dass die Runen in älteren Zeiten als Zahlen gebraucht wurden, nur auf diesem Leichenstein kommt ᛏ in der Bedeutung von 12 vor. Vergl. *L. R.* S. 197. — I ᛏ raþu, d. h. in der zwölften Reihe. Vergl. *R.*

Tu 552 (sing. imperf.), für *Tuk*, vergl. *Va*, isl. *deyia* (*dœi* oder *deydi*, *dait* oder *dautt*), schw. *dö* (*dog* oder *dödde*, *dödt*), alt. *döia*, dän. *døe* (*døde*, *død*), goth. *dauþnan*, ahd. *touwan* oder *towjan*, ags. *dydan*, engl. *die*, sterben, vergl. *Tauþr.* Sollte der Stamm dieses Wortes *Ta* oder *Tu* sein, so liesse sich vermuthen, dass dieses Wort mit *Tuair*, zwei, s. *Tuaiᛦ*, in Verbindung stehe und ursprünglich heisse in zwei Theile geschieden werden, sich also auf die Trennung der Seele von dem Körper bezöge. — Hon tu i Krikum, d. h. Er starb in Griechenland. *Tuu* 927 (plur. imperf.). Tuu : sunar : la : i : Sark : lanti : d. h. Starben südlich im Saracenenlande. *To* 326, 397, 441, u. s. w. (sing. imperf.). — Han . to × austr × 441, d. h. Er starb östlich. *To* 452, 2011 (plur. imperf.). þiᛦ to i hvita vaþum 452, d. h. Sie starben in den weissen Taufkleidern. *þo* 1411 für *To*. *þiao* 1050 (plur. imperf. ?).

Tu 1825, u. s. w., lat. *Tu*.

Tü 1277 (conj.), isl. *þviat*, schw. *ty*, dän. *thi*, ags. *þy*, (daher, deswegen) denn, von *Sa*, s. d. W.

Tufi 1428, 1536, 1540, 1541, ein Mannsname, der Rauhe, Zottige, isl. *þofi*, eine Pferdedecke, *þof*, das Walken, *þæfna*, walken, *þofna*, dichter werden, *þufa*, ein Bühel, Maulwurfshügel, u. s. w. *þufottr* oder *þyfdr*, voller Bühel, schw. *tufva*, ein Bühel (eine Bülte), *tufvig*, voller Bühel, *tofs*, ein Büschel, *tofsig*, büschelig, *tofva*, ein fester Büschel verworrener Haare, (nhd. *Zopf* ?), *tofvig*, untereinander gewirrt, landsch. *tofva*, walken, *tofva ihop* oder *tofla*, unter einander wirren, dän. *tue*, Bühel, *touge*, (ags. *tawian*, engl. *taw*, holl. *touwen*), gerben. Die Urbedeutung dieses Wortes scheint zu sein oft niederdrücken, daher walken, gerben. Zu der Wurzel *Tuf* würden also gehören, goth. *daupjan*, ahd. *toufjan*, nhd. *taufen*, goth. *diupan*, (zum Niedertauchen passend) tief sein, ahd. *tiof*, ags. *diop*, engl. *deep*, nhd. *tief*, ahd. *diuhan*, nd. *duwen*, nhd. *tauchen*, so dass isl. *þufa*, schw. *tufva*, dän. *tue*, eigentlich die durch das Gehen (Tappen) in Sümpfen entstandenen Unebenheiten bezeichnete. Hierher gehörte alsdann auch ahd. *tuoh*, (eigentlich das Gewalkte), nhd. *Tuch*, landsch. *Tuf*, grobes Zeug aus Hanf und Rindshaaren, indem *f* und *ch* mit einander wechselten, wie in *Tufstein* und *Tug-* oder *Tuch-Stein*, eigentlich der rauhe Stein. Aus dem Begriff Tuch ist hernach die Bedeutung des Rauhen, Zottigen entsprungen, daher ags. *taw* oder *tow*, engl. *tow*, Hampf, Werg, engl. *tow*, holl. *touw* (isl. *taug*, schw. *tåg*, dän. *toug*), nhd. *Tau*, eigentlich das Rauhe. — *Tufa* 1241, 1443, 1444, 1512 (acc.). *Tofi* 1569. *Tofa* 1221 (acc.). *Towa* 1914. *þufr* 749.

Tufa 1246, 1446, 1472, 1496, 1528, 1535, ein Frauenname, die Rauhe, Zottige. *Tufu* 1533 (acc.) *Tufas* 1431 (gen.). *Tofa* 990. *Tofu* 1569 (acc.). Da der Begriff des Rauhen und das Unordentlichen, Ausschweifenden immer zusammenfällt, vergl. *Rufᛦa*, so ist erklärlich wie schw. landsch. *täfva*, Dirne, Hündin, und nd. *Tiffe* ausschweifende Weibsperson, Hündin, bedeuten kann. Vielleicht gehört auch nhd. *Zofe* hierher.

Tur 1947 (acc. sing.), für *þur*, vergl. *þour*. *Tᛦ* 1940. *Tᛦrar* 1942 (gen.).

Türum 944 (dat. sing.), kostbar, isl., schw., dän. *dyr*, isl., schw. *dyrka*, dän. *dyrke*, verehren, ahd. *tiur*, alts. *diur*, ags. *dior*, engl. *dear*, nhd. *theur*, d. h. hoch, gross, s. *Tiura*. Vergl. *Kniri*.

Turika 1214 (acc. sing.), von *Turiki*, *L. R. S.* 87, nimmt dies Wort als einen Namen, *Sj.* III, 118 übersetzt es durch Schild, isl. *tiarga*, ahd. *zarga* (?), mhd. *tarze*, ags. *targe*, mittell. *targia*, ital. *targa*, franz. *targe*, engl. *targe*, nhd. *Tartsche*. Man erklärt dieses Wort in der Regel durch das goth. *tarkjan*, auszeichnen, als das Unterscheidungszeichen. Da indessen Schutzwaffe und nicht Unterscheidungszeichen die Urbedeutung sein muss, so hat diese Erklärung wenig Wahrscheinlichkeit für sich. Der Form nach liegen isl. *tiarga*, mit Theer bestreichen, und *tiarga*, Schild, so nahe zusammen, dass man sich leicht versucht fühlen könnte, anzunehmen, diese Schilde seien durch Bestreichen mit Pech oder Theer dichter und undurchdringlicher gemacht worden. Auch ahd. *tarchnen*, dürfte ursprünglich betheeren heissen, woraus sich die Bedeutungen von verstellen und malen sehr gut erklären lassen. Alsdann wird auch von selbst deutlich, dass goth. *tarhjan*, nicht eigentlich ausgezeichnet im bösen Sinne heisse, sondern betheert, beschmiert bedeutet habe.

Tuki 469, 667, 882, 891, 1145, 1432, 1513, 1918, ein Mannsname, der Tüchtige, isl. *dugr*, Geistes- und Körper-Stärke, *duga*, im Stande sein, vermögen, *dyggr*, zuverlässig, *dygd*, Zuverlässigkeit, Tugend, schw. *duga*, taugen, *dygd*, Tugend, dän. *due*, *dyd*, ahd. *tukan*, *tugida* und *tugund*, ags. *dugan*, *duget*. Die Urbedeutung dieses Wortes ist eigentlich stark sein. Wahrscheinlich heisst schw. *tok, m., toka, f.* ursprünglich, tauglich, gut, und später erst gutmüthig oder Narr, Närrin; die ältere Form *toker* spricht auch dafür, dass *tok* eigentlich ein Adjectiv ist. — *Tuke* 1544. *Tuka* 285, 882, 1439, 1440, 1441, 1490 (acc.). *Tuka* 1535 (gen.). *Tugu* 1507 (acc.), ist schon eine Annäherung an die spätere Form *Tycho. Tüko* 688. *þukir* 1180. *Toke* 1609, 1960. *Toka* 834 (acc.).

Tuka 1576, 2071, ein Frauenname, die Tüchtige. *Tukas* 1431 (gen.). *Toku* 636 (acc.).

Tuni 1427, ein Mannsname, der Schirmende, isl. *tun*, ein grüner Platz beim Hause, Endung von Städtenamen, schw. *tun* (*tuna* ist gen. plur.), Endung von Städtenamen, landsch. *tun*, Zaun, *tyna*, umzäunen, ahd. *zun*, der Zaun, ags. *tun*, Zaun, Garten, Gehöft, *tunscipe*, *tungerefa*, engl. *town*, holl. *tuin*, Garten, von ags. *tynan*, verschliessen. *Tuni* ist also der Bedeutung nach ganz übereinstimmend mit *Karþir*, s. d. W. — *Tunum* 12 (dat. pl.), vergl. *Sihtunum*. *Tuna* 888, vergl. *Asu*. *Tuna* 458, ein Frauenname (?).

Tuir 219, ein Mannsname, Widerspenstig, isl. *þver*, quer, eigensinnig, schw. *tvär*, dän. *tvær*, goth. *þvairhs*, zornig, ahd. *duerah*, ags. *þveorh*, engl. *thwart*, holl. *dwars*. Die Urbedeutung dieses Wortes ist wohl nicht, wie man annimmt, schräge, schief, sondern vielleicht in zwei Theile sondernd, woraus hernach erst die jetzige Bedeutung von *quer* entstanden ist, vergl. *Tuaiᛦ*. So lässt sich auch im isl., goth. u. s. w. die Bedeutung von erzürnt oder entzweit erklären. — *Tuari* 1055.

Tuerketil 1211, ein Mannsname, *Tvirkitil*, Querhelm, zusammengesetzt aus *Tuir*, s. d. v. W., und *Kitil*, s. d. W.

Tuiskilan 1952 (acc. sing. masc.), vergl. *Kilan,* zusammengesetzt aus *tvis,* isl. *tvi-,* schw., dän. *tve-,* goth. *tvis-,* ahd. *zui-,* nhd. *zwie-,* vergl. *Tuaiᛦ,* und *Kilr* (*Kildr*?), s. *Kialt.*

Tuaiᛦ 265 (nom. masc.), isl. *tveir, tvær, tvö,* schw. *två* (*tvenne, tu*), dän. *to* (*tvende*), goth. *tvai, tvos, tva,* ahd. *zwene, zwo, zwei,* alts. *tvene, tve,* fries. *tuene, tua,* ags. *tvegen, tva, tva,* engl. *two,* griech. *δύω,* lat. *duo,* nhd. *zwei.* Der Urbegriff ist getrennt, aus einander sein, so dass gth. *dis-,* ahd. *zu-* oder *zar-, zir-,* nhd. *zer-* mit diesem Worte zu derselben Wurzel *Zu* oder *Zi* gehören. — *Tuo* 718, 1952 (acc. masc.), isl. *tvo* oder *tva. Tuona* 1608 (acc.). *Tuer* 1631 (nom. masc.). *Tueim* 1850 (dat.). *Tua* 521, 1133, 1364 (acc. masc.), s. *Tuo. Tuaᛦ* 1593 (acc. fem.), isl. *tvær. Tu* 1705, 1985 (nom. neut.), isl. *tvö. Toa* 391, für *Tva.*

Tusik 1248, ein Mannsname, *Tusinkr,* der einfältige (?), isl. *dusa,* schlummern, *dos* oder *das,* Müdigkeit, Entkräftung, *dasaz,* ermüdet, ermattet werden, *dusungr,* ein langsamer, träger Diener, schw. landsch. *dusa,* schlummern, *dussa,* einschläfern, *dus* oder *dös,* Einfalt, Dummheit, dän. *døs,* schläfriger, geistloser Zustand, *døsig,* in einem solchen Zustande sein, *døse,* in einem solchen Zustande gehen, ags. *dysig,* einfältig, engl. *dizzy,* schwindlig, betäubt, nhd. *Dusel, duselig,* u. s. w. Der ursprüngliche Begriff scheint in einem abgespannten, betäubten Zustande sein.

Tusti 590, 882, 1166, ein Mannsname, der Angreifende (?), von (?) isl. *dust,* der Staub, das Schlagen, *dusta,* Staub erregen, mit Staub bedecken, schlagen, *dyst,* ein Kampf zwischen Reitern, schw. *dust,* Stoss, Angriff, dän. *dyst,* Kampf, besonders ehemals zwischen Rittern, sehr feines

Mehl, *dyste*, besprengen, engl. *dust*, Staub u. s. w. Die Urbedeutung scheint Staub zu sein, und dann, von dem beim Kämpfen erregten Staube, Angriff, Kampf. Wahrscheinlich gehört ahd. *diustri*, ags. *þyster*, nhd. *düster*, hierher und bezeichnet eigentlich die von Staub verdunkelte Luft. — *Tusta* 1421, 1512, 1673 (acc.). *Tosti* 454, 1289. *þusta* 84, (gen.?), gehört entweder hierher, oder hängt auch mit isl. *þusur*, Heftigkeit, *þys*, Lärm (ahd. *diozan*, schallen, tönen, mhd. *duz*, nhd. *Tusch*, der Schall, der Stoss ins Horn), *þysia* (*þusii*, *þust*), hervorstürzen, zusammen.

Tutir 1455, Tochter, isl. *dottir*, schw. *dotter*, dän. *datter*, goth. *dauhtar*, ahd. *tohtar*, ags. *dohtor*, engl. *daughter*, sansk. *duhitar*, griech. *θυγάτηρ*. Dies Wort wird aus der Sanskrita-Sprache durch die Wurzel *Duh*, melken, für Säugling erklärt, und für diese Erklärung sprechen auch schw. *di*, an der Brust saugen, *dägga*, säugen, landsch. *dadda*, Amme (*daddi*, Erzeuger, Vater), dän. *di* oder *die*, die Muttermilch, *dægge*, mit fremder Milch aufziehen, goth. *daddjan*, säugen, sd. *Tuttel*, nd. *Titte*, Mutterbrust, u. s. w. — *Tutur* 529, 753, 1062 (acc.). Iftiᛦ . Olsh . tutur . sina . 529, d. h. Ueber ihre Tochter O. *Tutor* 87, für *Tutur*. *Tutrir* 1699 (nom. plur.). Hans : tutrir : litu : d. h. Seine Töchter liessen. *Tutiᛦ* 312, 981, 1346 (nom. sing.). Tutiᛦ kunu 1346, d. h. die Tochter der Frau oder die Stieftochter. *Totur* 152, 433, 435, u. s. w. (acc. sing.). Totur kunu 431, d. h. Stieftochter, s. v. *Totr* 1827 (nom. sing.). *Totiᛦ* 191, 329, 565 (nom. sing.). *Totᛦ* 397, 1486 (nom. sing.). *ᛏottir* 1845, 1851 (nom. sing.).

Tutir 334, ein Frauenname, Tochter, s. d. v. W. — *Tutr* 592, 1447. *Totiᛦ* 1552.

Tubi 104, 453, 454, ein Mannsname, der Freigelassene (?); denn da isl. *dubba*, eine freigelassene Sklavin heisst, so ist nicht unwahrscheinlich, dass *Tubi* diese Bedeutung habe. Nach *Biørn Haldorsen* bedeutet *dubba* eigentlich eine, die vorhin gewohnt war Schläge zu bekommen (vielleicht richtiger, durch einen Schlag freigelassen war), und steht also in Verbindung mit isl. *dubba*, schlagen, *dubba til riddara*, zum Ritter schlagen, schw. *dubba*, engl. *dub*, nhd. *tupfen*, gelinde an etwas schlagen. — *Tuba* 454, 794 (acc.). *þobr* 1479.

Tulka 1323 (gen. pl.), von *Tulkr*, Feind, isl. *dolgr*, Feind, *dolg*, Treffen, schw. alt. *dolga*, tödten, *dolgur*, Soldat, ahd. *dolc*, Wunde, ags. *dolh* oder *dolg*. Hierher gehört wahrscheinlich auch isl. *dolkr*, schw., dän. *dolk*, nhd. *Dolch*. Die Urbedeutung ist vermuthlich schlagen oder Stechen. Vergl. *Traukr*.

Tuliᛦ 1400, ein Mannsname, vergl. *þulir*. *Tuli* 600. *Tolir* 1618. *Toliᛦ* 333. *Toli* 296.

Tula 456, 927, 1163, 1351, ein Frauenname, s. d. v. W. *Tola* 1099.

Tumi 1141, ein Mannsname, scheint eine Abkürzung von Thomas zu sein. *Tuma* 1428, 1436, 1433 (acc.).

Tumisnis 944, Ortbenennung, vergl. *Id.* IV, 82 und 92.

Torbiarn 384, ein Mannsname, s. *þurbiurn*. — *ᚽarbiorn* 85. *Trbiorn* 700.

Toarvi 989, ein Frauenname, entweder für *Tvarvi* oder für *þurvi*, vergl. *Tuir*, *þur* und *Vi*.

Tosᚽahin 1855, für *þurstakin*, von *þurstakr*, isl. *þorsdagr*, schw. *thorsdag*, dän. *torsdag*, ahd. *donarestac* und *durstac*, ags. *thunresdaeg* und *thursdaeg*, engl. *thursday*, Donnerstag. Vergl. *L. R.* S. 157.

Tolfte 1780, Ordnungszahl von isl., schw. *tolf*, dän. *tolv*, goth. *tvalif*, ahd. *zuelif*, ags. *tvelf*, engl. *twelve*, holl. *twaelf*, zwölf, d. h. eigentlich zwei bleibt, nämlich über zehn, zusammengesetzt aus *Tu*, vergl. *Tuaiᛦ*, und *Laif*, vergl. *Laifa*.

Trük 210 (acc.), ein Mannsname, *Trukr*, der Zuverlässige, isl. *tryggr*, zuverlässig, gesichert, *trygd*, Treue, Sicherheit, Friede, schw. *trygg*, *trygd*, und *trygghet*, dän. *tryg*, *tryghed*, goth. *triggvs*, treu, zuverlässig, vergl. *Hustru*. Isländisch heisst dieser Name *Tryggve*.

Truknik 1540 (acc. sing.), für *Trutnink* (?), Herrin, isl. *drottning*, schw. *drottning* oder *dronning*, dän. *dronning*, Königin, vergl. *Trutin*.

Truknaþu 553 (plur. imperf.), von *Trukna*, isl. *druckna*, schw. *drunkna*, dän. *drukne*, ertrinken, von isl. *drecka*, trinken, *dreckia*, ertränken, *drucken*, betrunken, schw. *dricka*, *dränka*, *drucken*, dän. *drikke*, *drukne*, *drukken* (*drænke* oder *drenke*, was vom Paaren der Wasservögel gebraucht wird, bedeutet wohl nichts Anderes, als untertauchen, und bezieht sich auf das häufige Untertauchen der Männchen vor der Begattung), goth. *drigkan*, *dragkjan*, *drugkja* (Trinker, Trunkner), ahd. *trinhan*, *trinkjan*, ags. *drincan*, *drencan*, engl. *drink*; die ursprüngliche Bedeutung ist ziehen, ahd. *trakan*, dän. *trække*, holl. *trekken*, lat. *trahere*, *tractum*, u. s. w. vergl. *Þro*. — þau truknaþu baþi, d. h. Sie ertranken beide. *Truknaþi* 987, 1840, 2009 (sing. imperf.). An : truknaþi : i Eklans : haf : 987, d. h. Er ertrank in Englands Meer. *Turuknaþi* 914, eine Verritzung für *Truknaþi*. Han × turuknaþi + i + baki, d. h. Er ertrank im Bache. *Turknaþi* 1406, ebenfalls eine Verritzung für *Truknaþi*. *þruknaþi* 1055, für *Truknaþi.*

Trutin 28, 259, 714, u. s. w., Herr (Gott), isl. *drottin*, Herr, schw. *drott*, König, dän. *drot*, Herr, goth. *gadrauhts*, Soldat, ahd. *truhtin*, Herr, alts. *drohtin*, ags. *dryhten*. Ausserdem findet sich noch isl. *drott*, Volk, *drottna*, befehlen, herrschen, goth. *driugan* und *drauhtinon*, Kriegsdienste thun, alts. *druht*, Volk, ags. *dryht*, Volk, *drohtnian*, dienen, *gedryt*, Gefolge, Gepäck, ahd. *truzzi*, nhd. *Tross*, franz. *trousse*, span. *troxa*, u. s. w. Dagegen scheint isl. *drottseti*, schw. *drots*, dän. *drost* aus ahd. *drosate* oder *truhsazo*, d. h. Schüsselsetzer (isl. *skutillsvein*, Mundschenk, schw. alt. *skutulsvein*, der, welcher Schüssel und Teller bringt), Truchsess entstanden zu sein und richtig durch *dapifer* gedeutet zu werden. Im alten Skandinavien wurde der Odalbauer im Verhältnisse zu seinen Hausgenossen *Drottin* oder *Drott* genannt, und aus den alten Sagen geht deutlich hervor, dass die Macht des Hausvaters durch die Religion geheiliget war. Die Herrscher hatten diese Benennung mit den freien Odalbauern gemeinschaftlich. Es ist nicht unwahrscheinlich, dass dieses Wort mit *Druide* im Zusammenhange stehe und ursprünglich einen Priester, Vorsteher der Opfer bezeichnet habe. Vergl. übrigens *Id.* IX, 215, u. f. — Kuþ : trutin . hialbi : 28, d. h. Gott, der Herr helfe. Trutin : biarki 1390, d. h. (Gott) Der Herr berge. *Trotin* 1832. *ᚼrotin* 1978. *Trotne* 1919 (dat.). *þruþin* 1025. Aftiᛦ : Sikmunt : þruþin, d. h. Ueber den König (?) Sigismund. Die Landleute nennen dieses Denkmal *König Sigges Stein*. *þuruten* 1161. Scheint hier ein Name zu sein. *þroti* 274, 577, ein Mannsname. *þruþar* 1323 (gen. sing. ?) von *þruþ*, Volk (?), *L. R.* S. 84 übersetzt tulka : þruþar : durch: des Feinde-Volkes. *Sj.* III, erklärt dieses Wort durch isl. *þrutna*, anschwellen, und übersetzt taiþar : tulka : þruþar : durch: Todte Feinde schwellen auf (wie Geister aus diesem Hügel), vergl. *Traukr.*

Trums 485 (gen.), ein Mannsname, *Trumr*, der Schreiende (?), Kämpfende (?), isl. *þruma*, tönen, *þrumr*, tönend, *þruma*, Donner, Schlacht, ags. *dryman*, jubeln. Hierher gehört ebenfalls Trommel (ahd. *trumba*, isl. *trumba*, schw. *trumma*, dän. *tromme*), Trompete oder Drommete.

ᛏro 1894 (sing. imperf.), vergl. *Va*, isl., schw. *draga*, dän. *drage*, goth. *dragan*, ags. *dragan*, engl. *drag*, ziehen, ahd. *trakan*, (ags. *dreogan*) tragen. Der Grundbegriff ist fortschaffen, in Bewegung setzen, von der Wurzel *Trak*, vergl. *Truknaþi.* — Ek ᛏro þik, d. h. Ich zog dich. — *Trau* 864 (sing. imperf.), die ältere und reinere Form für *Tro.* Han trau i orustu, d. h Er zog in den Krieg.

Trikilik 927 (adv.), für *Trinkilika*, vergl. *Trink*, isl. *drengilega*, tapfer. þaiᛦ : fauru : trikilik : fiari : d. h. Sie schifften muthig in die Ferne. *Trikili* 884.

Trink 424 (acc. sing.), von *Trinkr*, isl. *drengr*, ein tapferer und edler Mann, *drengr*, Muth, edle Gesinnung, *drengskapr*, Mannhaftigkeit, *drengilegr*, mannhaft, von edlem und kraftigem Aeusseren, dann heisst aber *drengr* auch ein Knabe, ein Bube (im bösen Sinne), schw. *dräng*, Knecht, dän. *dreng*, ein Kind männlichen Geschlechtes, Knabe, Bursche. Die Ableitung dieses Wortes ist schwierig; vielleicht hängt es mit isl. *þrekr* oder *þrek*, beschwerliche Arbeit, Standhaftigkeit, Mannhaftigkeit, Geistesstärke, *þrekaz*, über seine Kräfte arbeiten, *þrekin* oder *þreklegr*, stark, tapfer, nervig zusammen. Auf den Runensteinen wird dieses Wort nur zur Bezeichnung eines edlen Mannes gebraucht, vergl. *L. R. S.* 103. — Faþur sin trink hifan, d. h. Seinen Vater, einen kraftvollen Mann. *Trenk* 650 (acc.). Alkoþan × trenk, d. h. Sehr guten Mann. *Truk* 1390, 1397, 1437, 1511, 1512, u. s. w. (acc. sing.), vergl. *Furuki.* Truk : kuþan : 1437, d. h. einen guten Mann. Harþa : kuþan : truk : 1511, d. h. Aeusserst guten Mann. *Trug* 1503 (acc. sing.). *Trok* 1351, 1388. *Trik* 640, 913, 1002, u. s. w. (acc. sing.). Sun . sin . miuk . nutan . trik . 640, d. h. Seinen Sohn, einen sehr nützlichen Mann. Trik : sniala : 913, d. h. einen geschickten, (geistreichen ?) Mann. *Trek* 1360, 1395, (acc. sing.). *Trikkia* 203 (acc. sing.). At . trikkia kuþan . Trikiaᛦ 878, 1183 (nom. plur.). Snialiᛦ : trikiaᛦ, d. h. Geschickte Männer. *Trekiaᛦ* 1548 (nom. plur.). Þo × trekiaᛦ harþa : kuþr × satu × d. h. Die sehr guten Männer setzten. *Trika* 1497, undeutlich. *Treka* 718, 1401 (acc. plur.). Tvo × kuþa + treka + 718, d. h. Zwei gute Männer. Treka : harþa : kuþa : 1401, d. h. Sehr gute Männer. *Trekaᛦ* 745 (nom. pl.). *Trikᛦ* 1145, 1548 (nom. sing.). *Trihk* 719 (acc. sing.), hier ist *k* eine Verbesserung für *h. Trak* 1131, 1307 (acc. sing.). *Trakia* 740 (gen. plur.). Is vas trakia bastur, d. h. Er war der beste der Männer. *Traka* 1346, unbestimmt, vergl. *Sj.* I, 28. *Trᛦk* 1371, 1372, 1499 (acc.). *Tirk* 1405, für *Trik. Tirik* 1394, für *Trik. Tereka* für *Treka. Þrekar* 1889 (nom. plur.). *Þrikaᛦ* 1442 (nom. plur.).

Tretanþu 1992 (dat. sing.), Ordnungszahl von isl. *þrettan*, schw. *tretton*, dän. *tretten*, dreizehn, zusammengesetzt aus *Þrir*, s. d. W., und *Tihi*, s. d. W. — *Tretanᚦo* 1856, 1911 (dat. sing.).

Tribin 623, 804, 1145, 1479 (part. perf. pass.), isl. *drepa*, schlagen, todt schlagen, *drap*, Todtschlag, schw. *dräpa*, erschlagen, *dråp*, Todtschlag, *drabba*, schlagen, treffen, *drabbning*, Schlacht, Treffen, dän. *dræbe*, *drab*, goth. *draban*, hauen, ags. *drepan*, schlagen, ahd. *trefan* (?), treffen, griech. *τρυπᾷν*, durchbohren; die Urbedeutung ist also treffen, schlagen. — Han : vaᛦ. tribin : 623, d. h. Er war erschlagen. *Trabin* 38, 121, 619, u. s. w. (part. perf. pass.). Varþ × trabin × 619, d. h. Wurde erschlagen. *Terebina* 968 (part. perf. pass. im plur.). Varþi . uti teribina . i . Kalmarna . sutum ., d. h. Wurden aussen in Kalmar-Sund erschlagen. *Peringskjöld*, vergl. *Kalmarna*, übersetzte diese Stelle so: Warthalter (Wäringer) aussen in der Stadt Tyrus, im Gallileischen Meere, und Sodom. *Trab* 208 (sing. imperf.). En : Sasur : trab : han : d. h. Aber S. erschlug ihn. *Trabu* 402 (plur. imperf.). An × trabu × Nurminr ×, d. h. Ihn erschlugen Norrmänner. *þrebin* 1327. *þᛦabin* 827.

Traukr 1323, Schemen, isl. *draugr*, ein Gespenst, *draugaz*, umherspuken, schw. landsch. *trögl*, Betrug, *tröglare*, Betriegerei ahd. *triokan*, täuschen, *kitroc*, Trug, täuschende Erscheinung, *trukida*, Aberglauben, ags. *drugina*, Betrug, engl. *trick*, (Schw. *bedraga*, dän. *bedrage*, betriegen, beweisen für die Abstammung dieses Wortes von *draga*, ziehen, nichts, da diese Wörter nach dem Deutschen gebildet sind), von der Wurzel *Trak*, die eine Bewegung anzeigt. *Traukr* wäre also das schnell Vorübergehende. — Maistar : taiþar : tulka : þruþar : traukr : übersetzt *L. R. S.* 84 durch: Der Schemen des Vernichters des grössten Feindevolkes. *Sj.* III, 123 übersetzt dagegen: Taiþar : tulka : þruþar : traukr : i : þaimsi : huki : durch: Todte Feinde schwellen aus diesem Hügel auf wie Gespenster, vergl. *þruþar* unter *Trutin.*

Trani 595, ein Mannsname, Kranich (?), isl. *trana,* Kranich, schw. *trana,* dän. *trane,* wohl eigentlich der Vogel, welcher grosse Schritte nimmt, von schw. landsch. *tren,* Schritt, *trena,* grosse Schrite nehmen, dän. *trin,* Schritt, *trine,* treten, holl. *trant,* Gang, nhd. *trändeln,* (langsam gehen) zögern. Dieses Wort gehört also mit traben, trappen, treten, u. s. w. zusammen. Eine ähnliche Benennung ist im Deutschen *Trappe* (*otis*). — *Truni* 928. *Troni* 259.

Traita 883, undeutlich, vielleicht für *þria,* vergl. *þrir.*

Tkum 1961, lat. für *Tecum. Tikum* 1803.

Tiura 1154 (acc.), ein Mannsname, *Tiuri* oder *Tiur,* Stier, isl. *tiur* oder *tyr,* schw. *tjur,* dän. *tyr,* der Stier, griech. *ταῦρος,* wohl im Allgemeinen ein grosses wildes Thier, daher auch dän. *tiur,* der Auerhahn. Wie sich *ταῦρος* zu *ϑήρ,* so scheint sich auch dieses Wort zu verhalten zu isl. *dyr,* schw. *djur,* dän. *dyr,* goth. *dius,* ahd. *tior,* ags. *deor,* engl. *deer,* nhd. *Thier,* eigentlich das Hohe, Grosse, und wahrscheinlich mit vorgetretenem *S* gleich mit goth. *stiur,* ahd. *stior,* ags. *steor,* engl. *steer,* nhd. *Stier,* von ahd. *stur* oder *stiur,* isl., schw., dän. *stor,* gross. Daher auch ahd. *sturo,* ags. *styria,* holl. *steur,* schw. *stör,* dän. *stør,* nhd. *Stör,* d. h. der grosse Fisch, was auch schw. *stör,* lange Stange, bestätigt. Nicht zu übersehen ist isl. *Tyr,* Gott (der Stärke) des Krieges, *tyrar,* (starke Männer) Helden, und lappl. *tjur,* Wolf, *tjårwe,* Horn, Mann von ausgezeichneter Eigenschaft, *tjarwos,* Hornträger. — *Tiuᛦi* 265. *Tiuᛦa* 265 (gen.). *Tiori* 1003.

Tiuhu 1985, für *Tiuku,* zwanzig, vergl. *Fulkir,* isl. *tuttugu,* schw. *tjugo,* dän. *tyve,* goth. *tvai-tigjus,* u. s. w., zusammengesetzt aus *Tu*, vergl. *Tvaiᛦ* und *Tukr*, vergl. *Tihi*.

Tiþfriþ 113, ein Frauenname, *þiuþfriþur*, die Volkschirmende, zusammengesetzt aus *þiuþ*, s. d. W., und *Friþr*, s. *Friþi*. *Tifrit* 1000.

Tiþkumi 600, 714, 736, 934, ein Mannsname, *þiuþkumi*, Volksanführer, zusammengesetzt aus *þiuþ*, s. d. W., und *Kumi*, s. d. W. *Tiþkuimi* 677. Adh. *truhtigumo*, Feldherr, von *truht*, Volk, vergl. *Trutin*.

ᛏirþar 1966 (gen. sing.), isl. *dyrd*, Preis, Ehre, von *dyr*, s. *Türum*. — G u þ i . t i l . ᛏ i r þ a r, d. h. Gott zur Ehre. *Tᛦrþ* 1922.

Tikr 1456, verritzt für *Likr*, indem die Rune ᛏ mit der Rune ᛚ verwechselt wurde.

Tekr 692, undeutlich, vergl. *L. R.* S. 83.

Tiknum 450 (dat.), von *Tikn*, Zeichen, isl. *teikn*, Zeichen, Wunder, *teikna*, zeichnen, andeuten, *tákn*, Wunder, *tákna*, vorbedeuten, schw. *tekn*, *tekna*, dän. *tegn*, *tegne*, goth. *taikns*, Zeichen, Wunder, *teihan*, zeigen, ahd. *zeihhan*, *zeigon*, ags. *tacn*, *tæcan*, engl. *token*, *teach*, von der Wurzel *Tik* (ahd. *Zih*, griech. *δικ*, lat. *dic*), hervorstehen, klar sein, von der Urwurzel *Ti* ahd. *Zi*.

Tikant 1989, lat. *dicant*.

Tihi 1763, isl. *tiu*, schw. *tio*, dän. *ti*, goth. *taihun*, ahd. *zehan*, u. s. w., zehn. Man nimmt gewöhnlich an, dass dieses Wort von Zehe (ahd. *zeha*, isl. *tá*, schw. *tå*, dän. *taa*, ags. *ta*, engl. *toe*), eigentlich das Hervorstehende, Zeigende, vergl. *Tiknum*, entlehnt sei, und also die Anzahl der Zehe oder Finger bedeute. Die Zehnzahl (isl. *tugr*, goth. *tigus*, ahd. *zic* oder *zuc*) diente daher auch vielfach bei der Eintheilung der Abgaben, des Landes, u. s. w., z. B. isl. *tiund*, die Abgabe des Zehnten, ahd.

zehaninc, (lat. *decanus*), Vorsteher von zehn Gehöften, ags. *tunscipe* oder *teoþing*, d. h. Zehntel. — *Tia* 1334.

Tin 359, 1245, verritzt für *Stin*, s. *Stain*.

Tiaunu 1629, undeutlich, vergl. *L. R. S.* 149.

Tiarfr 38, 47, 53, 377, 598, 608, ein Mannsname, der Wagende, Kühne, isl. *diarfr*, kühn, *dirfa*, ermuthigen, *dirfaz*, (ermuthigt sein) wagen, *diörfung*, Kühnheit, daher auch wohl eigentlich *Tyrfingr*, (*Tirfingr* ?) der Muthgebende, das Schwert, dann erst der Durchbohrer, Verwüster, schw. *djerf*, kühn, *djerfvas*, sich erkühnen, dän. *diærv*, kühn, ahd., ags. *durfan*, wagen, nhd. *dürfen*, von der Wurzel *Tar*, wagen, vergl. *þur*. — *Tiarfᛦ* 421, 854. *Tierf* 132. *Tierfr* 19. *Tirfs* 689 (gen.). *Tirvi* 401. *Tiaᛦfᛦ* 974. *Jerf* 191 (?).

Tisa 813, ein Frauenname, die Göttliche, isl. *disir*, Göttinnen, Schicksalsgöttinnen, wahrscheinlich ursprünglich die Dienenden, den Befehl der Götter Vollziehenden, und zusammenhängend mit goth. *þius*, Diener, *þivi*, Dienerin, ags. *þy* und *þeova*, (griech. θῆσσα gehört nicht hierher), Sklavin, vergl. *þü* und *þiuþ*. Wie Dirne, ahd. *diorna* (isl. *þerna*, schw. *tärna*, dän. *terne*), wohl eigentlich Dienerin heisst und erst später die Bedeutung dienende Jungfrau, Jungfrau erhielt, so ist es auch mit dem Worte *Tisa* gegangen. Es bildet auch die Endung vieler Frauennamen. Schw. landsch. *tös* und *tösa*, Dirne, dän. *tøs*. — *Tisi* 1074.

Tesalfr 169, ein Mannsname, *Tisalfr*, Beschützer der Jungfrauen (?), zusammengesetzt aus *Tisa*, s. d. W., und *Alfr*, s. d. W.

Tiᚦ 1829, 1850, isl., schw., dän. *tid*, goth. *þeihs*, ahd. *zit*, ags *tid*, engl. *tide*, nhd. *Zeit*, von der Wurzel *Zi*, eigentlich das Fortschreitende, das Vorwärtsgehende, isl.

tia,

isl. *tia*, zeigen, goth. *teihan*, zunehmen, wachsen, ahd. *zihan*, ziehen, u. s. w. *Tiþ* 1827, 2021, vergl. *Artiᚬ*.

Tit 1326, verritzt für *Lit*, indem die Rune ᛚ mit der Rune ᛏ verwechselt wurde.

Til 101, 608, 944, u. s. w. (praepos.), isl. *til*, schw. *till*, dän. *til*, zu, engl. *till*, bis, die Abstammung ist ungewiss. Til . Kirkha . 101, d. h. Nach Griechenland. Til . Iklanþs . 608, d. h. Nach England. *þil* 1049. þil Anklans, d. h. Nach England.

Telhti 1900 (sing. imperf.), von *Tilka*, schneiden, glätten, isl. *telgia*, hauen, behauen, *talga*, mit einem Messer zuschneiden, *talga*, der Schnitt, *talgufagr*, schön zugeschnitten, schw. *tälga*, schnitzeln, zimmern, dän. *tælge*, engl. *tally*, kerben, franz. *tailler*, schneiden, *taille*, der Schnitt, u. s. w. Dieses Wort gehört mit theilen (goth. *dailjan*, ahd. *teilan*) und *tilgen* (ahd. *tilon*), zu derselben Wurzel *Til*, die klein, getrennt bedeutet, vergl. *Tail*. — Antur : telhti þinna fagra sten :, d. h. A. glättete (metzte) diesen schönen Stein. *Talhᚬi* 1901. *Tilhit* 1908 (part. perf. pass.). *Talhþi* 1901.

Ta 1701, 1750, 1763, u. s. w. (conjunct.), da, vergl. *þa*. *Taun* 1780.

Tafsi 673, ein Mannsname, einer, der unverständlich spricht, isl. *tafs*, das eilige Aussprechen der Wörter, *tafsa*, eilig sprechen, plappern, schw. alt. *tafsa*, eilig etwas zusammen raffen, nachlässig sprechen, so dass es Niemand versteht, ein malendes Wort.

Tafstalonti 1049 (dat. sing.), Benennung einer Landschaft, Tavastland.

Tafluni 1780, 1802 (dat. sing. mit Artik.), von *Tafla*, von lat. *tabula*. Zur Hülfe für die, welchen eine nähere

Kenntniss der Berechnung der katholischen Feste mangelte, waren besondere Tabellen eingerichtet. Eine solche Tabelle zur Berechnung des Osterfestes wird hier gemeint. *Wormius* gab zuerst eine nähere Auskunft von derselben. Vergl. *L. R.* S. 194 und Taf. IX. — I tafluni, d. h. Auf der Tabelle. *Taflunni* 2826. *Taflone* 1855.

Tauþr 2, 118, 605, 891, 914, u. s. w., todt, isl. *daudr*, todt, *daudi*, Tod, *deyia*, sterben, schw. *död*, todt, Tod, *dö*, dän. *død*, *døe*, goth. *dauþus*, *dauþs*, *dauþnan*, ahd. *tod*, *touwan* oder *towjan*, ags. *deað*, engl. *dead*. Es ist höchst wahrscheinlich, dass die Urbedeutung von Tod eigentlich Auflösung sei. Dafür sprechen isl. *dá*, Ohnmacht, *dain*, todt, *þá*, aufgethaute Erde, *þána*, aufthauen (*þeyr*, Thauwind, Geist, Gemüth), schw. *dåna*, ohnmächtig werden, *töa*, aufthauen, dän. *daane*, *tøe*, goth. *divan*, todt sein, *af-daujan*, aufgelöst, matt sein, ahd. *douan*, (nicht niederdrücken, sondern) auflösen, verdauen (schw. *smälta*, schmelzen, verdaun), ags. *þavjan*, aufthauen, isl. *þydna*, schmelzen, aufthauen, *þydr*, geschmolzen, schw. *tyna*, *tvina*, u. s. w. — Is vas austr × tauþr × 2, d. h. Er starb östlich. Tauþr . fita × faþum × 18, d. h. Todt in den weissen Taufkleidern. Varþ tauþr a kriklanti 605, d. h. Er starb in Griechenland. Han × varþ tauþr : o kniri . 891, d. h. Er starb auf einem Schiffe. Tauþr . i . hail. Todt auf dem Siechbette, vergl. *Hail. Tauþ* 642, 1016, u. s. w. für *Tauþr*. *Tauþan* 1277 (acc. sing. m.). *Tauþin* 1705 (mit dem best. Art.), Tod. Vielleicht ist hier der im Jahre 1350 herrschende sogenannte schwarze Tod gemeint. *Tauᚽr* 141. *Taþr* 904. *Tuþ* 888, 1644 für *Tauþ*. Var : tuþ :

hühl : 1644, d. h. Wurde in einem Hügel beerdigt, vergl. *Hut. Tuþr* 608, 1251, 1351, u. s. w. für *Tauþr*. Sa × varþ : tuþr : i : vastr : vakum : i : vikiku . 1351, d. h. Er starb auf einem Vikingszuge bei einer westlichen Fahrt. *Tuþir* 1401 (plur.). þiᛦ : ürþü : tuþir :, d. h. Sie Starben. *Toþr* 1004, 1010, für *Tauþr*.

Taur 1992, für *Ta var*.

Tausa 1323, undeutlich. *Id.* IX, 110 wird Liþi . sati : at . u : tausa : übersetzt durch: Kriegskameraden setzten (den Stein) auf der Insel der Todten; es heisst aber gewiss ganz einfach: auf dieser Insel.

Tar 847, ein Mannsname, für *þur*, s. d. W.

Tarstaþui 1952, ein Ortsname, zusammengesetzt aus *þur*, s. d. W., und *Staþr*, s. d. W., jetzt *Tasta*.

Tak 1362, 1376 (acc.), ein Mannsname, *Takr*, Tag, isl. *dagr*, schw., dän. *dag*, goth. *dags*, ahd. *tac*, ags. *dæg*, engl. *day*. Die Urbedeutung ist Glanz, Schimmer, Licht, wie sich aus der Sanskrita-Sprache nachweisen lässt, und in dieser Bedeutung kommt dieses Wort auch wahrscheinlich in den Eigennamen vor. — *Takþak* 754. — *Tahr* 1701, 1703, 1763, 1911, u. s. w. (substant.), Tag, vergl. *Fulkir*. *Tahn* 1911 (mit dem best. Artik.).

Take 1456 (conj. praes.), von *Taka*, nehmen, isl. *taka*, schw. *taga*, dän. *tage*, gth. *tekan*, berühren, ags. *tæcan*, engl. *take*, lat. *tangere*, von der Wurzel *Tak*, Urwurzel *Ta*, ziehen, also an sich ziehen, nehmen. Hierher gehören auch isl. *þiggia*, empfangen, schw. *tigga*, betteln, also nicht begehren, sondern empfangen, dän. *tigge*, isl. *þacka*, schw. *tacka*, dän. *takke*, (eigentlich gern annehmen, dann dafür erkenntlich sein) danken, gth. *þagks* oder *þanks*, ahd. *danh*, ags. *þanc*, u. s. w. Dank, goth. *þagkjan*, ahd. *denhan*, ags. *þincan*, isl. *þenkia*, schw. *tänka*, dän. *tænke*, (eigentlich mit dem Geiste auffassen) denken, und wahrscheinlich ahd. *daht*, eigentlich das Anziehende, der Docht. Vielleicht ist auch *þaki* (isl. *þegi*, Empfänger?) in dem Worte *Himþaki*, s. d. W., hierher zu ziehen, und bezeichnet also den, der mit einem anderen eine Haushaltung gemeinschaftlich hat, wie isl. *farþegi*, einer, der mit anderen zusammenfährt, Passagier. — **At han take**, d. h. Dass er nehmen möge. *Toku* 325, 1978 (plur. imperf.). **þa þir . kialt . toku** . 825, d. h. Wo sie Steuern nahmen.

Tan 119, 398, 457, 634, 661, 669, 769, 1091, 1245, 1594 (nom. und acc.), ein Mannsname, der Blühende (?), Kräftige (?), isl. *tana*, wachsen, grünen, *tanni*, (der grünende Baum) die Tanne, auch als Mannsname gebraucht, *dángaz*, wachsen, gedeihen, beleibt werden, schw. *dana*, (wachsen lassen?), erschaffen, bilden, dän. *danne*, mhd. *tan*, (das Grünende) der Wald, ahd. *tanna*, die Tanne. — *þan* 575. *þanu* 1609 (acc.), ein Frauenname, *Tana*, die Grünende.

Tanermen 1979 (þlur.), von *Tanirman*, isl. *Daindi*, etwas Vortreffliches, *daindismadr*, *dandismadr*, *dandimadr*, ein vortrefflicher Mann, schw. *danneman*, dän. *dannis*, vortrefflich, *dannemand*, ein Biederman.

Tanmaurk 1537, Benennung eines Landes, der grünende Hain (?), Dänemark, zusammengesetzt (?) aus *Tan*, s. d. W., und *Maurk*, Wald, isl. *mörk*, Waldgebirge, Wald, waldige Gegend (lappl. *muor*, Baum, Holz, *muoraland*, Wald), schw., dän. *mark*, Erde, Boden, Feld, Gegend, wahrscheinlich verwandt mit isl. *myrkr*, finster, schw. *mörk*, dän. *mørk*, lappl. *murko*, Nebel, *murkos*, nebelig. Es ist zu vermuthen, dass die Urbedeutung von Mark (goth. *marka*, ahd. *marahha* oder *maracha*, ags. *mearc*) ebenfalls Wald sei, dann gemeinsames Waldgebiet und endlich Land, Gebiet überhaupt bezeichnet habe. Dann lassen sich alle sonst unverständlischen Zusammensetzungen leicht erklären, z. B. der Heher würde also *Markolf* oder Waldwolf heissen, ahd. *marahwart* (ags. *mearc-veard*, franz. *marquis* aus ahd. *marquizo*, Abkürzung von *marahwart*), eigentlich Waldwart bedeuten, und die Markomannen würden die Völker sein, welche hauptsächlich Waldungen bewohnen. — Diese Erklärung der Benennung Dänemarks stimmt auch mit seinem alten Namen *Vithe-sleth* oder Waldebene sehr gut überein. Ueber die geschichtliche Herleitung vom ersten Könige *Tan* vergl. *Str.* I, 91, die übrigens wie alle ähnliche bedeutungslos ist; s. *Knutr.* — Van . Tanmaurk ala, d. h. Eroberte ganz Dänemark. *Tanmarku* 1323, 1463 (dat.). *Tanmarka*ᛦ 1538 (gen.), deutet ebenfalls auf einen Nomin. *Tanmaurk*, vergl. *But.*

Tai 1936, lat. *dei.*

Taiþar 1323, undeutlich, vergl. *Traukr.*

Tair 1993, für *þair*, s. d. W. — ᛑ*eir* 99. ᛑ*ira* 69 (gen. plur.), *Taim* 1763 (dat.).

Tail 1751 (acc.), von *Tailr*, Theil, isl. *deildr*, *deiling*, Theil, *deila*, theilen, schw. *del*, *dela*, dän. *deel*, *dele*, goth. *dails*, *dailjan*, ahd. *tail*, *tailjan*, ags. *dæl*, engl. *deal*, von der Wurzel *Til* trennen, vergl. *Telhti.*

ᛑasaᛑr 1894, isl. *dasadr*, ermüdet, *dasaz*, müde werden, *das*, Ermüdung, von *da*, Ohnmacht, vergl. *þauþr.* Oßt var ek ᛑasaᛑr er ek ᛞro þik, d. h. Oft war ich müde, wenn ich dich zog. Die Inschrift ist auf einem Ruder.

TABU 403, 445, 644, 645, 660, eine Ortsbenennung, zusammengesetzt aus (?) schw. landsch. *ta* oder *tä*, ein enger Weg zwischen zwei Zäunen, *tå*, ein grüner, freier Platz, und *Bu*, s. d. W.

TAᛦFRIÞIR 673, ein Mannsname, vergl. *Þurfriþ*.

TSIN 1117, 1119, eine Verritzung für *Stin*, s. *Stain*. *Tsain* 1085.

ᛡTI 1978, für *ᛡroti*, vergl. *Trutin*.

Bu 496, 1305, 1548, u. s. w. (acc. sing.), isl. *byr*, Stadt, *bu*, Wohnung auf dem Lande, Hausgeräthe, Viehherden, u. s. w. *bui*, Nachbar, wird in vielen Zusammensetzungen für Bewohner gebraucht, *bua*, Nachbarin, schw. *by*, Dorf, *bo*, Wohnung, Haus und Hof, — *bo*, Bewohner, in Zusammensetzungen, dän. *by*, Stadt und Dorf, *bo*, — *bo*, goth. *bauains*, Wohnung, ahd. *pur*, *pu*, Landgut, ags. *bur*, u. s. w., vergl. *Buþi*. — Han × ati × ain × bu × þina × 496, d. h. Er besass allein dieses ganze Dorf. *Buhi* 527 (dat.). *Bui* 1492 (dat.). *Bua* 692 (acc. plur.). *Biorar* 35 (gen. sing.). *Biᛦ* 662 (nom. sing.).

Bufi 1478, ein Mannsname, Bube, isl. *bofi*, schw. *bof*, mhd. *buobe*, nhd. *Bube*, vielleicht entstanden aus Bewohner (isl. *bui*, ahd. *puwo*). — *Bufa* 1483.

Buþi 667 (sing. imperf.), von *Bua*, wohnen, isl. *bua*, wohnen, einrichten, schw. *bo*, wohnen, dän. *boe*, goth. *bauan*, wohnen, ahd. *puan*, *puwan*, wohnen, bauen, bebauen, ags. *byan*, von der Wurzel *Bu*, an einer Stelle sein, wohnen. — Buþi × a × Kalstaþum, d. h. Wohnte in K. *Buk* 524, 668, 743, u. s. w, (sing. imperf.), ist die alte und reine Form, Auk . buk i Harvistam . 668, d. h. Und wohnte in H. *Bük* 951. *Buku* 398, 503 (plur. imperf.). þaiᛦ buku i Rünbü . 398, d. h. Sie wohnten in R. *Buki* 1115, 1194 (sing. imperf.). Ir : Buki : i :, d. h. Er, welcher wohnte. *Büki* 692. *Biuk* 415. *Buti* 1721 (?). *Boatu* 398 (plur. imp.), die gewöhnliche alte Form findet sich hier: Sie wohnten und bauten (buku auk . boatu). *Bigvi* 1571 (sing. imperf.).

Bürþ 1705, 1764, 1911 (acc. sing.), von *Burþr*, Geburt, isl. *burdr*, schw. *börd*, dän. *byrd*, goth. *gabaurþs*, ahd. *kipurt*, ags. *byrd*, engl. *birth*, von isl. *bera*, tragen, schw. *bära*, dän. *bære*, goth. *bairan*, tragen, gebären, ahd. *peran*, ags. *beran*, engl. *bear*, nhd. *Bahre* (ahd. *para*), *Bürde* (ahd. *purdi*), grich. *φέρειν*, lat. *ferre*, von der Wurzel *Bar*, hervorragen, also etwas, das auf einem Andren hervorragt, von ihm getragen wird; daher z. B. isl. *bar*, (das Hervorragende) das Auge, die Knospe an Bäumen, goth. *bairgs*, ahd. *perac*, ags. *beorh*, isl. *biarg*, schw. *berg*, dän. *bierg*, (das Hervorragende) der Berg. Das Wort isl. *bera* heisst an und für sich nicht gebären, daher *bera kalf*, eigentlich nicht kalben, sondern trächtig sein bedeutet. Erst aus dem Gebrauche bei den alten Skandinaviern, dass das eben zur Welt gekommene Kind auf die Erde gelegt wurde (*lagdr nidr a golf*), und vom Vater entweder angenommen oder verstossen werden konnte, erhielten die Participia isl. *borinn*, schw. alt. *burin*, jetzt in Zusammensetzungen *boren*, dän. *baaren*, (*Chr. Molbech* ist im Ungewissen und giebt keine Erklärung dieses Wortes) eigentlich getragen, die Nebenbedeutung von geboren, nie aber wurde das ganze Verbum für gebären (goth. *bairan* und *gabairan*, alts. *giberan*) gebraucht. Nahm nun der Vater das Kind an, so wurde es aufgenommen, zu ihm getragen (man sagte *bera barn att födur sinum*) und hiess dann *borinn*, d. h. getragen oder als rechtmässiges Kind anerkannt; verstiess er es dagegen, so wurde es in den Wald oder aufs Feld gebracht und seinem ferneren Schicksale überlassen. Wahrscheinlich bezog sich das Epitheton *uborinn* (keinesweges ungeboren, sondern ungetragen, d. h. nicht anerkannt) auf solche Kinder, die von ihrem eigenen

genen Vater verstossen und von einem Anderen aufgenommen waren. Ueber diese Sitte ist zu vergleichen *Reuterdahl*, Svenska Kyrkans historia, I, 49 & 127, *L. Hjs.* II, 220, u. f., *Hall.* II, 270, *Str.* II, 550. — Af : Kus : bürþ :, d. h. Seit Gottes (Christi) Geburt. *Büürþ* 1912. *Birþ* 1763. *Bᛅrþ* 1985.

Burk 979, undeutlich, isl., schw., dän. *borg*, Schloss, Burg, goth. *baurgs*, Stadt, Burg, ahd. *puruc*, ags. *burg*, engl. *borough.* Es ist nicht wahrscheinlich, dass dieses Wort unmittelbar von *Bu* herstamme, s. d. W., sondern es hängt wohl eher zusammen mit isl. *byrgi*, ein kleiner umfriedigter Platz für Schaafe, u. s. w., *byrgia*, überdecken, verbergen; *biarga* (schw. *berga*, dän. *bierge*, goth. *bairgan*, ahd. *bergan*, ags. *beorgan*, vergl. *Biarki*), in Sicherheit bringen, bergen, ist dagegen von *borg* abgeleitet, so auch *biörg* oder *berg*, (das Bergen-Helfen) Hülfe, (das Geborgene) Lebensmittel. Die Wurzel ist *Bark*, umzäunen, Urwurzel *Bar*, hervorragen; daher goth. *bibaurgeins*, Umzäunung, isl. *börkr*, schw., dän. *bark*, (das Umschliessende) die Borke, ahd. *parc*, ags. *pearroc*, der umzäunte, eingeschlossene Hain, Park, mhd. *pferrih*, nhd. *Pferch*, ahd. *berga*, die Umzäunung, der Schutz, Schirm, das wie *Burk* besonders zur Bildung von Frauennamen gebraucht wird. — Hafþi × burg × umbrutna ×, d. h. Hatte Burgen (umgebrochen) zerstört, vergl. *G. S. H.* S. 162, *L. R.* S. 111. *Burh* 1775, 1791, für *Burk*, vergl. *Fulkir*, scheint ein Ortsname zu sein. *Burga* 1789 (gen. pl. ?)

Burgulfᛅ 541, ein Mannsname, Burgwolf, zusammengesetzt aus *Burkr*, s. *Burk*, und *Ulfr*, s. d. W. — *Burkulf* 531 (acc.). *Borkilf* 557.

Bürker 1309, ein Mannsname, *Burkr*, *Birkr*, der Geborgene, dem nichts fehlt, isl. *byrgr*, *byrgin* und *borginn*, dem nichts fehlt, der in Sicherheit ist; oder auch Bürger, isl. *borgari*, schw. *borgare*, dän. *borger*, goth. *baurgja*, u. s. w. — *Burkai*ᛦ 126, vielleicht auch zusammengesetzt aus *Burkr* und *Kair*, s. d. W., Burgspeer. *Biurkair* 265. *Biriki* 1903. *Biria* 1467 (gen.). *Biarki*ᛦ 776. *Biarik* 1442.

Buri 1072, ein Mannsname, Sohn, isl. *bur*, auch *burr* und *bör*, Sohn, *bura*, Tochter, *börvar*, bewaffnete Krieger, *burur*, Nachkommen, goth. *baur*, der Geborne, vergl. *Bür*ᚦ. *Bur*, Sohn, und *bura*, Tochter bezieht sich also auf die anerkannten Kinder.

Bürsustin 1764, d. h. Büchsenstein oder Büchsenkugel, zusammengesetzt aus *Bürsa*, schw. *byssa* oder *bössa*, dän. *bøsse*, Büchse, und *Stin*, s. *Stain*. Wäre diese Schreibart von *bürsa* (lappl. *birso*) die ursprüngliche, so würde das Wort Büchse nicht von griech. *πυξίς*, abstammen, sondern von schw. alt. *bersa* oder *birsa* (nach *J. Loccenius*) jagen, ahd. *pirs*, mitl. *bersa*, nhd. *Birsch*, Jagd, welches Wort wahrscheinlich ein Schallwort ist und ursprünglich den Laut des abgeschossenen Pfeiles nachahmt, so das *birschen* eigentlich schiessen hiesse. Hierher möchte ich auch das Worte *Bursche* (nach *Haq. Spegel* kommt schw. *burse* auch für *bonde*, Bauer, vor) ziehen; es würde also die Bedeutung von Jagdgenosse und Genosse überhaupt haben, ohne in der üblen Nebenbedeutung von Spiessgeselle, Spiessbube (Spitzbube) vorzukommen. Börse (ahd. *bursa*) würde dann auch nicht ursprünglich Geldbeutel sondern Genossenschaft, Platz zur Versammlung einer Genossenschaft, und dann erst Stelle, an welcher Geld aufbewahrt wird, Kasse, Geldbeutel bedeuten. Die Ableitung aus dem Griechischen von *βύρσα*, Fell, ist wenigstens nicht befriedigend. — Sum . skutin . varþ . ihel . miþ . en . bürsu . stin ., d. h. Welcher mit einer Büchsenkugel todtgeschossen wurde.

Burt 1978 (adv.), isl. *burt*, schw., dän. *bort*. Da dieses Wort im Isländischen eigentlich *brut*, *brott* oder *braut* heisst, so ist die Annahme wohl richtig, dass es wie das nhd. *weg* von Weg, so auch von isl. *braut*, Weg, entstanden sei, wiewohl dieses Wort viel Aehnlichkeit mit dem nhd. *fort* von vor (?) hat. — Hiar : riþu : þaiʎ : burt :, d. h. Hier ritten sie fort. *Burþ* 1111. An va : burþ :, d. h. Er war fort (?). *Boot* 259. Han × foʎ × bort ×, d. h. Er fuhr weg. *Bruti* 333.

Buka 189, 978, 1163 (gen. und acc.), ein Mannsname, *Buki*, Bewohner, isl. *byggia*, bauen, bewohnen, schw. *bygga*, dän. *bygge*, vergl. *Buþi*. Im Deutschen ist *Bukko* eine Abkürzungsform von *Burkhard*. — *Boki* 1289.

Bunir 1708, 1802 (plur.), von *Bun*, isl. *bæn*, schw. *bön*, dän. *bøn*, Bitte, Gebet, engl. *boon*, gehört wahrscheinlich hierher. Vergl. *Biþia*. — Biþir : iþrar : bunir : firir :, d. h. Betet eure Gebete für. *Bun* 1753 (acc.). Biþin : bün . ok : pater : nostru : d. h. Betet Gebet und Vater unser. *Buni* 1779 (acc. plur.). ✝ lit : orar : büni : ok : pater : noster : ok : afi : Maria : Rotfosars : sial : til : goþa : +, d. h. Lies (?) oder Bete unsere Gebete und Vater unser und Ave Maria u. s. w. *Bunir* 1803. *Büna* 1781, 1779 (acc. plur.).

Bunᛏan 1978 (part. perf. pass.), von *Binta*, binden, isl., schw. *binda*, dän. *binde*, gth. *bindan*, ahd. *bintan*, ags. *bindan*, engl. *bind*, von der Wurzel *Bin*, festmachen und der Urwurzel *Bi*, sein, fest sein. — Bunᛏan, d. gebunden oder den gebundenen.

Bui 1228, ein Mannsname, Bewohner, Nachbar, vergl. *Bu*. *Bo* 1835, 1950, 1964 (acc.). *Boar* 2012 (nom. plur.).

Buivitikta 1803, lat. für *Benedicta* (?).

Buanta 70, 76, 90, u. s. w. (acc. sing.) von *Buanti* (part. praes. von *Bua*, s. *Buþi*), isl. *bondi*, Hausvater, Bauer, schw., dän. *bonde*. Mit diesem Worte wurde der freie Grundeigenthümer des Nordens von seiner Gattin und Hausgenossenschaft benannt; es war also die gemeinschaftliche Benennung des freien Skandinaviers, da es bekanntlich keinen anderen Stand gab. Die jetzige Benennung des Hausherrn ist isl. *hussbondi*, schw., dän. *husbonde* (engl. *husband*, Gatte). Iftiᛦ . Ulf . Kinlauhaᛦ . buanta . 70, d. h. Ueber Ulf, den Hausherrn (Gatten) Kinlauks. *Buonti* 1005, 1492 (nom. und acc.? sing.). Osraþr : auk : Hiltulfᛦ roisþu stain þansi at Froþa buonti sin . 1492, d. h. O. und H. errichteten diesen Stein über F., ihren Hausherrn. *Buonta* 730 (acc. sing.). *Buota* 195. *Buna* 926, 1163, 1355 (acc. sing.), für *Bunta*. Faþur : sin : buna : harþa : kuþan : 1355, d. h. Seinem Vater, einem sehr guten Hausherrn. *Bunt* 1553 (acc. sing.). *Bunto* 303 (acc. sing.). *Bunti* 816, 1184 (nom. sing.). *Bunta* 14, 22, 34, u. s. w. (acc. sing.). *Bünta* 1047 (acc. sing.). *Buant* 939 (acc. sing.). *Buati* 818. *Buata* 984 (gen. sing.). Buati : sis . d. h. Seines Hausherrn. *Buti* 629, 734. *Butà* 357, 925, 1182, u. s. w. (acc.). *Buta* 357 (gen. plur.). *Bonþa* 1748. *Bona* 174. *Bontin* 1711 (mit Art.). *Bonta* 18, 19, 21, u. s. w. (acc. sing.) *Bonta* 947 (gen. masc.). *Bonᚦa* 1764. *Bontans* 1714 (gen.). *Bonti* 879. *Boantia* 346 (acc. sing.). *Boanta* 71, 345, 650, u. s. w. (acc. sing.). *Boata* 367 (acc. sing.). *Bota* 352, 382, 398, u. s. w. (acc. sing.). *Bata* 320 (acc. sing.).

Busia 933, ein Mannsname, der Schreckliche, isl. *bersi* oder *bessi*, der Bär, auch als Mannsname gebraucht, *bassi* oder *bersi*, ein Eber, ein Bär, schw. *buse*, ein Verkleideter, um als Gespenst zu erschrecken, ein Plagegeist, landsch. *bjässe*, Bär, ein tapfrer Mann, ein übermüthiger Mann, der Teufel, (nhd. *Bätz*, Bär), *bös*, hochmüthig, *bus*, furchtsam, *buse* (*bjässe*), Gespenst, (nhd. *Buse*, feines Haar), *buslig*, schrecklich, *buss*, der, welcher sein eigener Herr ist, dän. *basse*, eigentlich ein grosses männliches Thier, ein hochmüthiger Mensch, *buse*, unvorsichtig vorstürzen, *busemand*, ein erdichtetes Gespenst, um die Kinder zu schrecken, ahd. *posi*, (vielleicht ursprünglich vermummt, wie grimm, s. *Krimᛦ*), böse, *giposi*, (Mummereien), Possen. Es ist schwierig die Urbedeutung dieses Wortes zu bestimmen, doch ist höchst wahrscheinlich, dass es etwas von schrecklichem Aeusseren bedeutet und dann überhaupt ein Schreckbild bezeichnet habe. Sollte vielleicht ahd. *pasa*, nhd. *Base*, ursprünglich eine herrische, böse, grämliche Frau bezeichnen? — *Büsiu* 891 (acc.). *Busiᛦ* 51 (nom.). *Busa* 1434 (acc.). *Bosi* 1908, 2094, u. s. w. *Birsu* 382 (acc.). *Bersin* 1137 (acc.). *Birsa* 479 (acc.). *Biesi* 1060. *Barsa* 1479 (acc.). *Balsi* 37 (?), für *Barsi* (?).

But 1538, isl. *bot*, Verbesserung, das womit etwas ausgebessert wird, Flick, Büssung, Vertheidigung, *bœta*, Geldbusse erlegen, ausbessern, *bœttr*, gebüsst, ausgebessert, *bœtur*, Geldbussen, *betr*, besser, *bestr*, am besten, *bati*, Verbesserung, *batna*, besser werden, schw. *bot*, Hülfe, Arzneimittel, Busse, Geldbusse, *bota*, heilen, ausbessern, *böta*, Geldbusse erlegen, *båta*, nützen, frommen, *bättre*, besser, *bäst*, am besten, dän. *bod*, womit etwas ausgebessert wird, Verbesserung, Geldbusse, *bøde*, ausbessern, ersetzen, u. s. w. *baade*, Vortheil, *baade*, Vortheil haben, bringen, *bedre*, besser, *bedst*, am besten, gth. *bats* (*batiza*, *batista*), gut, *bota*, Nutzen, *botan*, nützen, ahd. *pouza*, Besserung, Schadenersatz, Busse, *buozan*, nützen, wieder gut machen, büssen, *paz*, (*peziro*, *pezisto*), gut, ags. *bot*, *betan*, u. s. w., von einer Wurzel *Bat* (ahd. *paz*), gehen, angehen, passen, gut sein, vergl. franz. *passer*, nhd. *Pass*, *unpass*, *unpässlich*, u. s. w.

Butviu 1782 (acc.), ein Frauenname, *Butvi*, Heiligthum, Freistadt des Kriegers, zusammengesetzt aus *Buti* oder *Bauti* und *Vi*, s. d. W., isl. *bauta*, schlagen, zu Boden schlagen, *bauti*, der, welcher schlägt, zu Boden schlägt, *bautastein*, (roher, nicht mit Runen beritzter) Stein zur Erinnrung der im Kampfe gefallenen Helden, *böd*, Schlacht, *bödvar*, ein tapferer Krieger, ahd. nur in Namen, z. B. *Paturih*, gewaltig in der Schlacht, fränk. *battan*, franz. *battr*, *bataille*, u. s. w., engl. *beat*, *batter*, u. s. w., schw. *basa* (alt. *bata*), schlagen, dän. *baske*, mit der flachen Hand schlagen, nhd. *patschen*, schlagen, treten, *Patsche*, Schlägel, Hand. — *Botvi* 1779. *Buþvi* 9.

Butulfa 1432 (acc.), ein Mannsname, *Butulfr*, Schlachtwolf, zusammengesetzt aus *But* oder *Baut*, Schlach, s. *Butviu*, und *Ulfr*, s. d. W. — *Butulfs* 1694 (gen.). *Botulf* 1573, 1775, 1789. *Botulfr* 1696, 1704. *Botulfs* 1708, 1747. *Botolf* 1780. *Botolfr* 1766, 1920. *Botolᛒs* 1828 a) (gen.). *Boþulfr* 1693.

Butraifᛦ 1590, 1591, ein Mannsname, der in der Schlacht Beute Machende, zusammengesetzt aus *But* oder *Baut*, Schlacht, s. *Butviu*, und *Raifr*, vergl. *Rifnikᛦ*. — *Botraif* 1572 (acc.).

Buthiþi 1731, ein Frauenname, die Kriegerin, zusammengesetzt aus *But* oder *Baut*, Schlacht, s. *Butviu*, und *Heiþ*, s. d. W. — *Buteiþa* 1709 (gen.). *Butaiþu* 1802 (acc.). *Butaitü* 1780 (acc.). *Botaiþu* 1771 (acc.). *Botaiþr* 1747. *Botaiþi* 1786. *Botaiter* 1746.

Butiauþ 1721, ein Frauenname, Eigenthum des Kriegers, zusammengesetzt aus *Buti* oder *Bauti*, s. *Butviu*, und *Auþ*, s. *Auþr*. — *Buþiauþ* 1725. *Botiauþu* 1785 (acc.). *Botiauþar* 1704 (gen.).

Butmuntr 1590, 1591, ein Mannsname, Beschützer im Kriege, zusammengesetzt aus *But* oder *Baut*, Schlacht, s. *Butviu*, und *Muntr*, s. *Munti*. — *Botmuntr* 1854, 1855.

Buli 1399, ein Mannsname, der Brüllende, isl. *baul*, das Brüllen, *baula*, brüllen, *baula*, die Kuh, *Bauli* und *boli*, Stier, schw. *böla*, wie ein Stier brüllen, dän. *brølle*, brüllen wie ein Stier, Löwe, isl. *bella*, gegen etwas so stossen, dass es klingt, ags. *bellan*, engl. *bell*, *bellow*, holl. *bel*, Schelle, *bellen*, schellen, lat. *balare*, mtlt. *baulare*, ags. *bulluca*, (Brüllochs?), in dem Sal. Gesetzbuch *bellio*, weil er als Leitochs eine Schelle (ahd. *pella*) trug, engl. *bull*, nhd. *Bulle*, also der Brüllende, das einfache Wort für Brüllochs. — *Bulu* 1399 (acc.).

Bumana 1427 (gen. plur.), von *Bumaþr*, isl. *bumadr*, ein guter Haushälter, zusammengesetzt aus *Bu*, s. d. W., und *Maþr*, s. d. W. — Han × va × bastr × bumana ×, d. h. Er war der beste der Haushälter.

Boþfriþ 1810 (acc.), ein Mannsname, *Butfriþi*, der im Kriege Schutzende, zusammengesetzt aus *But* oder *Baut*, Schlacht, s. *Butviu*, und *Friþr*, s. *Friþi*.

Bostaan 1741, ein Mannsname, *Bustain*, Wohnungsstein, zusammengesetzt aus *Bu*, s. d. W., und *Stain*, s. d. W.

Bot 499 (conj. praes.?), von *Bota*, s. *But*. Kuþ ihlbi × on . but un × salu × bitr . þan × an karþi ., d. d. Gott helfe ihm, heile seine Seele, besser, als er verdiente.

Botfrir 1777, ein Mannsname, *Butfrir*, der im Kriege Fruchtbare (?), zusammengesetzt aus *But* oder *Baut*, Schlacht, s. *Butviu*, und (?) *Frir*, s. *Raknfri*ᛦ.

Botviþr 1701, 1724, 1740, 1773, ein Mannsname, *Butviþr*, Anführer im Kriege, zusammengesetzt aus *But* oder *Baut*, Schlacht, s. *Butviu*, und *Viþr*, s. *Viþi*. *Botviþir* 1727. *Botviþa* 1710, 1752, 1778, 1781 (gen.). *Botviþar* 1910 (gen.).

Botvarþr 1771, ein Mannsname, *Butvarþr*, Anführer im Kriege, zusammengesetzt aus *But* oder *Baut*, Schlacht, s. *Butviu*, und *Vaurþr*, s. d. W.

Botiltar 1639, ein Frauenname, *Buthilþur*, Göttin des Krieges, zusammengesetzt aus *But* oder *Baut*, Schlacht, s. *Butviu*, und *Hilþur*, s. *Hiltulf*ᛦ.

Botaukr 1810, ein Mannsname, *Butaukr*, Kriegsmehrer, zusammengesetzt aus *But* oder *Baut*, Schlacht, s. *Butvtu*, und *Aukr*, s. *Auka*.

Botbiern 1594, ein Mannsname, *Butbiurn*, Schlachtenbär, zusammengesetzt aus *But* oder *Baut*, Schlacht, s. *Butviu*, und *Biurn*, s. d. W.

Boligabᛦ 1746, ein Ortsname, zusammengesetzt aus *Bulik*, isl. *byli*, Wohnung, *bol*, Landgut, schw. *bol*, Gehöfte, dän. *bol*, *bool* und *bolig*, und *Bu*, s. d. W. Altschw. *bolby*, der Hauptplatz in einem Dorfe, ein Dorf, in dem ein Landgut liegt.

Bru 19, 87, 89, u. s. w. (acc. sing.), Brücke, isl. *bru*, schw., dän. *bro*, ahd. *prukka*, ags. *brygge*, engl. *bridge*. Da dieses Wort im Skandinavischen ursprünglich einen Weg über Sümpfe, u. s. w., bezeichnet, so ist es auch natürlich mit dem Worte *Braut*, s. d. W., von demselben Ursprunge. — L i t u . r i s a . s t a i n . u k . b r u . 19, d. h. Liessen Stein und Brücke errichten. L i t u —

— — b r u k i r v a . 89, d. h. Liessen — — — Brücke machen. *Bur* 984, verritzt für *Bru*. *Buru* 207, 1016, 1487, für *Bru*. *Buro* 248, 566, für *Bru*. *Brua*ᛦ 650 (acc. pl.). *Bro* 35, 85, 173, u. s. w. (acc. sing.). *Brou* 302 (acc. sing.). *B*ᛦ*u* 391 (acc. sing.). Ueber den Grund zur Anlegung solcher Wege s. *L. R.* S. 127.

Bruþir 233, 369, 1070, u. s. w., Bruder, isl. *brodir*, schw., dän. *broder*, goth. *broþar*, ahd. *pruodar*, ags. *broðor*, engl. *brother*. Die Ableitung dieses allgemein verbreiteten Wortes ist schwierig. Die Wörter mit denen es vielleicht zusammenhangen könnte sind isl. *brudr* und *bruda*, Braut, *brudgumi*, Bräutigam, *bregda*, Familienähnlichkeit haben, schw. *brud*, Braut am Tage der Hochzeit, *brudgumme*, Bräutigam am Hochzeitstage, *brå* oder *bråss*, Familienähnlichkeit haben, dän. *brud*, *brudgom*, goth. *bruþs*, Braut, Schwiegertochter, ahd. *prut*, ags. *bryd*, engl. *bride*, Braut, *breeder*, Erzeuger, *breed*, zeugen, gebären (ahd. *pruot*, Brut). — *Buruþur* 39, 65, 91, u. s. w. (acc. sing.). — *Buruþr* 485 (nom. plur.). þ a i ᛦ + b ü r ü þ r × r i s þ u, d. h. Die Brüder errichteten. *Buruþ*ᛦ 1478 (acc. sing.). *Burþur* 588 (acc. sing.). *Buroþur* 248 (acc. sing.). *Bþr* 1401 (acc. sing.). *Boþur* 1316 (acc. sing.). *Boroþur* 897 (acc. sing.). *Bru* 277 (acc. sing.), verritzt für *Bruþur*. *Bruþ* 1133 (acc. plur.) B r u þ × s i n a × t v a × K u þ m u n t a u k S i k b i u r n ×, d. h. Seine zwei Brüder, K. und S. *Bruþ* 1155 (acc. sing.). *Bruþur* 61, 86 (acc. sing.). *Bruþuri* 467 (acc. sing.). *Bruþr* 44, 387, 589, u. s. w. (nom. und acc. pl.), für *Bruþr*. *Bruþr* 208, 1314, 1442, u. s. w. (nom. sing.). *Bruþr* 401, 491, 713, u. s. w. (nom. und acc. plur.). *Bruþer* 620 (acc. sing.). *Bruþi*ᛦ 1307 (nom. sing.) *Bruþ*ᛦ 1577 (acc. pl.), für *Bruþ*ᛦ *Brur* 107, 1049 (acc. sing.).

Brþur 948, 1397, 1470, u. s. w. (acc. sing.). *Brþr* 802, 2011 (nom. pl.). *Brþr* 1112 (acc. sing.). *Brouþur* 949 (acc. sing.). *Brouþar* 1763 (acc. plur.). *Broþur* 20, 36, 49, u. s. w. (acc. sing.). *Broþuᛦ* 266, 988 (acc. sing.). *Broþor* 1817 (acc. sing.). *Broþr* 139, 544 (acc. sing.). *Broþra* 2233 (gen. plur.). *Broþir* 1647. *Broþiᛦ* 498, 639, 921, u. s. w. (nom. und acc. sing.). *Broþa* 504 (acc. sing.). *Oruþr* 262. *Briþr* 209 (nom. plur.). *Bᛦþr* 669 (acc. plur.). *Biruþr* 780 (?). *Bereþr* 461 (nom. pl.). *Baruþar* 621 (acc. plur.). *Bᛦuþir* 1202.

Bruþir 1118, ein Mannsname, Bruder, vergl. d. v. W. — *Bruþr* 1434. *Bruur* 1502. *Baroþer* 1634.

Brukia 652 (inf. praes.), für *Bru kira*, d. h. Eine Brücke machen.

Bruni 685, 934, ein Mannsname, der Geharnischte, isl. *brynia*, schw. *brynja*, dän. *brynie*, goth. *brunjo*, ahd. *prunna*, alts. *brunjo*, ags. *byrn*, der Panzer; oder auch der Braune, isl. *bruna*, braun machen, *brunn*, der Braune, von Pferden gebraucht, schw. *brun*, dän. *bruun*, ahd. *prun*, ags. *brun*, engl. *brown*, von brennen, vergl. *Bran*. *Brun* 1482. *Bruna* 685, 709, 1029, 1038, 1187 (acc. sing.).

Brunulfr 1552, ein Mannsname, der gepanzerte Wolf, zusammengesetzt aus *Bruni*, s. d. W., und *Ulfr*, s. d. W. — *Brunulfᛦ* 1342. *Bruniulf* 861 (acc.). *Bruniulfr* 150. *Bruniulfr* 878.

Brunkitil 518, ein Mannsname, der Gepanzerte und Behelmte, zusammengesetzt aus *Bruni*, s. d. W., und *Kitil*, s. d. W.

Brunkil 581, ein Mannsname, der geharnischte Muthige, zusammengesetzt aus *Bruni*, s. d. W., und *Kil*, s. d. W.

Brunium 1680 (dat. plur.), ein Ortsname, vergl. *Bruni*.

Brusi 138, 1049, ein Mannsname, der Bärtige, Langhaarige, isl. *brusi*, der Ziegenbock, ein Mann mit langem Barte und sträubigem Haare, *brusa*, brausen, schw. *brusa*, brausen, *brushane*, (*tringa pugnax*) seines Halskragens wegen so genannt, landsch. *bruse*, Widder, ein Mann mit dickem und rothem Gesicht, dän. *bruse*, *bruushane*, ein Schallwort vom Brausen des Windes, Wassers. Wie *Ulli*, eigentlich das Wallende, Flamme und Wolle heisst, vergl. *Ulir*, so heisst auch Brusi, das brausende oder lange Kaar. — *Brusa* 327, 500 (acc.). *Brisr* 1064. *Brisi* 1015, 1067. *Brisa* 1065 (gen.).

Brutr 1198, ein Mannsname, der Spitzige, der mit Spiess Bewaffnete, isl. *broddr*, (eigentlich das Hervorbrechende, s. *brutia*) die Spitze, der Spiess, Pfeil, schw. *brodd*, Eissporren, die ersten Spitzen der hervorkeimenden Saat, isl. *brodde*, spitze Hufnägel, u. s. w. — *Bruᛏᛏe* 1684.

Brutiu 858 (acc. sing.), altschw. *Bryti*, Haushalter, eine Benennung, die ebenfalls in den alten Gesetzen vorkommt. Die geschicktesten und treuesten unter den Sklaven wurden nämlich zu Aufsehern über die anderen erwählt und erhielten diese Benennung. Vergl. *L. R.* S. 97, *Str.* I, 597. Dieses Wort, isl. *briti*, kommt von isl. *briota*, brechen, *britia*, in Stücke zerbrechen, zertheilen, altschw. *brytia*, austheilen, schw. *bryta*, brechen, dän. *bryde*, ags. *brytan*, bezeichnet eigentlich das schnelle Hervorkommen, Ausstrahlen vom Licht und Schall, und dann erst aus einander gehen, brechen, daher noch der Tag bricht an, die Brechung der Lichtstrahlen, u. s. w., isl. *bragd*, Geschmack oder Geruch, *bragd*, Glanz, goth. *brikan*, ahd. *prehhan*, nhd. *brechen*.

Briut 1346, unbestimmt, vergl. *Sj.* I, 28.

Breþa 35 (acc. sing.), von *Braiþr*, breit, isl. *breidr*, schw., dän. *bred*, gth. *braids*, ahd. *preit*, ags. *brad*, engl. *broad*, scheint mit isl. *briota*, zu derselben Wurzel zu gehören und also das (sich Brechende) aus einander Gehende zu bezeichnen, vergl. *Brutia*. — Bro breþa, d. h. Eine breite Brücke.

ᛒRIM 1750, 1855, 1911, 1992, (vergl. *K*, *L*, *S* und *H*), d. h. goldene Zahl, vergl. *L. R.* S. 194, u. f. — ᛒ*rimaþi* 1763 (vergl. F), bedeutet dasselbe. ᛒ*rimstafr* 1703, 1780, 1856 (vergl. *Ur*, *Untrmaþr* und *K*), ist eigentlich die vollständige Benennung. ᛒ*irimstafr* 1701, (vergl. *Loker*).

BRAUT 797, 798 (acc. sing.), Weg, isl. *braut*, ein angelegter Weg, von *briota* (*bryt*, *braut*, *brotid*), *briota jörd*, reuten, urbarmachen, altschw. *bröt*, gemachter Weg, *bröta*, den Boden zu Wegen, zum Beackern, Bebauen räumen oder reuten, vergl. *Brutia*. — Lit × braut × ruþia × d. h. Liess einen Weg reuten. *Brautu* 749, 851 (dat. sing.?). Ner . brautu und brautu . nesta, d. h. Nahe am Wege. *Brutaᛦ* 485 (gen. sing.). Brutaᛦ kuml, d. h. Weg- (Brücken-) Stein.

BRAG 1427 (acc. sing.), ein Mannsname, *Brakr*, Kämpfer, ausgezeichneter Held, isl. *braka*, zerbrechen, unterjochen, *bragnar*, Kämpfer, *bragningr*, der im Kriege Erfahrene, ein König, *bragr*, (Kriegslied, Schilderung einer Schlacht?) Gedicht, goth. *brikan*, brechen, kämpfen, vergl. *Brutia*, *brakja*, Kampf, ags *bregu*, Anführer im Kriege, mtl. *brigantii*, Fusssoldaten, *brigata*, eine Schaar Soldaten, *brigandarius*, Befelshaber einer solchen Schaar, franz. z. B. *brigade*, *brigand*, *brigantin*, eigentlich Kriegerschaar, Anführer, Kriegsschiff. Die Nebenbedeutung von Krieg ist entweder aus dem Begriff zerbrechen, vernichten, oder auch aus der Bedeutung von Krachen, Geräusch verursachen entstanden. Ausserdem kommt im Isländischen das Wort *bragr* (ahd. *perahti*, ags. *braht*, (Glanz) Pracht, vergl. *Birtu*), in der Bedeutung von vortrefflich, ausgezeichnet vor und diese Bedeutung lässt sich wie Ruf von rufen, durch isl. *bræk*, starkes Geräusch erklären. Da ferner die Poesie der alten Skandinavier hauptsächlich in Schilderungen von Heldenthaten (*bragd*) und Schlachten bestand, so ist nicht unwahrscheinlich, dass hierdurch *bragr* die Bedeutung von Poesie erhielt.

Bran 1911 (sing. imperf.) von *Brinna*, brennen, isl. *brenna*, schw. *brinna*, dän. *brænde*, goth. *brinnan*, ahd. *prennan*, ags. *byrnan*, engl. *burn*, bezeichnet eigentlich das Aufwallen, Brausen, Prasseln das Feurs. — Kirkian : bran :, d. h. Die Kirche brannte ab.

Brantr 1109, ein Mannsname, Brand, von *Brinnan*, s. d. v. W., isl. *brandr*, Brand, Schwertklinge. — *Branti* 1109. *Bratr* 235, für *Brantr*, vergl. *Furuki*.

Biurn 1, 94, 116, 119, 299, 324, 472. 473, 485, 499, 517, 525, 549, 662, 818, 1077, 1326, 1568 (nom. und acc.), ein Mannsname, Bär, isl. *biörn*, schw. *björn*, dän. *biørn*, goth. *biari*, Thier, ahd. *pero*, Bär, *ber*, Eber, ags. *bera*, *bar*, engl. *bear*, *boar*, es scheint als wenn *biurn* im Allgemeinen ein wildes Thier bezeichnet habe. Leitet man dieses Wort von *bera*, s. *Burþ*, ab, so kann es unmöglich Erzeuger heissen, da *bera* nie in dieser Bedeutung vorkommt, und nur von weiblichen Thieren gebraucht werden kann, wie isl. *bera*, Bärin, *berfe* auch *berindi*, weibliche Thiere. *Buorn* 942. *Burn* 746, 840, 941. *Bun* 1394. *Born* 678. *Biur* 241. *Bior* 1457. *Biorn* 46, 48, 379, 411, 576, 802, 827, 1034, 1199, 1457. *Birn* 372. *Biern* 1629. *Beir* 1149. *Biaurn* 282. *Biarn* 70, 71, 97, 395, 312, 422, 428, 456, 488, 513, 553, 543, 585, 623, 780, 859, 917, 1637 (nom. und acc.). *Biarnar* 1654 (gen.). *Biarnaᛦ* 926, 1167, 1513, 1577 (gen.). *Biairn* 839. *Biᛦn* 1842.

Biþia 1591, 1741 (infin. praes.), bitten, isl. *bidia,* bitten, *bidla,* als Frequentativ oft bitten, freien, *bidell,* Freier, *bid,* Verweilen, *bidleika,* sich Zeit lassen, *bidlund,* Geduld, *bidstund,* Wartezeit, *bed,* (Ruhestätte) Bett, *bedia,* (Lagergenossin) Gattin, *bedia,* (ein Verweilender) ein Fremder, schw. *bedja,* bitten, *bida,* warten, *bädd,* Lager, Bett, dän. *bede,* bitten, *bede* oder *bie,* verweilen, *bed,* Beet, *beile,* freien, gth. *bide,* Bitte, Gebet, *bidjan,* bitten, beten, betteln, *beida,* verweilen, *badi,* Bett, ahd. *peta,* Bitte, *pittan,* bitten, *peton,* beten, *petalon,* betteln, *petti,* Bett, *pitan,* harren, ags. *biddan,* bitten, *bedd,* Lager, *bidan,* harren, engl. *beg, bed, abide,* verweilen, u. s. w. Diese Zusammenstellungen scheinen hinlänglich zu beweisen, dass die Bedeutung der Wurzel *Bid,* verweilen, anliegen, bitten sei, und dass dieselbe also zur Urwurzel *Bi,* an einem Orte sein, gehöre. Hierher möchten wir auch ahd. *bule,* Buhle, ziehen, was vielleicht aus *budle* entstanden sein kann, wie dän. *beile* aus isl. *bidla.* Buhle würde dann den bezeichnen, der sich um die Liebe eines Weibes bewirbt; um eine Person buhlen würde also ganz im Sinne des isl. *bida* oder *bidla* gebraucht sein und die gute Bedeutung dieses Wortes keine Schwierigkeit weiter haben. — þan : vir : biþia : sunia : 1591, d. h. als wir zu bitten verstehen. Ok : han : baþ : lait : biþia : furi : hans : sial : 1741, d. h. Und er bat für seine Seele bitten (beten) zu lassen. — *Biþhum* 1684 (plur. imper.). Biþhum ⁝ vara ⁝ batr ⁝ n ⁝ oster ⁝, d. h. Lasset uns unsere Paternoster beten. *Biþhin* 1778 (plur. imper.). Biþhin füri Botviþa seal, d. h. Bittet für B.'s Seele. *Biþn* 1802, für *Biþin. Biþir* 1707, 1708, 1725, u. s. w. (plur. imper.). Biþir : iþrar : bunir : 1708, d. h. Betet eure Gebete. *Biþium* 1764 (plur. imper.). *Biþeom*

1685, für *Biþium. Biþim* 1740, 1763, für *Biþium. Baþ* 333, 334, 1010, u. s. w. (sing. imperf). Hakun : baþ : rista : 333, d. h. H. bat zu ritzen (mit Runen zu beschreiben). *Baþu* 1020 (plur. imperf.). *Biþar* 1634 (sing. praes.) Nu : biþær : han : þæs : batær : noster : d. h. Nun betet er dessen (anstatt seiner oder für ihn) Paternoster. *L. R.* S. 147 übersetzt diese Stelle durch: Nun wartet er, dass (du liesest) Paternoster, und leitet also *biþær* von *biþa*, harren, ab, s. o. *Bioþur* 1819, für *Biþir. Bit* 1654, 1845 (sing. imper.). *Biᚧin* 1613, 1746, 1750, u. s. w. für *Biþin. Betar* 1855, für *Biþir.*

Bir 2013 (sing. imperf.), von *Bira*, dürfen, isl. *ber mer*, ich darf, es kommt mir zu, schw. *böra*, dän. *bør* (infin. *burde*), ahd. *kipurjan*, ags. *gebyrian*, eigentlich sich zu tragen, ereignen, zukommen, passen, von der Wurzel *Bar*, vergl. *Burþ.* — Bir fiska, d. h. Es kommt ihm zu zu fischen.

Birita 1903, ein Frauenname, Brigitte, entweder die Schirmende, vergl. *Burk*, oder die Glänzende, vergl. *Birtil.*

Birtil 2043, undeutlich; *Kl.* S. wird nach *Finn Magnusen* gelesen: Mirkum visa bertit, und übersetzt: Möge es dem finsteren Fürsten nicht Tag werden. *Birtit* stände alsdann für *birti-at*, von isl. *birtir*, es taget, *birta* oder *birti*, Glanz, Schein, *birta*, (klar machen) offenbaren, *birtiz*, (klar werden) erscheinen, *birting*, Grauen des Tages, Offenbarung, *birtingr*, eine weisse, glänzende Person oder Sache, *biartr*, glänzend, schw. *bjert*, hellglänzend, goth. *bairhts*, hell, offenbar, ahd. *pert* (*berht*, mhd. *breht*), ags. *beorht*, *byrht*, nhd. *Bertha* (ahd. *perta* oder *perahta*), die Glänzende, zusammengehörend mit goth. *brikan*, vergl. *Brutia.*

Bink 35, isl. *beckr*, schw. *bänk*, dän. *bænk*, ahd. *panh*, (alts. *bag*, Tisch), ags. *bænce*, u. s. w. Bank, wahrscheinlich ursprünglich das Festgemachte, von der Wurzel *Bak.* — bink . biorar ., d. h. Die Bank des Dorfes.

Binkil 1732, ein Mannsname, der Schläger, isl. *banga,* schlagen, schw. *banka,* dän. *banke,* goth. *banja,* Schlag, engl. *bang,* nhd. *Bengel,* von der Wurzel *Bank,* schlagen, vergl. *Jarlabanki.* — *Bekli* 981.

Biarki 1441, 1571, 1579 (dat. sing.), isl. *biarg,* schw. *berg,* dän. *bierg,* goth. *bairgs,* ahd. *perac,* ags. *beorh,* von der Wurzel *bar,* eigentlich das Hervorstehende, vergl. *Bürþ.* — Nu : skal : stanto : stin : o : biarki : 1441, d. h. Nun soll der Stein auf dem Berge stehen. — *Bierhi* 1709 (dat. sing.).

Biarki 1122, 1390 (conj. praes.), von *Biarka,* bergen, isl. *biarga,* schw. *berga,* dän. *bierge,* vergl. *Burk.* — Biarki . Kuþ : salu : 1122, d. h. Berge Gott die Seele. Trutin : biarki : ant hans . 1390, d. h. Der Herr berge seinen Geist. *Biarhi* 907, für *Biarki,* vergl. *Fulkir.* Kuþ : biarhi : sial : hans ×, d. h. Gott berge seine Seele.

Biarnulfr 143, ein Mannsname, Bärwolf, zusammengesetzt aus *Biurn,* s. d. W., und *Ulfr,* s. d. W.

Biarnkaer 1418, ein Mannsname, *Biarnkair,* Bärenspeer, zusammengesetzt aus *Biurn,* s. d. W., und *Kair,* s. d. W.

Biarnhufþi 180, ein Mannsname, *Biarnhaufþi,* Bärenhäupter, zusammengesetzt aus *Biurn,* s. d. W., und *Haufþi,* s. d. W.

Biarlaukr 817, ein Frauenname, *Biarnlauk,* die starke und blühende Jungfrau, zusammengesetzt aus *Biurn,* s. d. W, und *Laukr,* s. *þurlakᛅ.*

Biskuß 1915, Episcopus.

Besit 1990, lat. *fecit.*

Bi-

Bistollaþ 1764 (part. perf. pass), von *bistalla*, belagern, altschw. *bestalla*, belagern, ein neueres Wort, zusammengesetzt aus *Bi* (goth. *bi*, ahd. *pi*, nhd. *be*), und isl. *stilli*, Wall, von der Wurzel *Stal*, vergl. *Stallara*. — þa . er . Kunung . Erik . var . bi . stollaþ . pa . þi . for . nemᚿa . sloᚿ, d. h. Damals als der König Erik auf dem vorhin genannten Schlosse belagert war.

Bistr 870 (superl.), Bester, vergl. *But*. Unt : hifni : bistr :, d. h. Unter dem Himmel der beste. *Bestr* 803, 903, 947. — Lanmana bestr 803, d. h. Unter den Landsleuten der Beste. Han var miþa bestr 903, d. h. Er war unter Männern der Beste. Han : vaᛦ : bonta : bestr : 947, d. h. Er war unter den Bauern der Beste. *Bistra* 802, (gen. plur.). Bistra mana, d. h. Der besten Männner. *Bastur* 740. Is vas trakia bastur, d. h. Er war unter Männern der Beste. *Bastr* 357, 1427. Han : vas : buta : bastr : 357, d. h. Er war unter Hausvätern der Beste. *Basti* 629. In : vaᛦ : basti buti, d. h. Er war der beste Hausvater.

Bitr 285, 378, 499, u. s. w. (compar.), besser, vergl. d. v. W. — Bitr þan, d. h. Besser als. — *Betr* 948, 1006. *Betra* 485. *Bitir* 714. *Bet* 941. *Biþr* 1456. *Beþr* 1591. *Betri* 1468 (nom. plur.), vergl. *Futiᛦ*.

Betrus 1926, 1981, ein Mannsname, Petrus. — ᛔ*etur* 1949. *Bitr* 1802. *Betr* 1270. ᛔ*etr* 1732. *Bitar* 1780. *Betars* 1750.

Bil 159, ein Mannsname, *Bili* (?), der Brüllende, isl. *belia*, brüllen, *beliä*, die Kuh, vergl. *Buli*. — In historischer Hinsicht ist zu bemerken, dass Ragnar Lodbrok den Beinamen *Beli* wegen seiner Verehrung der Kuh *Sibylla* oder *Sebelia*, d. h. die Immerbrüllende, erhalten hatte, vergl. *Str*. I, 277.

45

Beleþes 1911 (gen. sing.) von *Bilíþi*, Abbild, isl. *bilæti*, schw. *beläte*, dän. *billed* oder *billede*, ahd. *pilidi*, ags. *biliþ*, mhd. *bilede*, nhd. *Bild*, eigentlich wohl das Gestaltete von einer Wurzel *Pil*, glätten, verfeinern, gestalten, von der z. B. ahd. *pihil* oder *pil*, (das Glättende, Bildende) das Beil, *pillon*, poliren, isl. *pila*, schw., dän. *pil*, (das Geglättete, Spitze, lat. *pilum*?), der Pfeil. — Kirkian : bran : a : Beleþes : burþ : d. h. Die Kirche brannte ab zur Geburtszeit Jesu; vergl. *L. R.* S. 167.

Baþum 1233 (dat. plur.), ein Ortsname, Bath. A : Haklati : i : Baþum :, d. h. In England zu Bath.

Baþir 1810 (nom. masc.), Beide, isl. *badir*, *badar*, *bædi*, schw. *både* und *begge* (isl. *beggia*, genitiv.), dän. *baade* und *begge*, goth. *bai*, ahd. *pedo*, ags. *ba* und *batva*, engl. *both*. — *Baþi* 135, 553, 875, u. s. w. (nom. und acc.). þau truknaþu baþi 553, d. h. Sie ertranken beide. Let : kiara : kumbl : baþi : 875, d. h. Liess beide Denkmäler errichten. *Baþe* 1855, für *Baþi*. *Baþiᛦ* 491, 503 (nom.). *Baþa* 928, 1577 (acc.). þaiᛦ × litu × raisa × staina × baþa × 928, d. h. Sie liessen beide Steine errichten. *Baþaᛦ* 129. — *Baþi* 85 (conjunct.). Lit . kiara . baþi . bro . ak . rita . stain, d. h. Liess sowohl (beides) die Brücke machen als auch (und) den Stein errichten. *Baþr* 1779.

Barþr 1923, ein Mannsname, Krieger (?), vergl. d. f. W. *Barþi* 1073, 1458; hier scheint *Barþi* ein Epitheton zu sein. *Bærirþ* 1063. *Bartr* 51. *Bahrtr* 784.

Barþi 902, 1179, (sing. imperf.) von *Baria*, schlagen, isl. *beria*, schlagen, kämpfen, *baratta* und *bardagi*, Schlacht, über die Endungen — *atta* und — *dagi*, s. *R. Gr.* S. 192 und 196, altschw. *bæria*, schlagen, *bardhagi*, Feldschlacht. Vielleicht ist dieses Wort verwandt mit *bar*-

ritus, Schlachtgesang, und also auch mit fries. *baria*, schreien; vielleicht verhält es sich aber auch zu *bera*, tragen, vergl. *Burþ*, wie lat. *ferio zu fero*, und hängt alsdann zusammen mit ags. *borian*, engl. *bore*, ndd. *baren*, nhd. *bohren*. — Han : austarla : arþi : barþi : 902, d. h. Er kämpfte tapfer im Osten.

Barkviþʎ 1660, ein Mannsname, *Burkviþr* (?), Anführer in der Burg, zusammengesetzt aus *Burkr*, s. *Burk*, und *Viþr*, s. *Viþur*, oder auch Anführer eines Schiffes, zusammengesetzt aus isl. *barkr*, altfr. *barca*, (eigentlich das Tragende, von *bera*, s. *Burþ*), die Barke.

Barksuain 1072, ein Mannsname, *Burksvain*, Burgknappe, zusammengesetzt aus *Burkr*, s. *Burk*, und *Svain*, s. d. W.

Barn 1818, 1978, 2009, u. s. w. (acc.), isl., schw., dän., goth., alts. *barn*, altfr. *bern*, ags. *bearn*, wohl eigentlich ein Particip von *bera*, vergl. *Burþ*, das anerkannte Kind. Ufir : sina : kuno : ok : sin : barn : 1818, d. h. Ueber seine Gattin und seine Kinder. Barnsins 2020 (gen. sing. mit Artikel).

Baristam 503 (dat. plur.), ein Ortsname, *Baristaþum*, Schlachtstätte (?), zusammengesetzt aus *Baria*, kämpfen, s. *Barþi*, und *Staþr*, s. *Staþ*. — *Barstam* 414.

Barlaf 1065, ein Mannsname, *Barlaifr* (?), der aus dem Kriege Entkommene (?), zusammengesetzt aus *Baria*, s. *Barþi*, und *Laifr*, s. d. W.

Bakki 773 (dat. sing.), von *Bakr*, Anhöhe, isl. *bakki*, Flussufer, *beckr*, Bach, schw. *backe*, Hügel, früher ebenfalls Ufer, *bäck*, Bach, *bäcken*, Becken, dän. *bakke*, *bæk*, *bækkan*, ahd. *pah*, Flussufer, Flussbett, Fluss, *pecchi*, Bassin, Becken (*paccho*, Backen, Wange), ags. *beoc*, u. s. w. Die Ableitung dieses Wortes ist schwierig. — A bakki, d. h. Auf dem Hügel.

Baki 914 (dat. sing.), von *Bakr*, Bach, vergl. d. v. W. — Han × turuknaþi × i × baki ×, d. h. Er ertrank in einem Bache. *Baih* 1352, vergl. *Fulkir.*

Baki 876, ein Mannsname, Bock, isl. *bekri*, (der Blökende) der Widder, von *bekra*, blöken, schw. *bagge*, der Widder, landsch. *bägga*, ein junges Schaaf, *bäcker*, *bjeker* oder *bjeckern*, (der Meckernde) der Bock, griech. *βῆ*, das Blöken, *βῆκα*, Schaafe, *βήκη*, Ziege, lat. *vacca*, die Kuh, ursprünglich ein Schallwort zur Bezeichnung eines blökenden Thieres. *Bacher* und *Bache*, wildes Schwein, scheint nicht hierher zugehören und vielleicht eher von dem Aufenhaltsort (Bach, s. d. v. W.) wie z. B. Bachstelze, entstanden zu sein. — *Baka* 398 (acc.). *Baka* 731 (gen. ?).

Bankfriþa 1629 (gen.), ein Frauenname, *Bankfriþur*, die im Streite Schirmende, zusammengesetzt aus *Banka*, s. *Jarlabanki*, und *Friþur*, s. *Friþi.*

Bana 2233 (dat. sing.) von *Bani*, Mörder, isl. *bana*, tödten, *banamadr*, Todtschläger, *bani*, gewaltsamer Tod, *ben*, tödtliche Wunde, schw. *bane*, Ursache zu einem gewaltsamen Tode, *baneman*, Todtschläger, dän. *bane*, *banemand*, goth. *banja*, Schlag, Wunde, alts. *bano*, Todtschlag, ags. *benn*, Wunde, *bana*, Todtschlag, engl. *bane*, wahrscheinlich ursprünglich schlagen, so dass *Banka* vielleicht als ein Frequentativum zu betrachten ist, vergl. *Jarlabanki.* Das ital. *bandito*, Meuchelmörder, lässt sich besser aus diesem Worte als aus dem deutschlat. *bannitus*, der Verbannte, erklären. Vielleicht gehört auch franz. *forban*, Seeräuber, hierher. Ok : vilti : æigi : gaka : til : sætar : viþ : Sværri : foþur : bana : sin : ok : broþra :, d. h. Und wollte mit Sv., dem Mörder seines Vaters und der Brüder, keinen Vergleich eingehen. Vergl. *L. R. S.* 181.

Batrnoster 1684, 1725, u. s. w. lat. *Pater noster*.

Balþur 1533, ein Mannsname, der an Gestalt und Kräften Ausgezeichnete, isl. *balldr*, schön, stark, Name eines Gottes, *ballr* (für *balldr*?), tapfer, schw. *båld*, an Gestalt und Kräften ausgezeichnet, dän. *bold*, herrlich, schön, kühn, goth. (*balþs*, kühn) *balþei*, Muth, Freimüthigkeit, *balþjan*, wagen, ahd. *palt*, kühn, alts. *bald*, ags. *baldor*, Fürst, engl. *bold*, u. s. w., franz. *bel* (?), schön, nhd. — *bold*, in Zusammensetzungen. Die Ableitung ist schwierig.

Bali 71, 664, 665, 666, 668, 671, 684, 689, 692, 694, 696, 697, 709, 724, 754, 942, 948, 951, 998, 999, ein Mannsname, der Starke, isl. *ballr*, tapfer, vergl. d. v. W. — Ueber diesen berühmten Runenritzer, s. *Sj.* I, 27. — *Balir* 1006.

Baleikr 39, ein Mannsname, *Ballaikr* (?), der sehr Frohe, zusammengesetzt aus *Balr*, s. *Bali*, und *Laikr*, s. *Leiknir*.

Btir 1912, für *Aftir* (?), s. d. W.

Blikr 259, ein Mannsname, der Glänzende, isl. *blakki*, Glanz, Klarheit, *bleikia*, klar machen, bleichen, reinigen, *blik*, Glanz, glänzendes Metall (ahd. *pli*, Blei, *plech*, Blech), Blick, *blika*, glänzen, schw. *black*, fahl, *blek*, bleich, *bleka*, bleichen, *blick*, Schein, Blick, *blicka*, einen schnell vorübergehenden Schein geben, dän. *blakket*, *bleg*, *blege*, *blik*, *blikke*, ahd. *plick*, Schimmer, Blitz, *plichen*, schimmern, blitzen, *pleih*, bleich, ags. *blac*, *blican*, u. s. w., engl. *bleak*, u. s. w. Die ursprüngliche Bedeutung ist also schnell vorübergehend glänzen, von der Wurzel *Blik* (ahd. *Plih*), aufflammen.

Blisi 47, ein Mannsname, der Segnende, isl. *blessan*, Segnung, *blessa*, segnen, schw. alt. *blezan*, Segen, ags. *bles*-

sian, segnen, *blidsian*, sich freuen, *blis*, Freude, engl. *bless*, entstanden aus *Blidr*, vergl. d. f. W.

Bliᚦri 1654 (dat. sing. fem.?), undeutlich, vielleicht von *Blitr*, milde, isl. *blidr*, milde, schw., dän. *blid*, goth. *bleiþs*, ahd. *plidi*, alts. *blidi*, ags. *bliðe*, froh, milde, engl. *blithe*. Die Grundbedeutung dieses Wortes ist froh, dann milde.

Blakumen 1592 (nom. plur.), von *Blakumaþr*, zusammengesetzt aus *Blakr*, s. *Blikr*, und *Maþr*, s. d. W. — Die Erklärung dieses Wortes ist verschieden. *L. R.* S. 134 übersetzt es durch Bewohner von Blekinge, *Br.* S. 179 durch Mohren. In den alten Sagen wurden nämlich die Aethiopier *Blåmän* genannt (isl. *blaland*, Aethiopien, *blaleitr*, Aethiopier), Vergl. *Str.* I, 39.

L 1855, vergl. *F.*

Lufobri 518 (dat. sing.), ein Ortsname, undeutlich, vergl. *Lukobri,* vielleicht für *Lufbu,* zusammengesetzt aus *Luf,* und *Bu,* s. d. W., isl. *lof,* Ruhm, Erlaubniss, *lofa,* rühmen, erlauben, versprechen, so auch *leyfi,* Erlaubniss, *leyfa,* loben, erlauben, schw. *lof, lofva,* dän. *lov, love,* ahd. *lop,* ags. *lofe.* Dieses Wort hängt entweder mit *lieb* zusammen, vergl. *Liufr,* oder auch mit *lauten,* vergl. *Liuþrit,* oder es ist auch *Luf,* (Geneigtheit) Erlaubniss, von *Luf,* (Laut, Ruf) Ruhm zu unterscheiden.

Lufkatls 1618 (gen.), ein Mannsname, *Lufkitl,* Ruhmhelm, zusammengesetzt aus *Luf,* s. d. v. W., und *Kitl,* s. d. W. — Da isl *lufa,* das Zottigsein, ein behaarter Mann, schw. *lufva,* eine zottige Mütze, heisst, so könnte *Lufkitl* auch der rauhe oder zottige Helmträger heissen. *Lufva* bedeutet eigentlich das nachlässig Herabhängende, vergl. *Liufr.*

Lüum 1765 (dat. plur.), ein Ortsname, von isl. *hlie,* Schutz vor dem Wetter, *hlua,* wärmen, *hlyna,* warm werden, *hlyr,* lau, schw. *lä,* die Seite unter dem Winde, landsch. *ly,* milde, *lyda* und *löja,* Schlupfwinkel wilder Thiere, dän. *ly,* Schutz gegen rauhe Witterung, *læ,* wie *ly,* und dann die Seite unter dem Winde, ags. *hleov,* Leeseite, *hleovan,* erwärmen, nhd. *lau.* Die Ableitung ist schwierig. Vielleicht ist die Urbedeutung verborgen, isl. *laun,* im Verborgenen, *leynd,* das Verhehlen, *leyni,* Versteck, u. s. w., schw. *lönn,* dän. *løn,* u. s. w.

Luþer 1858, ein Mannsname, Volksmann, von isl. *lydr* und *liod,* Volk, *lod,* was im Sommer aus der Erde hervorsprosst, Gras, u. s. w., daher auch das Rauhsein, Behaartsein, *lád,* die mit Gras bewachsene Erde, goth.

lauþs, der Mann, *liudan*, wachsen, ahd. *liuti*, Volk, *liutan*, gross werden, *lota*, Schössling, Sprosse, ags. *leod*, *leodan*, engl. *leod*, nhd. *Leute*, sd. *loden*, wachsen, sprossen. Der Urbegriff ist also das Wachsen, so dass Leute dem Sinne nach mit Menge übereinstimmen könnte. — *Liutr* 274 (?).

Luþin 289 (acc.), ein Mannsname, der Rauhe, isl. *lodinn*, mit Gras bewachsen, rauh, vergl. d. v. W., *lodinn* heisst auch das Schaaf und dient als Mannsname, schw. *luden*, dän. *laad* oder *lod*, feine wollige Haare, *laadden* oder *lodden*, mit feinen Haaren bedeckt, rauh, nhd. *Lode*.

Luþbüurn 1030 (acc.), ein Mannsname, *Luþbiurn*, Volksbär, zusammengesetzt aus *Luþ*, s. *Luþer*, und *Biurn*, s. d. W.

Lukobri 518 (dat. sing.), ein Ortsname, undeutlich, vielleicht für *Lukubru*, zusammengesetzt aus *Luku* und *Bru*, s. d. W., isl. *lucka*, Glück, *luckaz*, glücken, schw. *lycka*, *lyckas*, dän. *lykke*, *lykkes*, mhd. *gelucke*, engl. (*good*) *luck*, eigentlich das Gelingen, vergl. *Longa*.

Luki 1183, ein Mannsname, der Verlocker, Verführer, isl. *loki*, Verlocker, Verführer, *locka*, locken, verführen, schw. *locka*, dän. *lokke*, ahd. *lochon*, ags. *loccjan*, vielleicht an sich ziehen, ahd. *liuhhan*, ags. *lyccan*, nd. *luken*, isl. *loka*, hinter sich ziehen, schw. *lugga*, dän. *luge*, ziehen, vergl. *Lonka*, und *Loker*. — *Lukᛦ* 1425.

Lüktaþes 1856 (sing. imperf. pass.), von *Lukta*, beenden, isl. *lykta*, beenden, schw. *lyckta*, von isl. *loka*, verschliessen, *lok*, Deckel, schw. *lyckta*, verschliessen, *lucka*, Luke, Lücke, *lock*, Deckel, dän. *lukke*, *lage*, *laag*, gth. *lukan*, schliessen, *galukan*, zuschliessen, ahd. *luhhan*, verschliessen, *loh*, Loch, *loh*, das Gehäge, *lucha*, Luke, *luocha*, Lücke, ags. *lucan*, engl. *lock*, von der Wurzel

Luk,

loga, flammen, schw. *låge*, *låga*, dän. *lue*, *s.*, *lue*, *v.*, *Luk*, ziehen, vergl. *Luki*, also zuziehen, verschliessen. Die entgegengesetzten Begriffe, z. B. ahd. *loh*, Oeffnung, und *loh*, Gehäge, sind durch das Zuverschliessende und das Verschlossene zu erklären. — Ok lügtaþes, d. h. Und wurde beendiget. *Lugtaþ* 1855 (part. praet. pass.). Ok : baþe : sendr : lügtaþ :, d. h. Und beide zu gleicher Zeit beendet. Vergl. *L. R.* S. 158, *Sj.* II, 22.

Lunþ 1272, ein Ortsname, von isl. *lundr*, Hain, schw., dän. *lund*. Vielleicht gehören hierher isl. *hlinr*, schw. *lönn*, dän. *løn*, Ahorn, isl. *hlynr* oder *lind*, schw., dän. *lind*, Linde, d. h. der gegen rauhe Witterung schützende Baum (?), und *linni*, *lingvi* und *lingormr*, (das sich im Walde oder Verborgenen aufhaltende Thier) Schlange, Lindwurm, vergl. *Lüum*. — *Lunᛆi* 2091, u. s. w. (dat. sing.).

Lusa 641 (acc. sing.), von *Lusi*, der Freigelassene, isl. *leysingi*, der Freigelassene, *leysa*, lösen, *laus*, gelöset, lose, frei, altschw. *lusr*, gelöset, *lusi*, der gelösete oder freigelassene Sklave, schw. *lös*, los, *lösa*, lösen, dän. *løs*, *løse*, goth. *laus*, los, leer, *liusan* oder *fraliusan*, ahd. *varliosan* (schw. *förlisa*), (los werden) verlieren, *s* und *r* wechseln hier wie oft, *galausjan*, los machen, ahd. *los*, *losjan*, ags. *leas*, *lor*, *lyre*, *lysan*, engl. *less*, griech. *λύειν*.

Lofu 1569 (acc.), ein Frauenname, *Lufa*, die Rauhe, welche langes, hangendes Haar hat (?), vergl *Lufkatls*.

Loþan 1888, undeutlich, vergl. *L. R.* S. 159, vielleicht ein Eigenname für *Luþin*, s. d. W.

Loker 1701, Benennung der Rune ᛚ, dient hier zur Bezeichnung der goldenen Zahl, vergl. *Fir.* Es lässt sich nicht ermitteln, was diese Benennung bedeute. Dem Laute nach verwandt sind isl. *log* und *logi*, Flamme, *loga*, flammen, schw. *låge*, *låga*, dän. *lue*, *s.*, *lue*, *v.*, goth. *liuhan*, leuchten, ahd. *loug* oder *lauga*, die helle Flamme, Lohe, *lohjan*, flammen, ags. *lyge* oder *lige*, engl. *light*, zusammengehörend mit isl. *lios*, schw. *ljus*, dän. *lys*, goth. *liuhaþ*, ahd. *lioht*, Licht. Da die Urbedeutung von isl. *logi*, wahrscheinlich das Wallende ist, so gehören auch hierher isl. *lá*, die Welle, das Wasser, das Blut, das (wallende) Haar, vergl. *Ulir*, ahd. *lahha*, Lache, *lehhan*, flüssig sein, u. s. w., vergl. *Laukatahn*; ferner isl. *lygi*, Lüge, *liuga*, lügen, schw. *lögn*, *ljuga*, dän. *løgn*, *lyve*, goth. *galiug*, Götzenbild, *liugan*, lügen, ahd. *luki*, Lüge, *liukan*, lügen, ags. *leogan*, engl. *lie*, von der Wurzel *Luk*, verhehlen, vergl. *Lüktaþes*. Der mythologische Name *Loke* würde daher durch Lucifer oder auch durch Lügenfürst zu erklären sein.

Longa 2018 (adject.), *Laungr* (?), lang, isl. *lángr*, von dem Raume, *lengi*, von der Zeit, schw. *lång*, *länge*, dän. *lang*, *længe*, gth. *laggs*, ahd. *lanc*, ags. *lang*, engl. *long*, von isl. *lóka*, hangen, nach sich ziehen, *lókr*, etwas Herabhangendes, (franz. *breloque*?), ahd. *liuhhan*, ziehen, mhd. *lingen*, sich nachziehen, erfolgen, gelingen, ags. *lyccan*, u. s. w., so dass der Urbegriff von *Laungr* das sich Hinziehende, Erstreckende ist. — I longa fosn, d. h. In dem langen Wasserfalle. — *Linki* 860, lange von der Zeit.

Lifa 398 (plur. praes.), isl. *lif*, Leben, *lifa*, leben, schw. *lif*, *lefva*, dän. *liv*, *leve*, goth. *libains*, *liban*, ahd. *lip*, *lepen*, ags. *lif*, *lifian*, engl. *live*, eigentlich das Bleiben, Verharren, vergl. *Fastilifs*. Hierher gehört auch isl. *lifga*, erquicken, ins Leben zurückrufen, *lif*, Medicament, Heilmittel, schw. landsch. *löfja*, heilen, gesundmachen, *löfjur* oder *löfjor*, Heilmittel, *löfjerska*, eine sogenannte kluge Frau, dann Zauberin, *löfjare*, (Arzt) Zauberer, womit auf jeden Fall verwandt ist goth.

lubja-leisei, Giftkunde, Zauberei (φαρμακεία). — Mi-
þan . min . lifa ., d. h. Solange Männer leben. *Lifþi*
2009 (sing. imperf.). Ain lifþi ., d. h. Eins blieb am
Leben. *Lifiᛦ* 485, 1277, 1609 (sing. praes.). Meþ +
altr + lifiᛦ + 485, d. h. Solange Menschen leben.
Meþ stin . lifiᛦ 1277 und Meþ : stein : lifiᛦ :
1609, d. h. Solange der Stein lebt.

Lifstain 635, 638, ein Mannsname, Lebensstein, zusammengesetzt aus *Lifa*, s. d. W., und *Stain*, s. d. W. — *Lifstin* 1251. *Lifsten* 1014. *Lifstan* 718, 789, 792. Zu bemerken ist, dass isl. *lifsteinn*, Stein der Weisen, Lebensstein heisst und als Amulet dient.

Liflainþi 702 (dat. sing.), ein Landesname, Liefland.

Liufr 621 (nom. sing.) bildet hier die Endung von *Kuþiliufr*, isl. *liufr*, lieb, lieblich, schw. *ljuf*, dän. *liflig*, *love*, Liebe hegen, gth. *liubs*, geliebt, lieb, *liuban*, lieb sein, ahd. *liop*, *liupon*, ags. *leof*, *lufian*, engl. *lief*, *love*, von der Wurzel *Laf* oder *Luf*, herabhangen, sich neigen, so dass die Grundbedeutung geneigt sein ist, und Liebe und Huld dem Sinne nach verwandt sind, vergl. *Hulan*. Daher findet sich auch z. B. isl. *lafa*, herabhangen, *laf*, was von einem Kleide herabhängt, Zipfel, Schoss, *lafadusl*, was unordentlich und nachlässig herabhängt, *lauf*, (das Herabhangende) das Laub, *lofni*, *lofn*, (einer Person geneigt sein) Liebhaber, Geliebte, *lofa* und *leyfa*, (einer Person geneigt sein sie) loben, (ihre Wünsche erfüllen) erlauben, schw. *laf*, (das Hangende) die Flechte (*lichen*), *luf*, (das Herabhangende) der Zopf, *löf*, Laub, *löfjerska*, s. *Lifa*, dän. *løv*, Laub, goth. *laufs*, Laub, *laubjan*, (einer Sache geneigt sein, sie) glauben, nhd. *loup*, Laub, *liuwen* herabhangen, *kalouwan* und *kaloupan*, (geneigt sein), beifallen, zugeben, *kaloupo*, Glaube, ags. *gelyfan*, engl. *believe*, u.

s. w. — Die Deutsche Namensendung *lieb* gehört nicht hierher und ist aus ahd. *leip* (goth. *laifs*, von *leiban* oder *aflifnan*, übrig bleiben, ags. *laf*) von *lipan*, bleiben, übrig sein, entstanden, vergl. *Fastilifs*, und bedeutet also beharrend oder nachkommend. Daher heisst ags. *Gudlaf*, bei Gott beharrend, Gott vertrauend, und *Kuþiliufr* ist vielleicht nur eine entstellte Form für *Kuþlaifr* oder *Kuþlafr*.

Liuþrit 1952 (acc. sing. mit Art.), von *Liuþr*, das Gedicht, isl. *liod*, Gedicht, *lioda*, einen anreden, Gedichte machen, *hliod*, Laut, Ton, *hlioda*, tönen, schw. *ljud*, Laut, *ljuda*, tönen, dän. *lyd*, *lyde*, goth. *liuþon*, singen, *liuþareis*, Sänger, ahd. *lutan* und *hlutan*, tönen und hören, *liod*, Gesang, ags. *leoð*, engl. *lay*, von der Wurzel *Hlu*, tönen, vergl. *Leon*. — Svaþliuþi : akvat liuþrit, d. h. S. hat das Lied eingemetzt. *Letriþ* 1654, vielleicht Grabschrift.

Lius 415, 688, 1126 (acc. sing.), Licht, vergl. *Loker*. — Kusþ muþiᛦ lianum lius ukbaratis . 415, d. h. Die Gottesmutter verleihe ihm Licht und Paradies. *Jus* 1482, für *Lius*. — *Lius* bedeutet zukünftiges Leben, vergl. *F. M.* S. 144.

Liusti 1978 (sing. imperf.), von *Liusa*, isl. *leysa*, ags. *alysan*, erlösen, vergl. *Lusa*. — Sum : os : liusti :, d. h. Welcher uns erlösete.

Liþ 731 (dat. sing.), isl. *lid*, (Gefolge) Hausgenossenschaft, Kriegsschaar, *lidi*, Kriegsgefährte, gewöhnlich im Plur. *lidar*, *leid*, Reise, Weg, *leid*, Zusammenkunft, um über allgemeine Angelegenheiten zu berathschlagen, *leidungr*, Seezug, Abgaben zur Ausrüstung desselben, *leida*, leiten, führen, *lidr*, Glied, schw. (alt *lidh* oder *lid*, Hausgenossenschaft, Kriegsschaar, *ledha*, leiten, führen, *ledh*, Weg, Art und Weise, *ledthunger*, Seezug, Abgaben zur

Ausrüstung desselben) *ledung*, Kriegszug; *leda*, leiten, *led*, Glied, *led*, Weise, nur in Zusammensetzungen, z. B. *annorledes*, auf andere Weise, *lit*, Zuversicht, wohl eigentlich Hoffnung auf Hülfe, *lita*, vertrauen, dän. *leding*, *lede*, *led*, — *ledes*, *lid*, *lide*, goth. *leiþan*, gehen, *liþus*, (das Gehende) das Glied, ahd. *leita*, Leitung, Vorgang, *leitjan*, führen, *lidan*, gehen, *lid*, *kalid*, das Glied, ags. *liðan*, reisen, u. s. w. *Gliedmass* erklärt man unrichtig durch Geheglied, oder das *Gehegehende*, wie es eigentlich heissen sollte, denn es heisst Gliederbegegnung, Gliederverbindung, isl. *lidamot*, Zusammenfügung der Glieder, schw. *ledamot*, Mitglied einer Gesellschaft, dän. *ledemod*, Zusammenfügung der Glieder, Glied, vergl. *Muti*. Die Urbedeutung ist also gehen, gemeinschaftlich gehen, sich versammeln, in den Krieg ziehen. Vielleicht gehört goth. *leiþus*, ahd. *lid*, alts., ags. *lið*, Getränk, nhd. landsch. *Leithaus*, Wirthshaus, *Leitgeb*, Gastwirth, ebenfalls hierher, indem die ursprüngliche Bedeutung nicht Getränk, sondern Versammlung, isl. *leid*, Gesellschaft, Gäste, u. s. w. ist, und dann erst von dem Gebrauche bei solchen Gelegenheiten zu trinken die Bedeutung von Getränk entstanden ist. Hieraus würde sich auch erklären lassen wie *Covent* (*conventus*) Getränk bedeuten könne, es wäre alsdann eine wörtliche Uebersetzung von dem goth. *leiþus*. Hierher gehört auch schw. *lidköp*. — I × Ikvars × liþ ×, d. h. In Inkvars Kriegsschaar. *Liþi* 802, 892 (dat. sing.). Bistra : mana : a : lanti : auk : i liþi : 802, d. h. Einer der besten Männer auf dem Lande und bei einem Kriegszuge zur See. Han : varþ : tauþr : onklati : i liþi : 892, d. h. Er starb in England während eines Kriegszuges zur See. *Joh. Henr. Schröder* (*Ad Runographiam Scandinaviae accessiones novae. Ups.* 1133) übersetzt i Liþi durch zu *Leith*, doch mit wenig Wahrscheinlichkeit, weil alsdann, wie bei den Städtenamen überhaupt der Dativ im Pluralis stehen würde, vergl. z. B. *Baþum*. *Liþi* 1323, undeutlich, vergl. *Id.* IX, 110. *Lþi* 1401, entweder für *Liþi* oder *Lanþi*.

Liþni 1764 (plur. part. praet. pass.), von *Liþa*, vergehen, verfliessen, von der Zeit, isl., schw. *lida*, dän. *lide*, eigentlich gehen, vergl. d. v. W., dann von der Zeit vorschreiten, vergehen, verlaufen. — þa . var . liþni . af ., d. h. Da waren vergangen seit, u. s. w. *Liþit* 1763. Ok . ta . var . liþit . d. h. Und da war vergangen.

Liþsmoþr 787, ein Mannsname, *Liþsmaþr*, Anführer eines Seezuges, zusammengesetzt aus *Liþ*, s. d. W., und *Maþr*, s. d. W. — *Lisman* 667.

Leon 1966, vergl. *þorvalᚹi*, isl. *lion*, schw. *lejon*, dän. *løve*, ahd. *hliuwa*, nhd. *Leu*, u. s. w., griech. *λέων*, lat. *leo*, der Löwe, von ahd. *liuwon*, mhd. *lüen*, ags. *hleovan*, engl. *low*, brüllen, von der Wurzel *Hlu*, vergl. *Liuþrit*.

Likviþr 190, ein Mannsname, *Laikviþr*, Anführer bei Spielen (?), zusammengesetzt aus *Laikr* und *Viþur*, s. d. W., isl. *leikr*, Spiel, *leika*, spielen, *leika*, Spiel- und Bett-Genossin, schw. *lek*, *leka*, dän. *leg*, *lege*, goth. *laiks*, Tanz, *laikan*, springen, hüpfen (*bi-laikan*, verspotten, schw. *belacka*, verspotten, also wohl eigentlich um einen herumhüpfen), ahd. *leih*, mhd. *leich*, Spiel, ags. *lac*, *lacan*, engl. *lay*. Die ursprüngliche Bedeutung scheint wirklich sich vor Freude bewegen zu sein, diess bestätigen ausser den angeführten Wörtern isl. *lakra*, langsam fliessen, *leka*, träufeln, *lækr*, ein Bach, schw. *lacka*, rinnen, *lake*, (das Austräufelnde) der Saft, *laka*, Saft geben, *läka* und *läcka*, leck sein, dän. *lakke*, früher gehen im Allgemeinen, jetzt nur in den Redensarten es geht gegen — von der Zeit gebraucht, *lække*, leck sein, ahd. *lehhan*, rinnen, *leh*, der Bach, *lahha*, die Lache, *lecchan*, tropfen oder lecken, ags. *leccan*, lat. *liquidus*, u. s. w. Da die meisten Spiele in Körperbewegung bestehen, so ist die Bedeutung dieses Wortes von spielen ganz natürlich, und aus dieser lassen sich wieder die übrigen erklären, z. B. isl. *lika*, (gern mit etwas spielen) mit etwas zufrieden sein, Wohlgefallen an etwas haben, *likn*, Milde, *likna*, mit Milde behandeln, *likn*, Linderung, *liknari*, einer der Linderung verschafft, — und hieraus wahrscheinlich *læknari*, (einer der Linderung verschafft) Arzt, *lækna*, (Linderung verschaffen) heilen. *lækning*, Heilung, — *likr*, (mit dem man gern zusammen spielt) ähnlich, gleich, schw. *läkare*, *läka*, *lik*, dän. *læge*, *s.*, *læge*, *v.*, *liig*, goth. *leikan* oder *galeikan*, gefallen, *leikeis*, Arzt, *leiki*, ähnlich, ahd. *lichen*, *lahhi*, *lih*, ags. *lician*, *læce*, *lic*, engl. *like*, *leech*, *like*. Vielleicht gehört auch *Lakei*, franz. *laquais*, hierher und bedeutet ursprünglich *Läufer*. — *Liknviþ* 1763 (acc.), vergl. *Sj.* II, 25.

Lekvini 2099, ein Mannsname, *Leikvini*, Spielfreund, zusammengesetzt aus *Laikr*, s. d. v. W., und *Vinr*, s. *Vinni*.

Likhus 761, 952 (acc. sing.), Leichenhaus, was hiermit gemeint sei, lässt sich nicht nachweissen, vergl. *L. R. S.* 125, zusammengesetzt aus *Lik*, und *Hus*, s. d. W., isl. *lik*, Körper, Fleisch ohne Haut, todter Körper, *lik*, Leiche, dän. *liig*, goth. *leik*, Leib, todter Leib, Fleisch, ahd. *lih*, Leib, Fleisch, ags. *lic*, holl. *lijk*, nhd. *Leiche* und in *Leichdorn* (isl. *likþorn*, schw. *liktorn*, dän. *liigtorn*) noch in der Bedeutung von Fleisch, welche jeden Falls die ursprüngliche ist. Die Ableitung ist schwierig, wie überhaupt die Benennungen für Fleisch, z. B. goth. *mimz*, sanskr. *mans*, isl., schw., dän. *flesk*, Schweinefleisch, Speck, ahd. *vleisc*, Fleisch, ags. *flesc*, engl. *flesh*, isl. *köt*, *kiöt* und *két*, schw. *kött*, dän. *kiød*, Fleisch. — . . . rutvi : auk : likhus : auk : bru : 761, d. h. (liess) einen Weg reuten und ein Leichenhaus und eine Brücke (machen). Ublubᛦ . lit . kira : kuml : likhus : auk : bru : 952, d. h. U. liess einen Denkstein, ein Leichenhaus und eine Brücke machen.

Likia 985 (infin. praes. act.), isl. *liggia*, schw. *ligga*, dän. *ligge*, goth. *ligan*, ahd. *likan*, ags. *licgan*, engl. *ly*, lat. *lectus* (goth. *ligrs*), Lager, Bett, vergl. *Lekia*, von der Wurzel *Lak* in Ordnung bringen. Hierher gehören also isl. *laga*, ausstatten, ordnen, in Ordnung setzen, *lag*, (das in Ordnung gebrachte), das Gesetz, das Bündniss, die Sitte, die Melodie, u. s. w., schw. *laga*, in Ordnung, in den gehörigen Zustand bringen, veranstalten, anrichten, ausbessern, *lag*, das Gesetz, das Gelage, die Gesellschaft, die Ordnung, die Schichte, u. s. w., dän. *lave*, etwas in sein rechtes Schick bringen, *lag*, Schichte, Gesellschaft, Brüderschaft (auch *lav*), *lov* (*laug*, *lag*, *lav*), Gesetz, *i lave*, in der rechten Ordnung. Diese Zusammenstellungen beweisen hinlänglich die Urbedeutung der Wurzel, so dass *Lak* (*lex*) also nicht das Gelegte, heisst, sondern das bezeichnet, was in seinem rechten, wahren, der Natur, Vernunft gemässen Zustande ist. — × Hi + mun + ligia + , d. h. Hier möge liegen. *Likr* 1684, 1687, 1771, u. s. w. (sing. praes.). Her : ligr :, d. h. Hier liegt. *Likkia* 1631, 1632 (plur. praes.). þrir likkia : mæn : 1632, d. h. Drei Männer liegen. *Lika* 1533 (plur. praes.). þaimᛦ : lika : biþi :, d. h. Sie liegen beide. *Likar* 1578, 1680, 1835 (sing. praes.). Hæær ligær 1578, d. h. Hier liegt.

Lekia 1656 (infin. praes. act.), isl. *leggia*, schw. *lägga*, dän. *lægge*, goth. *lagjan*, ahd. *lekjan*, ags. *lecgan*, engl. *lay*, nhd. *legen*, d. h. liegen machen, vergl. d. v. W. — Steinlauk : let lekia : stein þena :, d. h. St. liess diesen Stein legen. *Lafþi* 1580, für *Lakþi*, indem die Rune ᚠ mit der Rune ᚴ verwechselt ist. Hulfast × lafþi × stin × , d. h. H. legte den Stein. *Lakþu* 903, 1666, 1673, u. s. w. (plur. imperf.). þaiʎ : bruþr : lakþu : stain : 903, d. h. Die Brüder legten den Stein. *Lagþu* 1673, 1675, für *Lakþu*. *Lakþi* 1409, 1668, 1672, u. s. w. (sing. imperf.). Auk . bru . lakþi . 1409, Und legte (machte) die Brücke. : Rakʎ : lakþi : stin : 1668, d. h. R. legte den Stein. *Lagþi* 1233, 1583, für *Lakþi*.

Likimit 378 (mit Artik.), Leichnam, isl. *likamr* oder *likami*, Haut, Körper, schw. *lekamen*, Leib, dän. *legem* oder *legeme*, ein jeder durch die Sinne wahrnehmbarer Körper, ahd. *lichanamo* und *lihhamo*, todter Körper, Beute (*exuviae*), ags. *lichoma* (*fleschoma*), nd. *liekam*, zusammengesetzt aus *Lik*, s. *Lik*, und *Hamr*, *h* fällt nämlich im Anfange des letzten Theils einer Zusammensetzung oft aus, s. *R. Gr.* S. 210, isl. *hamr* und *hams*, Haut, eigentlich Bedeckung, vergl. *Himinriki*. — Vergl. *Virþa*.

Lini 1065, ein Mannsname, der Milde (?), isl. *linr*, milde, schw. *len*, dän. *lind*, ahd. *lindi*, ags. *liðe*, lat. *lenis*, nhd. *gelinde*, wohl eigentlich aufgethaut, flüssig, isl. *lin*, Thauwetter, *lind*, Quell, von der Urwurzel *Li*, beweglich, fliessend sein, vergl. *Likviþr*. — *Lina* 1065, 1067 (gen.).

Lintiu 460 (dat. sing.), ein Ortsname, zusammengesetzt aus *Lint*, Linde, s. *Lunþ*, und *U*, s. d. W.

Leiknir 1570, ein Mannsname, Spieler, isl. *leikari*, vergl. *Likviþr*. *Leiknar* 1570.

Lianum 415, eine Zusammenziehung für *Liani hanum*, d. h. Verleihe ihm, vergl. *L. R.* S. 79 und *R. Spr.* S. 14, isl. *lena*, verleihen, von *lán*, das Leihen, das Geliehene, (das Verliehene) Glück, Schicksal, *lána*, leihen, *laun*, Belohnung, *launa*, lohnen, bezahlen, *leigia*, mithen, *lia*, leihen, schw. *läna*, *lån*, *läna*, *lön*, *löna*, *lega*, dän. *forlene*, *laan*, *laane*, *løn*, *lønne*, *leie*, gth. *leiwan*, leihen, *laun*, Lohn, ahd. *lihan*, *lon*, ags. *lihan*, *laenan*, *lean*, engl. *lend*, *loan*, u. s. w., die ursprüngliche Bedeutung ist darreichen. *Lohn* wird von Einigen auch zu der Wurzel *Lu*, lösen, genommen, vergl. *Lusa*, doch wohl ohne besonderen Grund.

Les 1654 (sing. praes.), isl. *lesa*, schw. *läsa*, dän. *læse*, gth. *lisan*, ags., ahd. *lesan*, (engl. *lease*), griech. *λέγειν*, lat. *legere*, eigentlich sammeln, dann lesen. Vielleicht ist dieses Wort verwandt mit isl. *læra*, lehren, lernen, schw. *lära*, dän. *lære*, gth. *leisan*, lernen, *leisjan*, lehren, ahd. *lirnen*, *leran*, ags. *leornan*, *laeran*, engl. *learn*, indem *s* und *r* wie oft mit einander wechselten. Die Ableitung ist schwierig. — Hver er letriᛣ les bid, d. h. Der, welcher ihre Grabschrift lieset, bete.

Lisforunki 397, für *Liþsfurunki*, Anführer einer Kriegsschaar, zusammengesetzt aus *Liþ*, s. d. W., und *Furunki*, vergl. *Fura*. — Han var a Kriklanti . vas lisforunki ., d. h. Er war in Griechenland, war Anführer der Kriegsschaar. *Lisfuruki* 803. Han fial i urustu austr i Karþum lisfuruki, d. h. Er fiel im Kriege östlich in Russland als Anführer der Kriegsschaar.

Lisual 681, ein Mannsname, *Liþsvallr*, der in einer Kriegsschaar zum Heldentode Bestimmte, zusammengesetzt aus *Liþ*, s. d. W., und *Valr*, s. d. W.

Litui 794, ein Frauenname, *Liþvi*, Zuflucht der Kriegsschaar, zusammengesetzt aus *Liþ*, s. d. W., und *Vi*, s. d. W.

Litulf 4, ein Mannsname, *Liþulfr*, Wolf der Kriegsschaar, zusammengesetzt aus *Liþ*, s. d. W., und *Ulfr*, s. d. W.

Liti 69, 871 (conj. praes.), isl. *leida hiá sér*, Nachsicht haben, vergl. *Liþ*. Kuᚿ × liti × sal × ᚿaira . 69, d. h. Gott habe mit ihrer Seele Nachsicht. Kristr : liti : anta + 871, d. h. Christus habe mit dem Geiste Nachsicht. *Lete* 1102. Lete : Kuþ : saul : d. h. Gott habe mit der Seele Nachsicht. *Litin* 242, 245 (für *liti han*?). Kristr . litin . sahlu hos . 242, d. h. Christus habe mit seiner Seele Nachsicht.

Litelronum 1763 (dat. plur.), ein Ortsname, zusammengesetzt aus *Litil* und *Ronum*, s. d. W., isl. *litill*, klein, schw. *liten*, *lilla*, dän. *liden*, *lille*, gth. *leitils*, ahd. *luzzil*, ags. *lytel*, engl. *little*. Die Ableitung ist schwierig.

Litli 1003, 1010, ein Mannsname, der Kleine, vergl. d. v. W. — *Litla* 1829 (gen. plur. adj.), vergl. *Kankᚿahr*.

Lafrans 910, ein Mannsname, *Lavrans* oder *Laurentius*. *Lafransar* 1693 (gen.). *Larus* 673, jetzt *Lars*.

Laukatahn 1911 (acc. mit Art.), isl. *laugardagr*, auch *þvottdagr* oder *þvattdagr*, schw. *lördag*, alt. *lögherdagr*, dän. *løverdag* (über die Namen der Wochentage sieh *Hall.* II, 227 u. f.), zusammengesetzt aus *Laug* und *Takr*, s. d. W., isl. *laug*, Bad, *lauga*, sich baden, waschen, schw. *löga sig*, sich am Strande baden, dän. *løve*, Bad, *løve*, baden, vergl. *þurlakᛦ* und *Loker*.

Laþbo 398, wahrscheinlich für *Lantbru*, d. h. Weg.

Laki 1952 (dat. sing.), vergl. *Fursta* und *Likia*.

Lang 1839, ein Mannsname, *Lankr*, vergl. *Longa*.

Lankbarþalanti 657, 902 (dat. sing.), ein Landesname, vergl. *G. S. H.* 160 und *L. R. S.* 108, wie über die gewöhnlichen Erklärungen des Namens, *Str.* I, 82. — Han . to . a Lank . barþa . lanti × 657, d. h. Er starb im Longobardenlande. : Han : austarla : arþi barþi : auk : o Lankbarþalanti antaþis . 902, d. h. Er kämpfte tapfer und gab seinen Geist im Longobardenlande auf.

Lanti 802, 952, 1065, u. s. w., (dat. sing.), isl., schw., dän., goth., ahd., u. s. w. *land* oder *lant*, das Land, die Ableitung ist schwierig. — A : lanti, d. h. Im Lande. *Lþi* 1401 entweder für *Lanþi* oder *Liþi*. *Lonti* 1323. *Laþi* 324.

Lanmitr 1577 (plur.), von *Lantmaþr*, Landmann, vergl. d. v. W., und *Maþr*. Lanmetr : kuþa ✝, d. h. Gute Landleute. *Lanmana* 803 (gen. plur.), vergl. *Bistr*.

Laifa 1618, undeutlicht, vielleicht ein Mannsname, *Laifr*, der Nachkomme, der Beharrende, Vertrauende, vergl. *Liufr*.

Laikfruþ 1429 (acc.), ein Mannsname, *Laikfruþr*, der im Spiele Weise, zusammengesetzt aus *Laikr*, s. *Likviþr*, und *Fruþr*, s. *Fruþa*.

Lata 325, 430, 452, u. s. w. (plur. praes.), von *Lata*, lassen, isl. *láta*, schw. *låta*, dän. *lade*, goth. *letan*, ahd. *lazan*, ags. *laetan*, engl. *let*, eigentlich zurückbleiben, von isl. *latr*, träge, schw. *lat*, dän. *lad*, gth. *lats*, ahd. *laz*, ags. *laet*, engl. *late*, nhd *lass*. — Skuli . auk . Folki . lata . reisa . 325, d. h. Sk. und F. lassen den Stein errichten. *Lit* 3, 8, 19, u. s. w. (sing. imperf.). Svin : lit : rista : 8, d. h. S. liess ritzen. *Liet* 1002, für *Lit*. *Liat* 1781, für *Lit*. *Litu* 1, 3, 6, u. s. w. (pl. imperf.). Houtian . auk . Asur . þair . litu . 6, d. h. H. und A, sie liessen. *Letu* 50, 66, 877, u. s. w., für *Litu*. *Litü* 700, für *Litu*. *Lito* 174, 176, 181, für *Litu*. *Litr* 1307 (sing. praes. ?). *Liti* 229, 1588, für

Litu. Liti 736, hier ist das folgende *Litu* als eine Verbesserung von *Liti* zu betrachten. *Lita* 96, 193, für *Lit* (?). *Lait* 1736, 1741, für *Lit. Laat* 1576, für *Lit. Lat* 387, 398, 606, u. s. w. (sing. imperf.). *Latu* 153, 542, 710, u. s. w. (pl. imperf.). *Lati* 1695 (conj. praes.), vergl. *Firilati. Ltu* 251, für *Litu. Lᛦt* 288, für *Lit. Lᛦtu* 1612, 625, für *Litu.* — *Lata* 181, scheint hier verstorben zu bedeuten, vergleich isl. *latinn*, verstorben und engl. *late*.

Muþir 8, 74, 76, u. s. w., isl. *modir*, schw., dän. *moder*, (gth. *aiþei*, lappl. *edne*), ahd. *muotar*, ags. *modor*, engl. *mother*, griech. *μήτηρ*, lat. *mater*, nhd. *Mutter*. Die Erklärung dieses Wortes ist verschieden, z. B. von dem Stamme *muo* und der Wurzel *ma*, die Machende, die Grosse, oder aus der Sanskritasprache, in welcher *matar* Mutter heisst, von *ma*, eigentlich messen, das aber in Verbindung mit der Praeposition *nis* oder *nir*, nämlich *nir-ma*, schaffen, hervorbringen, bedeutet, so dass *matar* also *procreatrix* hiesse. Vielleicht liegt die Erklärung dieses Wortes viel näher. Sollte es nämlich nicht wurzelverwandt sein können mit isl. *matr* oder *mata*, Nahrung, *mata*, Nahrung geben, ernähren, *mataz*, Nahrung nehmen, essen, *metta*, sich sättigen, *metr*, satt, *metia*, nach Art der Hunde oder leckend trinken, schw. *mat*, *mata*, *mätta*, *mätt*, dän. *mad*, *made*, *mætte*, *mæt*, goth. *mats*, Speise, *matjan*, essen, ahd. *maz*, alts. *mat*, ags. *mete*, engl. *meat*, ahd. *mast*, nhd. *Mast*, *Mus* (ahd. *muos*, alts. *mos*), eigentlich die Nahrung, und davon Gemüse, franz. *manger*. *Maus* (isl., schw., *mus*, dän. *muus*), heisst dagegen das sich verbergende Thier, von der Wurzel *Mu*, daher auch schw. alt *mussla*, verbergen, verstecken, franz. *musser*, griech. *μυεῖν*, *μύσσειν*, u. s. w. Griech. *μάζα*, Speise, *μαζός*, Brust, der Säugerin, *ματτύα* (lat. *mattea*, franz. *mets*), Leckerbissen, u. s. w., so dass *Mutter* eigentlich die Nahrunggebende, die Ernährende hiesse, von der Urwurzel *Ma*, (zermalmen ?) essen. — Var þera muþir, 8, d. h. War ihre Mutter. *Muþiᛦ* 90, 261, 264, u. s. w., für *Muþir*. *Muþur* 530, 566, 584, u. s. w. (acc. sing.). Muþur sina, d. h. Seine Mutter. *Muþuᛦ* 69, für *Muþur*. *Muþ*

1606, 1667, für *Muþur*. *Moþir* 1644, für *Muþir*. *Moþur* 238, 241, 276, u. s. w.; *Moþuʎ* 636; *Moþor* 273, 354, 387, u. s. w., für *Muþir*. *Moᚴur* 1782, für *Moþur*. — Zusammensetzungen sind z. B. *Muþurfaþir* 265; *Muþurbruþir* 1165, 1180, 1203; *Müþkuni* 1587, isl. *mædgir*, Mutter und Sohn, *mædgur*, Mutter und Tochter, vergl. *Faþrkaʎ* unter *Faþiʎ*, zusammengesetzt aus *Muþir* und *Kun* (?), Geschlecht, vergl. *Kuni*.

Mur 1855 (acc. sing.), Mauer, von lat. *murus*. *Murverk* 1856 (acc. sing.), vergl. *Verk*.

Murkum 2043 (dat. sing.), vergl. *Birtil*, von *Murkr*, isl. *myrkr*, schw. *mörk*, dän. *mørk*, nd. *murk*, *murkelich*, vergl. *Tanmaurk*.

Muribu 524, ein Ortsname, zusammengesetzt aus *Muri* und *Bu*, s. d. W., isl. *myri*, schw. *myra*, dän. *myr* oder *myre*, ahd. *muor* und *muora*, (ags., engl. *mere*) franz. *marais*, Moor. Die Ableitung ist ungewiss.

Mun 378, 485, 749, u. s. w. (sing. praes.), isl. *mun*, Hülfsverbum der Zukunft, schw. *månne* (*månde*) ist übergegangen zu einer Fragepartikel, dän. *monne*, *mon*, Hülfsverbum, goth. *munan*, gedenken, wollen, vergl. *Minum*. — Hir mun stanta. 749, d. h. Hier möge stehen. *Munat* 1323, für *Munat*, d. h. Möge nicht, eine im Isländischen ganz gewöhnliche Zusammenziehung, vergl. *Birtil*. *Munt* 1571, für *Mun*, schw. *månde*.

Munulfs 104 (gen.), ein Mannsname, *Munulfr*, Wonnewolf, zusammengesetzt aus *Munr* und *Ulfr*, s. d. W., isl. *munr*, Lust, Wonne, von *muna*, vergl. *Minum*, z. B. *hann munar i þad*, er hat Lust dazu, ahd. *muni* oder *munu*, Wonne, Lust, in vielen Eigennamen, *munstr* und *muntar*, vergnügt, *mendon*, sich freuen, alts. *mendian*, vergl. *Minum*.

Munkaiᛦ 100, ein Mannsname, Wonnespeer, zusammengesetzt aus *Munr*, s. d. v. W., und *Kair*, s. d. W. — *Munkir* 1113.

Munti 390, ein Mannsname, der Beschützer, isl. *mund*, Hand, ahd. *munt*, Aufsicht, Shutz, *voramunto*, Vormund, *munt* ist auch Endung vieler Eigennamen, ags. *munt*, Beschützer, *mundan* und *mundian*, beschützen (lat. *manus*, Hand). Die Ableitung ist schwierig, vergl. *Minum*. *Muntil* 687, Diminutivum von *Munti* (?). *Mintil* 599.

Muti 1250 (dat. sing.), isl. *mot*, das Zusammentreffen, *mæta*, begegnen, schw. *mot-*, in Zusammensetzungen, *möta*, begegnen, dän. *mod-*, *møde*, gth. *motjan*, alts. *motian*, ags. *metan*, engl. *meet*, von der Wurzel *Mut*, die den Begriff des Gegenseitigen enthält. Wahrscheinlich gehören hierher gth. *mota*, ahd. *muta*, (vielleicht das Zusammentreffen, die Stelle, wo man sich begegnet, trifft, um Abgaben zu geben, wie isl. *mot*, schw. *möte*, dän. *møde*, ags. *gemot*, Begegnung, Zusammenkunft), nhd. *Mauth*, der Zoll, goth. *motan*, ahd. *muozan*, ags. *motan*, gehen überhaupt, vielleicht auch gth. *mizdo*, ahd. *miota*, ags. *med*, die Miethe. — O viha muti, d. h. Auf dem Kreuzwege.

Muli 68, 107, 1915, ein Mannsname, Maul, isl. *muli*, Mund, Riese, schw., dän. *mule*, Maul, goth., ahd. *mul*, u. s. w., eigentlich das Zerknirschende, Zerreibende, von isl. *mala*, mahlen, *melia*, zermalmen, mahlen, *mylia*, zerknirschen, schw. *mala*, dän. *male*, gth. *malan*, mahlen, *malvjan*, zermalmen, ahd. *malan*, *maljan*, ags. *mylen*, engl. *mill*. Es ist höchst wahrscheinlich, dass isl. *malr*, Speise, schw. *mål*, Mahlzeit, dän. *maal*, ahd. *mal*, ebenfalls hierher zu ziehen seien, und wirklich ursprünglich

das

das Zermalmte, Bereitete, die Speise bedeute, und von dem anderen gth. *mel*, ahd. *mahal* oder *mal*, ags. *mael*, isl. *mál*, u. s. w. Zeit, u. s. w. verschieden sei.

Mol 1899, isl. *mold*, schw. *mull*, dän. *muld*, goth. *mulda*, ahd. *molta*, ags. *molde*, engl. *mould*, die zermalmte Erde, vergl. *Muli*.

Miþ 2, 38, 47, u. s. w. (praepos.), isl., schw., dän. *med*, goth. *miþ*, ahd. *mit*, u. s. w. Die Urbedeutung ist wahrscheinlich in der Mitte, darunter. — Miþ × Ikvari ×, d. h. Mit Inkvar. *Meþ* 860. *Meᚿ* 1653. *Miᛅ* 1049, 1131 *Maþ* 551.

Miþan 398 (adverb.), während, so lange, isl., schw. *medan*, dän. *medens*, zusammengesetzt aus *Miþ*, s. d. W., und *Sa*, s. d. W. — *Meþ* 485, 1277, 1609, für *Miþan*. Vergl. *Lifa*.

Miþli 692, 1596 (praepos.), isl. *a milli*, *a millum*, *i millum*, schw. *emellan*, dän. *imellan*, engl. *amid*, inmitten, zwischen, zusammengesetzt aus *A* oder *I*, s. d. W., und isl. *milli*, *medal*, *mitti*, *midr*, u. s. w., schw. *midt*, *midja*, dän. *midte*, *midie*, goth. *midja*, ahd. *mitti*, ags. *midd*, engl. *mid*, u. s. w., *Mitte*, u. s. w., s. *Miþ*. — Miþli bua 692, d. h. Zwischen den Gehöften.

Mik 1326, 1482, 1528, u. s. w. (acc. sing.) s. *Jak*. — Sahta mik a þiþ ius : auk : baratis : 1482, d. h. Setze mich in dein Licht und Paradies. *Mig* 1914; *Migh* 1953; *Mih* 1860, für *Mik*. *Mer* 1845 (dat. sing. ?).

Meginbiarn 794, ein Mannsname, *Maknbiurn*, der starke Bär, zusammengesetzt aus *Makn*, s. *Makniltar*, und *Biurn*, s. d. W.

Mikael 1609, ein Mannsname, Michael, *Mikál* 1479, 1571.

Mikla 450 (acc. sing. in der best. Form), von *Mikil*, isl. *mikill*, gross, *mugr* und *mugi*, Menge, schw. *mycken*, alt. *mykit*, gross, viel, dän. *megen*, goth. *mikils*, ahd. *mihhil*, ags. *mycel*, engl. *much*, griech. *μέγας*, lat. *magnus*, vergl. *Makniltar.* — Uk in mikla, d. h. U., den Grossen. *Muk* 1347 (adv.). Muk kuþan, d. h. Sehr guten. *Mukiþ* 391 (acc. sing. neut.). Mukiþ mirki, d. h. Grosses Denkmal. *Mukit* 483 (acc. sing. neut.). Mirki mukit, d. h. Grosses Denkmal. *Mükin* 545 (acc. sing. masc.). Stin : almükin : d. h. Sehr grossen Stein. *Mukin* 914, undeutlich. *Miuk* 640, 1356, 1384, u. s. w. (adv.). Miuk kuþan, d. h. Sehr guten. *Mikin* 675 (acc. sing.). Stan almikin ., d. h. Sehr grossen Stein.

Min 1687, 1939, 1944, u. s. w. (pron. poss.), isl. *minn*, schw., dän. *min*, gth. *meins*, ahd. *min*, u. s. w., mein, vergl. *Mik.* — *Minar* 2023 (gen. sing. fem.).

Minum 398 (dat. plur.), isl. *minni*, Erinnerung, *minna* und *muna*, erinnern, *minnaz*, sich erinnern, *muni*, der Sinn, das Gemüth, *munr*, Wohlgefallen, schw. *minne*, Erinnerung, Einwilligung, *på-minna*, erinnern, *minnas*, sich erinnern, dän. *minde*, *s.*, *minde*, *v.*, *mindes*, goth. *gaminþi*, Gedächtniss, *ga-munan*, sich erinnern, ahd. *minnea*, Liebe, *minneon*, lieben, *minna*, Weib, Mutter, von der Wurzel *Man*, denken. Hierher gehören also isl. *mana*, mahnen, *meina*, meinen, schw. *mana*, *mena*, dän. *mane*, *mene*, goth. *minan* und *munan*, meinen, ahd. *manon*, nhd. *meinen*, ags. *manian*, *maenan*, engl. *mind*, griech. *μένος*, lat. *mens*, u. s. w. Aus der Urbedeutung gedenken entstand die abgeleitete (einer Sache oder Person oft gedenken) Wohlgefallen haben, lieben. Auch im Isländischen, Schwedischen und Dänischen findet sich diese Bedeutung; denn isl. *drecka minni* (*velferdar bikar*), schw. *dricka någons minne*, heisst nicht auf jemandes Erinnerung trinken, sondern ist gleichbedeutend mit auf das Wohlsein jemandes trinken, (lat. *bibere in amoren alicujus, bibere charitate alicujus*) und mit der katholischen *benedictio vini per amorem sancti Johannis bibendi.* Vergl. hierüber *Hall.* II, 219. — Il skal . at minum mana, d. h. Der Stein soll zur Erinnerung auffordern. *Mini* 1616, aus diesem Worte besteht die ganze Inschrift. *Minisk* 2023, von *Minas,* Minisk salo minar, d. h. Gedenket meiner Seele. *Minil* 562, Denkstein.

Mink 743 (acc.), ein Mannsname, *Minkr,* wahrscheinlich für *Himinkr,* s. d. W.

Minna 1763, 1764 (adv.), isl. *minnr* oder *midr,* weniger, schw , dän. *mindre,* goth. *mins,* ahd. *minniro,* u. s. w., griech. *μείων,* lat *minus,* Comparativ eines verlorenen Positivs. Ainu . ari . minna ., d. h. Um ein Jahr weniger.

Meso 1827, 1855, lat. *missa.* *Messu* 1850. *Mæso* 2223.

Miskun 109 (acc.), isl. *miskunn,* Barmherzigkeit, schw. *miskun,* dän. *miskund,* zusammengesetzt aus *Mis* und *Kunna,* s. *Kuni,* in der Bedeutung Schuld geben, anrechnen, also *Mis-kun* eigentlich das Uebersehen. *Mis* (gth. *missa-,* ahd. *missi-,* u. s. w.) gehört wahrscheinlich mit *Minna,* s. d. W., zu derselben Wurzel und deutet mangeln, klein sein, schlecht sein, u. s. w. an. — Kuþ kiᛅi . miskun, d. h. Gott thue Barmherzigkeit. *Misku* 1999, für *Miskun.* *Miskunta* 1934 (gen.).

Miskik 1074 (acc.), ein Mannsname, *Miskankr,* der Irregehende (?), isl. *misga,* irren, zusammengesetzt aus *Mis,* s. d. v. W., und *Kankr,* s. *Kakr.*

Milistaino 2020 (acc), *Milistain,* Meilenstein, zusammengesetzt aus isl. *mila,* und *Stain,* s. d. W. — Olafr Kunukr sotu milistaino þisa, d. h. Der König Oloff errichtete diesen Meilenstein.

Miltᛦ 683, isl. *mildr*, milde, *milda*, mildern, *mildingr*, der Mildthätige, der König, schw. *mild*, *mildra*, *mild*, *milde*, goth. *milds*, ahd. *milti*, u. s. w. Vielleicht von der Urwurzel *Mil*, flüssig sein; daher isl. *melta*, auflösen, *melting*, Verdauung, schw., mit vorgetretenem *s*, *smälta*, schmelzen, verdauen, *mälta*, (aufweichen) malzen, *malt*, (das Erweichte) Malz, u. s. w. — Han . vaᛦ . miltᛦ . d. h. Er war mildthätig. *Melti* 1020 (acc. plur.?). Tereka : kuþa : auk : melti, d. h. Gute und milde Männer. *Miltastr* 1427 (superl.).

Ma 1686 (sing. praes.), isl. *mega* (*má mátti*), vermögen, mögen, schw. *må*, dän. *maa*, ahd. *makan*, ags. *magan*, engl. *may*, vergl. *Magnhiltar*. — Ges : Krist : þan : alt ma ., d. h. Jesus Christus, der Alles vermag. *Ma* 1953 (conj.). Ma þu, d. h. Du mögest. *Mo* 485, 999. þon × stonta × mo ×, d. h. Er möge stehen. *Man* 692, wie *Mo*.

Maþr 101, 220, 1184, isl. *mannr*, *madr*, Mensch, Mann, schw. *man*, dän. *mand*, goth. *man*, Mensch, Mann, *manna*, Mensch, ahd. *man*, u. s. w. Die wahrscheinlichste Erklärung dieses Wortes ist von der Wurzel *Man*, denken, vergl. *Minum*, so dass *Manr* eigentlich das denkende Wesen bedeutet, sansk. *manus*, der denkende Geist, lat. *manes* (?). — *Minr* 402 (nom. plur.). *Min* 398 (nom. pl.), vergl. *Lifa*. *Men* 1993 (nom. pl.). *Miþa* 903 (gen. pl.). Han var . miþa bestr, d. h. Er war der beste der Männer. *Mons* 292 (gen. sing.?), vergl. *Sturimaþr*. *Man* 476, 483, 492, u. s. w. (acc. sing.). *Mani* 391 (dat. sing.). *Mana* 802, 1267, 1272 (gen. pl.). *Matr* 1266. *Matiᛦ* 683. *Matar* 1427. *Mataᛦ* 1267, vergl. *L. R.* S. 104.

Margreti 1571, ein Frauenname, Margaretha. *Marfre*ᚽ*a* 1846, wahrscheinlich für Margaretha, indem die Rune

ᚠ mit der Rune ᚠ verwechselt wurde. *Markit* 1856. *Markitu* 1713 (gen.). *Margareti* 1638.

Marki 121, 583, 745, u. s. w. (acc. sing.), Denkmal, isl. *mark*, Zeichen, *marka*, merken, so auch *merki* und *merkia*, schw. *märke*, *märka*, dän. *mærke*, *s.*, *mærke*, *v.*, goth. *marka*, Gränze, ahd. *marh*, *merhan* und *marachon*, ags. *mearc* und *marc*, engl. *mark*. Vielleicht ursprünglich Gebiet, vergl. *Tanmaurk*, dann begränztes Gebiet, Gränze, Gränzzeichen und Zeichen überhaupt. — Litu . kira . marki . 121, d. h. Liessen das Denkmal machen. *Mok* 251 (acc. sing.); *Merk* 230 (acc. sing.); *Merki* 3, 6, 132, 151, 292, 1537, u. s. w. (acc. sing.), für *Marki*. þair . litu . raisa . merki . þisa . 6, d. h. Sie liessen dieses Denkmal errichten. Likbiarn hiak × merki . 132, d. h. L. metzte das Denkmal. Skalti lit . süsla . merki vel . 151, d. h. Sk. liess das Denkmal gut besorgen. Lit × Botulf × stafa × merk × i . 1573, d. h. B. liess das Denkmal schreiben (?). *Miki* 149; *Meki* 314, für *Marki*. *Mierki* 434; *Miarki* 433, 484, 939, für *Marki*. *Maki* 993, für *Marki*.

Markaþu 264, 1049, 1052 (pl. imperf.), von *Marka*, s. d. v W. — Svain ouk Osmunt markaþu stin þino . 264, d. h. Sv. und O. bezeichneten diesen Stein (mit Runen). *Markaþi* 211, 311, 508, u. s. w. (sing. imperf.). Osmunt . markaþi . 308, d. h. O. bezeichnete. *Markaþu* 525, für *Markaþi*. In Osmuntr markaþu, d. h. Aber O. bezeichnete. *Markaþa* 1888, für *Markaþi*, vergl. *Furþa* unter *Fura*; hier soll dieses Wort wahrscheinlich nähen, sticken, bedeuten. *Markti* 1072, für *Markaþi*.

Mariu 1834, 1850, 1919 (gen.), von *Maria*. *Mario* 1915 (gen.). *Maiu* 1777 (gen.).

Martin 1974, *Martinus. Martein* 1848.

Mak 359, 414, 465, u. s. w. (acc. sing.), von *Makr,* Schwager, isl. *magr,* Verwandter, *mögr,* Sohn, *mægdir,* Verwandtschaft, *mægiaz,* sich verschwägern, *mey,* Jungfrau, schw. *mâg,* Schwiegersohn, *öfver-mage,* unmündiges Kind, *mö,* Jungfrau, dän. *maag,* Verwandter, Schwager, Schwiegersohn, *mø,* Jungfrau, goth. *magus,* Knabe, *magaþs, Jungfrau, megs,* Eidam, ahd. *mac,* der Verwandte, *mako,* der Knabe, *makad,* die Magd, ags. *mæg,* Verwandter, *magu,* Sohn, nhd. *Schwertmagen, Spillmagen,* vergl. d. f. W. — Mak . sin . kuþan . 414, d. h. Seinen guten Verwandten. *Mag* 639. *Mags* 207 (gen.). *Mah* 175, 390, 729, vergl. *Fulkir.*

Maknniltar 1828 (gen.), ein Frauenname, *Maknhilþur,* die starke Göttin des Krieges, zusammengesetzt aus *Makn,* und *Hilþur,* s. *Hiltulfᛦ,* isl. *magn,* Kraft, *magna,* stark machen, *megan* und *megin,* Stärke, *mega* und *megna,* vermögen, schw. *makt,* Macht, *mäkta,* vermögen, dän. *magt, magte,* gth. *mahts, magan,* ahd. *maht, makan* und *magan,* ags. *magan,* stark sein, engl. *might, may,* u. s. w. Aus der Urbedeutung stark sein, können, vermögen, hervorbringen, erzeugen, lassen sich auch die Bedeutungen von Sohn, Verwandter, Schwager, u. s. w. erklären, s. d. v. W. Die Urwurzel ist *Ma,* stark sein, sich stark bewegen. Hierher gehört auch isl. *modr,* schw., dän. *mod,* gth. *mods,* ahd. *muot,* ags. *mod,* engl. *mood,* u. s. w. Muth, zunächst verwandt mit ahd. *muoha,* Mühe, *muohon,* stark bewegen, sich anstrengen, u. s. w.

Manutan 371, für *Man nutan,* vergl. *Nutan.*

Mani 616, 617, 860, 2100, ein Mannsname, Mond, isl. *mani,* schw. *måne,* dän. *maane,* gth. *mena,* ahd. *mano,* ags. *mona,* engl. *moon,* griech. *μήνη,* lat. *men-sis,* u. s.

w. Die Ableitung dieses Wortes ist schwierig; man erklärt es in der Regel durch eine Wurzel *man*, schimmern. — *Mana* 491, 901 (acc.).

Mana 398 (infin. praes. act.), mahnen, vergl. *Minum.*

Managarᚴum 1764 (dat. plur.), eine Ortsbenennung, zusammengesetzt aus *Maþr*, s. d. W., und *Karþr*, s. *Karþir.*

Maistar 1323, vergl. *Traukr*, isl. *meiri*, grösser, *meir*, mehr, *mestr*, der grösste, am meisten, *meistari*, Meister, schw. *mer*, *mera*, *mest*, *mästare*, dän. *meere*, *mest*, *mester*, goth. *maiza*, *mais*, *maists*, *maist*, ahd. *mero*, *meist*, ags. *mare*, engl. *more*, griech. *μείζων*, lat. *magis*, *magister*, von dem verlorenen *Ma*, wofür *mikil*, vorkommt, s. *Mikla.* — *Miᛦi* 378 (adv.). *Maiᛦi* 449 (adv.). *Mistr* 1267, vergl. *Uniþikᛦ.* *Mestr* 1272, vergl. *Oniþikᛦ.* *Mester* 1959; *Mæster* 1835; *Maistari* 1854; *Maistara* 1910, Meister.

Malihnum 1994, lat. *malignum.*

Malaþ 1912 (part. praet. pass.), von *Mala*, isl. *mála*, schw. *måla*, dän. *male*, malen, goth. *meljan*, schreiben, ahd. *malon* oder *mahalon*, ein Zeichen machen, schreiben, malen, u. s. w. von isl. *Mal*, Punkt, Zielpunkt oder Ziel, Zeitpunkt oder Zeit, (Zeichen) Gemälde, Rede, Klage, schw. *mål*, dän. *maal*, goth. *mel*, ags. *mal* und *mæl*, wovon isl. *mæla*, reden, messen, schw. *an-måla*, melden, dän. *mæle*, sprechen, ahd. *meldon*, nhd. *melden.* Die ursprüngliche Bedeutung von *Mal* ist also Punkt oder Flecken, aus welcher sich alle übrigen herleiten lassen. — Die Inschrift ist unvollständig, vergl. *L. R.* S. 167.

Malsbaki 262, der weise Redner, zusammengesetzt aus *Mal*, s. d. v. W., und *Sbakr*, s. d. W.

Malmurü 1618, undeutlich, vergl. *Sj* III, 114.

Bemerkungen.

Die Absätze auf den ersten Bogen, unter welchen ein *D.* steht, sind von einem sich gegenwärtig in Schweden aufhaltenden Engländer, *George Webbe Dasent M. A.*, welcher seine Liebe zu den Skandinavischen Sprachen und seine Kenntniss derselben durch eine Englische Uebersetzung der prosaischen Edda und der Isländischen Grammatik von E. Rask schon hinlänglich beurkundet hat. Es ist sehr zu bedauren, dass seine werthvollen Bemerkungen, welche sich besonders auf das Anglosächsische und Englische beziehen und auf solche Deutschen Werke in der neueren Sprachforschung aufmerksam machen sollten, mit denen bei seinen Landsleuten eine geringere Bekanntschaft vorauszusetzen war, durch eine längere und nicht zu verschiebende Reise unterbrochen wurden, und sich also, wie gesagt, nur über die ersten Bogen erstrecken konnten. Ich benutze zugleich diese Gelegenheit diesem meinen verehrten Freunde öffentlich meinen Dank für so manche andere Hülfe bei der Herausgabe dieser Schrift hier abzustatten.

Die allgemeinen Abkürzungen, welche in dieser Schrift vorkommen, sind so gewöhnlich und so leicht verständlich, dass sie keiner weiteren Erklärung bedürfen. Dagegen sind von einzelnen Werken, die oft angeführt werden, die Titel nicht vollständig angegeben worden, und es bedeutet: *Sj.* Samlingar för Nordens Fornälskare etc. af N. H. Sjöborg, *L. R.* Run-Lära af Joh. G. Liljegren, *L. & B.* Nordiska Fornlemningar utgifne af J. G. Liljegren och C. G. Brunius, *Kl.* Norske Mindesmærker etc. af Lorentz Diderich Klüwer, *Br.* Sagan om Ingvar Vidtfarne etc. och Undersökning om våra Runstenars ålder etc. af Nils Reinhold Brocman, *L. Hjs.* Skandinaviska Fornålderns Hjeltesagor etc. af Joh. G. Liljegren, *Hall.* Öfver Första Delen af Sven Lagerbrings Svea Rikes Historia anmärkningar af Jonas Hallenberg, *F. M.* Föreläsningar öfver Nordiska Archaeologien af Finn Magnusen, *Cr.* Forn-Nordiska Minnen af Abraham Cronholm, *G. S. H.* Svea Rikes Häfder af Erik Gustaf Geijer, *Str.* Svenska Folkets Historia etc. af A. M. Strinnholm, *A. S. H.* Svenska Folkets Sago-Häfder etc. af Arv. Aug. Afzelius, *Id.* Iduna en Skrift för den Nordiska Fornålderns Älskare, *R. Gr.* Anvisning till Isländskan etc. af Erasmus Christian Rask, *R. Spr.* Angelsaksisk Sproglære etc. ved R(?). K. Rask. Ausserdem ist noch zu bemerken, dass die vorkommenden Zahlen sich auf die Nummer der Runenschriften in Run-Urkunder utgifne af Joh. G. Liljegren beziehen.

Leider haben sich hin und wieder Druckfehler eingeschlichen, und wir bitten die störendsten derselben vor dem Lesen zu berichtigen, nämlich Seite 5 Zeile 3 von oben steht *feits* statt *feitr;* 6, 20 v. unten **Fulheila** st. **Fulkfila**; 8, 4 *fridstöll* st. *fridstóll;* 8, 2 *Fridhof* st. *Friedhof;* 9, 16 v. o. *friants* st. *friantr;* 15, 3 v. u. *fapiᛦ* st. *faþiᛦ;* 16, 1 v. o. ᛦ st. ᚠ; 27, 12 v. u. ᚢᛅ st. ᚢᚽ, ᚢᛅᛋ st. ᚢᚽᛋ; 27, 4 est st. *est;* 36, 8 v. o. *wey* st. *weg;* 37, 2 **Uikmar** st. **Uihmar**; 40, 11 nach Westgothe fehlt *saggqs*, Westen; 45, 1 v. u. nüt. st. mit.; 46, 2 v. o. telat. st. lelat.; 48, 12 und 8 v. u. Worten st. Wörtern, Worte st. Wörter; 54, 6 *rover* st. *røver;* 56, 8 Schumachers st. Schuhmachers; 62, 8 *Tiur* st. *Fiur;* 63, 16 *þnrir* st. *þurir;* 71, 31 v. u. *þreistigius* st. *þreistigjus;* 73, 10 v. o. *þiup* st. *þiuþ;* 73, 15 *dyck* st. dick; 74, 13 *þægkjan* st. *þagkjan,* 76, 11 *þikn* st. *þihn;* 78, 6 und 5 v. u. acc. st. nom., diesen st. dieser, Löwen st. Löwe; 88, 10 **Rimük** st. **Rümik**; 89, 7 hervorstürgen st. hervorstürzen; 90, 11 v. o. *Raþurmr* st. *Ruþurmr*; 96, 6 Reise st. Riese; 99, 9 v. u.

rigis st. *riqis;* 103, 4 und 3 *raskr* st. *rackr*, *reki* st. *recki;* 105, 5 *rísi* st. *rísa;* 106, 4 *knbl* st. *kubl;* 107, 15 v. o. K. st. R.; 111, 17 Itin st. Hin; 111, 11 und 1 v. u. gute st. guten, Hauscherrn st. Hausherrn; 112, 18 nach *Gottlieb* fehlt: gehören nicht hierher, vergl. *Liufr;* 113, 14 *Vikmar* st. *Vihmar*, derselbe Fehler kommt noch einige Male vor; 117, 6 und 4 F st. J und Kunor st. Kunur; 125, v. o. Lel st. Let; 130, 11 des st. der; 134, 6 v. u. karwat st. *karwat;* 135, 3 hielþi st. hielpi; 138, 16 und 2 *galcyp* st. *galscyp* und *gield* st. *yeld;* 139, 12 mum st. mun; 143, 3 *gard* st. *yard;* 144, 5 *kara*, st. karg; 160, 15 das st. dass; 164, 8 v. o. Inzelzierde st. Inselzierde; 191, 2 zeufzen st. seufzen; 196, 9 v. u. *neetan* st. *neðan;* 234, 2 ist zu streichen: können, vermögen; 236, 10 *Frnvitr* st. *Ernvitr;* 247, 10 *Afari* st. *Asfari;* 248, 15 v. o. ASKARÞ st. ASKIARÞ; 260, 12 v. u. *siuþan* st. *sinþan;* 284, 4 v. o. *segervinnere* st. *segervinnare;* 289, 3 v. u. *saol* st. *savl;* 296, 12 ist zu streichen denn; 300, 12 v. o. Trifft st. Trift; 302, 9 und 13 *Kjalmar* st. *Kjaalmar* und IX st. X; 303, 16 (isl. *stiorn*, st. isl. *stiorn*, (; 305, 15 Weise st. Waise; 310, 13 v. u. *spria* st. *spra;* 323, 8 kraftigem st. kräftigem; 325, 12 Betriegerei st. Betrieger; 336, 7 *att* st. *at;* 339, 13 v. o. *Boot* st. *Bort;* 342, 10 Freistadt st. Freistatt; 344, 18 *Butvtu* st. *Butviu;* 346, 7 *Bruniulfr* st. *Brüniulfr;* 348, 19 und 1 *brigantii* st. *brigancii* und *Birtu* st. *Birtil;* 350, 9 v. o. *bide* st. *bida;* 351, 14 v. u. nach S. fehlt: 51; 354, 6 *Bærirþ* st. *Barirþ;* 355, 3 *beoc* st. *becc*, 360, 5 und 2 *lage* st. *luge*, *luocha* st. *luccha;* 361 ist die ganze erste Zeile von *loga* bis *lue*, *v.*, zu streichen; 370, 15, v. u. *leisjan* st. *laisjan;* 380, 3 v. o. nach *mildra*, fehlt dän.; 382, 9 *Jungfrau* st. Jungfrau.

STOCKHOLM, 1844.
P. A. NORSTEDT ET SÖHNE,
Königl. Buchdrucker.